GOUVERNEMENT GÉNÉRAL DE L'ALGÉRIE

DEUXIÈME
MISSION FLATTERS

HISTORIQUE & RAPPORT

RÉDIGÉS AU SERVICE CENTRAL DES AFFAIRES INDIGÈNES

AVEC

DOCUMENTS A L'APPUI

ET

UNE CARTE

DRESSÉE PAR

M. BERNARD

CAPITAINE D'ARTILLERIE
MEMBRE DE LA PREMIÈRE MISSION

ALGER
ADOLPHE JOURDAN, LIBRAIRE-ÉDITEUR
4, PLACE DU GOUVERNEMENT, 4

1882

DEUXIÈME
MISSION FLATTERS

HISTORIQUE ET RAPPORT

GOUVERNEMENT GÉNÉRAL DE L'ALGÉRIE

DEUXIÈME
MISSION FLATTERS

HISTORIQUE & RAPPORT

RÉDIGÉS AU SERVICE CENTRAL DES AFFAIRES INDIGÈNES

AVEC

DOCUMENTS A L'APPUI

ET

UNE CARTE

DRESSÉE PAR

M. BERNARD

CAPITAINE D'ARTILLERIE
MEMBRE DE LA PREMIÈRE MISSION

ALGER
ADOLPHE JOURDAN, LIBRAIRE-ÉDITEUR
4, PLACE DU GOUVERNEMENT, 4

—

1882

PRÉFACE

L'occupation de l'Algérie par la France ayant amené la suppression de l'esclavage dans ce pays, a eu pour résultat d'enlever leur principal élément de trafic aux grandes voies commerciales qui le mettaient en rapport avec le Soudan. Délaissées peu à peu, ces routes ne sont plus maintenant parcourues que par de rares caravanes qui font un commerce insignifiant, et laissent d'ailleurs l'Algérie presque complètement en dehors de leur parcours. Beaucoup d'esprits se sont occupés des procédés à employer, pour faire revenir ce trafic sur les ports de notre colonie. La plupart ont cru voir dans les négociations politiques ou commerciales le moyen de rétablir l'ancien état de choses ; malheureusement la situation en Algérie diffère trop de ce qu'elle était jadis, pour pouvoir espérer quelque résultat dans cet ordre d'idées. Il faut adopter une autre ligne de conduite, et créer des routes dont le régime économique diffère complètement de ce qui existait du temps des Turcs. Il faut abaisser les tarifs du transit entre les pays de production et nos marchés, et rendre ainsi possible le transport de matières lourdes et encombrantes dont les caravanes ne commercent que d'une façon très secondaire.

Aussi l'idée de lancer une ligne de chemin de fer à travers le Sahara est-elle venue à l'esprit de quelques hommes hardis ; des projets avaient même été faits d'après le peu que l'on savait sur les régions à traverser, quand, en 1879, M. de Freycinet, alors ministre des Travaux publics, nomma une Commission d'études en vue d'établir un chemin de fer trans-saharien. Cette Commission décida qu'il y avait lieu d'explorer le Sahara à ce point de vue spécial, et nomma dans son sein une Sous-Commission chargée de diriger des explorations au sud de l'Algérie. L'on ne s'entendit pas trop bien sur la manière de procéder; les uns voulaient envoyer des voyageurs isolés marchant comme Réné-Caillé, les autres des missions organisées de façon à suivre un itinéraire déterminé indépendamment des circonstances extérieures. Après bien des discussions qui prirent tout l'été, on se décida à cette dernière façon d'opérer et on chargea M. le lieutenant-colonel Flatters de diriger une exploration de Ouargla sur les pays des Hoggar avec la mission de reconnaître spécialement la vallée de l'Oued-Igharghar.

Le temps pressait, on se trouvait au mois d'octobre et malheureusement on perdit encore de précieux instants en discussions hors de propos qui visaient l'application de principes sans valeur en cette occasion. Le chef de la mission en subit le contre-coup; il accepta les règles qui lui furent pour ainsi dire imposées et renonça à constituer sa caravane au moyen d'hommes pris parmi les troupes indigènes comme cela était son intention première. Il eut foi en sa connaissance d'un pays qu'il avait administré pendant plusieurs années comme commandant supérieur de El-Aghouat, et crut pouvoir trouver, parmi les tribus de son ancien commandement, de bons éléments pour constituer son personnel. Il ne se faisait toutefois pas d'illusion sur les difficultés qu'il rencontrerait et ne renonçait qu'avec peine aux avantages qu'il aurait retirés d'une organisation militaire, comprenant des hommes habitués à obéir. De plus, le temps lui manqua, il dut rassembler tout le matériel nécessaire en toute hâte et quitta Paris avec son personnel scientifique dans les premiers jours de janvier.

La mission partit de Biskra le 7 février et arriva à Ouargla le 25; en huit jours, le colonel dut acheter 250 chameaux et engager 80 chameliers pour un voyage long et dangereux; aussi le recrutement de ces derniers laissa-t-il beaucoup à désirer et l'on dut prendre un peu tous ceux qui se présentèrent, car la saison était déjà bien avancée. Le 5 mars tout était prêt et la mission se mettait en marche; son personnel scientifique comprenait dix membres : MM. le lieutenant-colonel Flatters, chef de la mission; Masson, capitaine d'état-major, commandant en second; Béringer, ingénieur des travaux de l'État; Roche, ingénieur des Mines; Bernard, capitaine d'artillerie; Guiard, médecin-aide-major; Brosselard et Lechâtelier, sous-lieutenants d'infanterie; Cabaillot et Rabourdin, conducteurs des Ponts-et-Chaussées; 15 ordonnances ou hommes de service étaient français, 12 avaient été pris dans le 3e bataillon d'Afrique; le personnel indigène comprenait 30 hommes devant former escorte et 50 chameliers.

La plupart de ces indigènes avaient été pris dans la tribu des Chambaa-bou-Rouba; ils devaient se procurer pour trois mois de vivres; les chameaux, nécessaires au transport de leurs subsistances, leur étaient procurés par la mission qui n'avait de vivres que pour son personnel européen. Le convoi comprenait 250 chameaux, il transportait 4 mois de vivres et 10 jours d'eau; tous les membres de la mission étaient montés à cheval, 4 indigènes ayant été autorisés à emmener leurs chevaux, cela faisait un total de 14 cavaliers représentant une force très respectable dans un pays où les chevaux sont inconnus. Enfin, il en résultait pour le personnel scientifique une liberté d'allures que ne donne pas l'emploi du mehari (chameau de selle). Voilà qu'elles étaient les conditions matérielles dans lesquelles partait la première mission trans-saharienne ; elles laissaient beaucoup à désirer comme on le vit par la suite.

Il n'existait aucune liaison entre les divers éléments de la caravane ; les chameliers obéirent peu ou mal quand ils se sentirent loin du territoire français ; les guides jaloux les uns des autres et ayant chacun leur sof parmi les chameliers amenèrent des tiraillements, des luttes que le chef de la mission eut la plus grande peine à calmer malgré son extrême habileté. Dès Aïn-Taïba, où un refus d'obéissance faillit compromettre la suite du voyage, le colonel Flatters fut obligé d'entrer dans la voie des concessions. Ce ne fut alors qu'à force de cadeaux et d'une habile mais fatiguante diplomatie qu'il put conduire son personnel indigène dont les exigences croissaient au fur et à mesure que l'on marchait, d'autant plus que la caravane semblait s'avancer dans le vide. Le colonel n'avait, en effet, pas eu le temps de prévenir les chefs touareg de la venue de cette mission, ni de son but ; aussi ces derniers semblaient se retirer devant elle, se méfiant des intentions des Français. Nous n'avons pas ici à parler de la marche de cette première exploration, on sait qu'arrivée au lac Menghough par 26°30' latitude Nord et à 6 jours de marche de la ville de Ghat, le colonel se vit en but aux exigences de nombreux Touareg qui venaient à son camp comme à la curée.

D'un autre côté la saison était très avancée ; il était en dehors de la route qui lui avait été tracée et les ressources lui auraient certainement manqué pour pousser jusqu'au Soudan, aussi se décida-t-il à rentrer en Algérie pour y passer l'été, afin de reprendre son exploration dans de meilleures conditions l'hiver suivant. C'est à l'étude de cette deuxième mission qu'est consacré le présent ouvrage. Il comprendra d'abord le journal de route de la mission tel qu'il est parvenu au ministère des travaux publics, depuis le départ de Ouargla jusqu'à Inziman-Tikhsin, dernier point d'où on ait eu des nouvelles directes du colonel Flatters. A partir de ce point, le journal de route n'a pu être reconstitué que par les renseignements recueillis auprès des hommes qui ont échappé à la destruction de la mission. Ces hommes ont été, à El-Aghouat, l'objet d'un interrogatoire fait par M. le lieutenant Massoutier, adjoint au bureau arabe, lequel a pu ainsi rédiger un espèce de journal de route dans lequel les détails anecdotiques, fournis par les survivants indigènes, tenaient une très large place. Remanié en partie et complété d'après les interrogatoires faits à Alger par M. Bernard, capitaine d'artillerie, ce document a servi de base pour rédiger cette deuxième partie du rapport. La dernière partie du présent travail est constituée par les pièces à conviction, lettres et rapports, qui montrent la marche des événements et établissent la responsabilité revenant à chacun dans cette exploration qui a eu pour épilogue la plus affreuse des tragédies.

INDEX ALPHABÉTIQUE
DES
MOTS ARABES ET BERBÈRES
LES PLUS EMPLOYÉS DANS CET OUVRAGE

Ain, عين source.

Areg, erg, عرف dune, massif de dunes.

Bassour, باصّور palanquin.

Ben, بن fils de.

Bir, بير puits.

Bou, بو (litt.: père de), de, au. Ex.: حسي بو نهل le puits aux fourmis.

Chaba, chabet, شعبة ravin.

Chambi, شعمبي pl. شعمبى tribus dont les terres de parcours s'étendent de Ouargla à El-Goléa.

Chebka, شبكة filet, réseau de ravins, pays raviné en tous sens.

Chieh, شيح (Composée), artemisia herba alba, plante basse à feuilles blanc verdâtre, très odoriférante, pousse dans les terrains rocailleux.

Chott, شط (litt.: bord), lac salin plus ou moins desséché.

Coudiat, كديت colline.

Dhamran, ou mieux *Dhomran,* ضمران (Salsolacée), traganum nudatum, plante frutescente très recherchée des chameaux, abondante dans les terrains pierreux et sablonneux.

Dhanoun, ضانون (Orobranchacée), phelipea violacea, plante bulbeuse dont le bulbe est comestible, abondante dans les terrains sablonneux et argileux.

Dhmirat, ضميرة petite dune allongée.

Dhaya, ضاية bas-fond, cuvette basse.

Djebel, جبل montagne.

Dra, دراع (litt.: bras), coteau, colline allongée.

Drinn, درين (Graminée), arthraterum pungens, pousse en touffes épaisses dans les dunes; les épis dont cette plante est surmontée donnent un grain comestible appelé *loul*.

Ethel, اثل (Tamaricinée), tamarix articulata, bel arbre qui atteint de grandes dimensions (7 à 8^m) dans les oued du pays des Touareg.

Feidj, فج passage bordé de dunes.

Foggara, foggaret, فقارة puits à galerie destiné à produire l'écoulement d'une couche aqueuse élevée dans les terrains plus bas que la couche.

Gafla, pl. *Guefoul,* فايلة pl. فيول caravane.

Gara, pl. *Gour,* فارة pl. فور hauteur rocheuse à flancs dénudés se terminant par un plateau horizontal.

Gassi, فاسي sol dur sans sable ni gravier où le pied du chameau ne marque pas.

Ghazzia, غارية attaque à main armée.

Ghedir, غدير mare d'eau pluviale.

Ghezzou, غزو bande de maraudeurs.

Ghourd, غورد piton sablonneux.

Guelta, فلتة trou d'eau, étang profond.

Harka, حركة expédition armée.

Guerba, فربة outre destinée à contenir de l'eau.

Guetta, فطعة passage, raccourci.

Habessa, حبسة se dit d'un sol mouvant.

Hadeb, حدب dos d'âne, crête bossuée.

Hadh, حاض (Salsolacée), cornulaca monacantha, plante sous-frutescente épineuse recherchée par les chameaux, pousse dans les régions sablonneuses.

Hadid, حديد fer.

Hadj, pl. *hadjadj*, حاج pl. حجاج pélerin.

Haïchat, هيشة bête fauve, gibier à poil.

Hamada, حمادة sol rocheux présentant souvent l'apparence d'un dallage disloqué.

Hanna, حنة (Crucifère), plante à feuilles lancéolées vert franc clair, fleurs violacées.

Hassi, حسي puits.

In ou *tin*, endroit de.

Kahal, اكحل noir.

Keber, فبر tombeau.

Kef, كاو rocher.

Kil ou *kel*, les gens de.

Khanfousa, خنفوسة scarabée.

Khanga, khanguet, خنقة défilé.

Kheit, خيط corde en poil de chameau maintenant le haïck sur la coiffure.

Kheneg, خنق gorge de montagne.

Koubba, قبّة chapelle, tombe de marabout.

Ksar, pl. *ksour,* قصر pl. قصور village, agglomération d'habitations permanentes.

Ktaff ou mieux *Guetaf,* قطاف (Salsolacée), atriplex halimus, plante frutescente très répandue dans les terrains argileux.

Lefâa, لفعى vipère.

Lefaya, لفعية endroit où les vipères sont nombreuses.

Mader, مدر confluent de plusieurs oued.

Makhzen, مخزن garde, corps de troupe.

Mechra, مشرع lac permanent.

Mejebed, مجبد sentier.

Mehari, pl. *mehara,* مهري pl. مهاري chameau de selle.

Mekam, مقام lieu de prières.

Meksem, مقسم carrefour, endroit où l'on se sépare.

Melah, ملح sel.

Metlag, مطلاق sentier long.

Mia, مايه cent.

Miad, ميعد députation, réunion.

Moqtela, مقتلة endroit où a eu lieu un massacre.

Mokhazni, مخزني homme du maghzen.

Nebka, نبكة sol de sable rassi, généralement peu mouvementé.

Oglat, عـقـلـة puits ou réunion de puits larges et peu profonds.

Oudei, pl. *oudian,* ودي pl. وديان petit oued.

Oued, pl. *ouidan,* واد pl. ويدان rivière avec ou sans eau, portion de rivière.

Oulad, ouled, اولاد enfants de, gens de.

Ould, ولد fils de.

Reg, رݣ sol ferme composé de sable et gravier où le pied du chameau marque sans enfoncer; il est généralement très plat.

Retem, رتم (Légumineuse), rœtama rœtam, arbuste semblable au genêt, très répandu dans les dunes; atteint parfois 4 à 5^m de hauteur.

Safsaf, صفصاف peuplier, tremble.

Saïba, pl. *siab,* سايبة pl. سياب rigole, petit ravin.

Sebkha, pl. *sebakh,* سبخة pl. سباخ bas-fond salin contenant parfois de l'eau.

Sedjera, شجرة plante, arbre.

Sedra, سدرة jujubier sauvage.

Sobba, صابّة cascade, petit ravin accidenté.

Targui, pl. *touareg,* تارڤي pl. توارڤ nom arabe des tribus berbères qui habitent le Sahara central.

Tassili, plateau élevé et rocheux.

Tarfa, طرفة (Tamaricinée), tamarix gallica, ressemble beaucoup au tamarix articulata, pousse dans les mêmes régions et atteint presque les mêmes dimensions.

Terfaya, طرفاية endroit où le tarfa est abondant.

Thala ou mieux *talah*, طلح (Légumineuse), acacia arabica, arbre épineux; se rencontre dans les oued rocheux où il atteint jusqu'à 8^m de hauteur.

Tilmas, puits.

Zaouïa, زاوية ermitage musulman, centre de confrérie musulmane.

Zeriba, zeribet, زريبة petit village formé de gourbis et de tentes.

Zmal, pl. *zmoul,* زمال; pl. زمول dune basse et allongée.

Zmeila ou *zmila,* زميلة petite dune.

DEUXIÈME
MISSION FLATTERS

JOURNAL DE ROUTE

Après le retour de la 1re mission, le colonel Flatters crut devoir modifier la composition du personnel scientifique ; il garda les anciens chefs de service, à savoir : MM. Masson, Béringer, Roche et Guyard ; et adjoignit à la mission deux nouveaux membres : MM. de Dianous de la Perrotine, lieutenant d'infanterie, et Santin, ingénieur civil, qui remplirent : le premier le rôle d'adjoint au capitaine Masson, le deuxième celui d'aide pour les opérations astronomiques et topographiques. Le 4 novembre, la mission se trouvait à El-Aghouat, où elle commençait à s'organiser en attendant le convoi qui n'arriva que le 14. Le 18, le colonel Flatters quittait l'oasis et marchait sur Ouargla, qu'il atteignait le 30 ; le 3 décembre, l'organisation était complète ; la mission se mettait en marche le 4, se dirigeant au Sud-Ouest par l'Oued Mia, avec l'intention de marcher directement sur le pays des Hoggar.

Voici quelle était l'organisation définitive de la mission : en dehors des sept membres cités plus haut, deux sous-officiers, MM. Dennery, du 3e chasseurs, et Pobéguin, du 3e spahis, étaient adjoints pour les détails du service. La mission n'avait pas d'escorte proprement dite, mais des chameliers militaires ou civils armés, soit : 2 ordonnances français, 47 tirailleurs indigènes et 31 arabes des tribus, dont une partie avait fait le premier voyage. En ajoutant 7 Chamba guides et 1 mokaddem de l'ordre de Tedjini, cela faisait un total de 97 personnes.

Tout ce monde devait être monté, d'où 97 chameaux de monture ; avec les chameaux porteurs qui transportaient quatre mois de vivres et huit jours d'eau, la caravane comprenait 280 animaux. De plus, le colonel emmenait 3 juments destinées à servir de cadeaux en arrivant au Soudan. Le chef de la mission avait donc renoncé aux chevaux, eu égard aux inconvénients résultant de la nécessité d'emporter vivres et eau pour ces animaux ; il se privait ainsi d'un élément de puissance et de sécurité qui lui eût permis d'éclairer facilement sa marche et eût rendu moins probable une attaque toujours à prévoir dans un pareil voyage. La 1re mission avait probablement dû son salut à ses chevaux, et en agissant ainsi, le colonel Flatters a eu certainement le tort de céder à des appréciations étrangères qui ne devaient être prises en considération qu'avec la plus grande méfiance. Cela était d'autant plus regrettable que, tout bien considéré, la présence d'une dizaine de chevaux ne constituait pas réellement un impédimentum. En effet, ces animaux consomment 4 kilogrammes d'orge et 15 litres d'eau par jour et par tête, ce qui fait 19 kilogrammes ; pour quatre mois de marche, il eût fallu transporter 630 kilogrammes pour chaque cheval, ou la charge de 4 chameaux ; en somme, 40 de ces derniers eussent suffi pour assurer la subsistance de 10 chevaux. D'ailleurs, tous les trois jours, un chameau fût devenu libre et eût pu servir à combler les vides qui se produisirent forcément pendant la marche.

En route, le convoi fut divisé en six sections égales, chacune correspondant à un ou deux membres de la mission et portant matériel et vivres de manière à former au besoin une caravane complète. Ces six sections marchaient généralement en masse et ne devaient se séparer qu'en cas d'absolue nécessité. Voilà les conditions dans lesquelles partait la 2ᵉ mission Flatters ; elles étaient bien différentes de celles dans lesquelles s'était effectué le premier voyage. On pouvait avoir confiance dans le personnel indigène, dont la conduite était facile en raison de sa composition. Cela devait éviter de grandes fatigues morales au colonel Flatters et lui laisser une tranquillité d'esprit qui lui avait manqué complètement l'année précédente. De plus, la mission emportait des vivres pour tout son personnel, ce qui permettait de savoir à chaque instant dans quel état se trouvaient les provisions et de les ménager suivant les circonstances. Le seul reproche à faire à cette organisation était, nous le répétons, d'avoir renoncé aux chevaux, et malheureusement l'avenir devait montrer que, dans de semblables voyages, il ne faut négliger ni une précaution, ni une chance de succès.

L'année précédente, au moment de quitter le pays des Azgar, le colonel Flatters résolu à aller au Hoggar l'hiver suivant, avait envoyé vers Ahitaghel, chez des Hoggar, un targui des Ifoghas nommé Dob, avec une lettre pour ce personnage. Dans cette lettre, le colonel demandait à ce dernier le passage sur son territoire et lui expliquait le but de son voyage. La réponse arrivait à El-Aghouat le 15 septembre 1880 et était ainsi conçue :

Louange à Dieu, l'unique !

De la part du cheick, du sultan Younès dit Ahitaghel ben Biska, du cheick Mohammed Oum Tegdad Ig Ingualonan et du cheick Mohammed ben Cheick Hedanar, au cheick Flatters.

(Salutations.)

Nous avons reçu votre lettre, nous l'avons lue et comprise; vous nous avez dit de vous ouvrir la route, nous ne vous l'ouvrirons pas. Vous vouliez aller à Ghat, vous êtes arrivé à Oued El-Khamalet; nous n'avons vu ni une lettre, ni un envoyé de vous, et vous êtes reparti pour votre pays. Vous nous avez écrit que vous voulez venir chez nous par la route d'Amadghor, et vous êtes reparti, cela vaut mieux pour vous. Cette route ne passe pas chez nous; vous connaissez vous-même celle d'Ahirech; il y a une route par Ghat et une autre par le Touat, Tombouctou jusqu'au Soudan. Nous n'avons avec vous que le bien et la tranquillité. Nous n'avons ni ksar, ni ville, nous n'avons que les oued; tente découverte, tombeau caché, nous ressemblons aux autres Arabes.

Si vous voulez venir chez nous, à Amadghor ou à Ahir, écrivez-nous à votre sujet et au sujet de ce que vous voulez; nous verrons ce que nous aurons à faire. Les Chambaa pourront vous donner de nos nouvelles; nous n'avons pas de commerce dans notre pays. Envoyez-nous des lettres par quelqu'un; nous voulons savoir ce que vous voulez. Salut.

Le 27 du mois de Djoumada el Aoual 1297 (7 mai 1880).
L'écrivain de cette lettre vous envoie le salut; c'est Cheick Si Fahan Cherif ben El Hadj Mohammed ben El Hadj Kassem Cherif. Répondez-nous.

Comme on le voit, cette lettre était assez peu engageante; elle arrivait malheureusement après une deuxième du même Ahitaghel, où le chef des Hoggar montrait un bon vouloir peut-être exagéré; aussi fit-on peu attention à la première missive, qui donnait peut-être la note juste, en tenant surtout compte de cette particularité qu'elle émanait de plusieurs chefs que Ahitaghel avait cru devoir consulter avant de répondre. La deuxième lettre était datée du 27 juillet 1880 et répondait à un écrit que le colonel Flatters avait envoyé de

Ouargla par un de ses guides chambaa, Cheick ben Bou Djemâa. Voici quel était son contenu :

Au nom de Dieu, le clément, le miséricordieux !

De la part du cheick Ahitaghel ben Biska des Hoggar à Monsieur le colonel, un des chefs des Français. (Salutations.)

J'ai reçu votre lettre que vous m'avez envoyée par Cheikh ben Bou Djemâa ; je l'ai ouverte, je l'ai lue et j'ai compris ce qu'elle contenait ; c'est-à-dire que vous vouliez la sécurité des routes du Soudan pour vous et vos compagnons. Nous ferons ce que vous demandez ; mais lorsque vous viendrez, amenez des gens des Chambaa, comme vous l'avez dit ; quant aux Français, qu'il n'y en ait seulement que deux ou trois, afin que l'on ne vous demande pas beaucoup d'argent ; cela est un bon conseil. Vous m'avez dit que vous vouliez venir au mois de Choual (septembre) ; ce moment est proche, et je veux aller au Touat pour faire la paix avec les Azgar ; je voudrais aussi vous voir, mais j'ai peur que si vous venez maintenant, vous ne me trouviez pas dans le Hoggar. Il est nécessaire pour vous et pour moi que vous retardiez votre voyage de quelque temps, jusqu'au commencement du printemps prochain, c'est-à-dire au mois d'avril, afin que j'aie le temps de vous bien recevoir. Quant à vos conditions pour la sécurité des routes et le commerce des Hoggar avec le pays du Soudan nommé Arzer, il est honteux pour un homme de donner une parole et de ne pas la tenir. Sachez que si vous ouvrez ce chemin, vous aurez fait une chose difficile, car personne de votre pays, jusqu'à présent, n'en a parlé. Sachez que si Dieu vous accorde de faire cela, ce sera une bonne chose pour vous dans votre pays. Les hommes ne peuvent être gagnés que par beaucoup d'argent, car ils sont comme des chiens ; si vous leur donnez (quelque chose), ils viennent; si vous ne leur donnez rien, ils vous mordent. Ceci n'est qu'une allégorie. Cette chose est très difficile, car personne ne l'a encore faite, et rien ne me pousse à la faire que la promesse de beaucoup d'argent, comme vous le savez. J'ai peur que vous n'ayez besoin de quelque chose, que vous ne le trouviez pas et qu'ensuite vous disiez que je ne vous ai pas prévenu ; les Arabes disent: on ne doit pas blâmer quelqu'un si on a été prévenu (par lui). Nous avons appris que vous êtes un homme de bien et de parole : c'est l'habitude des gens tels que vous qui veulent s'attacher leurs voisins.

Quant à la lettre que vous m'avez écrite de Tikhemlim, je l'ai reçue et j'y ai répondu ; n'agissez pas d'après ce que je vous ai dit dans cette réponse, mais bien d'après celle-ci, parce que la première lettre m'est arrivée par un individu en qui je n'ai pas confiance, et la dernière m'a été apportée par votre fils et le nôtre, Cheikh ben Bou Djemâa.

Nous n'avons pas confiance dans les tribus des Chambaa d'Ouargla, excepté dans Ben Ahmed (ben Cheikh) et ses parents, Oulad ba Saïd ; quant au reste des Chambaa, nous avons peur d'eux, et à Ouargla, il n'y a que le caïd Ben Ahmed qui nous plaise, car nous avons appris qu'il avait été destitué ; c'est pour cela que nous n'avons pas confiance dans les autres, car on ne connaît que celui que l'on a mis à l'épreuve. Si vous devez revenir à l'époque indiquée, c'est-à-dire au mois d'avril, envoyez-moi Cheikh ben Bou Djemâa, qui m'apportera un signe de reconnaissance, visible de tous, et qui aplanira les difficultés, car les gens disent: le salut avant la parole ; et ce signe de reconnaissance est le salut.

Écrit deux jours avant le départ de Cheikh ben Bou Djemâa, le 21 Chaban 1297 (29 juillet 1880).

Abderrahman ben Abdelkader (que Dieu le protège !) (nom de l'écrivain).

Cette lettre fut bientôt suivie d'une autre en date du 2 septembre 1880, où Ahitaghel répondait au colonel Flatters, qui lui avait écrit de Paris ; cette troisième lettre, qui arriva le 12 septembre à El-Aghouat, semblait indiquer chez le chef des Hoggar la velléité de revenir sur les engagements pris, ou plutôt, pour éviter de s'y conformer, il essayait visiblement d'effrayer le colonel, et en somme, il engageait la mission française à renoncer à ses projets. Voici comment il s'exprimait :

De la part du cheikh Younès, surnommé Ahitaghel ben Biska, chef des Hoggar, à notre ami Monsieur le colonel Flatters.
 (Salutations.)

Nous avons reçu votre première lettre avec une lettre de Si Mohammed Sghir et de Si Maammar ; nous vous avons répondu par l'intermédiaire des Ifoghas ; nous avons reçu votre deuxième lettre par l'intermédiaire de votre fils Cheikh ben Bou Djemâa ; nous l'avons lue, nous l'avons comprise et nous y avons répondu. Nous avons reçu aussi cette lettre par Amar ben Tayeb et Bou Hafs ben Cheikh ; nous l'avons lue et nous l'avons comprise. Voici notre réponse : nous allons vous rendre compte de ce qui s'est passé chez nous et de ce que nous avons entendu dire du côté du Soudan. La première nouvelle est que les gens de Tripoli ont été tués par les Nègres du Soudan, qui ont appris qu'ils étaient de chez vous. Ils les ont tués, eux et leurs compagnons, parce qu'ils ont dit que cette caravane était composée de Chrétiens ; ils ont tué aussi des gens de Ghadamès et les guides qui avaient amené cette caravane de Tripoli, de sorte que la route n'est plus sûre à cause de cela. Il y a de l'inimitié entre nous et le pays du Soudan, et nous n'avons personne pour y aller ou pour vous y accompagner, car le Soudan est maintenant très agité. Nous ne pouvons pas vous y faire aller ni parler en votre faveur ; si vous voulez y aller par une route quelconque, nous ne vous en empêcherons pas. Vous apprendrez ce qui s'est passé chez nous; ouvrez la route, et s'il arrive quelque chose, vous le saurez. Nous n'avons pas de commerce dans notre pays, et il n'y a pas d'endroit que l'on puisse habiter. Interrogez les Chambaa ; ils vous donneront des renseignements sur nous et sur notre pays ; nous n'avons que la paix et la tranquillité.

Voici ce qui les a empêché (les gens de Tripoli) de passer : la tribu de Bou-Dal, celle de Moussi, celle de Kil-Gress, celle de Tagao, celle de Kil-El-Ansari, celle de Kil-Amacheï(?), celle de Kil-Ferouan et celle de Kil-Fadaï, qui sont sur la route du Soudan. Nous ne pouvons y aller; restez chez vous, cela vous vaudra mieux. Les villes du Soudan sont en guerre, et de plus, il y a des maladies, comme je vous l'ai dit ; chaque mois, il y meurt beaucoup de monde. Je ne veux pas vous mentir, je vous fais savoir ce qui est arrivé. (Si vous faites autrement), ne vous en prenez qu'à vous-même, vous savez ce qui peut vous être utile. Salut.

Le 27 Ramadan 1297 (2 septembre 1880).
Les deux porteurs de cette lettre sont arrivés ici le 22 Ramadan (1er septembre). Cette lettre a été écrite le 27 ; ils n'ont passé qu'une nuit chez nous.

Ces trois lettres n'étaient certes pas faites pour donner une grande confiance au colonel Flatters, qui, cela est certain, ne se fit pas beaucoup d'illusion sur la bienveillance du chef des Hoggar. Toutefois, il était décidé à marcher quand même ; il sut donner à tout son monde une certaine foi dans la réussite du voyage et garda pour lui les inquiétudes que les circonstances avaient pu lui inspirer. D'un autre côté, il pouvait penser que les influences qui avaient été mises en jeu de divers côtés auraient plus d'effet que ses propres lettres. M. Féraud, **consul général de France à Tripoli**, avait fait écrire plusieurs lettres à Ahitaghel par un négociant ghadamésien, El Hadj Tahar El Basidi, qui a une certaine influence chez les Touareg; de plus, Si Mohammed Sghir et Si Maammar, chefs de la confrérie de Tedjini, lui avaient écrit également en lui recommandant les voyageurs français. En résumé, les conditions morales dans lesquelles le colonel Flatters allait s'avancer chez les Hoggar étaient certainement préférables à celles dans lesquelles s'était effectué son voyage chez les Azgar.

D'ailleurs, la composition de la mission était assez forte pour qu'il pût s'avancer sans crainte chez les Hoggar, bien que les dispositions de ces derniers ne fussent qu'à demi favorables. Toutefois l'expédition devait s'avancer avec la plus grande prudence, sans se départir d'une règle de conduite ayant pour base bien arrêtée une méfiance toujours en éveil. Malheureusement, on avait si bien confiance dans le succès, que, dans la pratique, on arriva peu à peu à négliger ces précautions essentielles, et si l'on se garda avec soin la nuit, jamais la caravane ne s'éclaira le jour, et les membres de la mission quittèrent souvent leur convoi sans escorte, s'exposant ainsi, la plupart du temps sans nécessité, à des éventualités graves. On avait, il est vrai, agi ainsi dans le cours de la première mission, et, par un bonheur exceptionnel, aucun accident n'était arrivé; il ne devait pas en être ainsi cette fois.

Le journal de route qui suit ce court exposé des circonstances dans lesquelles partait la 2ᵉ mission, a été rédigé par le colonel Flatters jusqu'à Inzelman Tighsin; on a tenu à lui conserver sa physionomie particulière. Au delà de Inzelman, on a décrit les régions traversées par la mission, d'après les hommes qui ont pu rentrer en Algérie et donner quelques renseignements sur la nature du pays. Malheureusement, la mémoire de ces individus est peu fidèle, et il est fort difficile d'en tirer un bien grand parti.

Samedi, 4 décembre (1). — Départ de Ouargla par section, pour revue détaillée dans chacune d'elles et attribution à chaque chamelier des chameaux dont il sera spécialement chargé pendant la route. La première section part à 8 h.; la sixième à 11 h. 30. Route au Sud, direction du bord oriental du Krima. Passé le Krima, entré dans l'Oued Mia, qui, en cet endroit, forme estuaire bien marqué encombré de dunes de faible relief. La rive gauche de l'oued est formée par des gour; la rive droite est le bord du plateau qui s'étend à l'Est vers Terfaïa et Bou-Rouba. Campé dans l'oued, rive droite à 15 kil. de Ouargla. Pâturage assez abondant, surtout sur le plateau.

Dimanche, 5 décembre. — Départ à 6 h. 45; monté sur le plateau de la rive droite que nous suivons pendant toute l'étape. Plaine immense, plate, à fond de reg fin; pâturage abondant. Direction de la route Sud-Sud-W. Le lit de l'Oued Mia s'éloigne, quoique restant en vue, pour faire un détour par le Sud-W. et le Sud. C'est d'abord l'estuaire signalé hier, bordé sur la rive gauche par le Djebel ou Gour Hagad et finissant au Gour Kriem, à 12 kil. du Krima, où un ravin de deux ou trois kilomètres de longueur forme comme un étranglement en communication avec l'oued proprement dit. Au delà du Kriem, qui est un gour semblable au Krima (Kriem, petit Krima) on voit un thalweg de proportions moyennes. La rive gauche est marquée par les Gour Azmaï; mais, tout en restant nettement déterminé, il constitue en somme une dépression encombrée de dunes et de gour dont l'ensemble porte le nom de Sgaïg (petites rigoles). Arrivé à 12 h. 30 à Bou-Khenissa. — Puits de 7 m. 40; eau. — Distance 25 kil. — La plaine sur laquelle nous marchons depuis

---

(1) **Nota.** — Les parties du journal imprimées en petits caractères proviennent des renseignements recueillis par M. le lieutenant **Massoutier.**

ce matin porte bien, par extension, chez les indigènes, le nom de Oued Mia ; mais c'est en réalité, comme il a été dit, le plateau de Hassi-bou-Rouba, Terfaïa, dans sa partie W. Bou-Khenissa est donc en dehors du thalweg de l'Oued Mia.

<small>Pendant cette étape 3 chameaux porteurs n'ont pu suivre le convoi et ont dû être abandonnés. On constate que bon nombre de ces animaux, principalement ceux qui avaient fait la première expédition chez les Touareg Azgar ont eu des côtes brisées par les cantines et caisses qui avaient servi à transporter les vivres et les munitions. Ces caisses devraient être remplacées par des sacs indigènes où nécessiteraient un bât plus soigné que le bât arabe.</small>

Lundi, 6 décembre. — Départ à 6 h. 30. Direction Sud-W. Plaine sablonneuse, reg fin ; nebka par places. L'Oued Mia est à droite, à 8 kil. en deçà des Gour Azmaï.

A 7 kil. du point de départ, une ligne Sud-Est Nord-W., coupant perpendiculairement notre itinéraire joindrait les deux points en vue de Gara-Nkhbiba, à 30 kil. à l'Est et de Gour Bou-Chareb à 40 kil. à l'Ouest. Une ligne allant directement au Sud, passerait à Hassi-Gara, que l'on aperçoit à environ 20 kil. sur une ligne Nord-Est Sud-W. de gour qui forment comme une série de longues tables alignées à des distances variables les unes à la suite des autres. En deçà de cette ligne de gour et parallèlement à notre itinéraire, à notre gauche, à des distances variant de 15 à 20 kil., nous laissons successivement les puits de Zbaret-el-Aoud, Fouarès, Bou-el-Kbach et Bou-Ferdjani.

L'Oued Mia continue son détour par l'Ouest, s'éloignant à plus de 15 kil. de la ligne de notre itinéraire, le long des Gour Sebbakh. Le thalweg est encore assez bien marqué, mais l'oued devient pourtant assez mal déterminé sur la rive droite où la berge n'existe pas toujours.

Arrivée à 2 h. à Hassi-Mahmed-ben-Haoued, puits mort depuis longtemps. Campé à 2 kil. à l'ouest du puits. — **Distance 30 kil.** — Du camp, on a en vue, au Nord-W.,

Zmoul-Ledjouad et un peu plus au Sud Zmoul-Bendjedian. L'Oued Mia passe entre les deux, les sables des Zmoul-Bendjedian sur sa rive droite, ceux des Zmoul-Ledjouad sur sa rive gauche. Directement à l'ouest de Ledjouad, mais hors de vue, on rencontre Berkam et au Nord.-W. Hassi-el-Hadjar. Au Sud, on aperçoit les Gour Ben-Moussa, au pied desquels, s'étendant de notre côté, est la plaine connue sous le nom de Haïchat-Ouargla.

Ici, l'observation confirme un renseignement qui avait déjà été donné à Ouargla par les indigènes. Nous n'avons remonté jusqu'ici qu'une branche de l'Oued Mia, la principale, qui finit dans le chott d'Ouargla. Une autre branche finit à Hassi-el-Hadjar. Le point de bifurcation de l'Oued est à Hassi-Bendjedian. Il paraît assez vraisemblable que l'on peut considérer comme un delta d'embouchure le secteur dont le centre serait à Bendjedian et dont l'arc passerait par les deux points : Hassi-el-Hadjar et Ouargla. Toutefois, les deux branches dont il vient d'être parlé sont nettement déterminées et les indigènes les distinguent fort bien.

Mardi, 7 décembre. — Départ à 6 h. 30. Route au Sud-W. Plaine sablonneuse, reg fin. Passé à 10 kil. à l'est des Zmoul-Bendjedian. Au loin à l'horizon, au Sud-Est, s'aperçoivent les gour de Mahboula et la cime du Dzotti, vus par l'Est au premier voyage, de Hassi-Medjira et de Hassi-Djeribia.

A 12 kil. de notre point de départ, nous passons à Hassi-el-Haïcha, après avoir laissé à 3 kil. environ à gauche Hassi-Djedid. Le puits Haïcha a 8 m. de profondeur; eau abondante et assez bonne. L'Oued Mia s'est rapproché depuis hier pour parfaire l'arc dont nous suivons la corde en allant sur Hassi-Djemel. Il passe à 6 kil. environ de notre itinéraire entre les Gour El-Anek, qui sont sur sa rive gauche, et les Gour Cham, qui sont au-dessus des Zmoul-Bendjedian sur sa rive droite. Son lit bien marqué est encombré de dunes.

A 25 kil. du point de départ, nous passons sur deux petites gara, gouirat, dite Bou-Chaheb, d'où nous voyons au Sud-W. Hassi-Djemel, que nous atteindrons demain. L'Oued Mia tourne le long et en deçà des Gour El-Anek pour arriver à Hassi-Djemel. Les gouirat Bou-Chaheb sont isolées dans la plaine en deçà des Gour Cham. Ces derniers peu accentués, se prolongent au Sud-W. en éboulis de sable qui forment une petite chaîne de dunes marquant la rive droite de l'Oued Mia et constituant ainsi comme un prolongement des Zmoul-Bendjedian. Une autre chaîne de petites dunes court isolément à notre gauche depuis la hauteur de Bendjedian jusque vers le Mezbela et Mehaïguen qui forment un cap de gour sur l'oued, à 10 kil. plus au Sud.

Arrivée à 2 h.; campés en avant de Gouirat-bou-Chaheb. Distance 30 kil. Pas d'eau.

Mercredi, 8 décembre. — Départ à 6 h. 30. La chaîne de dunes que nous avons vue hier en avant de Bou-Chaheb quitte le bord de l'Oued Mia, dont la rive droite devient indéterminée, et court au Sud-Est par deux branches qui se réunissent à environ 6 kil. plus loin, laissant entre elles, sur notre itinéraire, une sorte d'île de terrain reg. Cette chaîne n'est autre chose que l'extrémité du Selass-el-Dhanoun exploré dans le dernier voyage, venant finir sur l'Oued Mia. Sur notre itinéraire se trouvent, dans les deux branches de la chaîne, des passages relativement faciles. Du reste les dunes ont ici un très faible relief, sauf deux ou trois ghourds et entre autre celui de Ghourd Echchouf, qui se trouve dans la branche la plus méridionale, un peu avant d'arriver à Hassi-Djemel. A la rigueur, on éviterait complètement le sable en tournant par l'Est, vers le Mehaïguen où il y a solution de continuité dans la chaîne, les deux branches réunies, soit par l'Ouest en allant prendre l'Oued Mia même à partir de Gouirat-bou-Chaheb.

Arrivée à 11 h. 30 à Hassi-Djemel, puits de 11 m., eau.

— Distance 18 kil. — D'ici, au Sud direct, à 35 kil. on apperçoit les gour allongés de Et-Thir. A 6 kil. en deçà, sur la même direction, est Hassi-bou-Khira, à l'ouest duquel, à environ 6 kil. se trouve Zmal-el-Harcha. Au delà de Gour Et-Thir, au Sud, à environ 80 kil. est Draa-ben-Aïch. Ghourd Oulad-Aïch et le puits du même nom, puits mort en ce moment, sont environ 15 kil. plus loin.

Jeudi, 9 décembre. — Séjour à Hassi-Djemel. Renouvelé l'eau des outres et fait boire les chameaux en vue des six ou sept jours consécutifs sans eau qui vont suivre. Les puits sont morts dans toute la région de l'Oued Mia au Sud, entre Hassi-Djemel et Hassi-Inifel ou Sidi-Abdelhakem.

Reconnaissance à 10 kil., sur Gour El-Anek, par MM. Béringer et Roche.

D'une manière générale et autant que le comporte la sécurité des régions traversées, les ingénieurs accompagnés de guides vont pendant la marche sur les points qui peuvent offrir quelque intérêt, sans s'astreindre à suivre la caravane qu'ils rejoignent au campement.

De son côté le chef de la mission marche en avant de la caravane avec ses guides, se fait décrire le pays, prend de nombreux renseignements et choisit le lieu du campement, les autres membres de la mission, sauf M. Santin qui lève l'itinéraire à la boussole, suivent la caravane et en dirigent la marche en se réglant sur les traces du colonel.

Vendredi, 10 décembre. — Départ à 6 h. 30. Route Sud-W. Plaine reg à grains assez gros ; c'est l'Oued Mia dont la rive droite continue à être indéterminée. La direction générale de l'oued n'est plus marquée que par la rive gauche, au pied des Gour El-Anek qui font partie du plateau de hamada s'étendant vers Talemout et Goléa. Il faut remarquer que, dans cette région, les gour ne présentent pas des arêtes vives comme ceux de l'Est, dont plusieurs sont visibles de notre route ; ils forment des ondulations et de larges vallonnements. Le reg lui-même est légèrement ondulé, de telle sorte qu'au lieu d'être représenté par une plaine sans thalweg apparent, l'Oued Mia peut, à la rigueur, être figuré par un ensemble de vallées à peu près parallèles entre elles, vallées peu sensibles, se confondant çà et là les unes avec les autres, mais cependant suffisamment apparentes pour être connues dans le pays sous des noms distincts. C'est ainsi qu'à 20 kil. de notre point de départ, à Hassi-Zmila, où se trouvent, comme le nom l'indique, des zemoul ou amas de sable, on trouve deux vallées : la principale, toujours le long de l'Anek ; une secondaire, l'Oued Zmila, sorte d'affluent et, entre les deux comme séparation, les zmoul continués sur une longueur de 10 kil. environ par un hadeb (bosse), dos d'âne de reg, dit Gouirat-Kahal (petite gara noire). Les zmoul sont faciles à franchir ; du reste on peut les tourner, soit à droite, soit à gauche. Avec le hadeb ils forment donc une île dans l'Oued Mia.

Remonté l'Oued Zmila jusqu'à Sebbakh-Terfaïa, où il ne forme plus vallonnement distinct. Arrivée à 2 h. Distance 30 kil.

Sebbakh-Terfaïa est une dépression avec affleurements de gypse. — Pâturages. — Quelques Terfa (tamarix) rabougris, d'où le nom.

Ici une ligne Nord-Est passe à Mahboula, qui est à environ 70 kil. Une ligne Est passe à Boukhira, à environ 25 kil. La même ligne passe plus à l'Est à Tamesguida. Une ligne Est-Sud-Est passe à Gharet-Ghezal, à environ 30 kil. Enfin, au Sud-Est, on aperçoit la chaîne de ghourds dite Dra-Oulad-Aïch* qui prolonge par l'W.-Nord-W. l'oudj Nord ou massif des grandes dunes dans lequel est Aïn-Taïba, pour arriver en amas discontinus de sable jusque sur l'Oued Mia, vers Rechag-el-Itel, où nous conduira ultérieurement notre route. On distingue même au Sud-Sud-Est le ghourd dit El-Atchan, point de départ de Dra-Oulad-Aïch dans l'Erg proprement dit et angle de l'oudje Nord et de l'oudje Ouest à la trouée de l'Oued Mia venant du plateau de Tadmaït.

Samedi, 11 décembre. — Départ à 6 h. 30. Route au Sud-W. Plaine faiblement ondulée, reg presque sans aucune végétation ; par places, terrain de gassi à cailloux irréguliers, noirâtres, particulièrement sur les pentes des ondulations. De ci de là, quelques traînées de sable. La ligne déterminant la gauche de l'Oued Mia est toujours apparente ; mais elle passe à plus de 25 kil. de notre route, faisant un détour dont nous suivons la corde ; c'est le pied du hamada dit d'Oudian-Echcheb, faisant suite à El-Anek. Quant au côté droit de la vallée, il continue à être indéterminé comme hier ; et la vallée elle-même donne toujours dans son ensemble, à cause des ondulations du terrain reg, une série de vallons à peu près parallèles et plus ou moins allongés.

A 11 kil. du point de départ, nous passons à Garat-ben-Hamra, petite gara isolée au milieu du reg, ainsi appelée du nom d'un personnage ayant une certaine notoriété religieuse et qui fut enterré sur ce point après avoir été tué par un parti de maraudeurs. Du sommet de la Gara-ben-Hamra, on voit à gauche un vallonnement assez bien marqué qui va sur Boukhira, au Nord-Est ; à droite, un autre vallonnement, la Gara-ben-Hamra et plus loin la Gara-Siab entre les deux ; enfin, plus à droite encore, des ondulations en divers sens. Les deux vallonnements dont il vient d'être parlé portent plus particulièrement le nom Siab ; il s'y trouve quelque végétation, du retem, du hadh, etc. ; et c'est plutôt à ce signe qu'au mouvement même du terrain qu'il est possible de les distinguer. Nous remontons le Siab le plus oriental. Arrivée à 2 heures à Melagat-es-Siab, c'est-à-dire point de rencontre des deux Siab. Distance 32 kil. C'est à peu près le point marqué Siab sur la carte de l'Algérie au $\frac{1}{800.000}$. Pas d'eau, pas de puits.

D'ici on aperçoit distinctement au Sud-W. sur notre route le ghourd de Rechag-el-Itel qui est la pointe du Dra-Oulad-Aïch sur l'Oued Mia. Le bord du hamada de Oudian-Cheheb, qui marque toujours la rive gauche de la vallée, n'est plus qu'à 5 kil. environ ; de l'autre côté le reg et l'ensemble des vallonnements qui constituent l'Oued Mia continuent à s'étendre indéfiniment sans limites appréciables.

Une ligne W. va, à 60 kil., aboutir dans le hamada Oudian-Cheheb à une Sebkha dite Melah où l'on trouve du sel et un puits d'eau saumâtre.

Pour aller de Sebkha-Melah à Goléa, on va en ligne droite par le hamada, en passant aux points dits : Dhmirat (dune) Meriem, Dhmirat-el-Hanna, Areg-Ghanem, Mechkarden, Gour Ouargla, Goléa.

De Sebkha-Melah à Hassi-Zirara, on va en ligne droite par Areg-Talemout, El-Begrat, Er-Rich, Zmila-Berkaoui, Bou-Ali, Saadan, Zirara.

De Zirara à Goléa, on donne l'itinéraire suivant : Areg-Mezrag, Gar-el-Beïda, Amoud, Gada, Bouksikis, Anteg, Goléa.

Dimanche, 12 décembre. — Départ à 6 h. 30. Route Sud-W., en remontant la bande de végétation, retem et guedem, qui marque dans le reg la trace du Saïba (saïba, singulier de siab, signifie gouttière, rigole), résultant des deux siab au point de réunion desquels (melaga) nous venons de camper. C'est une erreur de la carte au $\frac{1}{800,000^e}$ d'indiquer Siab comme un point particulier. Ici comme ailleurs le long de l'Oued Mia, les Siab sont des branches ou thalweg de l'oued. L'Oued Mia a de nombreux Siab. Son nom (mia, cent) signifie tout aussi bien, dans l'esprit des indigènes, cent branches, que cent sources.

A 6 kil. de notre point de départ, le Saïba forme rigole bien marquée avec quelques escarpements à droite et à gauche dans le reg. Toutefois, cette trace ne tarde pas à disparaître, confondue dans des vallonnements peu définis. A 2 kil. plus loin Ngouirat-Nous, mamelons isolés au milieu du reg. Du haut de cette éminence, on voit le Hamada El-Oudian à 4 kil. environ, courant parallèlement à notre route à droite et paraissant s'abaisser sensiblement. Une ligne allant directement à l'Est passe par Hassi-Ghourd-Oulad-Haïch, qui est à environ 45 kil. A 7 kil. au delà de Ngouirat-Nous, nous passons au puits mort depuis longtemps de Ben-Abdelkader; c'était un puits bien maçonné ; il y aurait 3 à 4 m. de sable à enlever pour le remettre en état, ce qui lui donnerait 12 m. de profondeur jusqu'au niveau de l'eau. Ici tout le large fond de reg qui constitue l'Oued Mia est appelé Rechag-el-Itel, du nom de la pointe des dunes de Dra-Oulad-Aïch au pied de laquelle nous arrivons à 18 kil. du point de départ, à 3 kil. au delà de Hassi-ben-Abdelkader.

Le cap de dunes de Rechag-el-Itel n'envahit pas l'Oued Mia lui-même, mais il le resserre et lui forme à droite une limite continuée plus loin par le bord du Hamada El-Atchan. Le Hamada El-Atchan est le plan de l'angle dont les côtés Est et Nord sont formés par l'oudje W. des Areg et le pied Sud du Dra-Oulad-Aïch. Il s'étend indéfiniment au Sud-W. le long de l'Oued Mia, qui a maintenant une berge droite bien marquée. Par contre, la rive gauche a à peu près disparu ; le Hamada El-Oudian, bien qu'assez vallonné, ne paraissant plus avoir de relief sensible au-dessus du fond du lit. Mais cet état de choses ne tarde pas à se modifier. A environ 2 kil. au delà de Rechag-el-Itel et presque en face sur la rive gauche apparaît, à Keber-et-Troudi, la tête d'une assez longue chaîne de dunes. Cette chaîne remplace d'abord le bord du hamada en bordure de l'oued; peu après elle envahit l'oued lui-même, et, le Hamada El-Oudian redevenant alors relativement escarpé, il en résulte que nous retrouvons un véritable lit de rivière, masqué, il est vrai, par des dunes de sable confuses et assez difficiles, mais à berges parfaitement accentuées, comme cela ne s'est pas encore présenté jusqu'ici. Ce thalweg ensablé fait des détours, sans préjudice de quelques siab ou branches qui forment comme des affluents ; il est impraticable et le chemin ou medjebed d'Insalah suit en général par le hamada de la rive gauche, sauf quelques passages dans les dunes. Pour éviter complètement les sables, il faudrait du siab d'où nous sommes partis ce matin, aller doubler le Keber-el-Troudi et suivre le Hamada El-Oudian; mais la chaîne de sable de Troudi n'étant pas unique sur ce hamada, on serait entraîné à aller directement à l'W. au lieu du Sud-W. jusque vers Hassi-el-Melah, en laissant l'Oued Mia à plus de 30 kil. et en arrivant assez loin au nord d'Inifel. On pourrait encore, de l'autre côté de l'oued, après avoir doublé les dunes de Rechag-el-Itel, monter sur le Hamada El-Atchan et le suivre, mais pour doubler la chaîne des dunes que l'on y rencontre comme de l'autre côté et, pour éviter les vallonnements trop accentués, il faudrait plutôt aller sur Msied et Mesegguen que directement sur Insalah. Il résulte de là qu'en somme pour aller de Ouargla à Insalah, l'Oued Mia lui-même ne laisse pas que de présenter des difficultés sur une centaine de kilomètres, dans la partie que nous abordons en ce moment. Une voie ferrée pourrait à la rigueur y être construite, mais moins économiquement que les renseignements recueillis jusqu'ici ne l'aurait laissé supposer, soit avec trois ou quatre passages, chacun de 1,000 à 1,200 m. dans des sables; soit, pour éviter les sables, avec des détours dans le hamada où l'eau ne peut guère se trouver qu'à assez grands frais, vu la profondeur probable des forages et la dureté du terrain.

Passé le thalweg ensablé de l'oued à travers les dunes compliquées du Troudi; passage d'environ 1,500 m. suivi le hamada par le medjebed dit Guetta-Touila (le long passage), l'oued faisant une boucle par notre gauche (flèche d'environ 10 kil.). Le Guetta-Touila est la corde de cette boucle sur un hamada absolument dépourvu de végétation et modérément vallonné. Il recoupe l'oued au confluent de la branche de Khechaba, qui va au Nord-W. à Hassi-Melah et de l'Oued Tinefdjaouin, qui vient du Sud-Est. Ici l'Oued Mia est complètement barré, non-seulement par l'amoncellement des dunes qui suivent son lit et qui vont à Keber-Troudi, comme il a été dit plus haut, mais encore par une chaîne qui suit la rive droite du Khechaba et par une autre qui suit la rive gauche du Tinefdjaouin. Le confluent disparaît sous un amas considérable de sable. Passage très difficile et très confus, qu'on ne peut tourner qu'à assez grande distance, soit au Nord-W. par Hassi-Melah, à environ 30 kil., soit au Sud-Est, un peu avant Tinefdjaouin, qui est à 40 kil. environ (puits mort, ghourds isolés visibles de notre route).

Arrivée à 4 h. 30 au confluent du Khechaba. Distance 42 kil.

Près du point où nous sommes, l'agha Mohamed ben Driss ghaza, en 1871, quelques tentes de Chambaa dissidents.

Les pâturages sont abondants dans l'Oued Khechaba, quand il a plu ; mais la pluie est rare dans ces parages. On n'en a pas vu depuis plusieurs années et nos chameaux trouvent très peu de choses à manger. Du reste de Rechag-el-Itel jusqu'à Sedjera-Touila, où nous irons demain, se trouvent, disent les indigènes, la partie la plus déshéritée de toute la vallée de l'Oued Mia.

Lundi, 13 décembre. — Départ à 6 h. 45. Franchi la chaîne de dunes qui borde l'Oued Khechaba. Suivi le medjebed sur le hamada, l'Oued Mia redevenant distinct à notre droite à environ 2 kil., après le barrage des sables à notre point de départ. A 6 kil., autre passage d'une chaîne de dunes dite Sebbakh-Khechaba. Nous sommes ici à 30 kil. Sud-Est de Hassi-el-Melah. A 10 kil. Est de Hassi-el-Melah se trouve la Sebkha de sel et sable mouvant de Habbessa, qui engloutit bêtes et gens, disent les indigènes.

A 12 kil. des sables de Sebbakh-Khechaba, autre chaîne parallèle de dunes à franchir ; c'est Gherid ou Gheridat (les ghourd) El-Hadjdaj (des pèlerins) ; deux pèlerins, un homme et sa femme, étant mort de soif en ces lieux, il y a une dizaine d'années. Au delà de ce passage, qui est relativement plus facile que les précédents, nous reprenons le medjebed du hamada, laissant l'Oued Mia faire à notre gauche une boucle dont la flèche est d'environ 8 kil. C'est le medjebed de la Guetta-el-Oussif. A environ 15 kil. à notre droite, on voit une dune isolée dite ghourd ou dhamra (moyenne dune) Bou Rouga, nom d'un autre individu mort de soif il y a 4 ans. Le Guetta-el-Oussif passe sur un terrain hamada absolument nu comme celui de Guetta-Touila de l'étape d'hier. Il est seulement plus vallonné et l'on y distingue nettement des ravines assez profondes qui vont à l'Oued Mia, dont les berges sont toujours bien marquées. Par les trouées que laissent apercevoir l'Oued Mia, on voit le sable diminuer peu à peu et se réduire à une simple nebka modérément accidentée, dans laquelle poussent des ethels (tamarix gallica). Le medjebed Guetta-el-Oussif rejoint l'Oued Mia à Sedjera-Touila; nebka dans le thalweg, dunes assez hautes sur la rive droite formant cap au Sud sur le Hamada El-Atchan. Végétation très abondante : drinn, baguel, tamarix, etc. Traces d'une crue de l'an dernier. Arrivée à 4 h. 30. Campé au débouché du medjebed-Guetta-el-Oussif, à Sedjera-Touila. Distance 40 kil.

Mardi, 14 décembre. — Départ à 6 h. 45. Suivi l'Oued Mia, bien marqué par de hautes berges. Nebka facile bordée de reg; chemin aisé, végétation abondante et, à 2 kil. à notre droite, sur le hamada, on voit les deux dhmirat (dunes) de Djouabi à 6 kil. à gauche, formant cap au Sud sur le Hamada El-Atchan, et la dune de Safsaf, où l'oued s'élargit très sensiblement, les berges s'abaissant au point de disparaître presque entièrement çà et là, pour faire place à des croupes peu accentuées. A 15 kil. de notre point de départ se trouve un bouquet d'une cinquantaine de safsaf (trembles). Il y en a de deux expèces: l'athila à feuilles longues et le safsaf proprement dit, à feuilles dentelées. C'est le seul point du Sahara où l'on signale cette espèce d'arbre (M. Duveyrier le note dans le plateau de Tademaït, près de Tinefdjaouïn ; c'est bien à peu près le même point). L'endroit où se trouvent les safsaf forme ghedir permanent de plusieurs mois après les pluies. L'été dernier encore il s'y trouvait de l'eau; on le nomme Tilmas (petit ghedir permanent) de Safsaf. Toute la partie de l'Oued Mia où nous sommes prend le nom de Safsaf jusqu'à une dune de la rive droite formant cap au Sud comme les autres et appelée Safsaf du côté Nord et Merabota du côté Sud. Arrivée à 12 h. 30 au pied de cette dune. Campés dans l'oued. Distance 22 kil. Végétation abondante: drinn, hadh, hanna, tamarix, etc. Nos chameaux trouvent, depuis hier au soir, une ample compensation à leur jeûne forcé entre Rechag-el-Itel et Sedjera-Touila.

Recueilli par renseignements. — Itinéraire de Rechag-el-Itel à Mesegguem par Hamad-el-Atchan, Tinefdjaouin, Gherid-el-Agreb, Zmal-el-Archa, Mogtela, Gherid-bou-Lahia, Takoumsit, Msied (tilmas, petits ghedirs où l'eau reste jusqu'à trois ans après les pluies), Tinkoumt (tilmas), Daïat-en-Nadja, Daïat-el-Feras, Daïat-Chich, Daïat-ben-Lekhal, Roknat-ed-Diba, Oued Tinersal (ghedir), Djeraïrin, Oued Djokran (oued large, ghedir), Oudei-Oubadi, Oued Ghalga, Oued Ilou, Oued Hassani, Oued Imgharghar (large oued), Oudian-Sebbat (affluent du précédent), Oued Souf, Oued Alenda (affluent du précédent), Oued Aoulouggui (presque toujours de l'eau), Mesegguem. Tous ces oued viennent du Sud-W. et finissent dans l'Erg à l'oudje W.

De Mesegguem à El-Biodh, chemin d'Insalah à Ghadamès, W. de l'Oued Souf, Oudian-Chouikh, Oued El-Abed, Oued El-Daïat-ben-Abbou, Menkeb-Retem, Fedj-el-Moghania, Dra-Allal, El-Biodh.

Mercredi, 15 décembre. — Départ à 6 h. 30, route à l'W.-Sud-W., dans la vallée de l'Oued Mia, le thalweg toujours bien marqué à notre gauche. Terrain reg facile, peu mouvementé, en contrebas du hamada de la rive gauche. Petites dunes assez compliquées formant, en partie, la rive droite et s'étendant, par pointes, au Sud sur le hamada de ce côté et envahissant le thalweg par places. Çà et là, dans ce thalweg, fonds d'argile formant mechra (cuvette), où l'eau séjourne cinq et six mois à la suite des fortes pluies. Pour le moment, ils sont tous à sec. Presque au départ, Mechra-el-Biodh, qui a plus de 2 kil. de longueur sur environ 100 m. de largeur; plus loin, Mechra-Rokna, qui a des dimensions analogues et qui forme à l'aval un tilmas (petite cuvette circulaire à fond imperméable), à 10 kil. de notre point de départ; il y a interruption dans les dunes de la rive droite de la vallée, et les gour sous-jacents réapparaissent en berge escarpée au point dit Gara-Rokna. Là, l'Oued Mia fait, à notre gauche, une boucle en arc de cercle dont la flèche est d'environ 800 m. Nous passons, suivant la corde qui a environ 1,500 m., par le col assez bas dit Meksiem (séparation) dans le cap de hamada de la rive gauche et nous retrouvons l'oued dans un élargissement de thalweg dit Hanit-er-Retem. La vallée reprend le même aspect que précédemment : nombreuses dunes avec cap au Sud sur le hamada de la rive droite; reg et hamada sur la rive gauche; thalweg persemé de nebka avec végétation abondante, itel (tamarix), drinn, hadh, hanna, ghessel, etc.

A 18 kil. du point de départ, passé à une petite gara isolée, sur le medjebed même que nous suivons. C'est la gara Merabota (la femme marabout). Il y a cent ans une femme des Zoua mourut en odeur de sainteté pendant un voyage qu'elle avait entrepris d'Insalah à Ouargla. Elle fut enterrée sur le sommet de la gara et son tombeau est l'objet de la vénération des fidèles. A environ 10 kil. en amont et à 10 kil. en aval, toute la région de l'Oued Mia prend le nom de Merabota.

La caravane s'étant arrêtée en ce point un certain temps, plusieurs hommes vont visiter la koubba et reviennent bientôt en toute hâte disant avoir aperçu un parti de cavaliers s'avançant vers la caravane. Tout le monde se prépare a combattre, quand on découvrit dans ces cavaliers 6 hommes du maghzen de Ouargla, qui avaient été envoyés pour reconnaître le pays. Cette reconnaissance, qui avait précédé la mission de quelques jours, n'avait rien vu, ni appris d'inquiétant.

Au delà de la gara Merabota, passé le raccourci, corde de l'arc de l'oued dit Guetta-Er-Rich, sur le hamada de la rive gauche. Ce guetta n'a guère que 1 kil. ; mais l'oued faisant d'assez nombreux détours en cet endroit, le medjebed prend bientôt un autre guetta dit de Sidi-Abdelhakem ou d'Inifel. Nous laissons ce guetta pour prendre l'oued lui-même à notre gauche et y camper. Arrivée à 1 h. 30 au point dit Zmoul-Gueblet-Sidi-Abd-el-Hakem ou encore Inifel (sable du sud de Sidi-Abd-el-Hakem ou d'Inifel). Ces zmoul sont un peu en avant de nous sur la rive droite et, comme les autres, ils forment chaîne avec cap au Sud sur le hamada de ce côté de la vallée. Distance 28 kil. Gazelles nombreuses, lièvres ; vu des traces d'autruches. Il paraît que lorsqu'il a plu dans l'Oued Mia, les autruches viennent ici du Sud en assez grand nombre. Végétation abondante, excellente pour les chameaux.

Jeudi, 16 décembre. — Départ à 6 h. 30. Suivi l'oued qui fait quelques détours. Repris le guetta Abd-el-Hakem qui, plus loin, en amont, prend le nom de guetta Meriem. A 5 kil. de notre point de départ, du guetta Meriem qui passe sur un cap de hamada de la rive gauche, on aperçoit la koubba (petite chapelle, mausolée) de Sidi Abd-el-Hakem. Au débouché de guetta Meriem, la vallée s'élargit un peu et tourne légèrement à gauche. Thalweg à fond de sable assez uni. Arrivée à 9 h. 30. Distance 12 kil. Campé dans l'oued au hassi (puits) Sidi-Abd-el-Hakem. La koubba est à 1 kil., sur les pentes de hamada de la rive gauche. Le puits, creusé dans le sable, a 6 m.

de profondeur jusqu'au niveau de l'eau. Eau bonne, mais peu abondante.

D'ici une ligne à l'W. va à Dra-Saret, bande de dunes masquant la place d'un lit d'oued, l'Oued Saret, à 15 kil. L'Oued Mia, proprement dit, continue en amont à l'W.-Sud-W. par Tilmas-el-Beguem, Mechra-en-Nsa, Mechra-el-Abiodh, Mechra-el-Aten, Metlag-Chebbaba, Tildjemat, Metlag-Aoulouggui, Djelguem, Miat-Nekhal, Ferkna, Nziman, Hamdi, Broughen, Gouirat-ed-Diab, Hassi-Mongar, El-Djeddiad, Zaouia-Kahla, qui est Insalah.

Le medjebed direct d'Insalah quitte ici l'Oued Mia pour aller droit au Sud-W. par Meksem-el-Guefoul, qui est à 4 kil. et qui marque le confluent encombré de gour et de dunes de l'Oued Meseddeli, avec l'Oued Mia. L'Oued Messedeli n'est que la continuation de l'Oued Insokki. La route d'Insalah suit ces oued par Meseddeli, Kaf-el-Ouar, El-Hachana, Tiouki, Dhmirat-el-Melkh, Oudian-Raoua, Mermoa, Oued Moussa-ben-Aïch, Gherid, Insokki, Metlag-Oudian-el-Itel, Skiki, Melah, Farès Oum-el-Lil, Khoneig Hassi, Oulad-Messaoud, Foggaret-Zaouia El-Kahla ou Zaouia-Zoua qui fait partie du groupe d'oasis d'Insalah.

A Insokki, sur cet itinéraire, bifurque un chemin qui va à Meseggucm par Chabet-Chich, Tisnaïa, Tilmas-Sedra, Mogtela, Aoulouggui, Meseggucm.

L'ancien nom de la partie de l'Oued Mia où nous sommes est Inifel. Sidi Abd-el-Hakem des Zoua (Oulad Sidi Cheikh), y mourut il y a environ 80 ans ; il avait l'habitude d'y camper et il avait même recommandé d'y transporter son corps s'il venait à mourir ailleurs. Il y fut enterré et le pays pris son nom. Les Zoua ont élevé sur son tombeau une koubba qu'ils entretiennent soigneusement, faisant venir, à cet effet, tous les deux ou trois ans, des maçons du Gourara. On prétend qu'il y a des trésors dans la koubba. Ce qui est certain, c'est que les voyageurs ont l'habitude d'y déposer des offrandes, du grain, des dattes, des ustensiles divers, des mouchoirs, etc. La porte est ouverte ; on peut se servir des objets déposés, se nourrir des provisions ; mais on prétend que personne n'a jamais rien emporté par crainte de Sidi Abd-el-Hakem qui punirait de mort le profanateur.

Nous sommes ici à 120 kil. sud-sud-est de Goléa ; on y va en ligne droite par Dra-Saret, Dahar-Lechekeb, El-Mouilah (hassi, eau saumâtre), Mechkarden (eau), El-Gada, Goléa. On laisse El-Hachchana (eau) un peu à gauche, soit à l'W. de cette route, à 8 ou 10 kil. vers la hauteur de Dahar-Lechekeb.

La route directe de Goléa à Insalah passe à l'ouest de l'itinéraire précédent, en ligne droite sur le haut de l'Oued Mia par El-Meksa, qui est à environ 90 kil. de Goléa, Oued Saret, Chebbaba, Tabaloult, Tebakourt, Tildjemat, qui est sur l'Oued Mia, et en continuant à remonter l'Oued Mia, comme il a été dit plus haut par Metlag-Aoulouggui, Djelguem, Miat-Nekhal, Ferkna, Nziman, Hamdi, Broughen, Gouirat-ed-Diab, Hassi-Mongar, Djediad, Zaouïa El-Kahla, qui fait partie d'Insalah, à 25 kil. du ksar de Gosten et Gosten à 20 kil. du ksar El-Arab ou d'Insalah, proprement dit.

Vendredi, 17 décembre. — Séjour à Hassi-Inifel. Creusement d'un nouveau puits de 6 m. de profondeur à côté de l'ancien qui est insuffisant.

<small>Ce puits que les sokhars avaient nommé H.-El-Colonel, a été comblé depuis par les gens d'Insalah.</small>

Samedi, 18 décembre. — Séjour à Hassi-Inifel. Achevé d'abreuver les chameaux et de faire provision d'eau pour la route.

Dimanche, 19 décembre. — Départ de Hassi-Inifel à 6 h. 30. Direction Sud sur Meksem-el-Guefoul, qui est dans la dune, barrant et encombrant le confluent de l'Oued Messeddeli ; au delà de Meksem, nous arrivons sur le hamada semé de quelques petites gour qui forment la rive gauche de l'Oued Meseddeli ou plutôt de l'Oued Insokki; car, en ce point, qui est plus particulièrement appelé Saïbat (branche) Ferdjallah, les deux oued sont confondus. L'Oued Meseddeli, proprement dit, de beaucoup le moins important, venant du Sud-W., a environ 40 kil. au plus, avec une branche Nord-W. qui va rejoindre l'Oued Mia au-dessus de Mechra-el-Abiodh à Nebbagha, et une branche Nord-Est qui se réunit à l'Oued Insokki pour former le Saïbat-Ferdjallah, où nous nous trouvons. Le point réel de réunion est sur notre route, à 14 kil. de notre point de départ; mais toute la région, jusqu'à 30 kil., prend le nom de Metlag (confluent, réunion), saïba, thalweg ou lit, lieu marqué par une végétation abondante, itel et divers, le hamada sur la rive gauche, la dune longeant la rive droite et envahissant de ci de là le Hamada El-Atchan qui, au delà de la dune, s'étend à l'Est jusqu'à l'oudjo du grand Erg à Ghourd-el-Atchan qui est à notre Est-Sud-Est, à environ 50 kil., direction Sud-Sud-Est.

Les cavaliers du maghzen, qui suivent la mission depuis le 15 décembre, reprennent le chemin de Ouargla emmenant une des trois juments que le colonel avait emmenées et qu'il a échangé contre trois chameaux.

Arrivée à 1 h. 30 à Metlag-Insokki, réunion de plusieurs branches plus ou moins barrées par la dune qui envahit le lit en forte nebka. Pâturage exceptionnel, hadh surtout. Distance 30 kil.

Lundi, 20 décembre. — Départ à 6 h. 45. Remonté l'Oued Insokki en suivant son lit; franchi la dune de la rive droite qui passe sur la rive gauche où elle se continue en chaîne. Nebka, hamada et reg, fonds d'argile formant ghedir quand il a plu; l'an dernier, l'oued a eu beaucoup d'eau. Végétation abondante; itel formant presque des bois par places, drinn, hadh, etc.; îles de hamada dans le lit très élargi, mais très bien marqué de l'oued. Une branche de l'oued passe à notre gauche, au delà de la dune que nous avons laissée hier sur la rive droite et que nous suivons aujourd'hui sur la rive gauche. Cette branche va jusqu'à Inifel, à l'Oued Mia, dans les dunes du camp que nous avons quitté hier. Elle porte le nom de Saïbat-Gahouan. Une autre branche, beaucoup plus courte, passe à notre droite et va à l'Ouest joindre le haut de l'Oued Messeddeli. Direction générale de l'oued et, par conséquent, de notre itinéraire Sud-Est. A 15 kil. de notre point de départ, dhaïat, retem dans le lit de l'oued, trace de ghedir de l'an dernier. En avant et à notre gauche, à environ 5 kil., crête allongée de Gara-Gahouan, sorte de cap marquant le point de bifurcation de l'Oued Insokki avec la Saïbat-Gahouan dont il a été parlé ci-dessus. Au-dessus, après un léger détour, l'oued, redevenu unique, longe le Kef-el-Ouar, berge rocheuse et abrupte, élevée de 30 m. qui forme le bord du Hamada-El-Atchan. Il court ainsi Sud-Sud-Est, le hamada sur sa rive droite, la dune sur sa rive gauche. Ces dunes sont plus élevées que les précédentes ; elles ont plus de 80 m. au-dessus du hamada. Fonds de nebka; itel très abondants; bons pâturages; hadh, halma, drinn, etc.

Arrivée à 2 h. Campement dit Kef-el-Ouar, dans l'oued. Distance 30 kil.

Hier et aujourd'hui, nous avons reconnu dans l'oued de nombreuses traces de chameaux, vieilles de sept à huit jours. Il n'y a pas de traces de gens à pied. C'est donc probablement un ghezou (bande arabe en ghazia) ou des gens revenant de ghazia et conduisant des chameaux volés. Ces traces venant de l'Est vont vers Goléa ou vers l'Aouguerout et le Gourara, par l'Oued Mia, au-dessus de Inifel. Ce sont peut-être des Chambaa-Mouadhi de Goléa, fort coutumiers du fait, sans en excepter leur caïd Brick; peut-être des Medakenat du Gourara, comme ceux qui sont passés non loin de nous, vers El-Biod, à notre premier voyage. Dans tous les cas il est vraisemblable que ce sont des coupeurs de route exerçant leur industrie dans le Sahara, et ce qu'il faut surtout regretter c'est que les Chambaa-Mouadhi de Goléa, soumis à la France, puissent par leurs antécédents déplorables donner amplement raison à ceux qui les accusent d'être confondus parmi ces gens-là.

Recueilli par renseignements. — Du Kef-el-Ouar, Oued Insokki, campement du 20 décembre, à Tabelkouza et Aouguerout, 11 jours moyens de caravane arabe, soit 350 kil., par l'Oued Messeddelli, Nebbagha, où l'on coupe l'Oued Mia un peu au-dessus de Mechra-el-Abiod, Guettaa (raccourci) du Hamada, Oued Chebbaba (eau), Meser (eau), Diba (eau), Hamer (eau), Hassi-Retem, Tabelkouza (ksar), Hassi-Ferriga, Aouguerout (fort ksar qui est à l'ouest et très près de Timimoun).

Au Sud-Sud-W. de Aouguerout (quelques Arabes disent Iouguerout) est le ksar de Deldoun; plus à l'Ouest le ksar d'El-Barka, puis celui de Tiouki. Au Nord-W. de Tiouki est le ksar des Oulad-Rached, puis celui de Mtarfa, qui appartient aux Douï-Menia.

Entre Mtarfa et le Touat, au Sud-W., on passe par plus de 30 ksour. Timmi est le ksar principal du Touat. Le cheikh de ce ksar et du Touat est en ce moment El Hadj Mahmed Ould El Hadj Hassen. Au sud-est de Timmi et très près est Tamentit. L'Oued Saoura est à l'Ouest à 30 ou 40 kil: de Tamentit. Là, son lit présente un fond de reg sans sable; mais au-dessus, en remontant par Kerzaz jusque vers Igli, il est le plus souvent envahi et encombré par les sables assez difficiles à franchir. On ne peut éviter les sables qu'en passant par les ksour sur la rive gauche et loin du lit que l'on peut alors joindre en reg au-dessous de Tamentit. Par ce chemin on peut arriver sans sable de Goléa même en longeant l'oudj Sud, sur le Gourara au sud de Tabelkouza vers Timimoun et prenant la ligne des ksour, comme il vient d'être dit.

En suivant l'oued qui va au Sud-W. au-dessous de Tamentit, on passe par les ksour de Zaouïat-Cherfa, Sali, Nzigmir, qui produisent beaucoup de henné. A Akabli aboutit l'Oued Botha qui, du Mouïdir, va à l'Oued Saoura. Si l'on quitte ici l'Oued Saoura pour remonter au Nord-Est, on passe par les ksour de Tit et d'Aoulef et on arrive à Inghar. Insalah est à l'est-nord-est d'Inghar, à une journée, soit 40 kil. Insalah ou Ksar-el-Arab est à 15 kil. environ W.-Sud-W. de Gosten et à 20 kil. Sud-W. de Miliana, soit par conséquent à rectifier ici l'indication du premier voyage pour la distance de Miliana à Insalah (le reste sans modification).

Au nord de Miliana est Aïn-Souf, à environ 25 kil. ; point de la route de M. Soleillet, de Goléa par Bérarig (à rectifier l'itinéraire de M. Soleillet marqué en sens complètement inverse sur la carte Petermann) (1). Les renseignements qui précèdent sur le Touat et le Tidikelt (Insalah) coïncident avec les indications de Gérard Rholfs.

Mardi, 21 décembre. — Départ à 6 h. 15. Route Sud en remontant l'oued dont la berge rive droite continue à être formée par le Kef-el-Ouar, la rive gauche bordée par des dunes. A environ 7 kil. de notre point de départ, l'oued fait un léger coude par le Sud-Est et le hamada de la rive droite apparaît sous la dune. Au pied de l'escarpement qu'il forme pousse une touffe de cinq ou six palmiers qui, paraît-il, donnent chaque année quelques régimes d'assez bonnes dattes deglat nour, bien que l'on ne connaisse pas de pieds de palmiers mâles à moins de 300 kil. de distance. Les voyageurs font la récolte et il est présumable qu'il y a eu d'autres voyageurs avant nous; car la récolte est faite. Il n'y a pas d'eau en ce moment à El-Hachchana; mais l'oued a coulé jusqu'ici au printemps dernier et les mechra ou ghedir ont été remplis pendant plusieurs mois. La présence des palmiers indique, du reste, que la sécheresse n'est jamais

---

(1) Aïn-Souf est au Nord un peu Est et à 75 kil. environ d'Insalah ; la route suivie par M. Soleillet passe un peu au sud de ce point.

de très longue durée dans cette partie de l'Oued Insokki ; elle donne même lieu de supposer qu'il existe une nappe aquifère peu profonde.

Après plusieurs détours par le Sud-W., le Sud, le Sud-Est et l'Est, à 20 kil. de notre point de départ, l'oued reprend la direction Sud-W. à la dune ou dhmirat (dune moyenne) (ghourd assemblés en petit nombre) de Bou-Rezma, qui sur la rive droite marque la fin de Kef-el-Ouar. Cette dhmirat est ainsi appelée du nom d'un jeune chambi qui, il y a quinze ans, soit en 1865, se noya dans le mechra ou ghedir au pied de la berge. Autrefois, disent les indigènes, il y avait, en cet endroit, un mechra presque permanent. Depuis la mort du chambi, le fond ne tient plus l'eau.

Ici l'Oued Insokki prend le nom d'Oued Bou-Rezma, comme il s'est appelé Oued Kef-el-Ouar en aval, comme il s'appellera plus haut Oued Tioughi, Oued Merekh, Oued Megraoun, etc. Il est rare que les caravanes le suivent en parcourant tous ses détours; elles passent directement par le hamada en recoupant le lit assez rarement, de temps à autre. Le medjebed ou chemin le plus court sur Insalah, part de Messeddeli pour ne rencontrer l'oued qu'à Insokki même, qui est un point beaucoup plus haut que celui où nous sommes. De là, bien que le thalweg soit unique et nettement déterminé, sa division en section suivant les noms des ghourd, dhmirat ou gour qui sont en vue du hamada.

La dhmira Bou-Rezma marque le passage des dunes de la rive gauche sur la rive droite, bien qu'elles n'encombrent pas le lit. En amont le lit de l'oued passe entre les deux hamada; berges rocheuses, hautes de 20 à 25 m. à droite et à gauche. De ci de là, sur les deux rives, zmoul ou dhmirat de sable par chaînes discontinues, le plus souvent à quelques centaines de mètres des bords.

A 25 kil. de notre point de départ, après un faible élargissement bordé et envahi en partie par le sable, les berges de hamada se relèvent à 40 m. de hauteur ; elles sont profondément déchiquetées et tombent en escarpements abrupts sur l'oued dont le lit se resserre et constitue un véritable canon dans des roches de montagne. Le lit est encombré de rochers et de cailloux roulés. En un point se trouve un élargissement en forme de cirque à murailles à pic, puis nouveau canon très encombré de roches. Mechra très profonds et très coupés, à sec en ce moment, mais souvent remplis d'eau, paraît-il. Sur le bord du mechra principal est une touffe de palmiers semblables à ceux de El-Hachchana. Ce point est appelé Tioughi et l'oued prend ce nom en aval et en amont. La carte de M. Duveyrier porte l'Oued Tiourhi ou Tioughi allant à l'Est se perdre dans la dune parallèlement au Msied qui est au Sud, mais elle ne figure pas l'Oued Insokki dont l'Oued Tioughi n'est, en réalité, qu'une section. Pour l'Oued El-Msied, il est bien indépendant de l'Oued Insokki, formé de la réunion de trois têtes : Chabet-Tokki à l'Est, Chabet-Medjebed à l'Ouest et Chabet-Msied entre les deux ; il court parallèlement, tournant un peu au Nord-Est pour se perdre dans l'oudje à environ 40 kil. du point où nous sommes. Entre l'Oued Mia, l'Oued Insokki, l'Oued El-Msied et l'oudje des areg, il n'y a aucun oued dans le Hamada El-Atchan, à l'exception de quelques ravines insignifiantes sans issues d'un côté ni de l'autre. A gauche l'Oued Insokki n'a pas non plus d'affluent depuis l'Oued Meseddeli jusqu'à Tioughi et même bien au-dessus. Cependant la dala Bakha, à 15 kil. environ, forme ravin allongé dans la direction Nord-Sud allant sur l'areg Megraoun où nous arriverons plus tard, mais cette sorte de gouttière n'a d'issue ni en amont, ni en aval, c'est un vallonnement du hamada.

Arrivée à 2 h. Élargissement du canon de l'Oued Tioughi ; petites dunes à droite et à gauche couvrant en partie le hamada ; berges moins escarpées. Distance 32 kil. L'Oued Mia est à environ 30 kil. à l'Ouest de nous et continue encore, pendant quelque temps, à s'éloigner pour faire la boucle dont l'Oued Insokki est la corde.

Mercredi, 22 décembre. — Départ à 6 h. 15. Route au Sud-W. en remontant l'oued qui fait quelques détours par notre gauche; franchi quelques guettaa ou raccourcis de 500 m. à 1,000 m. par le hamada relativement facile de la rive gauche. Élargissement et rétrécissement successifs, mais thalweg toujours très nettement accentué; berges hautes en hamada, mais mamelonnées et non plus coupées à pic comme les jours précédents. Sur la rive droite, à 6 kil. de notre point de départ, deux ghourd jumeaux ou dhmirat dits Tioughi. Ici le fond de l'oued est parsemé de roches irrégulières et de cailloux roulés. Un peu à l'E. de Dhmirat Tioughi se voit un ravin assez marqué qui forme comme une ride de 5 à 6 kil. de longueur dans le Hamada El-Atchan; au premier abord on le prendrait pour un affluent de l'oued arrêté par la dune; mais il n'a pas, en réalité, d'issue.

Au fond de roche de l'oued succède, en remontant, un fond sablonneux, puis de l'argile compacte qui retient l'eau fort longtemps à la suite des pluies. L'oued a coulé ici au printemps dernier. Il y a des laisses d'eau qui indiquent jusqu'à 2 m. 50 de profondeur à la crue. Berges de 40 à 50 m. de hauteur en roches nues, rouges, sombres du hamada. A 22 kil. de notre point de départ, ghourd dhmirat dits El-Merekk, sur la rive droite. L'oued prend le nom d'Oued Merekk en aval et en amont. Quelques zemla de sable à droite et à gauche sur le hamada; l'une d'elles à 5 kil. de dhmirat Merekk, mais sur la rive gauche et en retrait sur le hamada, est la naissance d'un chaînon de hautes dunes qui s'appelle Megraoun et l'Oued Insokki devient là l'Oued Megraoun.

Arrivée à 1 h. 30. Au commencement aval de la section de l'Oued Insokki qui s'appelle Megraoun. Distance 28 kil. D'ici une ligne W. directe, de 45 kil., aboutit à l'Oued Mia et forme la flèche de l'arc qu'il décrit avec l'Oued Insokki pour corde.

Aujourd'hui, nous avons fait la rencontre de cinq hommes des Zoua et des Ouled Bahamou. L'un d'eux, parent de notre guide, Mohamed ben Radja. Ils disent que tout est au mieux dans le pays, que notre arrivée est connue et que nous pouvons marcher en toute confiance. Les Hoggar sont allés dernièrement, au nombre de 300, pour l'Aïd-Kebir, à Insalah pour faire la paix avec les gens d'Aoulef avec lesquels ils avaient eu quelques difficultés. Les choses se seraient arrangées à la satisfaction générale; Ahitaghel, qui conduisait ses Touareg, ne cachait à personne qu'il nous avait écrit pour nous dire que nous pouvions passer par son pays et tous ses gens avaient annoncé qu'ils étaient d'accord à ce sujet. Du reste, dans une lettre datée du mois d'août, Ahitaghel écrivait au chef de la mission qu'il avait l'intention de se rendre au Touat pour y régler des affaires.

Jeudi, 23 décembre. — Départ à 6 h. 15. Route Sud-W. en remontant l'oued. Sur la rive gauche, chaîne de hautes dunes de Megraoun longeant l'oued et en partie en retrait sur le hamada, en partie envahissant la berge. A 14 kil. de notre point de départ, rétrécissement très marqué; l'oued suit ici une gorge étroite entre deux hamada mamelonnés de 50 à 60 m. et plus de hauteur. Nombreux ravins de 100 à 150 m. de longueur, à droite et à gauche. A l'entrée de cette gorge est le puits comblé dit du Targui-Kourzelli et un peu plus haut le Tilmas-Raoua, puits où se trouve encore un peu d'eau; c'est vraisemblablement une source qui donnerait beaucoup d'eau si elle était aménagée; mais à partir d'ici, l'eau est assez fréquente en remontant l'Oued Insokki. Dans une période de trois ans, l'oued lui-même coule en moyenne une fois à forte crue, une fois à crue moindre.

Ici aboutit le premier affluent de l'Oued Insokki. C'est l'Oued Raoua qui, venant directement du Sud à environ

60 kil. et issu de plusieurs petits ravins (oudian), aboutit au puits où nous sommes, soit à 15 kil. en amont de notre point de départ d'aujourd'hui.

L'oued continue à remonter en forme de gorge entre les montagnes rocheuses et nues d'un rouge noirâtre qui constituent sur la rive droite le Hamada El-Atchan et sur la rive gauche le Hamada El-Ahmar. En retrait sur le Hamada El-Ahmar continue la dune de Megraoun qui va plus haut jusqu'à Chabet-Mermoha. A 20 kil. de notre point de départ, élargissement du lit par l'abaissement sensible du hamada de la rive gauche, la berge de la rive droite restant la même. Détour circulaire de l'oued par le Sud et l'Ouest. Vers le point de courbure aboutit le ravin (chabet), Chabet-el-Aroui (du mouflon), ravin très contourné et très difficile de 4 à 5 kil. de longueur, venant du Sud dans le hamada et formant un affluent insignifiant de droite. Ce ravin est appelé El-Aroui à cause des nombreux mouflons que l'on y trouve. Du reste, les mouflons se rencontrent en assez grand nombre dans les roches qui bordent l'Oued Insokki; nous en voyons chaque jour des traces et nos chasseurs en ont déjà tué quelques-uns.

Un peu au-dessus du confluent de Chabet-el-Aroui se trouve le mechra (ghedir) dit de Mermoha, qui contient encore un peu d'eau.

Arrivée à 2 h. au confluent de Chabet-Mermoha, rive gauche; ce chabet a environ 2 kil. et vient de l'extrémité S. de la dune Megraoun qui ne le dépasse pas. Distance 32 kil.

Le hamada à l'Ouest ou de la rive gauche de l'Oued Insokki s'appelle ici Hamada El-Ahmar (le rouge); il est fortement vallonné, principalement par l'Oued Kach-Kach qui, partant de la dune Megraoun, sa tête adossée à très peu de distance à la tête du Chabet-Mermoha, va à l'W.-Sud-W. joindre l'Oued Merdjouna, qui est un affluent de l'Oued Mia et qui vient de près de Mongar.

Pendant la marche on rencontre deux parents du guide Mohamed ben El Hadj Radja accompagnés de Chambaa dissidents qui protestent de leur dévouement. L'un de ces Chambaa, Ali ben Maatalla, prie instamment le colonel de le prendre comme guide. Le colonel y consent et autorise Mohamed ben El Hadj Radja à se rendre aux campements de ses parents qui sont non loin de là. On lui fait cadeau d'une charge de grain et d'un tapis ; Ali guide la caravane en son absence. Le soir arrive un courrier du caid des Chambaa Mouadhi qui n'apporte que des nouvelles insignifiantes. Cet homme se joint à la caravane et doit emporter un courrier d'Insokki.

Vendredi, 24 décembre. — Départ à 6 h. 20. Route Sud-Sud-W., en remontant l'Oued Insokki. Les berges s'éloignent un peu et s'abaissent sensiblement, l'oued devenant un vallonnement très accentué, mais médiocrement resserré dans le hamada. Fonds de roches et de pierres roulées. Çà et là, sur de longs espaces, fonds de mechra argileux et retenant l'eau longtemps quand il a plu. A 8 kil. mechra dit de Djemel, où il y a encore un peu d'eau. A 3 kil. plus haut, autre mechra avec eau, enfin, un peu plus haut, encore un peu d'eau ; mais la somme de ces mechra ne donne pas une quantité d'eau bien importante. Dans quelques jours ils seront complètement à sec s'il ne pleut pas. A 10 kil. ravin dit Chabet-Roumel de 3 ou 4 kil. de longueur, affluent à la rive droite. Presque en face, aboutissant au haut de Mechra Djemel, affluent assez important de gauche dit Oued Moussa-ben-Aïch. L'Oued Moussa-ben-Aïch vient de l'W.-Sud-W., près de Mongar et de Quettara, sa tête à 120 kil. de Mechra-Djemel en suivant les détours. Au confluent débouche, venant du Nord, le medjebed direct d'Insalah par le hamada ; nous l'avons laissé sur notre droite à Messeddeli. De Messeddeli il va par le hamada de la rive gauche de l'Oued Insokki, passant aux puits dits Aïssa-Oumballa, Mader-El-Hadh et Mader-el-Ahmar. Ici mader veut dire réseau de ravin. Le medjebed franchit l'Oued Insokki à Mechra-Djemel et va sur le hamada de la rive droite au Sud et au Sud-Sud-W. ; nous le rejoignons en remontant encore l'Oued Insokki pendant 2 kil., tournant au Sud-Est par l'Oued Aghrid et laissant momentanément l'Oued Aghrid pour couper au plus court par un ravin insignifiant et peu profond qui est dit Dir-en-Naam. L'Oued Aghrid est un affluent de droite de l'Oued Insokki. Comme l'indique son nom, il fait de nombreux détours en s'étalant dans le hamada. Sa direction générale est celle du Sud-Est ; sa tête est à environ 70 kil. en ligne droite. Quant à l'Oued Insokki, que nous quittons ici, il va à l'Ouest pour revenir plus loin au Sud-Est où nous le retrouverons au point dit Insokki, qui lui donne son nom. En ce moment, par le medjebed d'Insalah qui court sur le hamada, nous prenons le raccourci et nous coupons plusieurs détours de l'Oued Aghrid. Le hamada est très mouvementé. Réseau très confus de ravins peu encaissés, mais cependant très sensibles. Gour assez nombreuses çà et là. A gauche, à environ 8 kil., se voit une crête allongée dans la direction Nord-Nord-Est, Sud-Sud-W. ; c'est le Tikautarat. Au pied Est de cette crête est le ravin dit Toufi et au delà du Toufi, séparé par un renflement parallèle au Tikautarat, on trouve la partie supérieure de l'Oued Msied.

Arrivée à 1 h. 30 dans un des détours de l'Oued Aghrid. Distance 28 kil. Diss abondant; quelque pâturage. On ne trouve ici de pâturages que dans l'oued, le hamada est absolument dénudé. Depuis Tioughi, le hamada de droite et de gauche est souvent appelé Tadmit d'une manière générale, mais le nom proprement dit de Tadmit ne s'applique le plus souvent chez les indigènes du pays qu'à la partie Est et Sud-Est du plateau sur lequel nous sommes en ce moment.

Samedi, 25 décembre. — Départ à 6 h. 15. Route au Sud-Sud-W. par le medjebed d'Insalah dans l'Oued Aghrid et peu après sur le hamada. A 4 kil., on recoupe pour la deuxième fois un détour de l'Oued Aghrid, au lieu dit Mekam (station pour la prière) Sidi bou Lahaia, qui était un marabout des Zoua. Le hamada devient ici relativement plat bien qu'à certaine distance, à droite et à gauche on aperçoive des gour et de forts vallonnements en forme de crêtes allongées, entre autres à gauche la crête de Tikautarat que nous avons déjà vue hier. Au Sud-Est, à 30 kil. environ, on distingue la crête de plusieurs gour élevées qui paraissent comme la continuation de Tikautarat; la plus au Sud est la gara de Tisnaïa. Les oudian (ravin) de Tisnaïa partent de là à l'Est-Nord-Est, constituant la partie septentrionale du mader du Tadmit et formant la tête de l'Oued Tigmi qui va se perdre dans l'Erg presque parallèlement à l'Oued Msied et plus au Sud.

Le hamada passe au reg à très gros grains irréguliers; il est plat et toujours très dénudé, sauf quelques ravins où apparaît un peu de végétation. A 12 kil. de notre point de départ, nous arrivons à la jonction du medjebed qui vient par Takoumsit et l'Oued Msied sur le hamada El-Atchan. Le point où ce medjebed coupe l'Oued Msied est à 60 kil. d'ici. A cette intersection on peut, en descendant le Msied et en entrant dans l'Erg, arriver directement à Aïn-Taïba; mais le chemin est très difficile à cause des hautes dunes et un mehari ne s'en tire pas en moins de quatre jours de marche. C'est par là cependant que passa, en 1872, Saïd ben Driss, frère du capitaine Mohammed ben Driss pour aller avec un goum arabe jusque sur l'Oued Botha dans le Mouidir, un peu au Sud d'Insalah, attaquer et prendre le cherif Bou Choucha.

A 15 kil. de notre point de départ, nous arrivons à l'Oued Insokki qui nous vient par le travers de l'Ouest à l'Est après son détour depuis la jonction de l'Oued Aghrid où nous l'avons laissé hier. Berges toujours très hautes et très abruptes dans le hamada; fonds de reg et de pierres; mais cependant lit relativement beaucoup plus large, le thalweg, proprement dit, au pied de la berge de gauche. C'est là que se trouve le puits à parois bien garnies de pierres; profondeur 2 m. 50 jusqu'au niveau de l'eau. Eau abondante et très bonne. Traces d'eau récentes dans de larges mechra. L'eau y a séjourné tout l'été; mais il n'y a eu qu'une pluie insignifiante en automne et ils sont à sec. Du reste, il est à remarquer que si l'on a chance de trouver de l'eau en toute saison dans les mechra de l'Oued Insokki, comme dans ceux de l'Oued Mia ou des autres oued de la région, le printemps est cependant la saison la plus favorable parce que les pluies y sont généralement plus abondantes que celles d'automne. A côté du puits est le mekam de Sidi Abd-el-Kader ben bou Hafs, des Oulad-Sidi-Cheikh.

Arrivée à 10 h. 30 à Hassi-Insokki. Distance 15 kil.

Le medjebed d'Insalah continue au Sud-Sud-W. après avoir coupé l'Oued Insokki et monté sur le hamada de la rive gauche par le point où nous sommes campés. A 10 kil. il franchit la tête des ravins Oudian-Dhanoun qui, par un détour Nord-Est et Est, vont aboutir en affluent de gauche à l'Oued Insokki, à 4 kil. environ en aval du puits. A même distance en amont du puits, et toujours sur la rive gauche, arrive l'affluent insignifiant de Oudian-Lefad et plus haut encore celui de Oudian-Djidari.

Après un détour au Sud-Est en amont du puits, l'Oued Insokki remonte au Sud, puis au Sud-W. et est encore moins encaissé dans le hamada. Sa tête est près de Mongar, comme il a été dit déjà. Plus exactement elle est adossée à celle de l'Oued Melah, qui va au Sud rejoindre l'Oued Massin. Ce dernier, qui part des environs de Mesegguem court W.-Sud-W. vers Insalah, mais se perd avant d'y arriver.

De la tête de l'Oued Melah ou de celle de l'Oued Insokki à Insalah, on va en terrain hamada mouvementé mais assez facile par Farès-Oum-el-Lil, El-Khoneig, Bou-el-Hamra, Mdjira-Skifa et Foggaret-Zoua ou Zaouia-Kahla. Le Mongar (Hassi-Mongar est au pied) dans le Baten ou montagnes d'Insalah est à l'W. direct de Ras (tête) Melah, soit à l'W.-Sud-W. de Ras-Insokki; il forme la tête de l'Oued Mia qui va au Nord-Est et de l'Oued Abiodh qui va au Sud et qui aboutit à Insalah. On va de

Ras-Oued-Melah à Ras-Oued-Abiodh par Timekam. De Hassi-Mongar à la Zaouia-el-Kahla, on passe par Tolhaït-et-Toual et Hassi-Djedid.

Dimanche, 26 décembre. — Séjour à Hassi-Insokki.

Dans la nuit du 26 au 27, vers 9 h. du soir, une des sentinelles tire un coup de feu en criant aux armes. Croyant à une attaque, chacun prend ses armes, mais ne sachant où se rallier les chameliers courent en tous sens et causent un très grand trouble. Cette alerte n'était heureusement pas justifiée, mais pour éviter le retour du désordre on donne des instructions précises aux sentinelles et à chacun pour que tous sachent bien les dispositions à prendre en pareille circonstance.

Lundi, 27 décembre. — Séjour à Hassi-Insokki. Envoyé Cheikh ben Bou Djemaa à Ahitaghel du Hoggar avec lettres annonçant l'arrivée de la mission, comme il a été convenu avec ce chef. Des gens des Zoua venus d'Insalah annoncent qu'Ahitaghel est encore au Tidikelt où, après la pacification d'Aoulef dont il a été parlé plus haut (voir journée du 22 décembre), les Hoggar font leur provision annuelle de dattes. Cheikh ben Bou Djemaa passera donc par Insalah où il se renseignera exactement.

Mardi, 28 décembre. — Départ de Hassi-Insokki à 6 h. 30. Route au Sud-Est, en repassant l'Oued Insokki pour monter sur le hamada de la rive droite. Ce hamada très accidenté est un dédale de ravins dits Tikautarin qui forment affluents à l'Oued Insokki et à l'Oued Aghrid. Celui-ci que nous retrouvons en avant et que nous remontons, est peu encaissé dans le hamada, mais toutefois nettement marqué avec de nombreux détours. Au point où nous le retrouvons sur sa berge gauche après avoir franchi les Tikautarin, soit à 6 kil. environ de notre point de départ, nous apercevons le hamada moins mouvementé, malgré quelques vallonnements et des élévations en crêtes allongées marquant passage de ravins. A notre gauche, à 8 kil., est la tête de l'Oued Msied, naissant du Tikautarat, crête ravinée parallèle à l'Oued Insokki et que nous avons déjà aperçue de l'autre côté, quand nous étions vers Megraoun. La dune Megraoun se voit aussi très distinctement au Nord-Nord-Est, bien qu'elle soit à plus de 70 kil. C'est ici une route assez suivie, surtout par les nomades qui vont en campements d'Insalah au Mader et à Mesegguem. Aussi le mejebed est-il bien marqué ; on le nomme Medjebed d'Ilgou. Vers le XIIme siècle de l'ère chrétienne, Ilgou, chef des Zenata, mena, dit-on, une expédition de Tamentit à Ghadamès. Il s'empara de Ghadamès et la pilla, mais il avait compté sans les chefs arabes de la tribu des Hilal, établis au Touat, Zeid, Bou-Zeid et Boudiab-ben-Ghanem qui, le suivant à quelques jours d'intervalle, allèrent l'attendre au retour à Tin-Yaguin et le tuèrent lui et tous les siens. Ilgou est devenu légendaire et l'on raconte encore son expédition et sa mort avec toutes les amplifications arabes imaginables. Le fait au fond est historique et je crois me rappeler qu'il est noté dans l'histoire des Berbères de Ibn-Khaldoun, chapitre des Zenata. Je ferais néanmoins toutes réserves à ce sujet, jusqu'à examen plus approfondi.

Quoiqu'il en soit de la légende d'Ilgou et des rapprochements historiques que l'on en peut faire, notre medjebed venu de Hassi-Insokki remonte l'Oued Aghrid après avoir passé les Tikautarin et nous le suivrons jusqu'à Mesegguem. A 10 kil. de notre point de départ, l'Oued Aghrid, très établi dans le hamada, reçoit deux affluents insignifiants, l'un à droite, l'autre à gauche, aboutissant au même point, qui est nommé Metlagat-Felaïa. Le hamada est ici relativement plat, malgré le vallonnement formé par l'Oued Aghrid. A 5 kil. plus loin, on aperçoit en avant, en allant en direction générale Est-Nord-Est-W.-Sud-W., une chaîne de hautes gour au-dessus du hamada. Il y en a huit principales. La plus orientale qui est de beaucoup la plus longue et qui est formée en réalité de nombreuses gour assez rapprochées est large ; cette chaîne est le Tisnaïa. Plus à l'Ouest, les gour têtes de l'Aghrid et celles têtes de l'Oued Morra, affluent de l'Oued Insokki. Ces dernières, au nombre de deux, apparaissent comme deux petits mamelons effilés au sommet. Ici l'Oued Aghrid vient de l'ouest ; nous sommes arrivés presqu'à sa tête et nous nous trouvons dans une sorte de grand cirque de terrain reg dont la circonférence est marquée par les hauteurs rive droite de l'Aghrid rejoignant celles du Tisnaïa et de gour Ras (tête) Aghrid. Ce cirque renferme plusieurs oudian, affluents de l'Oued Aghrid, tous à thalweg à peine indiqué, comme l'oued lui-même, mais marqués par des lignes de végétation : retem, adjerem, drinn, diss, chieh, etc. ; là continuant à suivre le medjebed d'Ilgou au Sud-Est, nous prenons un de ses affluents, le Chabet-Chieh, dont la tête, à environ 6 kil. au plus, est adossée à celle de Oudian-Adjerem qui est une des nombreuses sources sans eau du Djokran, allant à l'Oudje.

Arrivée à 1 h. à Chabet-Chieh, point dit Benia, du nom de pierres assemblées en forme de ruine de maison et formant redjem ou indication du chemin. — Distance 20 kil.

Mercredi, 29 décembre.—Départ à 6 h. 30. Route au Sud-Est medjebed d'Ilgou, en remontant Chabet-Chieh. Arrivés à la tête de ce ravin, à 6 kil. de notre point de départ, nous montons sur un plateau de reg avec quelques fonds argileux parsemés de gour allongées très disséminées et très confuses. Tout cet ensemble est le Tisnaïa qui nous apparaissait hier en chaînes de gour. La pente générale va sur l'oudje de l'Erg et nous sommes à la ligne de séparation des eaux du Mader, c'est-à-dire à la tête des oued qui, parallèlement à l'Oued Msied, vont se perdre au nord-est dans la dune. Le Mader porte encore le nom général de Tigmi, d'où par suite de renseignements insuffisants, on avait conclu à un oued Tigmi qui n'existe pas. Cette région est la pente Nord-Est du plateau dit de Tadmit, depuis l'Oued Msied au nord jusqu'à Mesegguem au sud. C'est un réseau de ravins ou oudian qui se réunissent deux à deux, trois à trois, pour former des oued dont le nombre n'est pas moindre que 21, savoir en commençant par le Nord; l'Oued Msied, que nous avons déjà noté; les cinq oudian très peu importants comparativement aux autres de Tinelkramt, Daiat-Nadj, Daiat-El-Feras, Daiat-ben-Lekhal, Roknat-ed-Diah, l'Oued Tinersal et l'Oued Djairin, presque aussi importants que le Msied, l'Oued Djokran, le plus important de tous, marquant le centre du pays de Mader avec les trois oudian Adjerem et les deux Tisnaïat. Depuis la tête la plus éloignée, soit la Tisnaïa la plus méridionale, où nous allons aujourd'hui, vers Tilmas-Sedra, l'Oued Djokran n'a pas moins de 90 kil. de développement jusqu'à l'oudje de l'Erg. Dans l'Erg même il paraît se prolonger par un feidj qui conduit à Hassi-Ghourd-Oulad-Aïch; des caravanes suivent quelquefois ce chemin, mais toutefois assez rarement. Il s'en suivrait que si l'Erg n'existait pas, on pourrait peut être admettre le Tigmi ou le Mader comme le haut du bassin de l'Oued Djokran allant au Mia par Ghourd-Oulad-Haïch et Boukhira, avec tous les oued secondaires comme affluents. Il est vrai que par l'Oued Msied, il se dessine dans l'Erg un feidj en travers allant à Aïn-Taïba et il y aurait encore l'hypothèse admissible d'un bassin secondaire de l'Oued Igharghar par Aïn-Taïba. Quoiqu'il en soit, en continuant au sud de Djokran la nomenclature des oued qui vont du Sud-W. au Nord-Est se perdre dans la dune nous trouvons : Oudei (petit oued) Eibadi, Oued El-Ghelga, Oued Itlou, Oued El-Hassani, Oued Imgharghar, Oudian (ravin) Sebat, Oudian Alem, Oued Souf, assez important, Oued Alenda, Oued Aoulouggui qu'il ne faut pas confondre avec un autre du même nom, affluent de droite de l'Oued Mia, vers la hauteur de Tioaki. Cet Oued Aoulouggui du Tigmi marque l'extrémité sud du pays de Mader, sa tête est en arrière des oued précédents, à l'Ouest, presque adossée à celle de l'Oued Aghrid ; mais il ne va pas en réalité jusqu'à l'oudje même de l'Erg, à l'ouar (difficile) ou grand massif, il s'arrête aux sables de Mesegguem qui n'en sont qu'une pointe détachée.

Reg entre des gour très confuses et très dispersées marquant passage des oudian, têtes du Djokran par des lignes de végétation. Chabet-Tisnaïa nord, à 12 kil. de notre point de départ, nombreuses branches. Plus loin, plateau de reg, gour un peu plus éloignées les unes des autres ; Gour Iglou, blanchâtres à gauche ; Gour Tisnaïa, noirâtres à droite. Autre tête du Djokran dite Oudei Medjebed Hamada très pierreux ; terrain relativement assez difficile, gour plus rapprochées, quelques-unes en pain de sucre. A 22 kil. de notre point de départ tête du Djokran dite Tisnaïa du Sud, courant Est-Nord-Est. Nous y débouchons du medjebed au point dit Tilmas-Sedra ; 2 puits dont l'un a un peu d'eau. Profondeur 3 m. 50.

Arrivée à 1 h. 30 dans l'Oued Djokran (Tisnaïa sud). — Distance 23 kil. — Végétation : sedra ; ktaff, chieh, damram, etc.

Nombreuses gazelles ; vu aujourd'hui un troupeau de 15 têtes. Pour prendre ce gibier, les Ouled Bahamou établissent des collets dans les oudian du Mader. Nous en avons vu plusieurs consistant tout simplement dans un nœud coulant de corde de drinn jeté sur des touffes de plantes que les gazelles affectionnent plus particulièrement, des coloquintes (haddadj) par exemple. La gazelle se prend dans le nœud en broutant. Si elle n'est pas arrêtée sur place, elle ne peut se débarrasser de la corde qu'elle emporte traînant derrière elle. En la suivant à la piste ainsi tracée il est rare qu'un indigène un peu exercé ne l'attrape promptement.

Jeudi, 30 décembre. — Départ à 6 h. 30. La route continue par le medjebed d'Ilgou : d'abord l'oued ou Chabet-Tisnaïa pendant 4 kil. à l'Est, puis, à la jonction de l'Oued

Alhadi, affluent de droite du Tisnaïa et venant du Sud-W., sa tête près de l'Oued Aghrid, nous laissons le chaba pour aller droit au Sud-Est par le hamada, en montant le flanc droit du Tisnaïa. Hamada difficile à la marche, parsemé de grosses pierres de silex noir, mais relativement peu mouvementé, sauf un passage même en quittant le Tisnaïa. Gour nombreuses, de formes très variées et très disséminées, sauf à gauche où elles forment comme une chaîne découpée qui converge en cap au medjebed. A 12 kil. de notre point de départ, nous arrivons au pied de ce cap. En montant sur le sommet, on aperçoit en avant au Sud-Est, sur notre mejebed, les deux gour de Mogtela où nous allons aujourd'hui et entre ces deux gour, à la limite de l'horizon, le sable de l'oudje de l'Erg au point où il tourne dans la direction d'El-Biodh ; c'est là que se perd l'Oued Souf dont la tête est encore assez loin sur notre route. A droite et allant W.-Est, pour tourner ensuite Sud-Est, on aperçoit les gour qui longent l'Oued Aoulouggui.

Au delà du cap de gour, sur lequel nous venons de monter, nous retrouvons un instant le hamada plat et le reg avec ravines qui vont à l'Aoulouggui. A 15 kil. de notre point de départ, nous arrivons à l'Aoulouggui lui-même, dont la tête, avons nous déjà dit, est à l'ouest près de celle de l'Oued Aghrid et de l'Oued Morra, et qui après s'être dirigé Est-Sud-Est tourne au Sud-Est au point où nous le rencontrons. L'oued est constitué par un lit sablonneux avec végétation abondante dans un défilé tourmenté de hamada à roches noires ; berges très élevées. Après l'avoir descendu sur une longueur de 5 kil. nous trouvons à gauche le confluent du Chabet-Retem qui vient Nord-Sud et qui n'a guère plus de 3 ou 4 kil., mais dont la tête issue de gour perpendiculaires à notre medjebed touche presque celle de l'Oued Itlou allant à l'Est-Nord-Est dans le Tigmi, comme il a été dit hier. Un peu plus bas, dans l'Aoulouggui, est le puits dit Mogtela, puits comblé qui n'a du reste jamais d'eau qu'immédiatement après les pluies. Le nom de Mogtela, si fréquent dans le Sahara, indique ici comme ailleurs un lieu de combat. Il y a une trentaine d'années, des Chambaa revenant du pays des Touareg où ils avaient été ghazer des chameaux, furent rejoints en ce point par les propriétaires des animaux volés et il s'en suivit un combat dont on ne sait pas trop bien l'issue. Quelques tombes se voient à peu de distance. Ce sont celles des Chambaa, disent les uns ; de Touareg, disent les autres.

Continué à descendre l'Oued Aoulouggi. Lit toujours très étroit dans le hamada fort élevé et très accidenté, ressemblant beaucoup comme aspect au Tassili des Azgar. Au confluent de deux ravins insignifiants, il se fait un élargissement relatif. C'est le point dit Zeribet-Ifoghas ; des Touareg Ifoghas ayant campé en cet endroit avec leurs troupeaux pendant plusieurs mois, il y a quelques années. On voit encore des traces de huttes de branchages. — Arrivée à 1 h. à Zeribet-Ifoghas. — Distance 25 kil.

Vendredi, 31 décembre. — Départ à 7 h. Route Sud-Est par le medjebed d'Iglou en continuant à descendre l'Oued Aoulouggui. La vallée est étroite et très encaissée dans un hamada extrêmement mouvementé. Silex noir ; aspect du plateau central des Touareg. Le lit sablonneux de l'oued fait de nombreux détours ; le medjebed en coupe quelques-uns par le hamada quand la pente des contreforts est abordable, ce qui est assez rare. A 3 kil. de notre point de départ, puits qui n'ont d'eau qu'à la suite des pluies et par suite à sec en ce moment ; c'est le Tilmas-Frissiga. — 3 kil. plus loin, confluent du Chabet Damran à gauche ; un peu au delà, à droite, affluent un peu plus important dit Chabet Dohou, dont la tête à l'Ouest, à 20 kil., est adossée à celle de l'Oued Ansit et de l'Oued Athlat qui vont au Massin, au-dessus du Tadmit. Quelques autres ravins insignifiants, résultant des découpures profondes des berges de l'Oued Aoulouggui.

Les gour de la rive droite s'élèvent sensiblement ; celles de la rive gauche restent moins élevées ; elles sont excessivement serrées et découpées. L'Oued Aoulouggui passe un défilé, puis la vallée s'élargit relativement en faisant un détour par l'Est. Au coude, à droite, aboutit Chabet Zahra relativement large et formant une trouée appréciable entre les gour. Ce Chabet Zahra a sa tête touchant presque celle de Chabet Dohou et de l'Oued Ansit, de l'Oued Athlat, dont il vient d'être parlé ci-dessus. C'est le medjebed d'Insalah à Ghadamès par le puits d'Aoulouggui. Au départ d'Insalah, les caravanes prennent le medjebed par Hassi-Oulad-Messaoud, Bou El-Hamra, El-Kheneig, Oued Timekran, Oued Farès Oum-el-Lil, Chabet Damran, Oudian Rouguer, Zamouri, Oudei Medjebed, Oued Bou-Khechba, Oudei Redjem, Oued Djadja, Oued Zeriba, Oudei Mekhamela, Oudian Boukhsas, Oued El-Adjerem, Oued Nekhilat, Oued Seblat, Oudian Adjerem, Oued Ansit. A Oued Ansit il y a bifurcation. On continue sur la ligne de Mesegguem par Amiat, Metlag-Athlat, Sebbakh-Mesegguem, ou bien on va passer à Hassi-Aoulouggui par Oudian Athlat, Chabet Zahra, Aoulouggui, Oued Alenda et Oudian Chouikh qui vont à l'Oued Souf. C'est à Oudian Chouikh que se réunissent de nouveau les deux medjebed au Nord-Est des gour de Tinkert que le medjebed par Mesegguem laisse au Sud. Depuis que le Hassi Mesegguem est à demi comblé, nul ne s'est donné la peine de le remettre en état et les caravanes passent plus volontiers par Aoulouggui.

Nous sommes ici près du bord sud du Tadmit. L'Oued Massin des cartes n'est pas à 10 kil. en ligne droite au Sud, séparé de l'Aoulouggui par les gour élevées et escarpées de la rive droite de cet oued. Il faut noter toutefois, pour fixer les idées, que l'Oued Massin, proprement dit, n'existe pas plus au sud du Tadmit que l'Oued Tigmi à l'Est. On appelle Oued Massin l'ensemble des ravins ou oudian descendant du Coudiat au Sud et se réunissant ou plutôt se perdant dans une dépression de reg, dont un point plus bas que les autres et renfermant souvent un peu d'eau dans des Tilmas (massin) est plus particulièrement appelé metlega (réunion, rencontre). Ce reg va par le Sud-W. et le Sud communiquer avec l'autre reg dit Oued Akaraba ou Oued Botha. Le medjebed d'Insalah à Ghadamès, par Mesegguem, coupe à peu près perpendiculairement tous ces oudian non loin de leur perte dans le reg où, si l'on veut, de leur réunion à l'Oued Massin hypothétique. C'est un système fort analogue à celui de l'Igharghar.

La nomenclature des oued du Massin a déjà été donnée en partie ci-dessus par les points du medjebed d'Insalah à Ghadamès. La voici dans tous ses détails pour ne rien omettre, soit à partir d'Insalah allant vers Ghadamès : Hassi-Oulad-Messaoud, Bou El-Hamra, El-Kheneig, Oued Timekran, Oued Farès Oum-el-Lil, Chabet Damran, Oudian Nougiret, Zamouri, Oudei Medjebed, Oued Dahra, Oued bou Khechba, Oudei Redjem, Oued Djadja, Oued Djemel, Oued Zeriba, Oudei Mekhamela, Oued Leffaya, Oudian Boukhias, Oued El-Adjerem, Oued Fouada, Oued Nekhilat, Oued Sebbat, Oued El-Adjerem, Oued Ansit. L'Oued Ansit peut être considéré comme tête du mentga qui va Sud-W., recevant tous les oued précédents, jusques et y compris l'Oued Tamekran dont le point de jonction mal défini du reste, ainsi que ceux des autres, serait Aïn-el-Kahla, à 40 kil. sud-est de Foggaret-Zoua. Là El-Mentga tourne Sud et se perd dans le reg un peu avant la mine d'alun qui est à 30 kil. environ plus loin au delà de Tiounghighin. La mine d'alun, accompagnée de mines d'ocre rouge et jaune (nokra et meukel en arabe) est dans des dépressions entourées de gour, probablement en limite rive gauche du mentga; mais la rive droite serait indéterminée et le reg commuquerait de niveau avec celui de l'Oued Botha.

Arrivée à 11 h. à Hassi Aoulouggui. — Distance 15 kil. — Plusieurs puits dans l'oued. Deux ont un peu d'eau et on en pourra avoir davantage en déblayant d'autres puits plus ou moins comblés. Profondeur 4 m. — A quelque distance, tombe d'un marabout des Ifoghas, mort en cet endroit il y une dizaine d'années. Un peu plus haut, à 3 kil. à peine, tombe d'un nègre de notre guide Si Mohamed ben Radja. Ce nègre est mort de soif il y a trois ans; il venait d'Insokki et avait cru pouvoir trouver de l'eau à Mogtela. Le puits de Mogtela étant à sec, il ne put arriver jusqu'à celui d'Aoulouggui. Traces de campements de l'été dernier. C'étaient des campements de Zoua dont la tente de notre guide qui a en ce moment même quelques troupeaux dans le sud du Mader, non loin d'ici. Pendant qu'il était campé à Aoulouggui, l'an dernier, Si Mohamed ben Radja a vu passer une caravane considérable des gens du Touat, du Tidikelt, etc. qui se rendaient en pèlerinage à la Mecque par Ghadamès et la Tripolitaine. Ils étaient plus de cinq cents portant fusils et, dit Si Mohamed, ils ne se conduisaient guère de la façon qui convenait à la circonstance ; car ils se montrèrent fort exigents et se firent donner une hospitalité dont les approvisionnements des Zoua se ressentirent longtemps.

En arrivant au puits on remarque les traces d'une caravane de 30 chameaux qui a dû passer il y a peu de temps, car les cendres des feux qu'elle a allumés sont encore chaudes. Comme on est proche d'Insalah et qu'il y a lieu de craindre une tentative hostile de la part des indigènes de cette oasis on redouble de précaution. Dans la soirée on aperçoit de loin, sur la montagne, deux feux dans la direction d'Insalah et on entend des coups de fusil de ce côté. La surveillance la plus grande est exercée autour du camp; on place des caisses de cartouches ouvertes au milieu de ce dernier; la nuit se passe sans autres accidents.

Samedi, 1ᵉʳ janvier 1881. — Départ à 7 h. Route à l'Est-Sud-Est en continuant le medjebed d'Iglou et descendant l'Oued Aoulouggui. L'oued fait d'assez nombreux détours que le medjebed coupe par le hamada de la rive droite dont les gour s'abaissent un peu en laissant entre eux de larges passages au delà desquels on aperçoit le reg de la Sebkha de Mesegguem, borné au Sud par les pentes du hamada de Tinghert. A 8 kil. de notre point de départ, l'Oued Aoulouggui reçoit à droite le Chabet Tolha qui vient de l'Ouest, sa tête, à quatre ou cinq kilomètres, issue de plusieurs gour assez confuses et à sommets effilés qui dominent les hauteurs environnantes. Chabet Tolha tire son nom de quelques maigres gommiers qui s'y trouvent. En face le confluent de Chabet Tolha, sur la rive gauche de l'Aoulouggui, le Meakeb-el-Aoud forme comme un long éperon de gour qui marque la limite de la vallée en pointe au Sud. Ici la vallée de l'Aoulouggui s'élargit considérablement; elle arrive au reg de la Sebkha de Mesegguem où elle va se perdre dans des dunes. Nous sommes à la limite sud du plateau de Tadmit avec ses gour allongées dans la direction de l'Ouest à l'Est, tombant brusquement sur le reg de Mesegguem et sur celui de l'Oued Massin, ce qui du Sud lui donne l'aspect d'une chaîne. De là son nom et par extension celui du plateau, surtout dans la partie Est. Tadmit ou Tamahag (targui) signifie crête longue et d'une certaine largeur, gara allongée. Comme cela a généralement lieu entre les gour, les cols ou passages sont très bas au-dessous des hauteurs de droite et de gauche, de sorte que si la chaîne tombe brusquement sur le reg et lui fait au Nord une ceinture abrupte, on y arrive en pente faible, soit par l'Oued Aoulouggui, soit par notre medjebed. Quelques ravins confus dans le hamada; des gour passant peu à peu au reg. Reg plat de la plaine, sebkha sans sel, mais avec des amas considérables de gypse. Chaînon de dunes isolées allant Nord-Sud comme la plupart des chaînes des dunes, même celles qui composent la masse du grand Erg.

Arrivée à midi. — Distance 20 kil. — Nous campons auprès du puits de Mesegguem. Reg à l'est de la dune. Ici une kouba formée de quatre murs avec petits minarets aux coins; pas de couverture : c'est la tombe d'un marabout des Zoua, Sidi El Hadj Merabet. Autour on voit quelques tombes plus modestes de Touareg et une d'un homme des Zoua. Le puits est à demi comblé depuis près de deux ans. Il doit avoir 11 m. de profondeur. Jusqu'à l'eau il s'y trouve 5 m. de sable. C'est donc ce sable qu'il s'agit de déblayer sans préjudice des bords avec coffrage fort endommagé qu'il faut remettre tout d'abord en état pour éviter tout danger aux travailleurs. Le travail entrepris à 2 heures, par des relais de dix hommes, est poursuivi jusqu'à 9 heures du soir. A cette heure on est arrivé au sable humide.

La Sebkha de Mesegguem ne contient pas de sel. Elle présente de nombreuses plaques blanchâtres de gypse. Elle se confond avec le reg avoisinant. Ce reg est, si l'on veut, la tête de celui du Massin qui n'en est que la continuation à l'Ouest et qui présente aussi quelques sebkha gypseuses çà et là. Cependant, il ne paraît pas avoir une pente appréciable dans un sens ou dans l'autre. C'est plutôt une cuvette plate, distincte où se perd l'Aoulouggui dont l'embouchure mal définie est marquée par quelques dunes. La ligne de séparation de cette cuvette avec le Massin est indéterminée. Au Nord elle est limitée par la pente sud du Tadmit ; au Sud et au Sud-W. par celles du Tinghert. Le Tinghert et le Tadmit se rapprochent à l'Est-Nord-Est tout en s'abaissant sensiblement. La pointe au coin Sud-W. de l'oudje s'avance entre les deux et le reg de Mesegguem rétréci se continue par le medjebed d'El-Biodh, Insalah, Ghadamès, ayant à gauche l'oudje de l'Erg, après l'extrémité Est du Tadmit marquée par l'Oued Souf qui se perd au coin même de l'oudje, laissant à droite le Tinghert, abaissé bientôt jusqu'à son niveau, de manière à le faire passer au hamada.

Dimanche, 2 janvier. — Séjour à Hassi Mesegguem. Le travail de déblaiement du puits, repris à 7 heures du matin, est achevé à 2 heures. L'eau arrive en assez grande abondance. Bien qu'un peu saumâtre au goût, elle paraît néamoins meilleure que ne le dit Gérard

Rholfs qui est passé à Mesegguem en 1864, allant d'Insalah à Ghadamès. Elle vaut, en tout cas, sensiblement mieux que l'eau d'El-Biodh de notre premier voyage et, ainsi que je l'avais entendu dire à quelques indigènes, elle est tout à fait comparable à l'eau d'Ouargla.

Nos chameaux ont grand besoin de se refaire, particulièrement ceux qui, restés du premier voyage, ont survécu au séjour de Laghouat. Sur la route que nous venons de faire depuis Ouargla, les points d'eau sont éloignés les uns des autres et les pâturages sont maigres, faute de pluie d'automne suffisante. Le puits de Mesegguem donnant de l'eau et les pâturages y étant très convenables (damran, hade, ktaf, etc.), nous y séjournerons deux ou trois jours.

Une caravane allant de Ghadamès à Insalah passe aujourd'hui près de Mesegguem et reconnaissant en nous des gens pacifiques qui n'en veulent pas au bien d'autrui, elle s'installe à quelque distance du camp pour profiter du rétablissement du puits et nous vendre en même temps quelques objets dont nous pourrions avoir besoin. Ce sont des Ouled Kahamra qui ont été il y a deux mois porter à Ghadamès des plumes d'autruche et un peu de poudre d'or, du henné, des dattes quelques tapis et cotonnades du Soudan et aussi quelques esclaves nègres. Ils rapportent en échange des cotonnades européennes venues par Tripoli, un peu de quincaillerie, du sucre, du thé, la majeur partie destinée à être réexpédiée au Soudan. La caravane est de 30 chameaux, dont 20 chargés; elle est conduite par dix hommes dont le khebir ou chef est un chérif (des cherfa marocains) nommé Mouley Ahmed, parent de El Hadj Abdelkader ben Badjouda, cheikh d'Insalah. Les marchandises sont pour environ un tiers à son compte; pour le reste au compte de Mohamed ben Zeid, marchand de Ghadamès qui l'accompagne.

Mouley Ahmed paraît frappé des avantages que ses compatriotes pourraient retirer des relations plus suivies avec l'Algérie. D'après lui El Hadj Abdelkader ben

Badjouda et les Ouled Bahamou seraient moins récalcitrants qu'on ne le suppose à entrer en rapport avec les Français et cela surtout depuis que les Ouled Mokhtar (fraction des Ouled Bahamou) plus particulièrement ksouriens, se sont brouillés quelque peu avec les Chambaa, Zoua et Algériens à propos du meurtre de deux hommes par des coupeurs de route l'année dernière. Les Zoua et les Chambaa ont le monopole de la conduite des caravanes qui vont du Tidikelt, du Touat et du Gourara en Algérie et réciproquement. S'ils sont appuyés par les Ouled Bahamou proprement dits qui dominent à Insalah avec El Hadj Abdelkader, il est certain que l'appui du parti français, comme on l'appelle dans le pays, est plus solide que celui des Ouled Mokhtar. Quoiqu'il en soit, il ne faut pas se dissimuler qu'il convient de faire toutes réserves à ce sujet. Insalah ne produit que des dattes assez médiocres qui s'écoulent plus spécialement chez les Touareg. Sa richesse consiste essentiellement dans le commerce de transit du Soudan au littoral méditerranéen et réciproquement; mais c'est le trafic des esclaves qui donne les bénéfices les plus assurés. Tous les ans deux caravanes principales vont au Soudan par Akabli et le Tanezrouft; elles se séparent chez les Aoulimiden, l'une allant par l'Adrar au Haoussa, l'autre se réunissant à la grande caravane du Maroc qui va à Timbouctou. Aux gens d'Insalah sont joints ceux de Ghadamès qui vont au Soudan occidental. Ces caravanes emportent des cotonnades, de la soie, de la quincaillerie, de la bimbeloterie, du sucre, du thé, de la bougie, etc.; elles rapportent des plumes d'autruche, de la poudre d'or, un peu d'ivoire, la plus grande partie de ce dernier produit allant plutôt par les caravanes directes du Bornou et du Haoussa sur la Tripolitane, à l'Est. Elles rapportent encore du Soudan des tapis, des peaux, etc.; mais on peut estimer que les marchandises de retour sont aux esclaves ramenées dans le rapport de un à quatre. Les esclaves vendus et revendus de place en place sont envoyés soit au Maroc, soit en Tripolitane, où ils sont d'un écoulement facile. Il se produit même des contre-courants ; car il n'est pas rare de voir une caravane conduire des esclaves d'Insalah à Ghadamès et en ramener d'autres de Ghadamès à Insalah ou réciproquement. J'ai vu par ici un nègre qui a été vendu trois fois à Ghadamès et deux fois à Insalah ; ce n'est qu'à la cinquième vente qu'il a trouvé un maître qui a bien voulu l'affranchir et il est resté avec lui comme domestique. Dans la Tripolitane et le Maroc les marchandises soudaniennes accessoires de la traite s'écoulent tout aussi bien et même mieux qu'en Algérie ; les frais de douane, d'entrepôt et de marché étant relativement peu élevés. Les marchandises européennes y abondent surtout par le commerce anglais. Quel avantage auraient les gens d'Insalah à donner de l'importance au courant commercial allant à l'Algérie, où la traite des noirs est prohibée ? Cela n'empêche pas les Chambaa de trafiquer clandestinement sur la marchandise humaine et de conduire avec leurs caravanes, particulièrement au Mzab, plus d'esclaves que l'on ne suppose ; mais les bénéfices ne compensent pas toujours les risques à courir et il ne faut sans doute pas chercher ailleurs la raison de l'abandon relatif des routes commerciales du Sahara Algérien. La Chambre de commerce d'Alger avait proposé, en 1876, d'admettre les engagements de nègres dans des conditions analogues à celles des coolies pour les mers de l'Inde. C'était évidemment la traite déguisée ; mais il paraît incontestable que, dans l'état actuel des choses et sauf établissement d'un chemin de fer transsaharien qui modifierait naturellement la situation du tout au tout, ce serait un moyen certain, fort probablement le seul, de rétablir et même d'étendre le courant commercial direct du Soudan à l'Algérie.

Depuis son départ de Ouargla la caravane a perdu 35 chameaux et le colonel tient à avoir le même nombre d'animaux bien que les chargements aient diminués en raison de la consommation des vivres ; aussi le colonel envoi-t-il son guide Mohamed ben El Hadj Radja pour tâcher de se procurer des animaux dans les campements environnants. On les lui ait des prix tellement exagérés qu'il est obligé de renoncer à les acheter. La plupart des chameaux morts ont succombé à la suite de piqûres de mouches dans le cours du printemps de 1880. Les indigènes prétendent que tous les chameaux piqués dans cette saison périssent infailliblement aux premiers froids. Cette mouche n'existe guère qu'à El-Aghouat ou plus au Nord.

Lundi, 3 janvier. — Séjour à Mesegguem. Travail au puits pour faire arriver l'eau en plus grande abondance. Toutefois l'opération d'abreuver les chameaux est assez longue et ne sera terminée que demain. Un accident s'est produit : un de nos hommes, le nommé Abdelkader ben Baharia, descendant dans le puits s'est cassé l'avant-bras. Le docteur a opéré la réduction ; tout fait espérer qu'il n'y aura pas de complication fâcheuse.

Mardi, 4 janvier. — Séjour à Mesegguem. Achevé d'abreuver les chameaux. Des gens des Zoua d'Insalah viennent nous vendre quelques moutons. Nos chameaux paraissent se trouver fort bien du séjour. Nous resterons deux jours encore pour abreuver une seconde fois et profiter complètement de la bonté du pâturage.

Mercredi, 5 janvier. — Séjour à Mesegguem. Commencé à abreuver les chameaux pour la seconde fois. Constitué l'approvisionnement d'eau dans les outres.

Jeudi, 6 janvier. — Terminé d'abreuver les chameaux pour la seconde fois. Fait les préparatifs pour le départ de demain.

Vendredi, 7 janvier. — Départ de Hassi-Mesegguem à 7 h. 30. Route au Sud, Sebkha de Mesegguem. Reg et sebkha du ghedir d'embouchure de l'Aoulouggui. En face de nous la chaîne des gour du Tinghert va au Sud-W., de façon à nous venir par le travers, où elle paraît s'abaisser pour se relever ensuite à son extrémité Sud-W. Cette extrémité est visible en avant de nous à droite et paraît comme une succession de gour espacées et déchiquetées. La gara de cette chaîne, la plus éloignée de nous, est à environ 50 kil. Au delà, à 20 kil. plus loin dans la même direction, est la dune Areg-er-Rih, qui marque l'extrémité du Tinghert et le bord oriental de la communication du reg du Massin avec le reg de l'Adjemor et du Botha. Le Tinghert est aussi une chaîne Sud-W. finissant à Areg-er-Rih, reg en deçà et reg au delà.

Au Nord-Est, derrière nous, on aperçoit le cours de l'oudje, entre le Tinghert et le Tadmit ; c'est le point dit Menkeb-el-Beguira ; l'ensemble dit aussi Mader-Souf.

A 9 kil. de notre point de départ, nous quittons la sebkha et le ghedir d'embouchure de l'Aoulouggui pour passer au reg, qui monte en pente douce par l'Oued Haddja, affluent de la Sebkha de Mesegguem. Cet oued est un ravin à peine marqué par une bande de végétation. Nous allons le remonter jusqu'à sa tête. Quelques ravines à droite et à gauche affluent au Haddja; l'une d'elles, affluent de gauche, est dite Oudei Tolha, à cause de quelques gommiers en brousailles que l'on y rencontre. L'Oued Haddja fait d'assez nombreux détours dans le reg en remontant dans un lit très large et souvent peu marqué jusqu'au Tinghert, où il deviendra un ravin étroit et fort encaissé. Arrivée à ce point, au pied des gour du Tinghert à 3 h. 30. Distance 33 kil. Végétation abondante pour les chameaux. Du camp l'on voit bien en arrière la chaîne de gour, bord sud du Tadmit, allant à peu près parallèlement au Tinghert. La dune de Mesegguem apparaît encore en pointe avancée du coin de l'oudje de l'Erg. Le Mesegguem et le Massin, en prolongement l'un de l'autre et sans ligne de séparation apparente forment comme une vallée plate de 40 kil. de large entre les deux chaînes. La gara qui paraît surmonter le Tadmit à notre Nord-Nord-W. est celle d'Ansit. Celle qui forme comme un cap extrême à l'horizon W.-Nord-

W. marque la tête de l'Oued Nekhila et des Oudian Adjerem.

Samedi, 8 janvier. — Départ à 7 h. Route à l'Est-Sud-Est en remontant l'Oued Haddja dans le Tinghert. A 3 kil. de notre point de départ, à gauche, au pied d'un escarpement est Tilmas-el-Felaia, puits naturel qui garde de l'eau après les pluies et est à sec en ce moment. En ce point, l'Oued Haddja, resseré de plus en plus, devient une véritable gorge de montagne; les berges en gour escarpées ayant 70 ou 80 mètres de hauteur au-dessus du fond qui fait de nombreux détours par le Nord et le Nord-Est. Le passage le plus difficile est celui de Argoub-es-Seniat. Les Zoua prétendent que leurs femmes y passent sans quitter le bassour, tandis que les Chambaa ne peuvent y passer sans descendre de chameau. Le fait est qu'on peut parfaitement passez à chameau et que l'on n'est pas obligé de décharger les bêtes pour franchir le passage; mais on passe lentement et un à un. C'est là la tête même du Haddja avec ses oudian ou petits ravins, affluents de droite et de gauche. Argoub-es-Seniat franchi, nous arrivons sur le sommet du Tinghert, soit à 7 kil. de notre point de départ. La chaîne est assez étroite; on la voit se continuer au Nord-Est vers l'Erg et au Sud-W. vers l'Areg-er-Rih, comme il a été dit hier. En avant de nous, on voit s'étendre le reg légèrement mouvementé et au delà de ce reg qui représente la vallée de l'Oued Ben-Abbou avec ses oudian assez nombreux, on aperçoit des lignes de gour à peu près parallèles au Tinghert qui forment séparation de la vallée de l'Oued Ben-Abbou avec celle de l'Oued El-Hadjadj. L'ensemble du système ne constitue pas à vrai dire un plateau continu; le nom de Tinghert lui-même n'est réellement appliqué qu'à la chaîne sur laquelle nous sommes, bien qu'on l'étende quelquefois à toute la région, jusqu'au delà de l'Igharghar. Ce sont des chaînes de gour épaissies à leurs deux extrémités et séparant des vallées de reg qui vont à l'oudje sud. Ces vallées larges et très plates dans leur partie moyenne ont leur tête marquée par des oudian plus ou moins nombreux dans le reg surélevé entre les épaississements des chaînes de gour et elles débouchent entre les épaississements nord.

Mais même dans ces rétrécissements des extrémités sur la contre-pente sud, en général raide et accidentée, il se trouve des passages relativement aisés et il en résulte que de l'oudje sud de l'Erg, de Daïa-Ben-Abbou par l'oued du même nom, de Dra-Allal par l'Oued de Hadjadj, de El-Biodh par l'Oued Melah, on peut aller directement au Sud-W. en terrain facile de reg rallier la plaine d'Adjemor, le Botha ou Akharaba et Khangat-el-Hadid ou Tiounkenin.

Une des têtes de l'Oued Ben-Abbou est addossée à celle de l'Oued Haddja. Nous continuons notre route à l'Est-Sud-Est, tournant même directement à l'Est, en nous dirigeant sur Garet-Laroui qui paraît comme isolée en cap de la bordure générale de la vallée et nous rencontrons successivement plusieurs oudian ou ravins marqués par de la végétation, qui tous appartiennent à l'Oued Ben-Abbou. L'oued principal, dont ces oudian sont des affluents, passe au pied W. de Garet-Laroui. Nous voyons sa trouée au Nord entre des masses de gour confuses. A la hauteur de Garet-Laroui, il forme plusieurs daïa circulaires où l'eau séjourne après les pluies et qui sont couvertes de végétation ; inutile de dire que ces daïa sont à sec en ce moment. La Daïa-Ben-Abbou, marquée sur la carte Duveyrier, est celle qui porte plus particulièrement le nom de Daïat-el-Tolhiat. En arrivant à l'oudje même, l'Oued Ben-Abbou forme une dernière daïa qui est le Menkeb-er-Retem. Garet-Laroui est à 20 kil. de notre point de départ. Les daïa que nous franchissons en cet endroit n'ont pas d'autre nom que celui de la gara.

Le reg se relève en pente formant bord droit de la vallée de l'Oued Ben-Abbou ; puis nous arrivons à une chaîne

de gour assez espacées au Sud, plus serrées au Nord.
Au delà nouveau reg avec entremèlement de gour isolées
et autre chaîne plus loin en limite Est. C'est la vallée de
l'Oued El-Hadjadj dont l'extrême tête est à 30 kil. environ
au Sud. Arrivée à 3 h. 30. — Distance 30 kil. — Végétation
excellente pour les chameaux. Trouvé près du camp
quelques silex taillés, pointes de flèches.

Dimanche, 9 janvier. — Départ à 7 h. Route à l'Est en
descendant l'Oued El-Hadjadj, dont le lit principal résulte
de la rencontre de plusieurs oudian à environ 2 kil. de
notre point de départ; lit marqué par une végétation très
abondante (hadh, damran, drinn, retem, nouguir, quelques gommiers en broussailles, etc.). Le medjebed de la
zaouïa de Temassinin à Insalah passe un peu à notre
droite, allant Sud-W.; les caravanes qui le suivent font
un détour de 5 kil. à droite en venant de la zaouïa pour
aller au puits où nous nous rendons aujourd'hui. A 8 kil.
de notre point de départ afflue à droite l'Oudei-es-Seder
qui vient du Sud à environ 20 kil. Les deux rives de
l'Oued El-Hadjadj sont nettement accusées par un ressaut de reg au-dessus duquel s'élèvent des gour qui
s'agglomèrent en chaînes de plus en plus compactes,
surtout à gauche, au fur et à mesure que nous avançons.
Des gour élevées séparent également les affluents, tout
en restant le plus souvent assez espacées les unes des
autres, de sorte que l'ensemble de la vallée, oued et
affluents, paraît comme un reg parsemé de gour; c'est
une différence à établir avec la vallée de l'Oued Ben-
Abbou qui est sensiblement plus étalée, sans contreforts
très sensibles entre les affluents.

Arrivée à midi et demi. — Distance 20 kil. — Puits
(hassi) Oued El-Hadjadj dans l'oued même. Profondeur
2 m.; mais très étroit. Eau médiocrement abondante.
Qualité un peu supérieure à celle de l'eau de Mesegguem.

Ici afflue à droite l'Oued Oglat-Hamian qui vient du
Sud et que nous remonterons à notre prochain départ.

Végétation très abondante, excellente pour les chameaux; mais malgré cela, les campements y viennent peu, les Zoua, Oulad-Bahamou et autres par crainte des coupeurs de route Touareg; les Touareg par crainte des coupeurs de route arabes. Il est certain que la réputation du pays est assez mauvaise; le nom de l'Oued El-Hadjadj (rivière des pèlerins) vient de quinze pèlerins qui furent dévalisés et assassinés par des Chambaa il y a une soixantaine d'années. Leurs tombes se voient encore non loin de notre campement sur la rive gauche de l'oued. Après ce meurtre, dit-on, les puits moururent par châtiment de Dieu et ils restèrent longtemps comblés; mais la vengeance divine étant satisfaite, paraît-il, le Chambi Bou Khechba et notre guide actuel Mohammed ben Radja retrouvèrent l'eau il y a sept ans et ils rétablirent le puits qui existe aujourd'hui. Le travail, du reste, est des plus faciles et d'autres essais ont donné de bons résultats; mais le forage opéré par Bou Khechba a seul survécu aux éboulements.

Quant à l'Oued El-Hadjadj, il coule en moyenne tous les trois ans pendant quatre ou cinq jours, sur une étendue de sept à huit kilomètres, dans la partie relativement resserrée où nous sommes. C'est généralement en automne ou en hiver, saisons pendant lesquelles les pluies sont les plus abondantes, à l'encontre de ce qui se passe pour l'Oued Mia et l'Oued Insokki, où nous avons vu que les pluies du printemps l'emportent sur les autres. Toutefois, il y a des exemples de crue au printemps et même en été; l'été dernier, par exemple, à la suite de violents orages qui ne sont pas très rares dans cette région. Ici c'est généralement le vent du Sud qui amène la pluie; le vent de l'Est apporte du sable; le vent du Nord apporte le froid et le vent du Sud-Ouest ou de l'Ouest ou Chibeli apporte la chaleur : c'est le sirocco. D'après les gens du pays, il est bien rare qu'une année se passe sans pluie dans une saison ou dans une autre; il y a variation dans la quantité d'eau qui tombe, mais nul ne se souvient d'une période prolongée de sécheresse absolue.

Nous rencontrons ici une ancienne connaissance du premier voyage, Sliman le hartani, gardien de la zaouïa de Temassinin, qui revient d'Insalah où il est allé avec trois chameaux faire provision de dattes et d'un peu de blé. Il ramène également deux nègres achetés à Insalah par des Ifoghas qui les feront reprendre à la zaouïa.

<small>Un de ces esclaves appartient à Abd El Hakem, cheikh de la tribu des Ifoghas. Interrogé sur ce qui se passe à Insalah il répond qu'Ahitaghel est très mal disposé vis-à-vis de la mission, et il conseille au colonel de marcher à l'Est sur le territoire des Azgar ou de s'en retourner. Ce nègre supplie ensuite Ould Abd El Hakem, fils de son maître, de ne pas s'aventurer plus loin avec le colonel et de rentrer chez lui au plus vite. Ces conseils, évidemment intéressés en ce qui regarde la mission, n'ont que peu d'influence sur le colonel.</small>

Lundi, 10 janvier. — Le puits étant très étroit d'orifice, comme il a été dit, et l'eau se renouvelant assez lentement, l'opération d'abreuver les chameaux demande beacoup de temps et ne peut être terminée ce matin, bien qu'on ait travaillé toute la nuit. On ne peut guère abreuver que douze chameaux en une heure. En conséquence, nous faisons séjour aujourd'hui.

Envoyé en avant le guide Zoui Mohammed ben Radja et Hamma des Ifoghas. Ils iront à Khangat-el-Hadid pour le cas où nous y serions attendus par Cheikh Boudjema et les envoyés d'Ahitaghel qui doivent penser nous voir arriver sur ce point quinze jours après notre départ d'Insokki. Le rétablissement du puits de Mesegguem, les séjours que nous avons faits, les détours auxquels nous avons été obligés pour trouver des pâturages ne nous permettent pas d'arriver avant le vingt et unième jour. Il est donc bon de prévenir. Du reste, par suite du manque d'eau et de pâturages entre l'Iraouen et Khangat-el-Hadid, comme le rapportent quelques individus qui se trouvaient dans le pays il y a peu de temps, il est possible qu'arrivés à l'Iraouen nous allions directement sur Amguid, soit sept jours de marche à partir d'ici. Mohammed et Hamma seront à Khangat-el-Hadid dans quatre jours, à bonne marche de leurs mehara ; ils peuvent nous revenir à temps sur la route, vers l'Iraouen pour nous permettre d'aviser.

Mardi, 11 janvier. — Départ de Hassi Oued El-Hadjadj à 7 h. 15. Route au Sud par l'Oued Oglat-Hamian, qui porte également le nom de Oued Foula. Nous remontons cet affluent de droite de l'Oued Hadjadj. Gour compactes à gauche ; gour très espacées à droite. La vallée s'élargit sensiblement ; le lit de l'oued n'est plus bientôt qu'une légère dépression avec végétation assez abondante (particulièrement du chieh) dans un reg pierreux, plat et nu. Il fait quelques détours, se resserre un peu entre des escarpements de reg, à 4 kil. de notre point de départ. Ce point de resserrement est marqué sur la rive droite par une gara isolée qui domine le reg. Mais les escarpements cessent bientôt ; la vallée s'élargit de nouveau au point de devenir une véritable plaine de reg. On n'aperçoit plus de gour que fort loin, entre autres au Sud-W., à environ 25 kil., les gour qui forment la tête de l'Oudei Seder, l'affluent de l'Oued Hadjadj que nous avons signalé le 9 janvier. Ces gour sont appelées Gour-El-Oussif.

A 10 kil. de notre point de départ, une ligne Est va directement au Khanfoussa (autre que celui qui se trouve entre Temassinin et Tabalbalet), gara isolée qui est à 40 kil. C'est ici également que passe le medjebed direct de Temassinin à Insalah ; ce medjebed passe au pied nord du Khanfoussa.

Nous marchons droit sur une chaîne de gour et d'escarpements qui marquent la tête de l'Oued Foula, notre direction étant Sud-Sud-Est. Nous sommes toujours dans la plaine de reg ; nombreux oudian marqués par de la végétation, allant à l'oued. Le lit principal de l'oued fait d'assez nombreux détours que nous coupons par le reg.

Un de ces oudian, plus important que les autres qui sont confondus sous le nom générique de Foula ou Oglat-Hamian, porte la dénomination de Oued Naga. Il afflue à droite à 20 kil. de notre point de départ.

Arrivée à 1 h. à Oglat-el-Hamian; trois puits de 2 m. dont un garni de pierres, mais à demi comblés. Campé à 1 kil. environ en aval. — Distance 24 kil. — Ici l'oued est un peu plus resserré dans un vallonnement de reg; on voit le reg se relever assez sensiblement au Sud et se mouvementer. Des chaînes de gour apparaissent au loin de ce côté, marquant les extrêmes têtes des vallées qui vont à l'oudje de l'Erg.

Mercredi, 12 janvier. — Départ à 6 h. 45. Route au Sud-Sud-Est. Quitté le lit principal de l'Oued Foula ou Oglat Hamian qui continue à remonter une quinzaine de kilomètres droit au Sud, et passé sur le reg pierreux mais facile ou hamada passant au reg de la rive droite; direction sur l'extrémité Ouest d'une ligne de gour qui est dite Gour Ifoghas et qui marque la tête des oudian, affluents de droite de l'oued que nous quittons. Oudian nombreux, confus, marqués par des traces de végétation dans le reg (surtout du neci, damran, hadh, etc.). A 5 kil. de notre point de départ, un de ces oudian plus important que les autres, est dit Oudian El-Gadem, puis plus haut Sahab-es-Sor; nous le remontons jusqu'à sa tête, soit 7 kil. jusqu'à l'extrémité Ouest des gour Ifoghas, notre point de direction, comme il vient d'être dit, et 2 kil. plus loin, au Sud-Est, derrière les gour Ifoghas dont le revers Sud lui envoie quelques ravins en affluents de droite.

A ce point nous sommes à la ligne de séparation de la vallée de l'Oued Foula et de ses oudian avec la vallée à peu près parallèle de l'Oued Tilmas-El-Mra, autre affluent Sud-Nord de l'Oued Hadjadj qu'il rejoint à 20 kil. en aval des puits. Cette ligne de séparation est marquée par une succession d'escarpements de hamada relativement plus difficiles que ceux que nous avons passés, mais offrant, néanmoins, de nombreux passages très abordables. Nous descendons immédiatement un des oudian allant au lit principal de l'oued que nous voyons devant nous par le travers, allant à peu près Sud-Nord. Au delà, à l'Est, sur la rive droite de l'Oued Tilmas-el-Mra, chaîne de gour compacte courant Nord-Est-Sud-W., avec une gara remarquable isolée dominant au milieu. Cette chaîne sépare le bassin de l'Oued El-Hadjadj, de l'Oued Melah qui va à El-Biodh. Plus loin, au Sud-Est, on aperçoit une gara isolée qui est appelée El-Arich. Un peu au Sud de Garat-Arich se voit une autre gara qui paraît plus étendue en longueur ; c'est la Gara-Beïda. Au Sud-W., à environ 19 kil., on voit une chaîne terminée par une gara arrondie qui marque la tête de l'Oued El-Hadjadj ; nous avons aperçu ce point le 8 janvier en débouchant de l'Oued Hadja sur le Tinghert.

L'Oued Tilmas-el-Mra a sa tête touchant presque celle de l'Oued Hadjadj même, mais il va au Nord-Est avant de tourner Nord, tandis que l'Oued El-Hadjadj part Nord-W. pour tourner plus tard Nord et ensuite Est. Nous atteignons son lit principal marqué par une végétation très abondante (drinn, hadh, damran, etc.) Nous le remontons un peu plus au Sud jusqu'à Tilmas-El-Mra même. Deux puits de 2 m. de profondeur à demi comblés et à sec ; mais en déblayant celui d'amont, on y trouve un peu d'eau.

Arrivée à midi. Distance 20 kil.

Jeudi, 13 janvier. — Départ de Tilmas-el-Mra à 7 h. 15. Route au Sud-Sud-Est en coupant l'Oued Tilmas-el-Mra, pour monter sur le hamada de sa rive droite. Le Djebel Lekahal, qui est marqué Djebel Kihou ou Kihal sur la carte Duveyrier, est ici à l'Est-Sud-Est à 60 kil.

Notre hamada est limité par une chaîne de gour escarpées et très serrées, tout à fait analogue à celle du Tinghert qui forme la limite orientale du bassin de l'Oued

El-Hadjadj. Cette chaîne est à 5 kil. de notre point de départ ; nous la franchissons en descendant une pente très raide et très difficile pour arriver dans le bassin de l'Oued Melah. On peut considérer la chaîne que nous venons de passer comme continuant le Tinghert en bordure des bassins de l'Oued Ben-Abbou et de l'Oued Hadjadj, abstraction faite des passages relativement peu larges au Nord et au Sud. L'Oued Melah est un bassin parallèle en contrebas, limité à gauche par la chaîne presque à pic, à droite par une chaîne sensiblement moins escarpée et à sommets plus arrondis, sur l'un desquels, dit Gara-Alba, conduit directement notre route au Sud-Sud-Est. Le bassin de l'Oued Melah est très large. Ses extrémités d'amont et d'aval ne sont pas aussi resserrées entre les gour que celles de l'Oued Ben-Abbou et de l'Oued Hadjadj et le passage de son reg d'amont à la plaine d'Adjemor est en pente insensible, sans escarpements. Il en résulte que c'est la voie la plus facile et la plus large pour aller de l'oudje de l'Erg à l'Adjemor en passant par El-Biodh.

Plaine de reg presque complètement plate ; oudian marqués par de la végétation allant à l'Oued Melah, dont le lit principal, que nous traversons à 10 kil. de notre point de départ, va au Nord-Est sans encaissements apparents. A sa droite cependant on distingue quelques renflements allongés de reg séparés les uns des autres. Au Sud la plaine de reg s'étend à perte de vue ; en arrière l'escarpement des gour de gauche continue indéfiniment au Nord et finit très près au Sud en tournant à l'Ouest.

Nous marchons toujours sur la Gara-Alba dont nous atteignons les premières pentes à 20 kil. de notre point de départ de ce matin. C'est une chebka coupée d'oudian confus et peu marqués qui vont au Melah rive droite. Parmi ces oudian on peut citer comme le principal l'Oudei Adjerem qui va au Nord-Nord-W. obliquement sur la pente de l'Alba. Au pied ouest de la Gara-Alba même, nous sommes dans Chabet-Laroui, affluent de l'Oued Adjerem à droite. En continuant toujours au Sud-Sud-Est, nous remontons Chabet-Laroui encaissé entre la chaîne Gara-Alba et un contrefort détaché de cette gara. Végétation assez abondante (neci, damran, hadh, etc.). Arrivée à 2 h. — Distance 26 kil.

Vendredi, 14 janvier. — Départ à 6 h. 30. Route au Sud-Sud-Est, en remontant le Chabet-Laroui. Reg mouvementé entre les deux chaînes de gour de droite et de gauche, plusieurs oudian affluents; détours du lit de l'oued par l'Est. A 8 kil. de notre point de départ, nous arrivons à l'extrême tête de Chabet-Laroui dans un reg surélevé à notre gauche. La chaîne de limite finit par une gara isolée en cap au Sud. A notre droite la chaîne s'abaisse peu à peu, presque de niveau avec le reg. En arrière de notre gara de gauche est une daïa dite Daïa-Tolhaiat (quelques gommiers). C'est un fond de reg au pied des gour, sorte de ghedir et d'embouchure de divers oudian à pente insensible qui lui arrivent du reg au Sud. Il y a un puits, tilmas, à sec en ce moment, dans Daïa-Tolahiat.

Le reg passe au hamada; puis le hamada revient au reg; c'est une plaine unie avec quelques oudian marqués par du neci. Le plus important de ces oudian, allant comme les autres à la Daïa-Tolahiat dont il a été parlé ci-dessus, est à 12 kil. de notre point de départ de ce matin. Il a 4 à 5 kil. de longueur et sa direction générale est du Sud-W. au Nord-Est.

A 15 kil. de notre point de départ de ce matin nous commençons à apercevoir à l'horizon les sommets du Djebel-Iraouen. Cette montagne se dessine de plus en plus au fur et à mesure que nous avançons et elle prend bientôt l'aspect d'une chaîne allant du Sud-Sud-W. au Nord-Nord-Est. On peut déjà estimer qu'elle se compose de plusieurs chaînes à peu près parallèles issues d'un massif ou nœud vers l'extrémité Sud-Sud-W.

A 18 kil. de notre point de départ, notre reg s'escarpe brusquement de 50 à 60 mètres et un autre reg entremêlé de gour se présente en contrebas. Notre guide s'étant trompé de route, nous sommes obligés de contourner l'escarpement pendant près de 5 kil. pour trouver un passage et nous finissons par descendre en pente raide et très difficile dans le reg de l'étage inférieur, sorte de dépression en bordure de largeur médiocre où nous prenons la direction Sud. D'ici, l'Iraouen se dessine plus complètement. Notre reg en contrebas forme en avant comme une gouttière qui va avec entremèlement de gour joindre l'Igharghar au Nord-Est. Plus loin une chaîne courant Sud-Sud-W. Nord-Nord-Est avec un coude Nord nous vient par le travers, se terminant au Nord, à notre gauche, par un chaînon de dunes, les Iraouanat, qui sont prolongées elles-mêmes par un groupe de gour. Une autre chaîne beaucoup moins compacte allant Sud-Nord passe à notre droite, de sorte que nous abordons entre les deux. Ici les hauteurs ne sont plus des gour; c'est le djebel ou le coudiat du plateau central gris noir, terrain devonien, comme le plateau des Azgar.

Nous passons un renflement de reg avec quelques gour et nous arrivons dans le ghedir ou daïa d'embouchure de l'Oued Iraouen qui vient du Sud-Sud-W., de Feidj en Naam, sommet de l'angle très ouvert des deux chaînes. Végétation abondante; il y a plu depuis peu de temps.

Arrivée à 2 h. Distance 28 kil. Gibier très abondant. Nos chasseurs ont tué deux mouflons et en ont vu beaucoup d'autres. Vu des antilopes, des gazelles, des traces d'autruches. Lièvres nombreux, etc.

Samedi, 15 janvier. — Départ à 6 h. 45. Route au Sud en remontant l'Oued Iraouen entre les deux chaînes très espacées du djebel. Terrain plat et facile. Franchi par un vaste reg, qui est coupé par quelques oudian insignifiants, un détour de l'oued à l'Est. Retrouvé l'oued à 8 kil. de notre point de départ; nous le suivons en remontant toujours dans la direction Sud. Le lit de l'oued est marqué par une abondante végétation et par de très nombreux gommiers qui forment par places comme de véritables bois. Gibier abondant. Vu deux superbes autruches mâles qui, approchées à 800 mètres environ, se sont mises bientôt hors de portée. On voit au Sud-Sud-W. le rétrécissement du Feidj-en-Naam entre les deux chaînes. En deçà est un coudiat isolé, l'Oum-el-Groun. Par Feidj-en-Naam on entre dans le coudiat en terrain relativement facile et on trouve un peu au delà la tête de l'Oued Sidi-Moussa qui va à l'Ouest se perdre dans le reg de Massin vers Insalah. Cet Oued Sidi-Moussa, tête de l'Oued Inela, de la carte Duveyrier, sépare le Djebel-Iraouen proprement dit du Djebel-Mouidir. L'extrême tête de l'Oued Sidi-Moussa touche presque à Khangat-el-Hadid et à la tête de l'Oued Taghesal qui va par l'Iraouen à l'Igharghar. Sa gauche est marquée par la chaîne du Mouidir, qui de Khangat-el-Hadid se prolonge avec passages relativement faciles jusqu'au Djebel isolé d'Inzaz qui en est comme un cap avancé. Sa droite est limitée par les pentes de revers de la chaîne de l'Iraouen que nous avons ici également à notre droite, plus raides de notre côté. Du reste comme l'Oued Iraouen, comme l'Oued Botha et comme l'Oued Taghesal, l'Oued Sidi-Moussa, une fois à l'aval de ses oudian de tête, constitue un large ruban de reg où le lit même de l'oued, peu encaissé, est marqué par plus ou moins de végétation.

Arrivée à 2 h. vers le haut de l'Oued Iraouen, un peu en deçà du point où il reçoit à droite l'Oued Adjelman-Arghem (dont les Arabes on fait Djemma-Malghrem). — Distance 30 kil.

Mohamed ben Radja et Hamma reviennent de Khangat-el-Hadid où ils n'ont vu aucune trace. Cheikh Boudjema n'aura pas encore pu remplir sa mission, Ahitaghel ne se trouvant plus sans doute à Insalah lorsqu'il y est passé. Mohammed a laissé à Khangat-el-Hadid un signal indiquant la direction que nous avons prise.

Khangat-el-Hadid ou Tiounkinin est un défilé de 2 kil. environ de longueur et de 100 mètres de largeur avec des rochers de 200 mètres de hauteur, à pic de chaque côté. Il est orienté Est-Sud-Est W.-Nord-W. Il s'y trouve toujours de l'eau vive qui court à l'Ouest sur toute la longueur et qui se perd au débouché dans une dune dite Atgant. A cette dune et à deux gour isolées un peu plus à l'Ouest est la tête du Botha ou Akaraba, qui va à l'Ouest avec une dune au milieu pendant environ 40 kil., une chaîne du Mouidir à gauche, la chaîne de l'Inzaz à droite, mais avec un lit relativement étroit dans un reg de plus en plus large et plat. A l'autre extrémité de Khangat-el-Hadid est la tête d'un oudian qui va directement à l'Est sur Amguid à l'Igharghar, formant medjebed en prolongement du défilé. Là se trouve aussi la tête de l'Oued Gharis qui va plus à l'Est, également à l'Igharghar. La tête de l'Oued Taghezal est un peu plus au Nord et va Sud-W. Enfin, l'extrême tête de l'Oued Sidi-Moussa touche presque celle de l'Oued Taghesal et va Nord-W. Mohammed ben Radja et Hamma sont allés à Khangat-el-Hadid au départ de Hassi Oued El-Hadjadj en passant par Ras-Oglat-Hamian, le reg de l'Adjemor dit Bahr, où passe l'Oued Sidi-Moussa, l'Oued El-Bahdi, affluent du Botha, l'Oued Tlelia, qui a sa tête non loin de l'Oued Sidi-Moussa et va au Botha, l'Oued Ibahi, autre affluent du Botha qu'il rencontre presque à sa source, à Khangat-el-Hadid même. De Khangat-el-Hadid ils sont revenus par le même chemin jusqu'à l'Oued Sidi-Moussa où ils ont tourné à droite sur l'Oued Iraouen à travers le coudiat peu serré en cet endroit et présentant de nombreux passages faciles.

D'Insalah deux chemins mènent à Khangat-el-Hadid :

1° Par le Botha sur lequel on signale les points de Mekam-Sidi-El-Bekri (des Ifoghas, père de cheikh Othman),

Aïn-Ksob, Hassi-Boudrafa, El-Bahr, élargissement considérable du reg, les gour et la dune Atgant, à la tête du Botha, avec Hassi-Sdiri entre les trois;

2° Par Foggaret-El-Arab, Aïn-Kahla, source abondante au niveau du sol, ne tarissant jamais. Aïn-Azaz, dans le Djebel-Inzaz, eau abondante quoique moins que celle d'Aïn-Kahla, Aïn-Tiouchguin, source comme la précédente, Khangat-el-Hadid.

Le Botha ou Akaraba rejoint l'Oued Saoura au sud d'Akabli, comme il a déjà été remarqué. Tous les renseignements paraissent confirmer qu'il y a une sebkha d'embouchure au confluent, avec végétation (zeïta, baguel, drinn, etc.). Ce serait un fond où s'arrêtent les deux oued. Ce fond se continue au sud avec interposition de hautes dunes, à l'ouest du Tanezrouft qui est un reg absolument plat et non un plateau de hamada y aboutissant et l'on peut le considérer à la rigueur comme un oued où vont affluer l'Oued Tighidjert, l'Oued Tarhit, l'Oued Gueduem, etc. ; mais il n'y aurait pas de thalweg apparent. Quant aux marais d'Ez-Ziza signalés sur une carte en ghedir d'embouchure de l'Oued Saoura ou Oued Messaoud, tout tend à démontrer qu'il y a confusion de nom avec Inzize, beaucoup plus au Sud-Est, vers l'Oued Tighidjert et tout à fait en dehors de l'Oued Saoura ou de sa prolongation virtuelle. Ce système serait analogue à celui de l'Oued Ghir et du bas de l'Oued Igharghar, mais avec entremêlement de hautes dunes et de larges espaces plats de reg et de hamada, ce qui lui enlève le caractère d'oued, même pour les indigènes les plus enclins à donner de l'extension à cette dénomination.

On va d'Insalah au Hoggar par Khangat-el-Hadid, l'Oued Gharis, l'ouest de l'Oued Igharghar jusqu'à Tinnakourat, gours isolées dans le reg non loin de Tin-Akeli à hauteur du Djebel-Oudan et de là on continue toujours par le reg et en passant quelques oudian sur l'Oued Takouf, l'Oued Aberzoug et le Taourirt où se tient généralement le gros des campements des Ledjouad (nobles).

On va encore plus directement d'Insalah au Hoggar par l'Oued Botha jusqu'à Mekam-Sidi-el-Bekri, confluent de l'Oued Arak que l'on remonte jusqu'à sa tête vers le Tifidest. De là, à quelques kilomètres, on joint la tête de l'Oued Tighidjert qui va au Sud-W., passant non loin au nord du Taourirt. Les campements vont souvent dans l'Oued Tighidjert (Ce renseignement est à vérifier. La position de la tête de l'Oued Arak au Tifidest me paraît ne devoir être acceptée que sous toutes réserves jusqu'à plus ample informé). Dans tous les cas il paraît démontré que pour aller au Sud-W. de l'Oued Gharis ou de l'Igharghar sur la direction de Timissao on ne rencontre que le reg plat avec quelques gour isolées jusqu'au Coudiat-Ahenet qui prolonge Taourirt (mont Taourerett de la carte Duveyrier). L'Oued Tahrit et divers oudian vont de l'Ahenet au Sud-W. vers le Tanezrouft et le passage du coudiat n'est pas très difficile. L'Oued Tighidjert passerait aussi à travers l'Ahenet mais plus au Nord.

Dimanche, 16 janvier. — Départ à 6 h. 30. Route au Sud. Remonté l'Oued Iraouen et un affluent de droite, l'Oued Adjelman-Arghem par lequel nous franchissons la tête du coudiat, gorge peu large de 2 kil. de longueur mais facile ; pente insensible. Débouché dans un élargissement qui est entre la chaîne extrême sud du Djebel-Iraouen et la chaîne moyenne que nous venons de franchir. L'Iraouen est donc composé de trois chaînes à peu près parallèles : celle du nord peu compacte avec intervalle plus large qui est le lit principal de l'Iraouen ; celle du milieu à travers laquelle passe l'Oued Adjelman-Arghem ; celle du sud que nous longeons maintenant en remontant l'Oued Adjelman et tournant au Sud-Sud-W. Les deux chaînes entre lesquels nous sommes et qui sont relativement plus rapprochées que celles d'hier ont en moyenne 180 à 200 mètres de hauteur au-dessus du fond de la vallée. Au Nord-Est on voit les chaînes finir et la vallée sans pente joint insensiblement l'Igharghar. Après le passage de notre chaîne se trouve une dune assez élevée; une autre est à 6 kil. plus loin. Entre les deux, à égale distance à peu près, est le Tilmas-Fersig, puits à sec en ce moment. Une ligne droite Nord-Est de 120 kil. va de ce point à Tanelagh en franchissant l'extrémité nord de l'Iraouen et l'Igharghar par Inghebir, rocher isolé au milieu de l'Igharghar et de Tisnas. C'est un chemin facile que suivent parfois les Azgar allant de l'Ighargharen et de Tabelbalet à Insalah. Une caravane d'Ifoghas est passée il y a quelques jours, retour d'Insalah.

Notre vallée d'abord large se rétrécit sensiblement; terrain plat, pente peu sensible; mais les pierres du coudiat parsèment le fond et rendent la marche difficile. A 32 kil. de notre point de départ, sur notre gauche, nous trouvons la Sobba (cascade). C'est un cirque de rochers auquel on arrive par un chemin très difficile d'environ 1 kil. de longueur à partir de l'oued. Les cascades n'existent qu'après des pluies abondantes ; mais nous trouvons beaucoup d'eau dans le fond du cirque et dans un autre ghedir à un étage de rochers au-dessus. C'est de l'eau de pluie excellente et extrêmement fraîche. Il est regrettable que le chemin soit trop difficile pour pouvoir y conduire aisément les chameaux. Du reste nos animaux ayant bu il y a quatre jours à Tilmas-el-Mra, il n'y a pas nécessité de les faire boire de nouveau avant Amguid. Nous nous contentons de faire un surcroit de provision d'eau dans nos outres.

Arrivée à 2 h. 30. Oued Adjelman-Arghem à hauteur de la Sobba. — Distance 32 kil.

Lundi, 17 janvier. — Départ à 6 h. 30. Route au Sud-Sud-W., puis au Sud. A 2 kil. de ce point de départ, col très bas à pente peu sensible marquant la tête de l'Oued Adjelmann-Arghem que nous quittons et tête d'oudian insignifiants allant à l'Igharghar au Sud. Nos deux chaînes se continuent parallèlement, celle de droite inclinant un peu au Sud vers celle de gauche. A 8 kil. de notre camp, nous tournons au Sud-Est par un oudian à travers la chaîne de gauche ; passage à fond plat facile et très court, et nous débouchons sur l'Igharghar. Le Djebel-Iraouen est franchi, et pour résumer ce qui a été dit de la facilité des passages, il n'y a rien d'exagéré à affirmer qu'une voie ferrée serait parfaitement exécutable sur tout le parcours que nos avons suivi depuis notre entrée dans la montagne jusqu'à la sortie. Mais ce n'est vraisemblablement pas par là que l'on passera en chemin de fer, étant donné le reg de l'Igharghar qui s'étend toujours absolument plat et ferme par le travers devant nous, du Nord-Est où nous l'avons laissé au premier voyage jusqu'à Amguid que nous voyons se dessiner en cap des roches du Tassili sur la rive droite. Notre chaîne de l'Iraouen continue en bordure gauche de l'Igharghar à notre droite, limitée à environ 5 kil. par l'Oued Taghezal qui vient de Khangat-el-Hadid, comme il a été dit hier, et qui, avec l'Oued Sidi-Moussa, marque séparation avec le Mouidir. On voit les chaînes du Mouidir continuer l'Iraouen à l'Ouest avec plusieurs caps au Sud et entre autres à l'horizon de ce côté, cap double issu du Khangat-el-Hadid. Les têtes de ce cap sont séparées par un col très bas où débouche l'Oued Gharis qui nous arrive par le travers dans la plaine de l'Igharghar. L'Oued Gharis va joindre l'Igharghar à notre Est en un point dit Kheneg, qui est un resserrement sensible de l'oued, passage d'environ 2,000 m. de largeur à fond de reg plat. Dans le Kheneg, en deçà et au delà, l'Igharghar forme plaine de reg comme celle que nous avons vue au premier voyage. La plaine en deçà, par rapport à nous, est appelée indistinctement Amguid, Gharis ou Igharghar. L'Oued Igharghar, proprement dit, qui a ici un lit distinct, marqué par de la végétation, court Sud-Nord au pied des roches élevées du Tassili des Azgar. Le point d'eau d'Amguid est au Sud, au pied de ces mêmes roches formant cap au Nord. Des dunes en chaîne très hautes à notre droite, plus basses en avant et à gauche, courent au pied de l'Iraouen comme une dernière bordure de la rive gauche de la vallée de l'Igharghar. L'Oued Taghesal s'y arrête en débouchant de l'Iraouen à notre droite. L'Oued Gharis, marqué par une végétation très abondante et par des traces de ghedirs, franchit la chaîne de dunes par une coupure. Nous passons la dune en tournant au Sud-Est pour éviter la partie difficile; nous passons l'Oued Gharis et nous arrivons au lit de l'Igharghar (végétation, gommiers, etc.) au pied du Tassili. Ici le Kheneg est caché par une avancée en cap d'une roche du Tassili et l'on dirait la plaine fermée à l'Est, au Nord-Est et au Nord. La roche très haute d'Amguid est au Sud en vue. La dune que nous avons franchie avant l'Oued Gharis s'étend vers Amguid par sa partie la plus haute comme pour former avec le Tassili vallée particulière de l'Oued Igharghar.

Arrivée à 1 h. Distance 26 kil.

Au delà du Kheneg, arrivant obliquement sur l'Igharghar et courant Nord, est l'oudian de Inkemelet; hassi (puits) au débouché sur l'oued. Parallèlement à l'oudian Inkemelet au delà, à mi-distance de Tanelagh débouche l'Oued Tahohaït ou Tahihout. L'Oued Tounnourt est en deçà du Tahohaït et va aboutir à l'Igharghar un peu au Sud du point où nous sommes. Toute cette région du Tassili s'appelle souvent Tahohaït d'une façon générale; mais c'est en réalité l'oued dont il vient d'être parlé avec Iskaouen, Tinhias, etc., auxquels cette dénomination s'applique plus particulièrement. Amguid, qui est un point déterminé, précise plus exactement l'extrémité occidentale du Tassili.

Mardi, 18 janvier. — Départ à 6 h 30. Route au Sud en remontant le lit de végétation d'environ 3 kil. de large, entremêlé de nebka, de fonds de daïa et de reg qui marque l'Oued Igharghar au pied du Tassili qui forme une muraille à pic de 250 à 300 m. de hauteur à notre gauche. La dune formant chaîne très élevée et continue court parallèlement à notre droite. A 8 kil. de notre point de départ, le Tassili, quoique conservant sa direction générale, devient plus confus ; c'est un entremêlement de roches très élevées de toutes les formes. L'Oued Tounnourt débouche par une coupure encombrée en partie de dunes.

Arrivée à 1 h. — Distance 26 kil. — Eau vive dans un ravin à parois à pic qui forme tranchée dans le Tassili. La tête de ce ravin est à environ 6 kil. à l'Est. Le ruisseau présente plusieurs élargissements naturels successifs communiquant les uns avec les autres ; il y a quelques poissons (barbeaux).

Il n'y a pas de campements à Amguid ; les traces que nous en trouvons sont vieilles de plusieurs mois. Cheikh Boudjema, qui est parti d'Insokki pour aller porter des lettres à Ahitaghel, n'est pas de retour ; il n'est pas encore en retard s'il a dû aller chercher les Hoggar jusque vers Taourirt ; mais nous risquerions de le manquer en cherchant à aller à sa rencontre. D'ailleurs, pour aller d'ici directement vers le Taourirt, il n'y a qu'un reg immense de plus de dix jours de marche sans eau et presque sans pâturages. Nos guides ne le connaissent que très imparfaitement, n'étant jamais allés au Hoggar que par Insalah. Ils ne connaissent pas davantage le haut Igharghar vers Idelès et Amadghor, cette ligne n'étant jamais suivie par les caravanes et le reg d'Amadghor, vu son aridité absolue et le manque d'eau étant considéré par les Touareg eux-mêmes comme une sorte de Tanezrouft qu'il faut tourner et non traverser.

Dans ces conditions nous séjournerons ici cinq jours, délai suffisant pour donner à Cheikh Boudjema le temps de nous rejoindre, et nous profiterons de ce séjour pour faire une excursion de deux jours au Sud en volte rapide pour reconnaître exactement l'entrée de la plaine d'Amadghor. Si, les cinq jours écoulés, nous n'avons pas de nouvelles de notre envoyé, nous tournerons Amadghor à l'Est par l'Oued Tounnourt, Tahohaït, Iskaouen en suivant les medjebed abordables connus de nos guides.

Mercredi, 19 janvier. — Séjour à Amguid.

Jeudi, 20 janvier. — La caravane séjourne à Amguid avec le capitaine Masson. Le lieutenant-colonel, MM. Béringer, Roche, le maréchal-des-logis Pobéguin et cinq hommes partent en reconnaissance au Sud.

Départ de la reconnaissance à 7 h. 15. Route au Sud, le Tassili à gauche, la dune à droite. Sol pierreux de coudiat puis reg et végétation de l'oued. A 10 heures, passé à hauteur de Tinesel-Maken, fontaine au pied du Tassili; quelques figuiers et palmiers, ruines d'une maison, traces de culture abandonnées depuis longtemps.

A 20 kil., le Tassili finit en trois caps élevés de 7 à 800 mètres et une chaîne de hautes roches granitiques très déchiquetées le prolonge en tournant peu à peu au Sud-Sud-Est. La grande dune d'Amguid se termine à notre droite. L'Oued Igharghar continue droit au Sud en terrain reg sur le Djebel-Oudan que l'on aperçoit à environ 120 kil. La berge de la rive gauche est peu apparente, quoique marquée par une surélévation de reg où se distinguent quelques points rocheux assez élevés et parmi eux la remarquable gara du Khanfousa. Au delà de cette berge très facile à franchir s'étend au Sud-W. un reg immense qui va jusqu'à Tinnakourat, gour isolées non loin de Tin-Akeli; un peu au sud de Cheikh-Salah et visibles du point où nous sommes. De Tinnakourat on va en reg, sans accident sensible de terrain, au sud à la tête de l'Oued Aberzoug, au Sud-Sud-W. à celle de l'Oued Adelès et au Sud-W. à celle de l'Oued Tirhedjert. Ces trois oued forment les principaux passages de l'Ahenet vers le pays de Timissao et du Tanezrouft au delà du massif du Hoggar. L'Atakor finissant en cap élevé par le Taourirt et le Taourirt se prolongeant à l'W.-Nord-W. par la chaîne plus basse de l'Ahenet; ces passages sont faciles et forment comme des coupures de reg dans l'Ahenet. Cependant celui de l'Aberzoug, le plus au Sud, longeant presque le pied du Taourirt est un couloir assez pierreux d'environ 15 kil. de longueur. Celui de l'Oued Adelès est beaucoup plus large et à terrain moins pierreux en reg; celui de l'Oued Tirhedjert est semblable à l'Oued Adelès; mais sensiblement plus au Nord en donnant eu plein reg du Tanezrouft.

Nous suivons la chaîne granitique qui prolonge le Tassili au sud. Cette chaîne est bordée à l'Ouest par des dunes de plus en plus hautes et confuses qui marquent le débouché de l'Oued Tedjert et de ses nombreuses branches. Arrivée à 3 h. à Azurahren, près du cap de Tassili proprement dit ou Ahl-Lekor. — Végétation abondante. — La dune nous sépare de l'Oued Igharghar proprement dit.

Vendredi, 21 janvier. — Séjour de la caravane à Amguid. Suite de la reconnaissance. Départ d'Azurahren à 6 h. 15. Route au Sud sur le Djebel-Oudan et le coin Est du Khanfousa. A notre gauche le coudiat granitique déchiqueté; à droite la dune qui devient de plus en plus élevée et confuse. Nous obliquons au Sud-W. pour quitter la dune; au débouché de la branche principale de l'Oued Tedjert sur l'Igharghar, ghedir considérable plein d'eau à la sortie de la dune. C'est ici qu'il faut placer Ighellachen, c'est-à-dire un des Aguellach ou élargissement d'oued avec végétation qui se trouvent en nombre considérable de ce côté, sans que rien de remarquable les distingue à première vue. Arrivée à 1 h. 30. Distance 30 kil. Nous avons fait ainsi 60 kil. depuis Amguid; mais si nous avions suivi directement l'Igharghar en dehors de la dune nous n'en aurions pas fait plus de 50.

Samedi, 22 janvier. — Séjour de la caravane à Amguid. Suite de la reconnaissance. Pendant que le maréchal-des-logis Pobéguin fait remonter le camp d'Ighellachen de 5 kil. dans l'Igharghar à un point qui est également un Aguellach, nous allons à 15 kil. en avant au Sud-W. sur le Khanfousa. Terrain reg; oued marqué par de la végétation. Notre pointe extrême s'arrête à 10 kil. du Khanfousa même. D'ici on voit parfaitement la vaste entrée plate et unie du reg rive droite de l'Igharghar qui donne accès dans la plaine d'Amagdhor, le Oudan à à l'Ouest, l'Egueré ou prolongation rocheuse du Tassili, rive gauche de l'Oued Tedjert à l'Est; au Sud-W. le reg vers Tinnakourat; au Nord, à environ 50 kil., le Moudir continuant l'Iraouen et allant Sud-W.; le débouché du Gharis venant de près de Khangat-el-Hadid, après un cours d'environ 60 kil., tomber par une large ouverture du coudiat dans la plaine, pour aller à l'Est vers Kheneg à l'Igharghar. Une autre tête du Gharis, dite Elaghen-el-Ouat, vient du Sud-Ouest en deçà du Moudir. Toute cette partie de la carte par renseignements de M. Duveyrier est à modifier, particulièrement au point de vue des distances relatives et de certaines orientations; mais la concordance des renseignements avec l'observation est toujours extrêmement remarquable tant pour l'ensemble que pour les détails.

Retour au camp d'Ighellachen par la ligne droite Nord-Est, 18 kil. Arrivée à 2 h. 30.

A notre rentrée au camp, Cheikh Boudjema, notre envoyé à Ahitaghel nous arrive avec un targui nommé Si Mohammed; il est passé au camp d'Amguid et le capitaine Masson me l'envoie. Il est porteur d'une lettre d'Ahitaghel qui m'informe qu'étant en route pour retourner d'Insalah à ses campements, il ne pourra peut-être pas me voir, mais que je lui ai demandé le passage dans son pays pour aller au Soudan, qu'il me l'a promis et qu'il tient sa parole en m'envoyant des guides. Son beau-frère et proche parent, le vieux Chikat ben Hanfou, des Oulad-Messaoud, père d'Atirsi, le successeur désigné au pouvoir d'Ahitaghel, s'est arrêté à un campement de l'Oued Gharis à environ 70 kil. d'ici et attend pour nous arriver que Cheikh Boudjema nous ait trouvés. Les guides annoncent que, grâce aux pluies récentes, la plaine d'Amadghor elle-même n'est pas si dépourvue de pâturages qu'on le supposait, que l'eau se trouve soit à droite, soit à gauche de la sebkha et au delà, que d'ailleurs l'on peut tourner d'ici par l'Oued Tedjert et l'Eguéré, pour trouver une bonne route de caravane. Ils connaissent Assiou et le Soudan et ils se chargent de nous conduire directement. J'envoie le mokhazni Mohammed à Chikat ben Hanfou pour lui dire où nous sommes et je fais prévenir le capitaine Masson de venir me rejoindre avec la caravane à Ighellachen.

Dimanche, 23 janvier. — Séjour à Ighellachen. La caravane, sous la conduite du capitaine Masson, part d'Amguid à 1 h. et fait 15 kil. en suivant l'oued directement au Sud.

Lundi, 24 janvier. — Séjour à Ighellachen. la caravane arrive à 1 h.; elle a fait 30 kil. aujourd'hui; toujours en suivant l'oued.

Mardi, 25 janvier. — Séjour à Ighellachen. Arrivée de Chikat ben Hanfou, accompagné de quelques Touareg Hoggar. Quelques Isakkamaren viennent vendre trois ou quatre chameaux et divers objets. Chikat paraît fort bien disposé et il confirme les assertions des guides sur la facilité du passage par Amadghor. Le sentiment qui paraît évidemment dominer chez les Hoggar, c'est qu'il serait impolitique de nous laisser aller chercher le chemin par le pays des Azgar où Ikhenoukhen semble nous tendre la main. Mais on ne se fait pas facilement à l'idée de nous voir nous écarter de la route directe pour circuler à droite ou à gauche. Il est certain qu'on ne peut en demander davantage à une première visite dans une région où jamais européen n'a encore pénétré. Du reste, il ne faut pas désespérer de calmer ces défiances dans une certaine mesure au cours même de ce voyage, quand nos Hoggar se seront un peu familiarisés.

Je renvoie les Ifoghas qui nous ont accompagné depuis l'Algérie; ils s'en vont satisfaits, bien qu'ils aient eu l'espoir de nous mener à Ikhenoukhen. Celui-ci et son fils Mohammed seront toujours à ménager en cas d'incident et même en tout état de cause, vu les excellentes dispositions qu'ils montrent à former et à soutenir un parti français chez les Azgar. C'est peut-être là que se trouve la véritable voie à suivre pour arriver à établir et à assurer notre influence chez les Touareg du Nord avec accès chez les Touareg du Sud. J'envoie donc un cadeau à Ikhenoukhen en lui disant que je prends la route directe du Soudan au départ d'Amguid, mais que j'espère pouvoir me détourner, soit à l'aller soit au retour, pour pouvoir lui faire visite.

Mercredi, 26 janvier. — Départ d'Ighellachem à 6 h. 15 avec Chikat et les nouveaux guides. Route à l'Est par l'Oued Tedjert à travers le coudiat ou montagne de l'Eguéré. Lit de l'oued assez facile mais encaissé, souvent étroit et faisant de nombreux détours. Traces de crue récente. Végétation abondante, grands tamarix. Hautes roches de 5 à 600 m. de hauteur, très déchiquetées à droite et à gauche. Nombreux ravins ou oudian, affluents des deux côtés. A 20 kil. de notre point de départ ghedir où se trouve de l'eau. A 5 kil. plus loin, rétrécissement sensible du lit qui tourne par le Nord-Est pour doubler la haute crête du Boughedegh.

Arrivée à 2 h. au pied du Boughedegh, au lieu dit Agzel. Eau dans un ravin; rive gauche de l'oued. — Distance 30 kil.

Jeudi, 27 janvier. — Départ à 6 h. 30. Route à l'Est et

détours au Nord-Est pour achever de doubler le Boughedegh. A 4 kil. de notre point de départ, nous tournons à l'Est-Sud-Est, puis au Sud-Est au lieu dit Tilmas-Tadjenout. Eau à peu de profondeur au pied du rocher de la rive droite. L'Oued Tedjert continue à l'Est pour tourner plus loin au Sud-Est. Nous coupons par un ravin, affluent de gauche dit Inzekeo et par le coudiat lui-même au-dessus, en terrain modérément difficile. Ici le coudiat s'applatit et forme peu à peu plateau ; l'Oued Tedjert tournant par notre gauche, au delà le Tassili : c'est le plateau de l'Eguéré proprement dit.

A notre droite, hautes roches bordant l'Eguéré à l'Ouest et formant la chaîne que nous avons vue de l'autre côté par l'Igharghar. Le Tassili va Est-Sud-Est. L'Oued Tihoudai, qui vient de Todidié, forme dépression mêlée de gour déchiquetées et de dunes au pied du Tassili et est à considérer comme une des têtes de l'Oued Tedjert. L'autre tête, Oued Tedjert proprement dit, tourne au Sud-Est, comme nous avons dit, pour aller plus haut par le Sud et le Sud-W. aboutir à Amadghor en passant derrière les hautes roches du Tinbelghen que nous avons devant nous, et en deçà desquelles court un affluent important, l'Oued Alouhad que nous devons suivre.

A 12 kil. de notre point de départ, nous coupons un affluent de gauche dit Atihin-Ouati. A notre Est, dans le Tassili, la haute crête du Ihenkan ou Eguélé domine les autres en cap dans le Tedjert. Au delà on voit un pic élevé, le Tahohaït au pied duquel se trouve l'oued du même nom et Iskaouen. Le cap du Tassili au Sud d'Amguid dit Ahl-Lekor, que nous avons doublé par l'Igharghar le 20 janvier, nous reste au Nord-W. A notre droite la haute crête rocheuse où est la tête de l'Oued Atihin-Ouati se nomme In-Azaoua, et il en vient plusieurs affluents au Tedjert. Une hauteur remarquable isolée se dessine au loin à l'Est, en avant du Tassili ; c'est le coudiat dit Chah. Au sud du Tinbelghen, sur lequel nous

nous dirigeons toujours, on aperçoit la crête du Tihin Ahggar dominé par un pic remarquable au Sud-Ouest, le pic du Toufrigh qui paraît prolonger les roches de l'Azaoua et ressemble à l'Oudan.

Franchi plusieurs oudian ou affluents du Tedjert avec végétation et gommiers. Terrain hamada presque reg, facile, mais cependant plus mouvementé au fur et à mesure que l'on avance vers le Tinbelghen.

Arrivée à 2 h. à Ahadjeri ; affluent du Tedjert dont le lit principal, toujours à notre Est, va passer plus loin derrière le Tinbelghen et le Tihin Ahggar. Distance 32 kil.

Vendredi, 28 janvier. — Départ à 6 h. 15. Route au Sud ; remonté l'Ahadjeri par un hamada et un reg facile ; à droite l'Oued Alouhad entre dans le coudiat dit d'In-Azaoua pour aller retrouver l'Oued Tedjert par plusieurs oudian près d'Agzel où nous avons campé le 26. Nous le retrouvons pour le suivre au coude qu'il fait vers le Nord-Est, un peu avant son entrée dans le coudiat, et nous le remontons sans quitter la direction Sud, la chaîne du Toufrigh qui prolonge l'In-Azaoua à notre droite, celle de Tinbelghen à notre gauche ; mais le lit de l'oued marqué par de la végétation, tamarix, etc., est près du bord du coudiat du Toufrigh et assez éloigné du Tinbelghen. L'Oued Alouhad forme ici une large vallée de reg et de hamada avec gour basses en bordure. Ces gour forment, pour la plupart, des amas de basalte et de laves, produits d'éruptions volcaniques dont les traces se voient de tous côtés dans cette région. On les nomme Ikeniouen à notre gauche et Ighiden à notre droite. L'ensemble du reg se dit Timachi (calcaire cristallisé, blanc que l'on y trouve par place.) A 15 kil. de notre point de départ, il y a un élargissement très sensible de reg tout à fait plat ; puis, à 4 kil. plus loin, un rétrécissement qui ne laisse plus de place qu'au lit de l'oued, toujours plat et facile entre berges du coudiat et amas de basaltes et de laves. Nous coupons un détour de l'oued par un large col Sud-Sud-Est qui n'a pas un kilomètre de longueur et nous arrivons dans la région dit Tikhsin. Tilmas, puits à sec où viennent plusieurs affluents. Ce sont des ravins insignifiants, excepté un qui vient du Sud-W. et serait plus important que le lit principal lui-même. On le nomme Mereggala. Arrivée à 2 h. — Distance 32 kil. — Végétation abondante. On trouverait de l'eau dans le tilmas en creusant un peu au pied de la berge rive droite de l'oued ; mais nous en aurons demain de bonne heure et nous n'en avons pas besoin aujourd'hui, étant suffisamment approvisionnés.

Samedi, 29 janvier. — Départ à 6 h. 15. Route au Sud ; continué à remonter l'Oued Alouhad qui paraît moins important et moins riche en végétation que l'Oued Mereggala, son affluent de gauche, que nous voyons à notre droite. A notre gauche, mais loin et avec hamada semé de gour peu élevées et d'amas de laves en avant, la chaîne et le pic du Tihin Ahggar, très haut. A droite, mais un peu moins éloignés, la chaîne et les deux pics ou crêtes rocheuses remarquables du Toufrigh. Le hamada avec de nombreux oudian, mais facile avec medjebed bien marqué ; cependant ce medjebed qui coupe les retours de l'oued passe dans des coulées de lave qui rendent la marche assez difficile et le lit de l'Oued Alouhad, que nous reprenons bientôt, est préférable. Arrivée à 8 h. — Distance 8 kil. — Lieu dit Inziman (eau sous le sable) Tikhsin. Il suffit de déblayer le sable à 30 cent. de profondeur pour trouver de l'eau en abondance. Cette eau est bonne, malgré les efflorescences salines qu'elle dépose. Végétation assez maigre : diss, tamarix.

Nous sommes ici au sud de l'Eguéré, près du débouché de l'Oued Tedjert dans la plaine d'Amadghor. C'est le chemin des caravanes et il est assez facile. Ceux de l'Ahenet pour aller au Sud-W. par l'Oued Adelès à Salat et Timisao ou par l'Oued Abezzoug ou Tarhit sont un peu plus difficiles, d'après ce que disent des gens qui les ont vus. Comme il ressort de la reconnaissance que nous avons faite au sud d'Ighellachen, il est certain qu'il n'y a aucune comparaison à établir avec l'entrée de l'Amadghor par le reg plat et uni de l'Igharghar et de sa rive au delà de la chaîne du Toufrigh que nous avons ici à notre droite. Il y a bien quelques soulèvements en berge du Tedjert en travers de la plaine d'Amadghor et, de l'Est à l'Ouest, la plaine elle-même est moins large qu'on ne le supposait, à cause du coudiat assez compliqué, non figuré sur la carte Duveyrier, qui forme la chaîne de l'Eguéré et qui remplit l'espace à l'Ouest du Tassili ; mais les passages de l'Igharghar à la plaine d'Amadghor sont en reg plat et la plaine est encore extrêmement étendue en largeur. C'est, du reste, ce que nous vérifierons complètement d'ici à peu de jours, en achevant la topographie de détail de cette région.

Dimanche, 30 janvier. — La caravane quittait Inziman-Tikhsin et prenait la direction Sud-W. ; toute la journée elle marchait sur un sol pierreux, assez mouvementé, laissant à l'Est une série de montagnes présentant un relief de plus de 500 m. ; par places apparaissent des parties couvertes de sables à gros grains où poussent le hadh et l'arta assez abondamment. Des montagnes que l'on laisse à droite sort un large oued sablonneux dont le lit est couvert d'une très belle végétation où le tamarix domine et atteint des dimensions très grandes, il y a aussi quelques gommiers. Quelques kilomètres au delà de cet oued que la caravane ne traverse pas et laisse à l'Est, on établit le camp dans une dhaya entourée de tous côtés par des hauteurs rocheuses et adossée à une haute montagne vers le Sud-Ouest. On trouve de l'eau de ce côté dans quelques guelta.

Le matin Chikkat quitte la mission. Le colonel lui fait présent d'une somme de 500 francs, d'une ceinture de soie, d'un burnous, d'un haick en soie, d'une chechia, et lui remet les mêmes cadeaux pour son fils

Tissi, et pour Ben Gueradji, chef des Taïtoq ; il le charge de faire remettre à Ahitaghel une somme de 1,000 francs, un haouli de soie, une ceinture et une chechia.

Pendant la marche on voit des traces nombreuses d'animaux se dirigeant vers l'eau dans la montagne, ce qui indique que les campements des Hoggar sont dans le voisinage. Un chamelier resté en arrière avec les animaux fatigués dit avoir vu quatre cavaliers à méhari passer non loin de lui.

Un targui, du nom de Mohammed, se met à suivre la caravane ; petit à petit il arrive à marcher avec elle et se joint à elle les jours suivants.

La caravane perdit ce jour-là un chameau qui fut abandonné en route.

Les touareg, Mohammed ould Moumen et Ahamed, cherchent à gagner les bonnes grâces des gens de la caravane ; ils causent et jouent même avec eux ; à l'occasion ils leur posent des questions, se font montrer le mécanisme du fusil Gras, cherchent à se rendre compte de tout au camp et paraissent intrigués par le nombre de caisses que la mission emporte et qu'ils croient contenir de l'or. On tâche de les détromper en leur disant que ces caisses renferment des cartouches.

Lundi, 31 janvier. — La marche continue dans une région analogue à celle que l'on a parcourue la veille ; vers la fin de la marche et après avoir traversé une chaîne de hauteurs, par des défilés étroits et très difficiles, la caravane arrive à un large oued. Ce dernier est sablonneux et forme une gorge entre des escarpements élevés, le drinn y pousse abondamment ainsi que quelques tamarix ; on suit cet oued pendant un peu plus d'une heure et on y campe à côté de 2 petits palmiers en un point où l'on trouve un peu d'eau en creusant dans le sable à un demi pied de profondeur.

Des chameaux égarés le soir au pâturage sont retrouvés le lendemain matin avant le départ.

Mardi, 1ᵉʳ février. — La caravane franchit la berge droite de l'oued, laissant ce dernier à l'Ouest, le pays est moins accidenté et forme une sorte de plaine entourée de montagnes élevées ; on rencontre parfois de grands espaces couverts de sable où pousse beaucoup de drinn. La plaine est toutefois le plus souvent caillouteuse, on y voit quelques gommiers ; vers le soir on traverse un large oued sablonneux boisé de tamarix et de gommiers et l'on campe quelques kilomètres plus loin dans une dhaya de 2 kil. de diamètre environ dont le fond caillouteux ne contient qu'un peu de drinn et chebreb.

Des traces nombreuses de troupeaux sont observées dans la montagne. Étape longue.

Mercredi, 2 février. — Le pays devient de moins en moins mouvementé, le sol se couvre de pierres noires de toutes dimensions, on ne voit plus de sable et la végétation disparaît presque complètement; les montagnes, que la route suivie laisse à droite en s'en éloignant, s'avancent en cap de faible relief vers l'Est, cap que l'on franchit vers la fin de la journée. On arrive alors dans une immense plaine caillouteuse où rien n'arrête le regard sauf vers l'Est où la montagne se voit à une dizaine de kilomètres. Les guides touareg disent au colonel que n'ayant pas vu le pays depuis longtemps ils ne se rappellent pas très bien où est la Sebkha d'Amadghor. Le chef de la mission, surpris de cette déclaration, fait camper de bonne heure dans un petit oued ou pousse un peu de damran et de hadh. Les guides touareg vont en reconnaissance pendant l'après-midi et reviennent le soir rapportant un peu de sel de la sebkha qui se trouve à une quinzaine de kil. vers le Sud-Ouest.

Jeudi, 3 février. — La marche continue dans la plaine d'hier toujours aussi pierreuse, aussi uniforme et dépourvue de végétation ; tous les membres de la mission, sous la conduite du guide Mohammed Ould Moumen et des Chambaa, se dirigent vers la Sebkha d'Amadghor ; cette dernière est une cuvette de 2 à 3 kil. de largeur entourée d'un bourrelet dominant le sol de 2 mètres environ et adossée à l'Ouest à des montagnes élevées. On remarque deux excavations d'où l'on a extrait du sel ; ces sortes de puits ont 4 à 5 mètres de largeur et sont assez profonds, le sel s'y voit en bancs épais, blancs ou rougeâtres. Le medjebed qui passe à côté de la sebkha est large comme une grande route ; on voit à peu de distance un cimetière targui.

On campe le soir dans un oued où poussent quelques gommiers et du hadh formant de bons pâturages. Pendant cette étape on a reconnu les traces d'une caravane ; le guide Mohammed Ould Moumen dit que cette caravane s'est mise en route pour le Soudan quelques jours auparavant et qu'elle a pris du sel.

Vendredi, 4 février. — C'est toujours la même plaine que les jours précédents ; toutefois, vers le milieu du jour, la caravane trouve de beaux pâturages où l'on fait une station de quelques heures pour laisser manger les chameaux ; puis on continue la marche jusqu'au soir et l'on campe dans un oued sablonneux ; il y pousse un peu de hadh et de damran, ainsi que beaucoup de drinn. La température est très élevée dans le jour et la provision d'eau diminue rapidement (1).

Samedi, 5 février. — La plaine se rétrécit et devient de plus en plus rocheuse ; on marche toute la journée entre

---

(1) L'eau était portée dans des guerba, le colonel ayant renoncé aux tonneaux qui avaient servi dans le cours de la 1re mission ; c'était un tort, car dans les outres, il se perd beaucoup d'eau par évaporation, de plus il arrive souvent que ces récipients s'ouvrent accidentellement pendant la marche par suite de chocs des chameaux entre eux.

Pendant la marche on remarque, à l'Est et à peu de distance de la route, des ruines assez considérables ; il y a surtout une pierre taillée en forme de colonne qui mesure environ 2 mètres de hauteur. M. Béringer lève ces ruines et en prend une vue.

deux chaînes de montagnes situées à peu de distance du chemin suivi, surtout vers l'Est où elles sont à 4 ou 5 kil.

Étape pénible depuis le matin jusqu'au coucher du soleil. Les guides avaient fait espérer qu'on arriverait ce jour-là à un point d'eau. Grande déception. Il reste fort peu d'eau, à peine de quoi faire la cuisine pour le repas du soir.

Pendant la marche, beaucoup de chameaux fatigués restent en arrière du convoi, où règne ce jour-là un certain désordre. Quelques chameaux même avec des hommes ne peuvent arriver le soir au campement et ne rejoignent que le lendemain.

Dimanche, 6 février. — Toute la journée la mission marche dans une région sablonneuse où le sol pierreux se voit de place en place mais rarement.

La provision d'eau est complètement épuisée et tout le monde souffre la soif. Le convoi marche d'abord groupé, puis un grand nombre de chameaux étant fatigués, s'attardent, les autres conservent leur première allure et il en résulte un grand désordre. Avant d'arriver à l'eau la caravane est dispersée sur un grand espace et serait exposée à un désastre complet si on avait à faire à un ennemi.

Le colonel a pris les devants avec les guides; en arrivant à l'eau il fait remplir des outres et les fait porter aussitôt au convoi. Le chemin qui conduit aux guelta dans la montagne est très difficile et de plus l'eau y est peu abondante. Cheikh ben Boudjemâa en cherchant aux environs découvre un endroit où l'eau se trouve à peu de profondeur. Les guelta sont entourées de grands roseaux appelés Berdick par les Touareg; ressemblant beaucoup au roseau ordinaire, ils sont très fragiles et surmontés d'un épi que le moindre souffle désagrège. Il pousse aussi à côté des guelta un arbuste épineux assez semblable au gommier dont il porte les fleurs jaunes, il donne un fruit rond de la grosseur d'un pois; ce fruit ce mange, il est très astringent.

La caravane campe à quelque distance des guelta dans un oued sablonneux. Autour du camp on trouve dans l'oued beaucoup d'émeraudes de toutes dimensions, quelques-unes sont grosses comme un œuf; M. Santin en fait ramasser presque une demi charge de chameau, le colonel promet une récompense à tout homme qui rapportera une de ces pierres. La végétation est très vigoureuse en cet endroit et le colonel décide que l'on y séjournera quelques temps pour y refaire les chameaux que la traversée de la plaine a exténués.

Lundi, 7 février. — Séjour; les chameaux sont abreuvés une seconde fois. Un mendiant targui arrive au campement. Le colonel le renvoie en lui donnant un burnous et 150 francs.

Mardi, 8 février. — Séjour ; Sghir ben Cheikh, qu'on avait envoyé d'Amguid sur Tahohaït et qu'on ne comptait plus revoir, arrive au camp vêtu en targui et amenant avec lui les nommés Khebbi et Baba, des Touareg Hoggar qu'il a rencontrés à Tahohaït. Le premier dit bien connaître le pays et pourra servir de guide. Sghir est amené jusqu'au camp par le mendiant venu la veille qui ne quitta plus la caravane jusqu'au 11 février. Le colonel accepte ces deux touareg. Il se propose plus tard d'envoyer un courrier sur Ghat par le nommé Baba et ne le prend que dans ce but.

Sghir ben Cheikh ayant outrepassé les ordres du colonel qui lui avait dit de ne pas ramener de guides, subit des reproches. Il cherche à se justifier en disant qu'il a voulu prouver ainsi au colonel qu'il était bien allé à l'endroit qu'on lui avait assigné.

Aux environs sont plusieurs troupeaux de chameaux gardés par des Amghad. Le colonel cherche à en acheter quelques-uns, mais l'on ne peut s'entendre avec les propriétaires qui montrent des prétentions par trop exagérées.

Mercredi, 9 février. — La route suivie est comprise entre deux chaînes de montagnes; à l'Est ces dernières sont relativement peu élevées mais fort rapprochées ; la chaîne qu'on laisse à l'Ouest et très haute mais paraît éloignée. Le sol est pierreux et assez mauvais pour la marche; on campe dans un oued dont le lit est boisé de beaux tamarix, le hadh y pousse aussi en grande quantité.

Le frère de Khebbi accompagné de deux Djouads (nobles), des Hoggar, viennent au camp; l'un d'eux, nommé Abda, est chef d'une fraction des Hoggar. Le colonel les accueille parfaitement et leur donne la plus large hospitalité. Le frère de Khebbi a amené avec lui deux méhara. Le colonel en achète un pour 400 francs et le donne à Mohammed ould Moumen.

Khebbi et son frère, sur leur demande, sont autorisés à aller passer la nuit dans un campement voisin où sont leurs parents, et doivent rejoindre la caravane le lendemain matin. Pendant la nuit deux méhara disparaissent dont celui du maréchal des logis Pobéguin, et ne sont pas retrouvés. Il est avéré que ces deux chameaux ont été emmenés par Khebbi et son frère. Le fait est rapporté au colonel.

Jeudi, 10 février. — Le pays devient de plus en plus mouvementé et rocheux ; la route suivie par la caravane coupe plusieurs oued peu considérables. Vers le soir on arrive à un large oued et l'on campe dans son lit au pied d'un mamelon rocheux fort élevé. En ce point qui se nomme Temassint se trouve un puits de 3 m. 50 de profondeur qui contient d'excellente eau en abondance.

Au moment où la caravane arrive à son campement, El Alem, le guide promis par Ahitaghel et qui doit conduire la mission au Soudan, se présente, monté sur un petit cheval bai mal équipé et produit le plus fâcheux effet. Il annonce à la mission l'arrivée du miad (députation) des Touareg Hoggar et se met à la disposition du colonel, en disant qu'il va au Soudan vendre des marchandises.

Au bout d'une heure, El Alem part pour se rendre à son campement; il emmène avec lui les Chambaa El Ala ben Cheikh, Mohammed ben Aïssa, Sassi ben Chaïb pour ramener des moutons que le colonel lui a demandés à acheter. Ils reviennent dans le milieu de la nuit, El Alem s'est fait suivre cette fois de son fils et de son nègre; il amène 8 moutons et 7 chèvres.

Les Djouads arrivés la veille à la caravane l'ont quittée le matin au départ du camp, pour rentrer chez eux.

Vendredi, 11 février. — Temassint. Séjour.

El Alem demande 2,500 francs pour conduire la mission au Soudan.

Le colonel trouve ce chiffre excessif et lui donne 1,000 fr. d'arrhes. El Alem après avoir reçu cet argent demande à retourner chez lui pour le déposer en lieu sûr. Le colonel lui donne Sghir ben Cheikh pour l'accompagner et afin qu'il ne s'attarde pas en route.

Dans l'après-midi le miad des Hoggar arrive au nombre de 30 méhara. Il ne s'est fait précéder par personne et apparaît tout à coup à 150 m. du camp venant du Nord-Ouest. Tous les membres de la mission se portent à sa rencontre en avant du camp. Les Touareg paraissent heureux de la venue des Français et leur souhaitent la bienvenue. Ils croyaient, disent-ils, que le colonel avait amené une colonne beaucoup plus considérable et ont éprouvé des craintes lors de son arrivée dans leur pays, mais ils voient aujourd'hui qu'il n'est pas venu dans le but de les combattre et ils lui promettent de lui faciliter son voyage.

Ils proposent ensuite au colonel de le conduire à Idelès. Le colonel les remercie en disant qu'il veut marcher vers le Sud. Le miad lui promet de le faire conduire où il désirera. Le colonel ayant demandé pourquoi Ahitaghel n'est pas venu le voir, on lui répond qu'il est revenu fatigué de son voyage à Insalah.

Le plus marquant des membres de ce miad est un nommé Engadi de la tribu des Kel-Eghla, fils de la sœur aînée d'Ahitaghel et appelé, d'après l'usage, à lui succéder comme Amghar (chef suprême de la confédération). Cet Engadi est vieux, sourd, mais il est encore redouté à cause de sa force physique ; il est d'une corpulence énorme. Après lui vient Tissi Ould Chikkat, des Kel-Ahamellen, sorte d'hercule, qu'il y a lieu de s'étonner de voir à cet endroit, le territoire de sa tribu se trouvant dans la région d'Amguid.

Citons encore le nommé Mohammed, chef d'une des tribus du Hoggar, Abda, chef d'une fraction d'Amghad qui sert d'interprète à Tissi.

Au bout de quelques minutes d'entretien, et pendant qu'on lui élève une tente à l'endroit où il s'est arrêté, le miad se lève et, accompagné des membres de la mission, se dirige vers les deux juments dont la vue l'avait frappé en arrivant. Les Touareg se font montrer les différentes parties du harnachement et paraissent émerveillés. Le capitaine Masson, bien que souffrant d'un mal de gorge qui lui enlève presque l'usage de la parole, monte une des juments et fait le tour du camp à toutes les allures devant les Touareg. Tissi ne craint pas de demander au colonel de lui donner sa jument ; le colonel s'excuse en disant que des douleurs l'empêchent de monter à méhari ; cependant il lui fait présent, dit-il, de cette jument, puisqu'elle lui plaît, mais il la lui enverra par El Alem en arrivant au Soudan.

Les membres du miad visitent le camp et manifestent leur étonnement de ce qu'ils voient. Tissi affecte une grande liberté d'allures vis-à-vis de tous ; on le voit frapper familièrement sur l'épaule du colonel en s'écriant : « O colonel, ô colonel. » Il affecte aussi en se promenant dans le camp de tenir le chef de la mission par le bras. Quelqu'un propose au colonel d'exécuter un tir sur un but lointain, afin de donner aux Touareg une idée de la puissance de nos armes ; le colonel s'y refuse en disant qu'il ne faut pas brûler de la poudre sans raison et on se contente de leur montrer le mécanisme du fusil Gras.

Le soir on donne la diffa au miad. On remarque qu'aucun des Touareg ne veut toucher aux mets qui leur sont présentés avant d'avoir vu les Chambaa manger eux-mêmes.

Samedi, 12 février. — Temassint, séjour.

Dans la matinée le colonel distribue des cadeaux aux membres du miad. A chacun des chefs il remet 200 francs en argent, un haouli, un burnous et une ceinture. Les autres ont chacun 60 francs en argent. Quelques-uns demandent des armes, mais le colonel leur répond qu'il n'en a pas. Tous se montrent exigeants, insatiables, demandant tout ce qu'ils voient.

A peine les Touareg sont-ils sortis de la tente du colonel qu'une altercation très vive s'élève entre Tissi et Mohammed. Ce dernier reproche à son compagnon d'avoir reçu de plus beaux effets que les siens. Le colonel sort de sa tente, et perdant patience, il dit aux Touareg qu'il leur fait ces cadeaux par pure bonne grâce et non par crainte, car sachez-le bien, ajoute-t-il, chacun de mes hommes en vaut vingt des vôtres. Ces paroles ne suffisent pas pour apaiser les deux chefs Touareg ; le fils de Mohammed, prenant parti pour son père, veut quitter sur le champ ses compagnons, mais on réussit à le retenir.

Après cet incident, le miad, qui devait passer la journée avec la mission, se ravise et part avant le déjeûner. Il quitte le colonel en l'assurant de nouveau de ses bonnes intentions, et Tissi lui promet qu'il lui enverra sous peu des lettres de recommandations pour le Soudan.

En même temps que le miad, partent les Touareg arrivés précédemment et qui avaient suivi la mission. Il ne reste à ce moment que Khebbi et Mohammed ould Moumen. Ahammed, en partant, emmène le méhari qui lui avait prêté le colonel et qu'il ne renvoie pas, malgré sa promesse. De plus, il cherche aussi à voler un chameau au pâturage. Au moment où le colonel distribua les cadeaux aux membres du miad, il offrit 80 francs à Ahammed qui les refusa avec hauteur en disant que c'était trop peu.

Le colonel eut beaucoup de peine à le contenter en lui donnant 120 francs. Il avait été payé précédemment comme guide.

Après le départ du miad, deux méhara disparaissent du pâturage. Un tirailleur qui suit leurs traces, les trouve attachés dans un endroit écarté et les emmène au camp ; pendant qu'il était en route, un targui vient pour les lui enlever, mais il le tient à l'écart et lui tire même un coup de révolver, mais sans l'atteindre.

Il n'est pas douteux que ces chameaux ont été volés par des gens du miad ; le tirailleur rapporte au camp les liens qui ont servi à attacher les dits animaux, ce sont bien des liens des Touareg. On appelle sur ce fait l'attention du colonel.

Dans la soirée un autre chamelier, rassemblant les chameaux qui s'étaient dispersés assez loin au pâturage, aperçoit un groupe d'une quinzaine de méhara qui, arrivés sur les traces de la caravane, se mirent à les suivre en arrière, au galop. Ce chamelier découvrit l'endroit où ces cavaliers avaient passé la nuit dans un endroit très escarpé ; il rendit compte à son retour. Ce groupe avait été vu également par d'autres indigènes de la mission.

Dimanche, 13 février. — Le pays devient de plus en plus accidenté ; la caravane circule entre des hauteurs rocheuses élevées, comprenant des ravins nombreux qui forment un réseau très compliqué. La marche est fort pénible dans cette région encombrée de roches de toutes dimensions. Vers le soir, on arrive à un large oued sablonneux où pousse une magnifique végétation. Le drinn, le ktaff y forment des massifs épais que dominent de grands tamarix et les hautes tiges de dhanaoun couvertes de leurs belles fleurs jaunes. On y voit aussi beaucoup de coloquintes.

A partir de ce jour, le capitaine Masson monte la deuxième jument de la mission et marche toujours avec le colonel à une certaine distance en avant de la caravane avec les guides Chambaa. La caravane suit les traces des juments sur le sol. A plusieurs reprises, précédemment, Cheikh ben Boudjemaa a conseillé au colonel de se faire éclairer pendant la marche, mais le colonel n'écouta pas son avis. Au pâturage les chameaux ne furent jamais gardés, mais de tout temps on se garda la nuit. Six sentinelles veillaient autour du camp et des rondes fréquentes s'assuraient qu'elles étaient vigilantes. Le colonel affectait d'avoir pleine confiance dans les Touareg, afin de ne pas effrayer les chameliers.

Dans l'après-midi, El Alem et Sghir ben Cheikh (toujours vêtu en targui) arrivent au camp ; ils sont suivis d'un nommé Ahitaghel (homonyme du chef des Hoggar) et d'un autre targui apportant une lettre de la djemaa des Hoggar. Cette lettre renouvelle au colonel les protestations de dévouement. Dans cette même lettre, Tissi demande au colonel de lui envoyer par le courrier la jument qu'il lui avait promise. Il donne pour raison à cette demande que les guides Ahitaghel et El Alem habitent tous deux le Soudan où le deuxième est marié et ne reviendront pas de longtemps au Hoggar.

Le targui, qui a apporté la lettre de la djemaa des Hoggar, amène également avec lui deux méhara que le colonel achète; l'un de ces méhara est destiné à M. de Dianous. Ce targui quitte la mission le lendemain et il reste quatre guides touareg qui sont : Mohammed ould Moumen, Khebbi, El Alem et Ahitaghel.

Dans l'après-midi, Sghir ben Cheikh conseille à tous les Chambaa de quitter la mission et va lui-même trouver le colonel pour lui demander son congé; il prétend qu'en arrivant près du Soudan, les Chambaa couraient les plus grands dangers, parce que, dit-il, un nommé El Madani, de sa tribu, avait tué autrefois deux individus de cette contrée et que les habitants chercheraient sûrement à tirer vengeance de leur mort. Le colonel lui dit que s'il venait à être tué, ils mourraient tous ensemble. Sghir reprit alors : « Eh bien, puisque je suis voué à une mort certaine, donne-moi de l'argent afin que je puisse l'envoyer à ma famille. » Le colonel lui promet qu'une fois arrivé à Hassiou il le congédiera lui et tous les Chambaa qui voudront partir.

La conduite de Sghir ben Cheikh, qui insiste auprès des Chambaa pour les engager à rentrer chez eux et sa résolution subite, font naître des soupçons vagues dans l'esprit de Cheikh ben Boudjemaa. Celui-ci, accompagné du mokaddem, va trouver le colonel, le soir même, dans sa tente; il lui confie qu'il n'a que fort peu de confiance en Sghir et lui conseille de ne pas s'en défaire en ce moment, car il serait capable, lui dit-il, s'il était libre, d'attirer un malheur sur la mission.

On remarque que le colonel se promène seul devant sa tente jusqu'à une heure avancée de la nuit et qu'à partir de ce jour il y a constamment, la nuit, une bougie allumée chez lui. On double les sentinelles.

Dans le courant de la nuit pluie abondante. C'est la première fois que cela arrive depuis le départ d'Ouargla.

Le lendemain matin, avant de lever le camp, le colonel a un entretien particulier avec Sghir ben Cheikh.

Lundi, 14 février. — Le pays est pareil à celui où l'on a marché le 13 ; la caravane a coupé cinq oued allant de l'Ouest à l'Est. Ces oued sont à fond sablonneux et couverts de très belle végétation; en dehors le sol est très mouvementé et encombré de pierres et de rochers. Campé dans le dernier oued, situé entre des montagnes escarpées et fort élevées. Le colonel renvoie le targui qui a apporté la lettre de la djemaa des Hoggar et le charge de dire à Tissi que la jument qu'il lui a promise lui serait envoyée dès son arrivée à Hassiou.

Le soir, les sentinelles, au nombre de huit, sont placées par le capitaine Masson lui-même. On leur fait les recommandations les plus sévères. Pluie dans la soirée et dans la nuit.

Le colonel paraît craindre une attaque de nuit depuis quelques jours : ce genre d'attaque, dans lequel on les dit redoutables, est, en effet, pratiqué souvent par les Touareg.

Mardi, 15 février. — Le pays présente un aspect un peu moins désolé ; le sable y apparaît plus souvent et donne lieu à quelque végétation. On campe dans une dépression sablonneuse où les gommiers et les tamarix forment un bois épais. Vu traces nombreuses de troupeaux.

Les chameliers amènent six ânes qu'ils ont trouvés aux environs et qu'ils veulent emmener avec la caravane ; le colonel les fait relâcher.

Pendant la marche deux Touareg, montés à méhari, viennent proposer au colonel de lui vendre des moutons et des vivres ; ils passent la nuit au camp et repartent le lendemain matin, en disant qu'ils apporteront les vivres le même jour. Ces deux Touareg passent la nuit avec les guides touareg et Sghir ben Cheikh qui vit toujours avec eux.

Mercredi, 16 février. — La mission quitte le pays accidenté pour marcher un peu vers le Sud-Est. La vue s'étend fort loin de ce côté sans accidents de terrain : c'est une plaine de sol reg légèrement sablonneuse. La caravane passe près de petits mekeder contenant un peu d'eau, mais pas assez pour toute la caravane ; les hommes y boivent. On doit, d'ailleurs, camper près d'un puits.

Vers 10 heures du matin, les guides touareg disent au

colonel qu'ils ne savent pas exactement où se trouve le puits sur lequel on se dirige. Au bout d'un instant, l'un des guides paraît se rappeler et dit que l'eau se trouve dans la direction du Nord-Ouest, vers la montagne. Il ajoute qu'il est inutile de revenir en arrière avec les bagages, qu'on n'a qu'à les déposer à l'endroit où l'on se trouve, d'autant plus qu'il n'y a pas de pâturages autour du puits. Les chameaux, dit-il, iront boire au puits qui est proche et reviendront aussitôt. Du reste, ajoutent les guides, ces montagnes sont très intéressantes à visiter et les membres de la mission ne regretteront pas d'y être allés.

Le colonel est vivement contrarié; il désire camper près de l'eau et hésite avant de se rendre aux raisons données par les guides. Enfin, il se décide et fait déposer les bagages à l'endroit où se trouve la caravane, puis il part accompagné du capitaine Masson, tous deux à cheval, avec MM. Béringer, Roche et Guiard. Les nommés Mohammed ould Moumen, Khebbi, El Alem, Ahitaghel et Sghir ben Cheikh marchent à cinquante pas en avant d'eux. Deux autres Chambaa, Cheikh ben Boudjemaa et Mohammed ben Belghitz, n'ont pas rejoint et se sont mis à la poursuite d'une gazelle qu'ils ont vue pendant la route; Ali ben Maatalla est resté au camp momentanément avec El Ala ben Cheikh.

Les chameaux, porteurs des outres vides et escortés par sept hommes, suivent immédiatement le colonel et les autres partent par fractions constituées, et au fur et à mesure que l'on dépose les bagages. Le maréchal des logis Dennery part avec le premier de ces convois et se trouve à environ deux ou trois kilomètres du colonel; les autres convois se mettent successivement en marche, séparés par des intervalles plus ou moins grands.

Le chemin conduisant au puits devient bientôt si difficile que les chameaux ne peuvent passer que l'un après l'autre; il en résulte un allongement considérable dans la colonne et un retard funeste.

Pendant la marche, le colonel impatienté demande à plusieurs reprises où est le puits, mais on lui répond chaque fois qu'il est proche, en avant. Bientôt le chambi Cheikh ben Boudjemaa rejoint le colonel et ne cache pas ses craintes aux chameliers qu'il rencontré, en leur disant qu'on avait mal fait de se séparer, que l'on aurait dû rester groupé et camper près du puits. En arrivant près du colonel il lui dit en l'abordant : « Colonel, tu es trahi ; on te sépare de ta caravane, on t'emmène dans une fausse direction et par un chemin difficile ; nous sommes trahis aujourd'hui. » Le colonel lui répond : « Vous autres Chambaa, vous voyez du péril partout. Déjà, l'année dernière, vous m'avez empêché d'aller à Ghat, je ne vous écoute plus ; nous allons arriver au puits et nous n'avons rien à craindre. » Cheikh ben Boudjemaa insiste et répète au colonel qu'on n'aurait pas dû se diviser.

Le colonel se fâche et lui dit durement : « Tu as peur et tu veux me remener en Algérie ; » puis, parlant de ses guides Chambaa, il dit : « Je ne vous ai pas amenés pour me donner des avis, mais bien pour aller où je vous enverrai et faire ce que je vous dirai. C'est précisément parce que je les sais raisonneurs que je n'ai pas voulu, cette fois, composer ma caravane d'indigènes pris chez les Chambaa afin d'être libre de mes actions. »

Enfin, on arrive au puits qui se trouve à environ 18 kilomètres de l'endroit où l'on avait mis le camp. Ce puits est situé dans le lit d'une large rivière dont la direction générale paraît être du Nord au Sud et en un point où le lit se rétrécit, il a 4 mètres de profondeur ; la vallée est bordée d'escarpements ; elle est boisée de tamarix.

A environ 400 mètres avant d'arriver au puits, on contourne un mamelon assez élevé et on voit sur la droite un ravin dont la direction est Nord-Ouest, Sud-Est et qui aboutit à la vallée un peu au-dessus du puits.

L'oued a subi une légère crue les jours précédents et

l'eau y a séjourné dans les endroits bas. Quelques-uns des hommes font boire les chameaux dans ces petits mekeder, mais le colonel appelle bientôt tout le monde et ordonne que l'on nettoie le puits, rempli de détritus de toutes sortes qui avaient corrompu l'eau. On se met aussitôt au travail.

Habituellement les deux juments, quand leurs cavaliers descendaient, étaient tenues par des chameliers, mais cette fois ceux-ci étant peu nombreux se mettent à nettoyer le puits, et les nommés El Alem et Ahitaghel s'emparent des juments qu'ils emmènent à une centaine de mètres au Nord du puits. Cheikh ben Boudjemaa, auquel ce détail n'a pas échappé, vient dire au colonel de ne pas laisser les juments aussi loin et de les faire tenir par d'autres; il n'est pas écouté.

Après être restés quelques instants autour du puits, les membres de la mission se dispersent aux environs. M. Roche s'écarte avec le docteur Guiard vers le Nord de la vallée; M. Béringer est assis à l'ombre d'un tarfa (tamarix), au Nord du puits et près du bord de la rivière.

Le colonel, ayant auprès de lui le capitaine Masson, reste debout près du puits, surveillant le travail de nettoiement et pressant les hommes. Telle est la place de chacun des membres de la mission, environ une demi-heure après l'arrivée en ce point.

Aucun des convois qui s'étaient mis en marche à la suite du colonel n'y est encore parvenu, et le premier seul, sous les ordres du maréchal des logis Dennery, avec quelques hommes, s'en trouve à environ une centaine de mètres.

Tout à coup de grands cris se font entendre vers le Nord, dans la rivière et presque en même temps on voit déboucher une masse de Touareg arrivant au galop de leurs méhara. Les guides Touareg s'écrient : « Ce sont les Aoulimmiden, sauvez-vous. »

Ahitaghel se précipite sur M. Béringer qu'il renverse d'un coup de sabre, avant qu'il ait eu le temps de prendre son révolver, puis il s'enfuit vers les Touareg; Sghir ben Cheikh monte sur une des juments et El Alem sur l'autre ; quant à Mohammed Ould Moumen et Khebbi qui se trouvent avec les trois premiers, ils vont à la rencontre des Touareg, montés sur leurs méhara.

En voyant un si grand nombre d'ennemis, le premier mouvement du colonel et du capitaine Masson est de se diriger vers les juments; ils font, tous deux, une vingtaine de pas dans cette direction, en criant de les amener; mais, en voyant leurs guides monter à cheval, ils comprennent de quelle trahison infâme ils sont victimes et ne songent plus qu'à vendre chèrement leur vie.

Ils marchent au devant des Touareg, après avoir pris leurs révolvers. Un targui faisant vibrer sa lance, la jette vers le colonel, mais ce projectile ne l'atteint pas. Pendant quelques instants seulement le colonel et le capitaine Masson, en tirant précipitamment, réussissent à arrêter l'élan des Touareg; le colonel en abat un du haut de son méhari, lequel vient rouler à ses pieds; le capitaine Masson en blesse un autre grièvement; mais presque aussitôt ils sont atteints. Le colonel, frappé d'un coup de sabre à l'épaule, tombe et est aussitôt percé de coups de lance ; au même moment le capitaine Masson est atteint de plusieurs coups au visage et à la poitrine. M. Roche et le docteur Guiard ont été tués par les guides, accompagnés de Sghir ben Cheikh, au moment où ils se sont portés à la rencontre des Touareg. Ceux-ci sont arrivés comme une avalanche et combattent du haut de leurs montures. Dès le début de l'attaque, le guide Cheikh ben Boudjemaa, qui était près du puits, tira un coup de fusil et s'enfuit sur sa monture.

L'irruption des Touareg a été tellement brusque et la surprise telle que ni le colonel, ni le capitaine Masson n'ont eu le temps de réunir les hommes qui étaient près d'eux. Ceux-ci s'enfuirent dès qu'ils aperçurent l'ennemi sans songer à se défendre, et quelques-uns abandonnèrent même leurs armes. Plusieurs furent atteints par les Touareg et tués sur place, d'autres réussirent à gagner les montagnes voisines.

Les quelques chameliers qui se trouvaient au puits, et qui ont pu échapper, avaient à peine conscience de ce qui venait de se passer et s'ils ont eu la vie sauve, c'est grâce à la précipitation des Touareg, qui s'acharnèrent d'abord et surtout contre les Français. On s'attendait, d'ailleurs, si peu à une attaque de ce genre que si les Touareg ne s'étaient signalés par leurs cris un peu avant d'arriver au puits, ils eussent pu surprendre et égorger tout le monde sans danger aucun pour eux-mêmes.

Au moment où se passaient les faits qui précèdent, le maréchal des logis Dennery était sur le point d'arriver au puits avec le premier convoi de chameaux et quatre ou cinq hommes qui étaient avec lui; leurs compagnons qui venaient derrière virent le danger et les appelèrent, mais il était trop tard; poursuivis par les Touareg, deux seulement purent échapper. Dennery seul avait songé à se défendre et tira quelques coups de révolver; après avoir gagné une élévation voisine il s'arrêta, hors d'haleine, et fut massacré à cet endroit.

Les autres convois suivaient derrière et étaient peu éloignés du puits à ce moment. Aux premiers coups de feu qu'ils entendirent, les hommes crurent tout d'abord que les membres de la mission chassaient, mais les détonations étant devenues plus fréquentes, quelques-uns gravirent un rocher voisin et virent alors la masse des Touareg qui avait envahi la vallée et qui se dirigeaient de leur côté. Presque en même temps ils apercevaient plusieurs de leurs compagnons qui s'enfuyaient.

Aussitôt après la mort des membres de la mission, les Touareg s'étaient divisés en deux parties à peu près égales: l'une remonta par le ravin de droite pour aller couper la retraite à la caravane et s'emparer des chameaux, et l'autre prit par la gauche dans le même but et pour cerner les chameliers. Ceux-ci virent cette double manœuvre ; ils se réunirent au nombre de 22, poussèrent devant eux une soixantaine de chameaux et gagnèrent en toute hâte un mamelon voisin assez élevé puis ils se préparèrent à défendre vigoureusement les chameaux. A cet effet, ils se partagèrent en trois fractions de manière à entourer à peu près les animaux et exécutèrent des feux de salve de fort loin contre les Touareg qui s'avançaient contre eux en bataille et toujours sur leurs méhara. Plusieurs de ces animaux tombèrent aux premières décharges, et tel fut l'effet produit par la portée et la pénétration de nos armes que, quoique bien supérieurs en nombre, les Touareg furent repoussés à plusieurs reprises. Voyant qu'une attaque directe ne réussissait pas, les Touareg mirent leurs méhara à l'écart et combattirent à pied, cherchant à déloger les nôtres de leur position ; ils s'avancèrent par petits groupes en se dissimulant derrière les rochers et nous tuèrent plusieurs hommes à coups de fusil. A un moment donné les chameliers essayèrent de battre en retraite sur le camp, en ramenant les chameaux, pendant que quelques-uns des meilleurs tireurs auraient couvert la retraite. On frappa les chameaux à coups de crosses pour leur faire rebrousser chemin, mais tous les efforts furent inutiles ; ces animaux altérés avaient vu leurs congénères au puits, ils avaient senti l'eau et il fut impossible de les ramener en arrière ; on eut beaucoup de peine à les maintenir et à chaque instant quelques-uns s'échappaient, en courant, vers le puits.

Cependant les chameliers continuaient à faire bonne contenance ; ils s'encourageaient mutuellement et se juraient de mourir ensemble. Malheureusement, ayant été livrés à eux-mêmes, la plupart avaient promptement épuisé leurs munitions ; bientôt leur feu devint moins vif et l'audace des Touareg s'accrut d'autant. Le combat durait depuis environ une heure, les hommes étaient fatigués, souffraient de la soif et de la faim, et des vides de plus en plus inquiétants se produisaient parmi eux ; ils ne restaient plus à ce moment que 12 sur 22 ; des 10 autres, quelques-uns n'ayant plus de munitions s'étaient enfuis et avaient été massacrés par les Touareg qui leur coupaient la retraite, les autres avaient succombé, atteints par des balles.

Les 12 survivants, se voyant serrés de plus en plus près par l'ennemi, résolurent de traverser la ligne des Touareg qui leur barrait le chemin ; ils s'avancèrent contre eux et une fois à bonne portée ils tirèrent tous ensemble, dispersèrent les Touareg et profitèrent de leur trouble pour s'échapper. Deux des nôtres cependant ne purent y parvenir et furent tués en s'enfuyant. Les 10 autres, poursuvis par les Touareg, gagnèrent la montagne et là se cachèrent jusqu'à la nuit, écoutant les bruits qui pouvaient venir du côté du camp qu'ils croyaient avoir été attaqué ; ils rentrèrent au camp dans la soirée.

Telle est le plus important des combats qui se sont livrés le jour du massacre des membres de la mission, mais il y eut d'autres épisodes partiels. C'est ainsi qu'il a été rapporté qu'un groupe de deux ou trois indigènes qui se trouvait cerné par les Touareg en s'enfuyant, a été victime de la mauvaise foi des Touareg qui leur promirent la vie sauve s'ils faisaient leur profession de foi musulmane, c'est-à-dire s'ils prononçaient la formule : « Il n'y a de Dieu que Dieu et Mohammed est son prophète. » Ces indigènes furent victimes de leur trop de confiance ; ils laissèrent approcher les Touareg qui les massacrèrent à coups de sabre.

D'autres plus heureux, et bien que leurs munitions fussent épuisées, étaient parvenus à maintenir en respect les Touareg qui les poursuivaient, en les mettant en joue et telle était la frayeur qu'inspiraient nos armes que les Touareg n'osaient s'avancer.

A part la défense des chameaux, qui fait le plus grand honneur à ceux qui y ont pris part, il n'y a pas à signaler de fait bien saillant. Les indigènes qui faisaient partie des derniers convois, atterrés, s'enfuirent tous après avoir tenté, mais en vain, de ramener vers le camp les chameaux qu'ils conduisaient.

Il est à remarquer que les nommés Mohammed ben Belghitz, Ali ben Maatalla et El Ala ben Cheikh, guides Chambaa, disparurent pendant tous ces événements. Ces guides marchaient habituellement avec le colonel, et ce jour-là on les vit quitter le camp les derniers et prendre sur la gauche un chemin différent de celui de la caravane. Mohammed ben Belghitz, il est vrai, était allé à la poursuite d'une gazelle avec Cheikh ben Boudjemaa, et El Ala ben Cheikh avait attendu ce dernier pour lui tenir son méhari; dès qu'il revint au camp, il lui dit que le colonel lui ordonnait de le rejoindre aussitôt, et comme on l'a vu il était parti sans retard. Quant aux trois autres ils avaient pu facilement le suivre. Après le départ du dernier convoi, on vit Ali ben Maatalla prendre dans les bagages du mokaddem un paquet d'effets appartenant à Cheikh ben Boudjemaa, puis il monta le méhari de M. de Dianous, qui avait été laissé au camp et partit avec ses deux campagnons. On ne les revit plus.

Cependant M. de Dianous, l'ingénieur Santin, le maréchal des logis Pobéguin, Brame, l'ordonnance du colonel, et Marjolet, cuisinier, étaient restés au camp avec environ 40 hommes, lorsqu'un tirailleur accourut tout hors d'haleine et dit à l'officier que le colonel et tous ses compagnons étaient morts et que tous les chameaux avaient été pris par les Touareg. Tout d'abord on ne crut pas cet homme, mais la triste nouvelle qu'il apportait fut bientôt confirmée par d'autres chameliers qui arrivèrent successivement. On peut s'imaginer les impressions terribles qu'éprouvèrent nos malheureux compatriotes, en présence de l'affreuse réalité; ils se voyaient désormais à 75 jours d'Ouargla, sans aucun moyen de transport et leur espoir d'atteindre ce point devait être bien faible. Cependant ils ne se découragèrent pas. Le premier soin de M. de Dianous, auquel incombait dès lors une terrible responsabilité, fut de faire abattre les tentes et de se retrancher au moyen des caisses et bagages divers du camp ; il s'attendait, en effet, d'un moment à l'autre à une attaque des Touareg, mais cette première émotion passée et voyant que l'ennemi n'arrivait pas, l'officier partit avec une vingtaine d'hommes jusqu'en vue du puits; il aperçut la masse des Touareg aux environs et reconnut à leur nombre que toute tentative de sa part serait inutile ; le soleil était d'ailleurs près de son coucher et il fallait rentrer au camp avant la nuit noire, sous peine de s'exposer à être cerné. Au retour on délibéra longuement sur ce qu'on devait faire; M. Dianous était d'avis de passer la nuit au camp et le lendemain d'aller au puits pour reprendre les chameaux que l'on pourrait y trouver; tous les hommes très excités demandaient à marcher au combat, mais le mokaddem insista vivement pour que l'on retint les hommes et que l'on partit le soir même, sans songer à attaquer les Touareg, qui de la sorte ne songeraient pas à les poursuivre. Malheureusement cette opinion inouïe prévalut et il fut décidé qu'on lèverait le camp pour battre en retraite sur Ouargla. Aussitôt les caisses furent brisées, l'argent fut réparti entre tous les hommes qui se chargèrent le plus possible de munitions et de vivres. Par bonheur il restait 30 outres pleines d'eau.

On compta les survivants au moment du départ : la petite troupe comprenait 56 hommes qui allaient commencer la marche la plus extraordinaire et la plus pénible que jamais hommes aient faite.

Les débris de la mission se mirent en marche vers 11 h. du soir, en prenant un chemin différent de celui qu'on avait suivi précédemment, afin d'éviter les Touareg. Au départ les nommés Barka ben Aïssa, des Beni-Thour, Belkacem ben Lakhdar, Mohammed ben Aïssa et Kaddour ben Gueuda, des Chambaa d'Ouargla, qui avaient été placés en sentinelles aux abords du camp ne furent pas retrouvés; ils avaient quitté leur poste et s'étaient enfuis.

La marche se fait toute la nuit avec des pauses fréquentes, les hommes étant très chargés ; dès qu'un homme reste en arrière M. de Dianous fait arrêter la colonne pour lui donner le temps de rejoindre.

On se dirige un peu sur le Nord-Est.

Jeudi, 17 février. — Continuation de la marche comme précédemment ; elle devient très pénible dans le jour à cause de la chaleur. Vers le milieu du jour on arrive à un puits dans une vallée, eau en abondance. Ce puits avait été évité avec intention par les guides Touareg. Après avoir pris quelques heures de repos en cet endroit, on reprend la marche jusqu'au soir en se faisant éclairer en avant et en arrière. Campé sur un mamelon pour y passer une partie de la nuit. Le nommé Cheikh Ahmed, des Beni-Thour, qui était parvenu le 16 février à échapper aux Touareg, après avoir défendu les chameaux, arrive au campement. Il avait passé la nuit précédente dans la montagne et le lendemain s'était dirigé vers le Nord, et avait heureusement rencontré les traces de la colonne ; il arrivait exténué, n'ayant rien mangé depuis la veille. Départ vers le milieu de la nuit, marche comme précédemment, arrêts fréquents.

Vendredi, 18 février. — Continuation de la marche. Dans la soirée on traverse une rivière où l'eau coulait abondamment. On aperçoit, près de cette rivière, des piétons qui s'enfuient à la vue de la colonne. Trouvé là des outres, de la farine ; reconnu à ces objets que l'on avait affaire à des chameliers de la mission qui avaient pris les devants. Campé au-dessus de la rivière.

Samedi, 19 février. — Le matin on voit arriver les nommés Barka ben Aïssa, des Beni-Thour, Belkacem ben Lakhdar, Mohammed ben Aïssa et Kaddour ben Guenda, des Chambaa d'Ouargla, qui avaient quitté leurs postes le 16 février. L'officier les accueille, mais leur fait des reproches. Marche dans les conditions précédentes; trouvé des traces nombreuses des Touareg qui avaient massacré les membres de la mission. On constate que le ghezzou des Touareg suivait un chemin parallèle à celui de la mission qui en était séparé par une chaîne rocheuse peu épaisse. Repris la marche vers la dernière partie de la nuit.

Dimanche, 20 février. — Continuation de la marche; vers le milieu du jour, repos. Au moment où on quittait le camp, les nommés Abdallah ben Ahmed ben Bédérina, des Ouled Si-Ahmed, et Mohammed ben Abdelkader, des Beni-Thour, rejoignent la colonne. Ces deux hommes disparus le 16 février avaient passé la nuit dans la montagne; ils n'osaient revenir au camp croyant que tout le monde avait péri. Quand ils se hasardèrent à y retourner, le lendemain soir, ils le trouvèrent évacué. Ils ont vu au camp le nommé Mohammed ben Saad, soldat au 1er tirailleurs qui était disparu le 16 février. Il avait eu le visage fendu d'un coup de sabre et essaya de suivre ses deux compagnons mais ne put y parvenir et tomba. Ceux-ci mirent près de lui une outre et de la farine et le laissèrent.

En rejoignant la colonne, les nommés Abdallah ben Ahmed ben Bédérina et Mohammed ben Abdelkader pleurent de joie et d'émotion. Abdallah, nu-pieds, avait un pied fendu par la marche et avait attaché sa chechia pour lui servir de chaussure. L'état dans lequel il se trouve et le récit qu'il leur fait, arrachent des larmes aux Français.

Vu traces nombreuses. Après le coucher du soleil rencontré une ogla où l'on passe toute la nuit car tout le monde est très fatigué; c'est la première fois depuis le 16 février que l'on passe toute une nuit sans marcher.

Lundi, 21 février. — Départ de bonne heure le matin et arrivé vers le milieu du jour à Temassint (où se trouvait la mission le 11 février). Pendant cette marche les nommés Barka ben Aïssa, Cheikh ben Ahmed et Mohammed ben Abdelkader, tous des Beni-Thour, envoyés en avant par l'officier pour éclairer et diriger la colonne, s'engagent, sur la droite, dans un pays très accidenté où on ne les suit pas. C'est en vain qu'on les appelle, ils continuent dans cette direction et disparaissent.

C'est pendant cette étape qu'on retrouve les traces de la mission. Les traces des chevaux sont très apparentes. On prétend que les traces des chevaux persistent pendant plusieurs années dans le Sahara et que l'œil exercé des Chambaa sait les reconnaître.

Les vivres commencent à s'épuiser. Quelques hommes même n'en ont plus. L'officier force ceux auxquels il en reste encore à en donner aux autres. Passé le milieu du jour aux puits à l'ombre des tamarix et départ dans l'après-midi. Campé toute la nuit.

Mardi, 22 février. — Départ le matin et arrivée vers le milieu du jour à un oued ; eau dans la montagne. Les vivres font presque complètement défaut et le découragement commence à s'emparer de tous. On allait entreprendre la traversée de la plaine d'Amadghor et l'on se rappelait les souffrances endurées à l'aller, alors qu'on avait les chameaux. Perspective d'une mort certaine et affreuse dans cette plaine. On se souvient qu'au passage dans l'oued où l'on se trouve, on a vu à l'aller des ânes paître aux environs de l'ogla. L'officier envoie 8 hommes et parmi eux les Chambaa pour chercher dans le voisinage s'ils ne trouveraient pas les traces de ces animaux dont on s'emparerait. L'un des Chambaa découvre les traces de 4 chameaux, les trouve et les ramène à 10 h. du soir au campement où on avait attendu leur retour. Grande joie à la vue de ces animaux qui font renaître l'espoir chez tous. On décide que l'on partira le soir même. L'officier songea un instant à se diriger vers l'Est et à aller trouver les Ifoghas, que l'on savait favorables à la mission ; malheureusement personne ne connaissant le pays, c'était un projet irréalisable et l'on s'en tint à l'itinéraire connu. L'officier pensait que Cheikh ben Boudjemâa, que l'on disait s'être enfui sur son méhari, aurait prévenu les Azguar qui lui enverraient alors du secours, ou qu'il serait allé porter la nouvelle à Ouargla.

Départ au milieu de la nuit après avoir chargé les bagages sur les chameaux. Les vivres font complètement défaut et plusieurs hommes mangent de l'herbe.

Mercredi, 23 février. — Marche pénible toute la journée avec pauses nombreuses. L'officier distribue lui-même l'eau aux hommes et ne permet à personne d'y toucher. Pendant la marche, un tirailleur, nommé Amar ou Sahela, tente de se suicider ; il en est empêché par un homme qui détourne à temps son arme. Les Français, bien que fatigués, marchent le plus souvent à pied. M. de Dianous et Pobéguin montrent la plus grande énergie. M. Santin, moins robuste, est obligé de monter de temps en temps sur un des chameaux. Campé le soir à l'entrée de la plaine d'Amadghor. Égorgé et mangé les 4 slouguis qui avaient suivi la mission.

Jeudi, 24 février. — Marche toute la journée dans la plaine d'Amadghor. Chaleur torride ; il n'y a pas un endroit où s'abriter. Forcé la marche ; on a hâte de traverser cette immense plaine désolée qu'il faut quitter sous peine de mourir de soif et de faim ; deux hommes tombent de fatigue et de soif.

Vendredi, 25 février. — Marche dans la plaine d'Amadghor comme précédemment. La souffrance redouble. L'eau est distribuée avec le même ménagement que précédemment. On mange de l'herbe.

L'officier avait recommandé précédemment aux hommes de jeter leurs armes dans le cas où ils se trouveraient hors d'état de les porter, mais après avoir eu soin de les briser, ils devaient aussi enterrer les cartouches et l'argent.

Samedi, 26 février. — Continuation dans la plaine d'Amadghor. Arrêt vers le milieu du jour à l'ombre de tamarix. Vu, près de là, les traces des 3 indigènes des Beni-Thour qui ont quitté la colonne le 21 février. Pendant cet arrêt, un homme placé en sentinelle signale un parti de Touareg; cette nouvelle produit une très vive émotion et l'on se prépare à soutenir un combat. Les Touareg apparaissent bientôt au nombre de six et élèvent un drapeau blanc à l'extrémité d'une lance en signe de paix. Le lieutenant envoie vers eux Sassi ben Chaïb et Mohammed ben Aïssa, pour savoir ce qu'ils désirent. Ces Touareg se disent propriétaires des chameaux trouvés par la colonne; ils réclament leurs animaux ou leur valeur en argent, sous menace de venir en force et de reprendre leur bien. M. de Dianous paye les 4 chameaux 2,000 fr. Les Touareg dans leur conversation avec les Chambaa font mine d'ignorer ce qui leur est arrivé; ils racontent que ce sont les Touareg du Soudan qui ont assassiné le colonel et ses compagnons et leur offre de les emmener chez Ahitaghel qui leur donnera les moyens de rentrer à Ouargla.

Le projet du lieutenant dès le début est de les faire cerner et de les tuer pour prendre ensuite leurs six méhara, mais ils restent tous à distance et montrent une grande méfiance. Après le départ de la colonne ils disparaissent.

Pendant la marche on voit des gazelles que l'on ne peut atteindre.

Un des tirailleurs cherche à voler de l'eau. M. de Dianous, qui tient à garder son autorité sur tout le monde, tire deux coups de révolver sur le coupable et le manque. Cet acte d'énergie en impose à tous.

On voit, pendant cette marche, des traces de mehari;

chaque fois que cela arrive, on se plaît à croire que se sont celles de Cheikh ben Boudjemaa, qui serait allé chercher du secours à Ouargla. Le nommé Saïd Naït ou Arab, tirailleur, accablé de soif et de fatigue, reste en arrière et disparaît pendant la marche de nuit.

Dimanche, 27 février. — Continuation de la marche dans la plaine d'Amadghor. On marche toute la nuit du 26 au 27 et toute la journée du 27 pour tâcher d'atteindre l'eau, car la provision est presque épuisée. Quelques hommes espérant étancher leur soif boivent leur urine ce qui augmente leurs souffrances. Malgré les efforts de M. de Dianous pour maintenir tout son monde groupé, quand on arrive dans le voisinage de l'eau, beaucoup d'hommes prennent les devants; l'un d'eux, Rabah ben Hamadi, tirailleur, ayant trop compté sur ses forces, s'arrête épuisé ; les Touareg qu'on avait vus précédemment et qui épiaient la colonne le prennent avec eux et l'emportent en croupe sur un méhari. Les hommes qui étaient en avant lui crient de les rejoindre, Rabah ben Hamadi leur répond qu'on l'emmène au puits où il va les devancer et qu'il va leur apporter de l'eau. Cet homme n'a pas reparu et a été fort probablement victime de la perfidie des Touareg.

Un deuxième tirailleur, Amar ou Sahela, obligé d'attendre le gros de la colonne est rejoint par les Touareg qui lui prennent son fusil et son burnous en disant qu'ils les lui rapporteront le soir à la guelta. Un autre, Ahmed ben Zânoun, resté en arrière, est dépouillé de la même manière.

Les Touareg ont devancé la colonne à la guelta, ont bu et ont ensuite disparu.

Aussitôt l'arrivée à l'eau, on égorge un chameau dont toutes les parties, sans exception, son partagées scrupuleusement par l'officier. On fait sécher une partie de la viande pour les jours suivants.

Les hommes étant hors d'état de repartir, on décide

que l'on se reposera le lendemain. On venait de parcourir en 5 jours un trajet que la mission avait mis 7 jours à franchir en allant.

En raison de la fatigue et des privations, les hommes étaient tellement affaiblis qu'il leur devint impossible d'exécuter des marches de nuit.

Lundi, 28 février. — Séjour au campement de le veille. Quelques hommes en profitent pour aller chasser, voient des gazelles mais ne peuvent les atteindre.

Dans la soirée Saïd Naït ou Arab, tirailleur qui était resté en arrière le 26 février, arrive au campement; il a été dépouillé de ses vêtements et il ne lui reste qu'un caleçon ; il porte cinq ou six blessures par coups de sabre qui forment des plaies béantes d'où s'échappe beaucoup de sang. Les Touareg l'avaient atteint et laissé pour mort. En venant, cet homme a vu Rabah ben Hamadi, mort, assassiné par les Touareg.

Pendant le séjour, on agita la question de savoir si l'on se dirigerait sur le pays des Azgar dont on n'était plus très éloigné. M. de Dianous paraissait être de cet avis ainsi que le mokaddem, mais on craignit de ne pas rencontrer d'eau et cette considération majeure fit pencher vers l'ancien itinéraire. Les hommes n'auraient d'ailleurs marché qu'avec répugnance vers l'Est, où ils seraient allés dans l'inconnu.

Mardi, 1ᵉʳ mars. — Départ le matin. M. Santin, très faible, monte sur un des chameaux; Saïd Naït ou Arab, blessé, sur un autre; les hommes doivent à cet effet porter une partie des bagages. Tous le monde est très fatigué et on ne fait qu'une étape courte. On dîne du reste du chameau tué le 27; ceux qui ont conservé leur part de peau la font rôtir, la pilent et l'avalent ainsi.

On entre dans le pays des Kel-Ahamellen appelés aussi Ouled Messaoud par les Arabes.

Mercredi, 2 mars. — Départ le matin. Vers le milieu du jour, arrivé à Inziman-Tikhsin, point d'où était parti le dernier courrier de la mission. On décide d'y passer le reste du jour. Les provisions sont épuisées; les hommes font cuire de l'herbe et la mangent.

Dans l'après-midi, quatre onagres viennent boire au puits. Les hommes se divisent en deux groupes pour les entourer et les chassent; l'un de ces animaux tombe après avoir reçu 5 balles et un autre, blessé, réussit à s'échapper. On dépèce aussitôt cet onagre et on en apporte la viande au camp.

Aux environs du puits, on vit les traces récentes d'un campement de Touareg qui avaient décampés en apprenant l'approche de la colonne. Traces nombreuses d'animaux dans le voisinage.

Jeudi, 3 mars. — Repos le matin à Iziman-Tikhsin. Un onagre énorme vient boire au puits, on réussit à le tuer.

Départ vers 3 heures de l'après-midi, dans de meilleures conditions. L'espoir renaît un peu. Le lieutenant est bien obéi, il tient un journal de marche, sur lequel il note depuis le jour du départ les faits les plus importants. Au bout de quelques heures de marche on s'arrête pour passer la nuit. Pas d'eau.

Vendredi, 4 mars. — Le matin, au départ, on remarque les traces de quatre piétons qui sont venus rôder la nuit autour du camp. Arrêt et repos au milieu du jour sous des gommiers. On continue la marche l'après-midi. Étape courte, pas d'eau.

Samedi, 5 mars. — Départ le matin. Repos au milieu du jour. Pendant cet arrêt, M. de Dianous envoie quatre hommes aux environs pour chercher de l'eau, le premier puits se trouvant encore loin. Un instant après ces quatre hommes reviennent en criant, poursuivis par 12 cavaliers touareg à méhari qui cessent de les harceler dès qu'ils voient que l'on se porte à leurs secours. Ces cavaliers s'arrêtent sur un mamelon voisin et hissent un drapeau blanc au bout d'une lance. Sur l'ordre du lieutenant, le mokadden, les Chambaa Sassi ben Chaïb et Mohammed ben Aïssa se rendent vers eux ; au cas où ils courraient quelque danger, une quinzaine d'hommes sont prêts à se porter à leur secours et se dissimulent derrière un pli de terrain.

Les Touareg disent aux envoyés qu'ils avaient appris que les Français donnaient de l'argent et des effets à tous ceux qui se présentaient et qu'ils venaient demander cette même faveur pour eux, proposant également de vendre des chameaux. Cette demande est rapportée à M. de Dianous qui renvoie les Chambaa dire aux Touareg de suivre la colonne et que le soir il verrait ce qu'il aurait à faire, une fois arrivé à l'eau. Le mokaddem et Sassi ben Chaïb rejoignent la colonne qui reprend sa marche et Mohammed ben Aïssa reste avec les Touareg qui l'emmènent à la guelta voisine. Les Touareg y devancent la colonne, boivent et s'éloignent ; comme toujours, ils se montrent très méfiants. Le mokaddem et Sassi se rendent dans la soirée au campement des Touareg pour leur acheter des chameaux. Les Touareg leur présentent deux vieilles chamelles en disant que c'est tout ce qu'ils ont ; ils demandent 400 fr. de l'une et 350 fr. de l'autre. M. de Dianous accepte ces conditions mais ne veut payer que contre livraison de la marchandise. Les Touareg craignant une tromperie de notre part, hésitent à donner les chameaux et ne se décident que lorsque Mohammed ben Aïssa leur laisse Sassi ben Chaïb en otage. L'argent est remis le soir même. Les Touareg font ensuite demander des cadeaux au lieutenant qui le lendemain envoie 50 fr. à chacun des deux Touareg qui se disaient des kebar et 20 fr. à chacun des autres.

Dans le courant de la nuit, plusieurs hommes se sont

rendus au campement des Touareg à l'insu de M. de Dianous et en ont acheté des dattes pilées.

Dimanche, 6 mars. — Départ le matin de bonne heure. Les Touareg marchent à droite et à hauteur de la colonne dans un terrain difficile. Pendant la marche, l'un d'eux se détache du groupe et vient tirer un coup de feu sur la colonne ; le maréchal des logis Pobéguin riposte mais sans résultat. Le lieutenant interdit aux hommes de tirer à cause de l'éloignement où se trouvent les Touareg et dit d'attendre une occasion plus favorable. Ceux-ci se dissimulent dans la montagne et continuent à suivre la colonne qui marche dans la vallée ; on met le camp vers 4 h. de l'après-midi à un endroit où la mission avait campé en allant. Chaque fois qu'on rencontre un de ces points on recueille avec soin tous les débris qui s'y trouvent, os, peaux de chameaux, etc., on fait cuire de l'herbe dans les boîtes de conserve. On agite vivement la question de savoir si on égorgera un des chameaux ; il est décidé qu'on le tuera seulement le lendemain en arrivant à l'eau.

Les Touareg qui avaient suivi la colonne ne se montrent pas ce jour-là.

Dans le voisinage, on trouve un campement d'Amghad des Kel-Ahamellen qu'on avait vus en allant et qui avaient vendu des chameaux à la mission. Ces Amghad, au nombre de 5, ayant à leur tête un nommé El Fokki, viennent au campement de la colonne et demandent à parler au mokaddem ; ils lui remettent une outre remplie de lait de chamelle et promettent d'amener des moutons à l'étape suivante. Ils passent la nuit avec la colonne et partent le lendemain, mais ne reviennent pas.

Dans la nuit, des hommes sont allés acheter des dattes pilées à ces Amghad. Le mokaddem et les Chambaa, qui en avaient reçu une certaine quantité, eurent l'indignité de les revendre aux chameliers à des prix exhorbitants : une poignée pour 25 fr.

Lundi, 7 mars. — Départ de bonne heure et arrivée vers le milieu du jour à un mekeder (petite mare) plein d'eau. On égorge un chameau et on passe le milieu du jour à se reposer.

Au moment de se mettre en marche, vers 3 h., on apperçoit des cavaliers à méhari qui élèvent un drapeau blanc. Le mokaddem, Sassi ben Chaïb et Mohammed ben Aïssa se rendent auprès d'eux. Les Touareg font dire à M. de Dianous qu'ils sont venus lui recommander de ne pas emmener les chameaux et ânes qu'il pourrait rencontrer sur sa route.

Mohammed ben Aïssa reconnaît parmi ces Touareg un de ceux qui avaient précédemment harcelé la colonne. L'un d'eux leur vend des dattes et un morceau de biscuit. Les dattes pilées contiennent des fragments de cette dernière denrée. On se met aussitôt en route croyant à la présence d'un ghezzou aux environs et l'on marche, pour l'éviter, jusqu'au milieu de la nuit. Pas d'eau.

Mardi, 8 mars. — Départ le matin, vers 10 heures ; sept cavaliers à méhari apparaissent en arrière de la colonne, qui continue sa marche tout en se préparant à combattre. Au bout d'un certain temps, l'un de ces cavaliers élève un drapeau blanc. M. de Dianous fait arrêter la colonne et envoie, vers les Touareg, les Chambaa Belkassem ben Lakhdar, Kaddour ben Guenda et le nommé Abderrahman ben Salem, des Ouled Nayls. Mohammed ben Aïssa refuse de se rendre vers eux en disant que les Touareg voulaient les trahir. Les délégués de l'officier demandent aux Touareg dans quel but ils les suivent et ajoutent : « Nous ne vous avons pris ni chameaux, ni moutons et ceux des vôtres qui sont venus auprès de nous ont toujours été bien traités. » A quoi ils répondent : « Nous sommes des Ouled Messaoud, nous avons appris que vous aviez été pillés par les gens du Soudan et que l'on avait tué beaucoup de vos frères ; nous avons eu pitié de votre infortune. Si vous voulez vous arrêter un instant nous ferons un miad et nous nous arrangerons pour vous donner tout ce qu'il vous faut pour retourner à Ouargla. Si vous ne voulez pas écouter ce conseil, nous dirons que nous vous avons vus dans la détresse et que vous avez refusé les secours que nous vous offrions. » Deux de nos délégués rapportent ces paroles au lieutenant qui envoie dire aux Touareg de se rapprocher un peu. Ils font répondre qu'ils veulent parler à l'officier et le prient de venir vers eux. M. de Dianous refuse. Les Touareg disent à Belkassem ben Lakhdar, qui était resté près d'eux, que si l'officier n'avait pas confiance en leurs paroles, ils jureraient sur le Coran qu'ils ne voulaient que du bien aux Français et à ceux qui les accompagnaient.

Quelques instants après le mokaddem arrive auprès des Touareg. Ceux-ci le saluent et lui proposent aussitôt de jurer en sa présence, sur le Coran et sur le chapelet de Tedjini, qu'ils tiendront la promesse qu'ils avaient faite. Le mokaddem envoie prier l'officier de venir; celui-ci, qui connaît la mauvaise foi habituelle des Touareg, refuse de se rendre sans suite auprès d'eux; il part avec cinq hommes cachant des révolvers sous leurs burnous. Tissi Ould Chikkat et Khatkhat, qui faisaient partie des sept cavaliers Touareg, voyant l'impossibilité d'attirer l'officier dans un guet-apens, se détachent de leur groupe et vont au-devant de lui, accompagnés du mokkadem.

Après avoir échangé les salutations, les Touareg s'apitoient sur le sort de l'officier dont ils voyaient les pieds ensanglantés par la marche; ils renouvellent leurs promesses et font le serment solennel sur le Coran de les tenir toutes. Ils doivent amener trente chameaux, huit charges de dattes, vingt moutons, sous trois jours et demandent pour cela qu'on leur confie une vingtaine d'hommes pour ramener les animaux et les provisions. Les nôtres refusent de partir.

Pobéguin et plusieurs hommes voyant que les Touareg ont lâché leurs chameaux au pâturage non loin de là forment le projet de s'en emparer. M. de Dianous, ayant eu connaissance de ce projet, y met opposition en disant que l'on doit respecter la foi jurée. Le Chambi Belkassem ben Lakhdar finit par consentir à aller avec les Touareg et l'officier désigne quatre hommes pour l'accompagner; ce sont les nommés Ahmed ben Mohammed ben Bourouba, tirailleur, originaire des Chambaa d'Ouargla, Dahebi ben Sakhri, chamelier, des Hadjadj, Abdelkader ben Mohammed, de Laghouat, et Mohammed ben Djedid, des Chambaa. Ils sont aussitôt pris en croupe par cinq cavaliers et disparaissent.

Les Touareg envoient à l'officier une certaine quantité de dattes pilées qu'il leur avait demandées. M. de Dianous les distribue et lève le camp. Quelques instants auparavant on avait vu arriver une soixantaine de cavaliers à méhari qui rejoignent les premiers et tous marchent sur le flanc de la colonne à un kilomètre du côté le plus accidenté. Les Chambaa ne cachent pas leurs craintes à l'officier; ils lui disent que les Touareg les trahissent et que les cinq hommes ne reviendront pas.

On campe le soir en plaine, pas d'eau; les Touareg s'arrêtent et campent à une centaine de mètres. Chacun se garde de son côté.

Dans la soirée les sentinelles voient arriver cinq cavaliers à méhari; elles pensent que ce sont ceux qui ont emmené leurs compagnons qu'ils ont dû assassiner. On rapporte ce fait à M. de Dianous qui fait semblant de ne pas être de cet avis.

Dans le courant de la nuit un grand nombre de Touareg viennent rejoindre les premiers et le lendemain ils sont au nombre d'une centaine environ.

Mercredi, 9 mars. — Départ le matin pour se rendre à Aïn-El-Kerma dont on est proche. Les Touareg marchent, comme précédemment, à hauteur de la colonne et la devancent à la source, qu'ils occupent. M. de Dianous leur fait dire de s'éloigner, afin que les hommes puissent boire en toute liberté. Quelques-uns des plus impatients s'en vont isolément remplir leurs bidons à la source et reviennent. L'officier fait dire une seconde fois aux Touareg de s'éloigner; ils vont alors camper sur un mamelon au-dessus de la source et laissent leurs chameaux paître dans la plaine, les pieds de devant liés et les armes attachées sur les selles. Pobéguin et beaucoup d'hommes voulurent profiter de cette occasion pour s'en emparer, mais le lieutenant s'y opposa encore.

La colonne campe sur un mamelon aux environs de la source, les quatre chameaux au milieu des hommes. Au bout d'un instant, Tissi envoie un targui qui fait à haute voix la proposition suivante : « Tissi vous invite à venir camper dans la rivière, les Amghad vont vous apporter des dattes ; les chameaux et les moutons viendront de chez lui et nous camperons ensemble pour débattre les prix. » La perfidie des Touareg était trop évidente pour qu'on acceptât une pareille proposition. Toutefois, malgré la défense formelle de l'officier et les conseils des Chambaa, plusieurs hommes se rendent auprès des Touareg qui leur vendent des dattes. M. de Dianous, ne pouvant retenir ses hommes, est sur le point de tirer à coups de révolver sur ceux qui lui désobéissent.

Le camp est levé vers 4 heures de l'après-midi et est transporté à quelques kilomètres plus loin ; les Touareg, qui suivent toujours, s'installent dans le voisinage, puis ils s'assoient en cercle et tiennent conseil. Quelques-uns font des signes en agitant les pans de leurs burnous. Ils font dire par un des Chambaa qui s'est rendu auprès d'eux, de leur envoyer les hommes de confiance de l'officier pour prendre des dattes ; ils n'en avaient que peu, disaient-ils, et pour ce soir-là ils les leur donneraient; le lendemain matin on ferait marché pour les moutons qui devaient arriver le soir même. On envoie des hommes qui rapportent la contenance de deux fatras de dattes pilées (environ six litres). Les Touareg disent qu'ils destinent surtout ces dattes aux Français, les autres pourront venir en acheter.

Dans la soirée, on voit un targui rejoindre les siens conduisant cinq ou six moutons du pays, moutons sans laine; les Touareg font dire à l'officier que les moutons sont arrivés avec deux charges de dattes et que le lendemain matin on en débattra le prix.

M. de Dianous distribua les dattes aux hommes dans la soirée et chacun se mit à les manger, à l'exception des Chambaa qui avaient peur qu'elles ne fussent empoisonnées.

Bientôt on vit tous ceux qui avaient pris de cette nourriture comme frappés de vertige : quelques-uns tombaient sans pouvoir se relever, d'autres, atteints d'une sorte d'ivresse, parcouraient le camp en prononçant des paroles incohérentes; beaucoup étaient frappés de folie et n'avaient plus conscience de leurs actes; ils tiraient des coups de fusil en l'air. L'officier et tous les européens, qui avaient absorbé la plus grande quantité de cet aliment, après l'avoir fait cuire dans l'eau, ressentirent les effets les plus violents. M. de Dianous parcourait le camp prononçant des paroles sans suite en français; on fut obligé de lui arracher son fusil. Le maréchal des logis fut très malade; il jeta ses effets, courut aux environs en gandoura et se fit au pied une blessure profonde en marchant sur un caillou tranchant. Toutefois, les Français eurent encore assez de présence d'esprit pour boire de l'eau tiède qui leur fit rejeter la plus grande partie du poison; mais l'effet produit persista. Le plus grand désordre régnait dans le camp.

Beaucoup d'hommes cherchaient à s'enfuir et les sentinelles qui, heureusement, n'avaient pas mangé de dattes, eurent les plus grandes peines à les ramener; malgré leurs efforts quelques-uns s'échappèrent pendant la nuit : ce furent les nommés Ahmed ben Ali, Mohammed ben Nemouchi, Ahmed ben Messaoud, El Bachir ben Embarek, tous tirailleurs; ils partirent sans armes et les deux premiers ne reparurent pas. Les deux autres rejoignirent le lendemain matin.

La plupart des hommes attribuèrent, en premier lieu, leur indisposition aux privations qu'ils avaient endurées et ne croyaient pas à une trahison.

Les Chambaa reconnurent l'effet de la plante appelée en arabe El-Bettina (hyoscyamus falezlez) que les Touareg, dans leur atroce perfidie, avaient mélangée aux dattes pilées.

Jeudi, 10 mars. — Le matin, tout le monde se trouve mieux; les hommes sont presque guéris, sauf les Français qui ont absorbé le poison sous forme d'infusion.

M. de Dianous, sur le conseil du mokaddem, envoie Kaddour ben Guenda vers Tissi pour lui dire que s'il désire la paix, il doit renvoyer le gros de sa troupe et garder avec lui dix méhara seulement; il lui fait remettre 300 francs et un burnous pour prix des moutons. Tissi renvoie le tirailleur et fait dire à l'officier d'envoyer un plus grand nombre de gens pour conclure le marché et des meilleurs de sa troupe. M. de Dianous envoie les Chambaa Mohammed ben Aïssa et Sassi ben Chaïb; ils sont suivis du tirailleur Ali ben Bou Ghiba. A leur arrivée, Tissi les interpelle vivement, les insulte et les met de côté. Il renvoie Ali ben Bou Ghiba au camp pour ramener quelques indigènes qu'il lui désigne, en disant que ceux qu'on lui a envoyés ne sont que des simples bergers et qu'il ne veut pas traiter avec eux. Le mokaddem retourne auprès des Touareg avec Ali ben Bou Ghiba et Abdelkader ben Mohammed. Tissi renvoie ces deux derniers pour qu'ils en ramènent d'autres. Avant d'avoir rejoint le camp ils sont poursuivis et atteints par les Touareg sans qu'il soit possible de leur porter secours. Ali ben Bou Ghiba, déjà blessé d'un coup de lance par le Targui qui le poursuit, se retourne et le saisit. Une lutte corps à corps s'engage entre eux et le tirailleur terrasse son adversaire ; mais un autre Targui se porte au secours de son compagnon et coupe les jarrets à Ali ben Bou Ghiba d'un coup de sabre. Abdelkader ben Mohammed subit le même sort, quoiqu'il invoque la pitié des Touareg.

Pendant que ces hommes sont lâchement massacrés, le mokaddem et les Chambaa Sassi ben Chaïb, Mohammed ben Aïssa et Kaddour ben Guenda sont emmenés un peu à l'écart, hors de la vue du camp, par Tissi qui leur dit : « Allons, venez, nous allons traiter ensemble. » Tout à coup les yeux de Tissi prennent une expression féroce, il se met à donner des ordres en langue targuia et aussitôt les gens qui l'entourent se ruent sur nos quatre délégués et les dépouillent de leurs vêtements, puis ils mettent le sabre à la main.

Le mokaddem implore la pitié des Touareg et crie : « ô Tedjini, ô Tedjini ! » ses prières sont vaines ; il est atteint le premier par le nègre de Tissi qui pousse une sorte de rugissement féroce et lui porte un coup d'une violence telle que l'arme, après avoir abattu le bras gauche, pénètre jusqu'au milieu de la poitrine. Un flot de sang jaillit de la blessure et le mokaddem tombe.

Sassi ben Chaïb, bien qu'invoquant sa qualité de Chambi, est frappé d'un coup de sabre à la tête et est tué sur le coup.

Mohammed ben Aïssa, prévoyant dès le début le sort qui l'attendait, se tint à côté de Tissi et se réfugia sous les pans de son burnous ; il fut repoussé cinq ou six fois et finalement Tissi ordonna qu'on l'épargnât. Les nobles Touareg se font, dit-on, un devoir sacré de couvrir de leur protection l'ennemi qui se réfugie sous leurs vêtements.

Kaddour ben Guenda alla se cacher sous les pans du burnous de Khatkhat qui le repoussa en lui disant que Tissi seul pouvait le sauver ; il se réfugia vers ce dernier et fut préservé.

Les tirailleurs Ahmed ben Messaoud et El Bachir ben

Embarek, qui s'étaient enfuis pendant la nuit, rejoignent la colonne le matin.

Aussitôt après les événements qui précèdent, on se remet en marche laissant au camp beaucoup d'effets de toutes sortes appartenant aux hommes qui venaient d'être tués, et l'on se dirige sur Amguid qui est à 10 kilomètres d'Aïn-el-Kerma. Les Touareg campent en même temps que la colonne et prennent les devants pour s'emparer du chemin qui conduit à l'eau. L'exaspération des nôtres est à son comble. Quoique bien inférieurs en nombre aux Touareg, il est décidé qu'on leur livrera combat à Amguid et tous se promettent de vivre ou de mourir ensemble. Deux hommes élèvent des mouchoirs rouges au bout d'un bâton, on se réunit autour d'eux et on marche en entonnant un chant de guerre. Malheureusement, et comme par une sorte de fatalité qui semble s'acharner sur nos compatriotes, ceux-ci n'ont pas repris leurs sens. L'officier, monté à chameau, se ressent de la terrible secousse produite par le poison. Deux hommes doivent le maintenir continullement; Pobéguin est blessé au pied et ne peut marcher.

M. Santin, très affaibli, est dans le même état.

Le groupe des survivants, déjà bien réduit, marche sans direction.

Un homme tire sur les Touareg et abat un méhari. Ceux-ci mettent pied à terre pour le dépécer et en prennent la chair.

Les hommes les plus valides, n'ayant en vue que le combat, marchent en avant; plusieurs fois cependant ils s'arrêtent pour permettre aux hommes fatigués de rejoindre. M. Santin reste bientôt en arrière, on ne s'aperçoit pas de sa disparition. Les nommés Mohammed ben Hamich, Amar ou Sahela, tirailleurs, incapables de suivre, sont abandonnés en arrière; El Bachir ben Embarek et Hamou ben Messaoud, tirailleurs, restés en arrière et encore troublés par le poison absorbé la veille, s'enfuient et ne reparaissent plus; Marjolet (Paul) reste également en arrière à quelque distance d'Amguid et ne rejoint que pendant le combat.

Un peu avant d'arriver à Amguid, les Touareg qui s'étaient divisés en deux groupes, dont l'un marchait en avant et l'autre en arrière de notre colonne, se réunissent et vont prendre position en haut du ravin qui conduit à l'eau. Leurs méhara ont été placés à l'abri dans l'intérieur du cirque. Pendant que l'officier et Pobéguin sont laissés en arrière avec les hommes qui, comme eux, sont hors d'état de combattre, les autres, connaissant la disposition des lieux, s'avancent divisés en deux groupes contre les Touareg qui se sont dissimulés derrière les rochers qui couvrent les deux pentes du ravin. La colonne fait un feu d'ensemble sur les Touareg qui sortent de leurs abris et se précipitent contre les nôtres en s'excitant de la voix. Une nouvelle décharge fait des vides dans leurs rangs et ils se couchent, mais reviennent ainsi trois fois de suite avec le plus grand acharnement et éprouvent chaque fois des pertes sensibles. Voyant que cette tactique ne leur réussit pas, ils se cachent de nouveau dans les rochers, bien décidés à ne pas livrer le passage. Alors commence un combat d'un nouveau genre, une vraie chasse à l'homme ; les nôtres se réunissent par petits groupes et tout en s'abritant, dirigent des feux convergents contre les Touareg qui se découvrent.

Toute tête qui se montre devient le point de mire de plusieurs tireurs et presque toujours le Targui est atteint. Les Touareg, qui se servent de longs fusils arabes et ont aussi des mousquetons Gras, mais en petit nombre, tirent fort mal ; vers la fin du combat ils manquent de munitions et se battent à coups de pierres.

Pendant les diverses phases du combat, qui dura depuis le milieu du jour jusqu'au coucher du soleil, les Touareg tentent plusieurs attaques de flanc qui sont repoussées.

Les nôtres sont dirigés par El Madani ben Mohammed,

des Ouled Sidi Ahmed, et Mohammed ben Abdelkader du 1er tirailleurs, qui font preuve de beaucoup de sang froid et de bravoure.

Au début de l'action, le nommé Mohammed ben Ahmed, tirailleur au 1er régiment, est tué d'une balle en pleine poitrine.

Quelques instants après, Brame, ordonnance du colonel, qui se trouve au milieu des combattants, dans le groupe de droite, s'avance au-devant des Touareg, malgré les conseils des tirailleurs qui cherchent à le retenir. Il est frappé d'un coup de lance par un Targui caché derrière un rocher et tombe blessé mortellement. Le Targui se précipite sur lui pour l'achever et le dépouiller, mais il se découvre et tombe mortellement frappé près du corps de Brame qu'il cherche encore à atteindre à coups de couteau. Par la suite, un autre Targui vient pour retirer son compagnon qu'il croit blessé seulement; il est frappé à son tour et tombe mort.

Marjolet (Paul), qui est resté en arrière exténué et encore malade, entend la fusillade; ce bruit lui donne une nouvelle énergie et il va se mêler au groupe de gauche; mais, comme Brame, moins prudent que les indigènes qui s'abritent avec le plus grand soin, il reste debout et s'avance au-devant de l'ennemi sans avoir conscience du danger; il tombe bientôt frappé d'une balle. Le Targui qui l'a tué se précipite sur lui pour le dépouiller; il est atteint au même moment par le tirailleur Mohammed ben Abdelkader et tombe sur le cadavre de Marjolet.

Cependant M. de Dianous et Pobéguin ont repris un peu leurs sens; le bruit continu de la fusillade semble leur faire recouvrer leurs forces. Aussitôt M. de Dianous, malgré les efforts faits pour le retenir, marche, bien qu'en chancelant, vers le lieu du combat qui est alors dans sa dernière phase. Il se mêle aux combattants et tire pendant quelques instants debout, malgré les avis des hommes qui l'entourent, et reçoit une blessure légère à l'aîne ; il n'en continue pas moins à se battre. A ce moment le soleil est sur le point de disparaître sous l'horizon et il faut songer à la retraite qui s'opère en échelons et avec ordre, protégée par cinq ou six des meilleurs tireurs.

Malheureusement, M. de Dianous se prodigue et pendant que l'on se retire en terrain découvert il est atteint mortellement d'une balle au téton droit. Les hommes le soutiennent et il est ramené à quelques pas en arrière, mais les forces l'abandonnent et il tombe mort.

De son côté, Pobéguin s'est fait porter sur le lieu du combat ; il y prend une faible part et on le ramène en battant en retraite.

Dans le combat d'Amguid nous avions perdu le lieutenant de Dianous, Brame, Marjolet et le tirailleur Mohammed ben Ahmed ; nous avions eu six hommes blessés. De leur côté les Touareg perdirent, ce jour-là, environ trente hommes et dans le nombre, dit-on, Mohammed ould Moumen, ancien guide du colonel ; ils eurent aussi bon nombre de blessés, parmi lesquels l'infâme Tissi ould Chikkat qui commandait aux Touareg et dont on a vu toutes les perfidies ; il fut atteint d'une balle à hauteur de la ceinture.

Il faut encore mettre sur le compte du combat d'Amguid la perte de M. Santin et des 4 hommes qui, malades comme lui, quittèrent volontairement la colonne ou s'enfuirent rendus fous par la jusquiame. Ce fait ne se fut pas produit si M. de Dianous et Pobéguin n'eussent été anéantis le matin par les secousses terribles éprouvées pendant la nuit. On voit ce que les hommes tout affaiblis qu'ils étaient ont pu faire presque sans commandement ; il est bien probable que si leurs chefs eussent été bien portants le résultat eût été bien plus considérable.

Après le combat d'Amguid, il ne restait plus à la colonne que 34 hommes.

Départ le soir même pour éviter la poursuite des

Touareg. Les hommes sont exténués mais il faut, absolument, atteindre Djemâat Merghem (1), point d'eau, et ne pas s'y laisser devancer par les Touareg. Malgré le succès d'Amguid la démoralisation est grande, on serait presque incapable de soutenir un autre combat. Pobéguin incapable de marcher monte sur un chameau, 2 tirailleurs blessés montent sur les 2 autres et le quatrième porte les bagages. On marche toute la nuit en faisant des pauses pour arriver à une guelta, où l'on a vu de l'eau à l'aller, mais on la trouve desséchée.

Vendredi, 11 mars. — Continuation de la marche. Saïd Naït ou Arab, tirailleur, qui avait été blessé le 26 février et qui malgré ses plaies affreuses dont s'échappait encore du sang avait eu l'énergie de suivre ses compagnons, reste en arrière et est abandonné; tout le monde souffre de la soif et de la fatigue. Vers 10 h. du matin on arrive à Djemâat Merghem où se trouve une guelta dans la montagne; c'est une sorte de caverne formant bassin dont l'entrée est si étroite qu'un homme seul peut y accéder. La position est telle que quelques hommes peuvent en défendre l'approche. On égorge un des quatre chameaux.

Dans la soirée un homme placé en sentinelle signale les Touareg; on se prépare à soutenir une attaque, mais ces derniers restent dans la plaine et partent ensuite pour ne plus revenir.

Dans l'après-midi Pobéguin voyant qu'il ne vient aucun secours d'Ouargla croit, ainsi que tous les hommes, que les guides Chambaa et en particulier Cheikh ben Boudjemâa ont été victimes des Touareg et qu'on ignore encore à Ouargla le désastre de la mission. Il se décide à faire porter la nouvelle et s'adresse à cet effet à son homme de confiance Mohammed ben Abdelkader, soldat

---

(1) Djemâat Merghem est la corruption arabe du nom targui Adjelman Arghem.

au 1ᵉʳ tirailleurs. Celui-ci donne l'assurance qu'il peut se rendre à Ouargla, mais demande à se faire accompagner par trois hommes qu'il choisira. Pobéguin veut bien le laisser partir, mais seul. Mohammed ben Abdelkader (1) quitte le camp dans la nuit ; il est suivi des nommés Seddik ben Seddik, son parent, Abderrahman ben Salem, El Miloud ben Mohammed, chameliers.

Samedi, 12 mars. — On rend compte à Pobéguin du départ des 4 hommes. Il paraît craindre que de nouvelles défections se produisent.

Départ dans l'après-midi. Les hommes sont faibles, beaucoup ont les membres gonflés, ce qu'ils attribuent à la viande de chameau, mais ce qui est plutôt la conséquence des fatigues éprouvées. Plusieurs ont la plante des pieds presque entièrement emportée par la marche ; Pobéguin monte à chameau, ne pouvant marcher à pied. Quelques indices de désunion se manifestent déjà parmi les hommes ; l'égoïsme, l'instinct de la conservation personnelle se développent d'une manière inquiétante. Le soir, au campement, les hommes commencent à se scinder en deux groupes : d'un côté tous les Ouled Nayl, sous la

---

(1) Il n'est rien moins que prouvé que Mohammed ben Abdelkader ait obtenu du maréchal des logis l'autorisation de partir en avant. Cet homme est originaire de la tribu des Ouled Nayl qui formaient la majorité des hommes échappés au massacre et avaient pris dans la colonne une situation prépondérante qui leur a permis de vivre souvent aux dépens de leurs compagnons d'infortune. D'après de nombreux témoignages recueillis près des tirailleurs qui ne faisaient pas parti de la tribu en question, le maréchal des logis se serait complètement opposé au départ de Mohammed ben Abdelkader et aurait été tellement affecté de cette défection qu'il aurait versé des larmes en l'apprenant le lendemain. D'ailleurs Pobéguin possédait du papier et des crayons et eût certainement remis à ce tirailleur un mot d'écrit pour les autorités françaises à Ouargla. Enfin, il paraît parfaitement avéré que ces mêmes Ouled Nayl, qui obéirent toujours fort mal aux ordres donnés, ont détruit le journal de route que tenait M. de Dianous puis le maréchal des logis, de façon à faire disparaître toutes traces de leur mauvaise conduite.

direction du nommé El Madani ben Mohammed, et de l'autre les tirailleurs, sous la direction du nommé Ferhat ben Omar. Des discussions s'élèvent au sujet des outres qui sont irrégulièrement réparties ; l'un des groupes a presque toutes les grandes, l'autre a les plus petites. Les outres sont réunies et distribuées à nouveau. On couche à l'entrée d'un défilé long et difficile.

Dimanche, 13 mars. — Marché dans le défilé. Les hommes fatigués restent en arrière et retardent beaucoup la marche de la colonne qui s'arrête fréquemment pour les attendre. Repos au milieu du jour. Afin d'éviter l'inconvénient qui vient d'être signalé, on fait partir en avant les hommes faibles. On campe avant Tilmas-Iraouen.

Lundi, 14 mars. — Arrivé à Tilmas-Iraouen vers le milieu du jour. Pendant la marche, les Ouled Nayl marchent de leur côté et les tirailleurs de l'autre et campent séparément. Pobéguin abattu est hors d'état d'imposer sa volonté à des hommes qui, plus que jamais, ont besoin d'une main ferme et sont à peu près abandonnés à eux-mêmes. Repos au puits dans le milieu du jour. On égorge un des trois chameaux qui restent. Des désordres se produisent au sujet du sang de l'animal, dont les Ouled Nayl veulent s'approprier la plus grande part et une rixe est sur le point d'avoir lieu. Quelques hommes cherchent à soustraire des morceaux de viande ; un tirailleur fusil chargé est placé en faction pour empêcher les vols de vivres.

Le soir on reprend la marche et l'on couche au delà de Tilmas-Iraouen. A partir de ce moment, comme on est en désaccord sur le moment où il faut égorger les chameaux que plusieurs veulent conserver le plus longtemps possible, les tirailleurs s'emparent du chameau sur lequel est monté Pobéguin et qui porte leurs effets et leur argent, les Ouled Nayl chargent leurs effets et leur argent sur le deuxième chameau.

Mardi, 15 mars. — On continue la marche pendant la matinée en faisant des pauses nombreuses. Arrêt avant le milieu du jour. On renvoie les deux chameaux en arrière, au puits, pour rapporter de l'eau, la provision étant déjà fortement entamée et le prochain point d'eau se trouvant encore fort éloigné. Les chameaux sont de retour vers 4 h. de l'après-midi ; on charge l'eau sur l'un d'eux ; puis on reprend la marche jusqu'à la nuit. Un peu avant le coucher du soleil, Dendani ben Bou Abdallah, tirailleur au 1er régiment, s'attarde et ne rejoint pas la colonne. Cet homme était porteur d'une grande quantité d'or, dont il ne voulait pas se défaire, ce qui amena sa perte. Déjà, pendant une des pauses précédentes, ses camarades lui avaient fait remarquer que son argent le fatiguait outre mesure, il remit un sac d'or à un tirailleur ; les autres s'en arrachèrent aussitôt le contenu. On savait que Dendani n'avait pas donné tout son or et qu'il en avait conservé beaucoup entre ses chechias. Deux hommes envoyés par Pobéguin pour secourir Dendani rencontrent Belkacem ben Zebla et Mohammed ben Abdelkader au loin en arrière, lesquels les dissuadent de retourner vers Dendani qui est, disent-ils, trop loin. Le soir, les camarades de Belkacem ben Zebla remarquent qu'il détient le kheit de Dendani et que sa provision d'or a augmenté ; ils le soupçonnent et l'accusent d'avoir assommé Dendani et il paraît établi qu'il l'a tout au moins dépouillé, sinon tué. On rapporte ce fait à Pobéguin qui se contente de prendre note de cet événement dans le journal de marche qu'il tenait depuis la mort de M. de Dianous.

Mercredi, 16 mars. — Marche intermittente. Repos au milieu du jour, sous de grands rochers. Dans la soirée on reprend la marche, afin de se rapprocher de l'eau.

Les provisions commencent à diminuer, les tirailleurs n'en ont presque plus et les Ouled Nayl leur en donnent.

Jeudi, 17 mars. — Départ de grand matin ; la provision d'eau est presque épuisée. Beaucoup d'hommes restent en arrière. Marche difficile dans un terrain sablonneux. Arrivée à Tilmas-el-Mra dans l'après-midi. Eau. Le nommé El Mebrouk ben Mohammed ne rejoint que dans la matinée. Les vivres font complètement défaut.

Vendredi, 18 mars. — Repos dans la matinée, dans l'ancien campement de la mission. On trouve le cadavre d'un chameau dont la peau n'est pas tout à fait corrompue ; des hommes font griller cette peau, la pilent et en font leur nourriture. Les os de ce chameau qui sont intacts, sont brisés, pilés et mangés. Un homme trouve une vipère à corne, il la dépouille en cachette, la fait cuire et la mange.

Départ vers 3 h. de l'après-midi ; on perd les traces de la mission et on ne les retrouve qu'au bout de 2 h. de marche. On ne s'arrête que longtemps après le coucher du soleil. Les hommes harassés se traînent péniblement.

Samedi, 19 mars. — Départ le matin. Terrain sablonneux. La colonne est dispersée sur de grands espaces. Chacun ne songe plus qu'à soi ; le désordre est général. On campe le soir en avant de Hassi-el-Hadjadj. Beaucoup d'hommes restent en arrière et ne rejoignent le camp que dans la nuit ; deux arrivent le lendemain seulement. On égorge un des deux chameaux ; des hommes veulent se précipiter sur la viande du chameau avant qu'elle soit distribuée. Belkacem ben Zebla, qui remplit l'office de boucher et dépèce l'animal avec le sabre du colonel, se sert de cette arme pour éloigner les plus affamés. Un homme vole la part de viande de Pobéguin.

L'endroit où l'on se trouve contenant beaucoup de bois, on décide qu'on y fera séjour le lendemain et qu'on enverra chercher de l'eau au puits qui n'est éloigné que de quelques kilomètres.

Dimanche, 20 mars. — Séjour. Trois hommes emmènent le chameau au puits pour en rapporter de l'eau. L'un d'eux hors d'état de revenir reste au puits.

Lundi, 21 mars. — Il ne reste plus qu'un chameau. On décide que les bagages seront abandonnés en ce point de façon que Pobéguin, toujours hors d'état de marcher, puisse gagner le puits en se servant de l'animal qu'il renverra aussitôt son arrivée, afin qu'on puisse transporter les bagages. Le maréchal des logis part accompagné de quelques hommes ; il s'arrête à quelques centaines de mètres du puits dans un endroit où se trouve beaucoup de végétation. Un homme va au puits, lui rapporte de l'eau, puis il envoie le tirailleur El Mokhtar ben Ghezal pour ramener le chameau auprès de ces compagnons en arrière. Ceux-ci, las de voir qu'on ne leur renvoie pas l'animal, se mettent en marche et en arrivant font des reproches à leurs camarades qui ne leur ont pas renvoyé le chameau ainsi qu'il a été convenu. Ceux-ci assurent qu'ils ont confié l'animal à Mokhtar ben Ghezal pour leur reconduire ; on s'aperçoit bientôt que le tirailleur Abdelkader ben Ghorieb, qui avait pris les devants, a disparu ; on comprend alors que lui et El Mokhtar ben Ghezal sont partis emmenant le dernier chameau.

Pobéguin envoie aussitôt les deux hommes les moins fatigués aux environs pour tâcher de les atteindre ; il leur ordonne de tuer les coupables s'ils les rejoignent et de ramener le chameau.

Mardi, 22, mercredi, 23 et jeudi, 24 mars. — Séjour. Les deux hommes envoyés à la poursuite des fuyards rentrent vers le coucher du soleil sans avoir pu rejoindre leurs coupables camarades. Le plus profond désespoir saisit tout le monde en voyant cette dernière ressource disparaître. Quelques hommes à peine sont encore aptes à la marche. Le tirailleur Abdesselam ben El Hadj demande à aller vers Radja, à El-Mesegguem, pour ramener du secours ; Pobéguin consent à le laisser partir seul et lui promet une belle récompense s'il parvient à Hassi-el-Mesegguem. Une heure après son départ l'on entend des coups de feu ; plusieurs hommes avaient quitté le puits pour aller, disaient-ils, à la chasse. On les vit de loin allumer un grand feu. Quand ils revinrent ils apportèrent de la chair qu'ils offrirent à Pobéguin en lui disant que c'était de la viande de mouflon. Le maréchal des logis vit que ce qu'on lui présentait était de la chair humaine et la repoussa.

La colonne est hors d'état de reprendre la marche, à l'exception de quelques hommes qui demandent à Pobéguin de partir pour Hassi-el-Mesegguem qui est à trois jours de là.

Pobéguin refuse. Il compte du reste sur les quatre hommes partis de Djemâat-Merghem et s'attend à les voir arriver sous peu avec des chameaux. On sait, en effet, que ces hommes ont dû trouver à El-Mesegguem les campements de Radja, l'ancien guide du colonel. On espère aussi avoir des secours d'Ouargla, car on se dit que Cheikh ben Boudjemâa a certainement dû se rendre dans cette ville et qu'il est impossible qu'aussitôt son arrivée on ne se porte à leur secours. D'un autre côté on pense que les deux hommes partis avec le dernier chameau peuvent rencontrer des tentes sur leur passage et les informer de la détresse dans laquelle ils ont laissé leurs compagnons. Enfin, on compte comme dernière ressource sur le passage d'une caravane allant soit à Ghadamès, soit à Insalah. Les survivants de la mission, alors au nombre de 24, y compris Pobéguin, campent à quelque distance du puits, dans un endroit où se trouvent de beaux retem et beaucoup de drinn. Les Ouled

Nayl, divisés par petits groupes, se couchent sous les retem de façon à s'abriter des rayons du soleil ; les tirailleurs, étrangers à cette tribu, s'abritent comme ils peuvent à quelque distance. Tout le monde est dans un état de faiblesse extrême. Quelques hommes se dispersent pour chasser; ils ne trouvent guère que des insectes, des lézards, etc., qu'ils dévorent avec avidité ; d'autres vont à l'ancien camp de la mission et ramassent des os, des débris de peau. Enfin, les plus faibles mangent du ktaff et du drinn. Au bout de trois jours d'attente le désespoir est à son comble, on ne compte presque plus sur les secours que l'on espérait voir venir bientôt. Quelques hommes plus énergiques raniment un peu leurs camarades. On décide que l'on tentera de gagner Hassi-el-Mesegguem, où peut-être on trouvera quelques secours.

Vendredi, 25 mars. — On se met en marche dans l'après-midi ; 9 hommes sont tellement faibles qu'ils peuvent à peine se tenir debout; ils sont laissés au puits et on leur promet qu'aussitôt l'arrivée à El-Mesegguem on reviendra vers eux. Ces hommes sont : El Mebrouk ben Mohammed, chamelier, les tirailleurs Ahmed ben Tahar, Lakhdar ben Salah, Rahmani ben Ahmed dit El Hachichi, Ben Aouda ben Braham, Mohammed ben Ahmed, Djedid ben Mohammed, Ahmed ben Zanoun, Khelifa ben Derradji.

Les 16 autres se mettent en route dans un terrain sablonneux, après avoir enfoui leur argent. On parvient à faire environ 3 kil. Dans le courant de la nuit on entend quatre ou cinq coups de fusil. On croit qu'un parti de Touareg est venu tenter une attaque contre les hommes laissés au puits.

Samedi, 26 mars. — Deux hommes se dirigent vers le puits pour reconnaître la cause des coups de feu entendus pendant la nuit ; quand ils reviennent dans l'après-midi ils racontent que le nommé Djedid ben Mohammed avait eu une discussion avec ses camarades, qu'il en avait tué deux, Mohammed ben Ahmed et Ben Aouda ben Braham et qu'il s'était enfui. Les autres hommes restés au puits avaient mangé, disaient-ils, de la chair de leurs camarades et eux-mêmes avaient pris de cette nourriture.

Deux autres, El Mebrouk ben Mohammed et Ahmed ben Tahar, étaient morts de faim pendant la nuit.

A ces nouvelles, Belkacem ben Zebla, Belkacem ben Rebih, Amar ben Belkheir, Ferhat ben Omar, retournent au puits dans la soirée. A peine y étaient-ils arrivés qu'on entend des coups de feu. Belkacem ben Zebla tue Ahmed ben Zanoun qui lui est désigné par les autres comme ayant été complice de la mort des deux premiers; il dépouille le cadavre, découpe la chair, en fait un repas avec ses camarades et en apporte à la colonne le lendemain matin. On séjourne ce jour-là. Les hommes qui sont allés au puits ont eu l'ordre d'en rapporter de l'eau, ainsi que de la chair des hommes tués.

Dimanche, 27 mars. — Les 4 hommes partis la veille rentrent dans la matinée. On présente de la chair humaine à Pobéguin qui manifeste d'abord la plus grande répugnance, puis en mange comme tous les autres. En même temps on absorbe une grande quantité d'eau, de sorte que la provision est fortement entamée. Six hommes partent au puits pour rapporter de l'eau ; ce sont les nommés Mohammed ben Mohammed, Gorich ben Moui, Abdallah ben Ahmed, Ahmed ben Amar, Abdelkader ben Baharia, Ahmed ben Messaoud. Des coups de feu retentirent encore et les nommés Rahmani ben Ahmed dit El Hachichi et Lakhdar ben Salah, surpris sous des retem, sont tués à coups de révolver. Tous les hommes présents font un repas de leur chair qu'ils font rôtir, quelques-uns même la mangent toute saignante et les 6 hommes rejoignent leurs camarades dans la soirée. La colonne n'a pas marché ce jour-là et se trouve toujours à 3 kil. de Hassi-el-Hadjadj.

Lundi, 28 mars. — Départ le matin de bonne heure. Vers 10 heures du matin on rencontre Djedid ben Mohammed qui s'étant enfui du puits avait devancé la colonne; il est décharné et presque mourant. Cet homme était accusé d'avoir tué deux de ses camarades; on décide qu'on le tuera à son tour. Quelques hommes veulent l'égorger pour faire cuire son sang; Pobéguin s'y oppose et demande qui veut se charger de le fusiller. Personne ne répond. Un instant après un coup de feu retentit et Djedid ben Mohammed tombe. Il est aussitôt dépécé et découpé, ses os sont broyés et mangés. Sur sa demande le foie et le cœur sont réservés à Pobéguin.

Au milieu du jour, tempête de sable affreuse; les outres se dessèchent rapidement; les hommes, pour se soustraire à l'action du vent brûlant qui souffle toute la journée, se couvrent le corps de sable.

La provision d'eau ne pouvant suffire pour atteindre El-Mesegguem, cinq hommes, les nommés El Bouzidi ben Mohammed, Mohammed ben Abdelkader, Belkacem ben Zebla, Ben Chohra ben Maileb, Abdelkader ben Baharia, se dirigent le soir sur le puits, de façon à apporter de l'eau à la colonne qui les attend. Ils se dispersent en arrivant au puits; des neuf hommes qu'on y avait laissés, il ne reste de vivant que Khelifa ben Deradji qui à la vue de ses camarades craint pour sa vie et s'enfuit. Dans le courant de la nuit Ben Chohra ben Maileb est tué et mangé. Les nommés Belkacem ben Rebih, Mohammed ben Abdelkader, Mohammed ben Mohammed, Ahmed ben Amar, Ahmed ben Messaoud vont rejoindre les hommes que l'on a envoyés au puits.

Mardi, 29 mars. — Ceux-ci, qui devaient revenir le matin, se sont attardés; leurs compagnons, voyant qu'ils ne reviennent pas dans l'après-midi, décident d'aller au-devant d'eux. La provision d'eau est complètement épuisée; plusieurs boivent leur urine. Pobéguin déclare qu'il lui est impossible de marcher; il reste à l'endroit où il se trouve et recommande aux hommes de lui envoyer de l'eau dès qu'ils pourront. La colonne retourne à Hassi-el-Hadjadj et, dans le courant de la nuit, rencontre les hommes qui en revenaient. Ces hommes y avaient passé la matinée et la forte chaleur du jour et étaient partis le soir à la hâte. Ahmed ben Messaoud et Ferhat ben Omar ont été tués au puits, le premier par Mohammed ben Mohammed et le second par Belkacem ben Zebla, pendant son sommeil. Les malheureux rapportent une partie de la chair de ces deux hommes et sont chargés d'argent. Belkacem ben Zebla inspire une grande terreur à tout le monde : c'est le boucher de la colonne et il s'acquitte de ses tristes fonctions avec un cynisme révoltant.

Mercredi, 30 mars. — On envoie encore trois hommes au puits pour en rapporter de l'eau et on se met en marche. Amar ben Belkheir et El Madani ben Mohammed prennent les devants pour retrouver Pobéguin à l'endroit où il est resté; en arrivant, ils ne voient que son burnous et reviennent vers leurs camarades. La colonne arrive bientôt au même endroit et s'arrête pour attendre le résultat des recherches qu'entreprennent Belkacem ben Zebla, El Madani ben Mohammed et Mohammed ben Mohammed. Ces trois hommes suivent les traces de Pobéguin en arrière.

Jeudi, 31 mars. — La colonne se remet en marche, après avoir pris les objets qu'on avait enfouis à cet endroit. De leur côté les trois hommes partis sur les traces de Pobéguin le rejoignent à Hassi-el-Hadjadj. Ce dernier, voyant que les hommes tardaient à revenir, avait pris le parti de se traîner jusqu'au puits et avait pris un chemin différent de celui de la colonne. Quand les trois hommes le trouvent, il est presque mourant de soif et parle avec peine. Belkacem ben Zebla communique à Mohammed ben Mohammed son projet de tuer Pobéguin. Mohammed ben Mohammed s'y oppose ; il s'en suit une discussion à la suite de laquelle Belkacem ben Zebla tire un coup de révolver à Mohammed, mais ne l'atteint qu'au bras ; puis il décharge les cinq autres coups sur Pobéguin, qui est couché sous un retem. Après cela, il découpe la chair de Pobéguin et tous trois repartent.

La colonne a continué sa marche dans l'après-midi.

Vendredi, 1ᵉʳ avril. — Départ le matin de bonne heure.

Des hommes restent en arrière. L'un d'eux, Abdallah ben Mohammed, ne peut rejoindre et sera ramené plus tard par un méhari d'El-Mesegguem.

Marche le matin et le soir, malgré un vent violent et chaud du Sud. On enfouit l'argent afin de pouvoir continuer à marcher. El-Bedina ben Thious reste en arrière et ne rejoint pas.

Après avoir marché la plus grande partie de la nuit précédente, on arrive dans la matinée près d'El-Mesegguem et on aperçoit un berger gardant un troupeau de chameaux ; ce berger fait connaître que les tentes de Radja sont à El-Mesegguem. On s'y rend aussitôt, et les malheureux sont recueillis par Radja qui leur donne tous les soins que nécessitait leur misérable situation. Deux jours après leur arrivée, les hommes de la mission demandèrent à Radja de leur confier des chameaux pour aller à H.-el-Hadjadj chercher leurs effets ; Radja s'y rendit avec eux malgré leur désir de s'y rendre seuls, et vit les traces évidentes des horribles faits qui s'y étaient passés. Il trouva auprès du puits un tirailleur du 3ᵉ régiment, Khalifa ben Derradji, que ses trois camarades auraient certainement tué sans la présence de Radja. Cet homme ne voulut même pas quitter H.-el-Hadjadj avant que ses camarades eussent pris le chemin de Ouargla, tant était la crainte qu'il avait d'eux. En rentrant à El-Mesegguem, Radja et les tirailleurs trouvèrent quatorze cavaliers du maghsen d'Ouargla qui emmenèrent tous les survivants à Inifel où se trouvait le khalifa de l'Agha, puis à Ouargla, où ils arrivèrent le 28 avril.

Fin du Journal de route

PIÈCES JUSTIFICATIVES

N° 1

Louange à Dieu unique !

A Monsieur le colonel des Français, salut de la part d'El Hadj Mohammed Ikhenoukhen ben Othman.

Vous êtes venus de votre pays en voyage, vous dirigeant de notre côté et vous êtes arrivés sur notre territoire ; nous avons reçu votre lettre, nous l'avons lue et nous avons compris ce qu'elle contenait, au sujet de votre venue dans le pays. Nous vous avons envoyé une réponse par un méhari, qui a vu que vous étiez repartis par le même chemin que vous aviez suivi pour arriver, et cela très vite. Vous avez écouté les paroles de vos compagnons et vous êtes reparti avant d'avoir reçu de mes nouvelles ; vous avez écouté les paroles des gens, et ceux qui sont allés à votre rencontre sont des gens jeunes et de peu de sagesse, c'est-à-dire que vous n'avez pas vu un seul envoyé de moi. Ceux qui sont venus vous trouver n'avaient rien à faire avec vous. Maintenant ne me blâmez pas ; vous n'avez pas pu attendre avec patience. Si notre réponse vous avait trouvé, vous seriez venu par un chemin tranquille jusqu'à ce que vous arriviez. Si vous aviez agi comme vous le disiez dans votre lettre, vous seriez arrivé, comme sont arrivés vos frères (compatriotes), autrefois. Si vous revenez, prenez de bons compagnons, sages, qui connaissent les affaires de ce monde, les habitudes du pays et les paroles sages ; ne prenez pas pour compagnons des gens non intelligents comme ceux qui vous ont déjà trompé et vous vous êtes venus à leur aide en repartant très vite et sans nouvelles de moi. Salut, si vous revenez et que vous arriviez, faites ce que vous a dit notre fils Abdelhakem ben Hammou, que nous considérons comme nous-mêmes et qui est venu ici. De mon côté, il ne vous arrivera rien, et n'ayez pas peur, dans tout mon pays vous serez en sûreté. Si vous ne voulez pas revenir, ceci est une affaire entre vous et votre gouvernement ; vous vous connaissez entre vous.

Ne nous blâmez pas de ce papier mauvais et de notre peu d'éloquence ; nous sommes nomades du Sahara ; nous ne sommes pas à proximité des villes. Salut. (Arrivée, le 11 septembre 1880, à El-Aghouat.)

N° 2

Tripoli, le 18 novembre 1880.

Monsieur le Ministre,

On a, enfin, reçu aujourd'hui un courrier du Fezzan apportant des nouvelles du Sud. La situation se complique au lieu de s'améliorer. Ce sont bien les gens d'Abd-El-Djelib qui ont enlevé la caravane du Bornou, mais ce qu'il y a de plus grave, c'est qu'une autre caravane, plus considérable que la précédente, et celle-ci venant du Soudan, par la route de Ratagoum à Ghadamès, a été également capturée. Il ne s'agirait donc plus d'un fait isolé, mais d'un mouvement général devant lequel l'autorité turque persiste dans son attitude apathique. Le gouverneur du Fezzan est destitué ; il a perdu tout prestige aux yeux des populations. Celui qui doit le remplacer, nommé depuis un mois, continue à refuser de partir pour les raisons que j'ai indiquées précédemment. Le courrier de Merzoug a également apporté des nouvelles de Ghat et c'est par cette voie, du reste, que l'on a appris la catastrophe de la deuxième caravane. El Hadj Tahar El Basidi, le notable de Ghadamès, est venu me voir dans la journée. Il venait de lire une lettre de Sassi, le gouverneur de Ghat, dont il lui a paru urgent de me communiquer sans retard le contenu.

Sassi dit ceci :

« Ikhenoukhen, le chef des Touareg Azgar, a reçu ré-
» cemment une missive de son collègue Ahitaghel, le
» chef des Touareg Hoggar. Celui-ci avise que deux
» Chambaa lui ont apporté une lettre du colonel Flatters,
» datée du 2 du mois de choual (7 septembre), par la-
» quelle cet officier annonce qu'il va bientôt arriver dans
» Hoggar, pour, de là, passer dans le Soudan, dans un
» but essentiellement commercial. Ahitaghel ajoute :
» j'ai répondu au colonel Flatters que la route qu'il
» veut suivre n'est pas à moi seulement, mais à d'au-
» tres peuplades dont je ne garantis point les senti-
» ments pacifiques. Pourquoi toi, Ikhenoukhen, as-tu
» engagé ces chrétiens à venir dans le pays des Toua-
» reg, sans m'avoir consulté, avant de prendre une
» telle détermination ! Du reste je vais partir sur les
» traces de ma lettre pour m'entendre avec toi sur ce
» sujet. »

Tel est le contenu de la missive de Sassi. Une autre

lettre de Ghat annonce que huit cents Touareg Azgar, à méhari, sous les ordres de Yahia, fils de la sœur d'Ikhenoukhen, viennent d'aller chez les Tebbou pour se joindre, croit-on, à l'insurgé Abd El Djelib.

De l'avis de notre ami El Hadj Tahar El Basidi, toutes ces nouvelles présagent des troubles prochains dans le pays. Sachant d'autre part que la mission Flatters a dû, à cette heure, quitter Ouargla pour s'avancer vers le Sud, il m'a paru urgent de lui éviter de tomber dans un guêpier et chez des gens mal disposés.

El Hadj Tahar m'avait déjà donné des lettres de recommandation pour le chef des Hoggar et autres notabilités des peuplades Touareg que j'ai envoyées au colonel Flatters.

Il va en écrire d'autres dans le même esprit, c'est-à-dire annonçant le but excessivement pacifique de la mission afin de faire disparaître toute méfiance.

El Hadj Tahar expédiera ces nouvelles lettres, demain, voie de Ghadamès, et il me promet qu'avant quinze jours elles parviendront chez les Hoggar à leurs destinataires ses amis, auxquels il recommande encore chaleureusement nos voyageurs.

J'écris également au colonel Flatters par la même occasion pour avoir de ses nouvelles.

Veuillez agréer, etc.

Signé : Féraud.

N° 3

Mustapha, 28 novembre 1880, 3 h. 6' du soir.

Gouverneur Général Algérie à Commandant, Laghouat.

Prière de faire parvenir les renseignements suivants au colonel Flatters :

Consul général Tripoli fait part au gouvernement, à la date du 18 novembre, qu'il apprend par une lettre du gouverneur de Ghat que Ahitaghel, chef des Touareg Hoggar, auquel le colonel Flatters avait écrit, est très mal disposé, et qu'il est allé s'entendre avec Ikhenoukhen, chef des Touareg Azgar, auquel il a vivement reproché d'avoir engagé notre mission à revenir.

D'autres renseignements, parvenus au consul de Tripoli, font présager des troubles chez les Touareg.

M. Féraud ajoute qu'il fait écrire par notre ami El Hadj Tahar El Basidi, notable de Ghadamès, aux Touareg ses amis pour leur recommander à nouveau nos voyageurs.

N° 4

Alger, le 7 décembre 1880, 3 h. 47' du soir.

Confidentielle. — *Gouverneur général à Commandant supérieur, Laghouat, en communication subdivision Médéa.*

Je reçois de notre consul général de France, à Tripoli, le télégramme suivant que je vous prie de faire parvenir au colonel Flatters :

Suis informé que les nommés El Hadj Ali Yahia et Mohammed Adda, des Touareg, déjà en relation avec la mission Trans-Saharienne au premier voyage, tentent d'organiser une bande pour piller nos voyageurs. Il serait prudent d'engager le colonel Flatters à se méfier.

N° 5

Oran, le 19 mars 1881.

Monsieur le Gouverneur général,

Le caïd de Stitten a rapporté, au commandant supérieur de Géryville, le propos suivant :

« Un homme des Chambaa, placé par sa tribu comme
» courrier à Tabelkouza (Gourara), serait venu au Sahara
» et aurait annoncé que l'expédition du colonel Flatters
» aurait été arrêtée au sud du Tidikelt, dans sa marche
» en avant, par les habitants du pays. Une partie de son
» monde aurait été massacré, et les assaillants ne pou-
» vant venir à bout, du reste, auraient appelé à leur aide
» les Oulad Sidi-Hamza (chefs des Oulad Sidi-Chikh-el-
» Cheraga, dissidents.) »

Je ne vous transmets que sous toutes réserves cette rumeur, rendue assez invraisemblable par l'itinéraire que suivait le lieutenant-colonel Flatters, d'après l'article du *Mobacher* du 19 février 1881. Selon ce récit, cet officier supérieur laisserait, en effet, le Tidikelt à près de deux degrés et demi à l'Ouest.

Il serait utile de pouvoir démentir cette nouvelle, si elle est inexacte, comme je le suppose.

Le Général de division commandant la division,

Gal CÉREZ.

N° 6

Alger, le 23 mars 1881.

M. le Gouverneur général à M. le Général commandant la division d'Oran.

Les nouvelles concernant la mission Flatters, rapportées au commandant supérieur de Géryville et qui font l'objet de votre dépêche du 19 mars courant, n° 1084, peuvent être démenties hardiment.

Il résulte, en effet, des dépêches de cet officier supérieur, qui sont analysées dans le *Mobacher* du 5 mars, que la mission se trouvait à Amadghor le 28 janvier, marchant sur Assiou où elle a dû arriver vers le 20 février au plus tard. Ses relations avec les populations du Tidikelt comme avec les Touareg ont été excellentes.

P. O. : L. RINN.

N° 7

Alger, le 1er avril 1881.

Gouverneur général de l'Algérie à Intérieur, Affaires étrangères, Guerre, Travaux publics, Paris.

Quatre indigènes de la mission Flatters sont arrivés le 28 mars à Ouargla mourant de faim et de fatigue, et apportant la nouvelle de l'anéantissement presque complet de la mission. D'après le récit de ces gens, la mission a été surprise par les Hoggar à quatre journées d'Aïr, sud d'Assiou. Le colonel et tous les membres de la mission ont été tués. M. le lieutenant de Dianous et le sous-officier Pobéguin, accompagnés de soixante-trois hommes, s'étaient échappés et battaient en retraite. Rejoints par les Touareg Hoggar qui leur affirmèrent n'avoir pas pris part à l'attaque, ils ajoutèrent foi à leurs protestations d'amitié et acceptèrent des dattes. Ces dattes étaient empoisonnées. M. de Dianous et vingt-huit hommes sont morts de ce poison. Le maréchal des logis Pobéguin a continué à battre en retraite avec trente

hommes; mais cerné à quatre jours au sud de Mesegguem, il a envoyé implorer du secours les quatre indigènes arrivés à Ouargla.

Le khalifat informe qu'il part avec quatre cents méhara. Des instructions précises lui sont envoyées. Rien
ne sera négligé pour sauver le reste de la mission, mais
il y a peu d'espoir d'arriver à temps, car les trente survivants sont cernés et ne doivent avoir que peu de vivres
et peu de munitions.

N° 8

Laghouat, le 1er avril 1881, 2 h. 40' du soir.

*Cercle à Gouverneur général, en communication à
division Alger et à subdivision Médéa.*

Ouargla, le 28 mars 1881.

Je vous communique in-extenso les deux lettres que
je reçois à l'instant, l'une du khalifa de l'agha d'Ouargla
transmise par celle du commandant Belin en tournée :

« J'ai l'honneur de vous rendre compte que quatre in-
» digènes de la mission Flatters sont arrivés ici mourant
» de faim et de fatigue. Le colonel est mort, ainsi que
» tous les membres de la mission. Ils ont été tués par
» les Hoggar qui les ont pris en traître à quatre jours
» avant d'arriver à Aïr, sud d'Assiou. M. de Dianous et
» le sous-officier Pobéguin, accompagnés de soixante-
» trois hommes ont pu battre en retraite. Les Touareg
» Hoggar les ont rejoints en route protestant de leurs
» bonnes intentions et en leur affirmant que ce n'étaient
» pas eux qui les avaient attaqués. Ils leur donnèrent

» des dattes empoisonnées. M. de Dianous et vingt-huit
» hommes sont morts de ce poison. Le maréchal des
» logis Pobéguin, battant en retraite avec trente hommes,
» est cerné à quatre jours de Hassi-Mesegguem et a en-
» voyé les quatre hommes qui sont ici, pour implorer du
» secours.

» J'ai donné l'ordre à quatre cents méhara des Cham-
» baa de se trouver à Hassi-El-Guern, jeudi, pour mar-
» cher. Mon maghzen sera prêt, si les Chambaa le sont.
» J'attends vos ordres.

» Signé : MOHAMMED BEN BELKACEM. »

L'autre, de Berrian, le 30 mars :

« Je donne l'ordre au khalifa de Ouargla de se mettre
» en route, dès la réception de ma lettre, avec la plus
» grande partie de son maghzen et tous les Chambaa,
» les Saïd Otbas et les Mekhadma qu'il pourra réunir.
» Il devra fractionner ses contingents en deux troupes :
» l'une, sous son commandement, suivra la route qu'a
» prise la mission pour se rendre aux Touareg Hoggar,
» c'est-à-dire l'Oued Mia, Hassi-Djemel, Hassi-Inifel,
» route qu'ont, du reste, suivie les porteurs de la nou-
» velle; l'autre, commandée par le caïd des Chambaa-
» bou-Rouba, prendra la route d'Aïn-Taïba.

» Je ne me dissimule pas que malheureusement cette
» démonstration n'a que peu de chance d'aboutir, car le
» maréchal des logis Pobéguin et les trente hommes
» qui, d'après les renseignements fournis par les quatre
» hommes d'escorte de la mission, arrivés à Ouargla le
» 28 mars, étaient cernés au sud de Mesegguem, ne
» devaient avoir que peu de vivres et peu de munitions
» à leur disposition, mais il m'a paru néanmoins obliga-
» toire de ne rien négliger pour arriver à re-
» cueillir ceux d'entre eux qui, comme les porteurs de

» la nouvelle, pourraient échapper au désastre qu'a es-
» suyé la mission.

» *Les contingents d'Ouargla ne voudront, sans doute,*
» *pas dépasser la ligne d'Hassi-Inifel et d'Aïn-Taïba.*
» Je prescris au khalifa d'envoyer à la découverte des
» points extrêmes où ces deux fractions de contingents
» pourront arriver, quelques méhara isolés. Je commu-
» niquerai à l'autorité supérieure tous les renseigne-
» ments qui pourront me parvenir sur cette malheureuse
» affaire.

» Je continue ma tournée en suivant l'itinéraire ap-
» prouvé, jugeant que ma présence tant au Mzab qu'à
» Metlili et à Ouargla pourra arrêter les commentaires
» que ne manqueront pas de faire les indigènes de ces
» divers pays qui nous sont hostiles.

» Signé : BELIN. »

N° 9

Alger, le 2 avril 1881.

Gouverneur à Commandant supérieur du cercle de Laghouat en communication à Général Alger et à subdivision Médéa.

Les contingents d'Ouargla qui, avec Saïd ben Driss, sont allés, en 1874, prendre Bou Choucha à El-Melah au sud-ouest d'Insalah peuvent aller d'autant mieux à Hassi-Meseggem qu'ils parcourent souvent ce pays, même avec leurs troupeaux, et qu'ils sont aptes à y faire acte d'autorité surtout aidés des Chambaa de Goléa qui ont intérêt à les aider. J'approuve, au surplus, les dispositions que vous avez prises.

Stimulez le zèle de tous. Ne négligez ni promesses, ni argent pour arriver au résultat.

Dites-moi si, dans la circonstance actuelle, vous n'auriez pas intérêt à utiliser l'ex-caïd Ahmed ben Ahmed, interné à Djelfa.

P. O. : L. RINN.

N° 10

Tripoli, le 8 avril 1881.

A Son Excellence M. BARTHÉLEMY SAINT-HILAIRE, *Ministre des affaires étrangères.*

MONSIEUR LE MINISTRE,

Au moment où ce rapport vous parviendra, mon télégramme de ce jour, expédié au bureau de Sfax, aura déjà informé Votre Excellence de la confirmation de l'affreuse catastrophe. La mission du colonel Flatters est, en effet, complètement détruite.

Le 3 avril, un télégramme de M. le Gouverneur général de l'Algérie me donnait un premier avis où il était question d'empoisonnement et de massacre par surprise. Aucune nouvelle, aucun bruit de cette nature n'étant parvenus par les caravaniers arrivant de Ghat ou de Ghadamès, j'ai eu des doutes et encore quelque espoir. Mais hélas! le lendemain 4, trois courriers m'arrivaient successivement dans la journée, le dernier du père Richard, missionnaire à Ghadamès, confirmant le fatal événement.

La traduction des sept lettres arabes ci-jointes et les renseignements verbaux que j'ai recueillis auprès de ceux qui les ont apportés, viennent d'absorber tout mon temps, aussi mon rapport de ce courrier n'aura-t-il pas tous les développements désirables. Mais d'autre part, les lettres arabes expédiées sans retard à Votre Excellence, me dispensent de commentaires.

Que dire de la duplicité de ce chef des Hoggar, Ahitaghel, qui se défend d'avoir trempé dans le massacre, puis de sa lettre au kaïmakam de Ghadamès faisant parade de ses exploits en vue de la guerre sainte et insistant pour que la renommée les porte à la connaissance de Constantinople.

Cette lettre (n° 2), je savais qu'elle était parvenue à notre pacha. Elle devait indubitablement renfermer des renseignements qu'il nous importait de connaître. Je la lui ai demandée aussitôt; il me l'a envoyée à lire et je n'ai pas besoin de faire ressortir combien elle avait pour moi d'utilité. Il m'en fallait une copie faite au château pour établir l'authenticité. M. Gaspary, que j'ai envoyé chez le pacha à cet effet, a obtenu mieux encore; il m'a rapporté le texte original lui-même et ci-joint.

Si le pacha avait su lire l'arabe, ou si je lui avais laissé le temps de se faire rendre compte de l'importance de son contenu, il est probable qu'il ne me l'aurait même pas communiquée.

Le résultat est là dans toute sa nudité, navrant, épouvantable. Nos malheureux compatriotes ont péri victimes de trahison et du plus brutal fanatisme; mais ils se sont défendus avant de mourir. Les lettres 3 et 4 disent quelques mots à ce sujet; les détails que j'ai recueillis, en causant avec les courriers sur la version répandue à Ghadamès, sont un peu plus complets.

Nos voyageurs s'avançaient en caravane dans la plaine près d'un puits appelé Bir-el-Gharama sur la frontière, entre les Ahïr et les Hoggar. Les agresseurs, descendus de leurs méhara, marchaient à pied, derrière un grand troupeaux de chameaux, cachant leur nombre et leurs intentions hostiles. Le Targui, avec sa lance, sabre et poignard, est un guerrier terrible dans la lutte corps à corps ; ayant peu d'armes à feu, le combat à distance lui fait perdre tous ses moyens. Les assaillants s'approchaient donc pour surprendre leur proie. A une cinquantaine de mètres de distance la lutte commença. Les balles françaises frappaient justes ; les Touareg perdant déjà plusieurs des leurs, sautaient sur leurs méhara pour en finir et, alors, dans une charge furibonde de deux à trois cents de ces cavaliers, la caravane française a été écrasée comme par une avalanche ; la boucherie à l'arme blanche achevant le désastre ; et c'est ainsi que mon vieux camarade Flatters aurait été pourfendu d'un coup de sabre, de l'épaule à la ceinture, après avoir abattu deux de ses ennemis.

Le chef des Hoggar, me dit-on, a évité de se rencontrer avec le colonel Flatters pendant qu'il traversait son pays. Il aurait même refusé un cheval et des cadeaux qui lui étaient personnellement destinés. Si c'est vrai, ce fait seul aurait dû aussitôt éveiller la méfiance, faire prévoir le danger et même rebrousser chemin.

Mais au milieu de maintes contradictions la vérité se dégagera. Après la culpabilité du chef des Hoggar déjà clairement établie, à mon avis, nous rechercherons les autres culpabilités et responsabilités. Parmi les Chambaa escortant la mission il y a eu des traîtres ; j'espère les connaître. Déjà, celui du nom de *Seghir*, des *Chambaa* d'Ourgla, dont parle la lettre n° 5, m'est signalé comme ayant sa résidence de refuge chez les Foughas, où depuis quatre ans il est marié à la fille du Targui Abd El Hakem. Je ne cesserai d'être à l'affût de renseignements pour découvrir les auteurs et instigateurs de la mort de nos infortunés compatriotes, et déjà plusieurs faits rétrospectifs, sur lesquels je reviendrai, provoquent chez moi d'étranges commentaires.

Pour le moment, je m'occupe d'avoir les papiers du personnel de la mission et, si c'est possible, leurs ossements, devoir sacré que j'ai à cœur d'accomplir par patriotisme et affection pour ces malheureuses victimes.

Le caravanier Mabrouk, celui que j'envoyais, il y a deux ans, à Paris vendre ses plumes d'autruche, m'a promis de partir avant deux semaines pour réaliser ce désir que je lui ai manifesté. Il est en relations commerciales avec les Ahïr et connait particulièrement leur chef Bel Khou. Cet indigène, Mabrouk, reconnaissant du bon accueil qu'il a reçu en France, accomplira sa mission avec zèle et j'espère être secondé pour le récompenser ensuite.

Devant le lamentable dénouement des tentatives de nos hardis voyageurs, toute réflexion est inutile. Que de bravoure et de dévouement perdus cependant ! Combien je déplore que l'idée d'un grand marché permanent à Ouargla, puis à Timassanin et ainsi de suite progressivement, idée que je développais dans mon rapport à la commission du Trans-Saharien, n'ait pu fixer l'attention. C'était plus lent mais plus sage que de se lancer brusquement à travers l'inconnu sans avoir préparé les voies longtemps à l'avance. Je n'ai même jamais su si mon rapport expédié, il y a dix-huit mois, était parvenu à la Commission.

Avec les moyens que j'ai indiqués, moyens dictés par l'expérience d'un séjour de trente ans parmi les indigènes, nous amenions ces sauvages du Hoggar et leurs congénères, les autres forbans du désert, à s'apprivoiser au contact de la civilisation. Par nos transactions honnêtes et loyales ils nous auraient ouvert eux-mêmes les portes du Soudan et si le Trans-Saharien était faisable, il se serait fait avec leur concours.

Aujourd'hui il y a du sang entre eux et nous !

Veuillez agréer, etc.

FÉRAUD.

Ahitaghel, chef du Hoggar, à El-Hadj Tahar Basidi.

Au nom de Dieu clément et miséricordieux !

De la part du Cheikh Younès, surnommé Ahitaghel ben Biska, chef des Hoggar, à notre ami El Hadj Tahar Basidi, salutations.

Ce que je t'écris a pour but de répondre aux diverses lettres que tu m'as adressées au sujet de ton ami Flatters, le Français ; tu me disais de laisser ces chrétiens traverser mon pays pour se rendre au Soudan. Pourquoi donc toi n'étais-tu pas en personne avec eux ? Ils n'avaient pas commencé par moi à donner le droit de péage (1). En outre, je n'avais reçu, à leur sujet, aucune instruction du sultan de Constantinople pas plus que du pacha de Tripoli. Pourquoi donc ces chrétiens venaient-ils voyager dans notre pays ? Jamais de notre vie nous ne les avions vus traverser notre territoire. C'est chose impossible, ils ne sont point au nombre de ceux qui jouissent de la protection musulmane ; ils étaient chrétiens, de ceux qui font la guerre sainte contre les musulmans, et tu prétends dans les lettres que tu nous écris à leur sujet, que ces gens-là ne nous causeront aucun préjudice ? Aujourd'hui tout est fini : ils sont venus, ils sont morts !

Des gens que je connaissais sont venus chez nous précédemment, ton fils, par exemple ; n'a-t-il pas vendu et acheté librement et ne s'en est-il pas retourné ensuite sain et sauf avec les bénéfices qu'il avait pu réaliser ?

En résumé ceux qui ont tué ces chrétiens sont les Amghad de Ahïr et les gens de Hal Adghar. Ils sont morts sur le territoire de Ahïr ; ce sont les Amghad sus-

---

(1) Droit que perçoivent les tribus des Touareg sur les voyageurs et caravanes traversant leur pays.

nommés qui les ont massacrés; les Hoggar sont étrangers à cette affaire. Ceux qui sont les auteurs de la tuerie ont pour chefs : Matali ben Ahi, Bou Beker Kerseka, Teguien, Nefis, Guouantali et Kemin; les Foughas de Adghar étaient aussi avec eux.

Au moment où ces chrétiens ont été tués, les Hoggar étaient en incursion contre les Adghar et n'étaient pas encore de retour chez eux. Donc les chrétiens n'ont été massacrés que par les gens plus haut désignés. A ces chrétiens, moi, j'avais donné un guide qui avait pour mission de les conduire chez les Ahïr. J'ai perdu dans cette affaire les meilleurs de mes hommes qui ont également été tués; deux autres ont été blessés à coups de lance.

C'est fini, et je t'ai informé de tout ce qui est arrivé.... J'ai reçu le cachet et la cire.

Salut, le sixième jour du mois de Rebia premier, de l'an 1298 (dimanche, 6 février 1881).

Ahitaghel, chef du Hoggar, à Bou Aïcha, émir de la ville de Ghadamès.

Au nom de Dieu clément et miséricordieux!

De la part du Cheikh Younès, surnommé Aitaghel ben Biska, chef du Hoggar, à sa Seigneurie Bou Aïcha, émir de la ville de Ghadamès, salutations.

Si vous êtes assez bon pour vous intéresser à nous, sachez que nous nous portons bien et que nous jouissons de la paix; nous faisons des vœux pour qu'il en soit de même de votre côté, s'il plaît à Dieu; nous n'avons aucune nouvelle à vous annoncer, rien absolument n'est survenu sur notre territoire.

Maintenant, ô cher ami, vous nous aviez recommandé de surveiller les routes et de les préserver contre les gens hostiles ; c'est ce que nous avons fait. Nous nous appliquions à garantir les routes contre les incursions d'ennemis musulmans et rien, en effet, ne s'est produit, mais aujourd'hui ne voilà-t-il pas que des chrétiens veulent suivre nos routes. Je vous informe de ce qui est arrivé à ces chrétiens, c'est-à-dire au colonel Flatters qui est venu chez nous avec ses soldats armés de *mille cinq cent cinquante canons*, dans l'intention de traverser le pays du Hoggar pour se rendre au Soudan. Ils sont venus, en effet, au Hoggar, mais les gens de cette contrée les ont combattus pour la guerre sainte de la manière la plus énergique, les ont massacrés et c'en est fini. Maintenant, *il faut, il faut* absolument, ô cher ami, que la nouvelle de nos hauts faits parvienne à Constantinople. Informez là-bas de ce qui est arrivé, c'est-à-dire que les Touareg ont fait contre les chrétiens une guerre sainte exemplaire; que Dieu les a secourus contre les chrétiens pour les détruire. Mais aujourd'hui si par ordre de l'autorité les chrétiens ont la faculté de voyager chez les Touareg, ce sera d'un très mauvais effet pour nous chez les chrétiens, pour nous qui avons combattu pour la guerre sainte.

On dit que ces chrétiens sont énergiques et batailleurs ; donc maintenant, ô cher ami, faites parvenir mes paroles à Constantinople et dites en hauts lieux que je demande que les musulmans, par vos ordres, viennent à notre aide pour soutenir la guerre sainte dans la voie que Dieu nous a tracée.

S'il plaît à Dieu, nous serons maintenant les combattants pour la guerre sainte comme Dieu le veut. Salut.

Le 26 du mois de Rebia du Prophète 1298 (samedi, 26 février 1881) (1).

---

(1) La date de cette lettre et celle de la précédente ont besoin d'être vérifiées. Il doit y avoir une erreur du secrétaire qui a écrit, comme je le vois par l'orthographe, les deux lettres de sa main et sur même

Louange à Dieu!

De la part de Mohammed ben Mohammed Ould ben Abd-es-Selam de Ghadamès à notre ami Sidi El Hadj Tahar Basidi, salut.

Je me suis préoccupé de ce qui concernait les chrétiens Après être parvenus dans le pays des Hoggar et avoir agi avec beaucoup de générosité vis-à-vis de ses habitants, ils en sont partis, conduits à deux jours de marche plus loin. A ce moment les gens de Medekenat et de Adghar sont venus faire une razzia chez les Hoggar; mais ceux-ci les ont rattrapés et leur ont fait restituer leurs prises. Après cela, les hommes sages sont rentrés chez eux, mais les jeunes gens, parmi lesquels étaient les Amghad, au nombre de deux cents méhara, se sont portés à la poursuite des chrétiens et les ont rejoints. Quand les chrétiens ont vu cette attaque, ils l'ont repoussée et parmi les Touareg il y a eu des hommes et des chameaux abattus. Les Touareg voyant les morts tomber dans leurs rangs ont poussé une charge collective contre leurs ennemis; les attaquant à coups de sabre, ils les ont vaincus et massacrés, c'est-à-dire les Touareg ont tué les chrétiens et parmi eux le colonel Flatters qui a été frappé d'un coup de sabre qui l'a coupé en deux à partir de l'épaule (1). Il est tombé après avoir frappé un de ses agresseurs et en avoir tué un autre; puis le colonel est mort. Salut.

27 de Rebia thani. — 29 mars 1881.

P. S. — Après ce succès, les vainqueurs sont tombés

---

papier. Il a pu mettre le 6 pour le 26 ou vice versa. C'est à vérifier à l'aide de l'itinéraire.

(1) Sans doute un coup de ces grandes lattes de forme de l'épée romaine, semblables à notre ancienne épée à deux mains, dont les Touareg savent se servir avec tant de dextérité.

sur les Foughas et leur ont tué : Abd en Nebi, El Hadj Ahmed ben Ahmed, Ould Sidi Moussa, Afelan, Tema ou Ahmed, Omer ag Ahmed et Nacer; ils étaient acharnés contre Abd-el-Hakem et Handboul, réclamant leurs têtes, parce qu'ils les accusaient d'avoir amené les chrétiens dans leur pays. Nous avons appris aussi que les Doui-Menia étaient en troupe campés devant Insalah, mais nous ne savons pour quel motif.

De la part de Mohammed El Kébir ben Moussa à El Hadj Tahar Basidi, salut.

Younès le Maghassati vient d'arriver du Hoggar; il nous a appris que la colonne venue de chez les Français a été massacrée par les Taïtoukets. Ceux-ci s'étaient fait précéder par un troupeau de chameaux pour se dissimuler et ils ont ainsi trahi les Hoggar, parmi lesquels quatre ont été tués et quatre autres ont été blessés. Tous les gens de Foughas qui étaient avec eux ont été tués, mais on dit que ce ne sont pas les Hoggar qui les auraient tués. Tel est le bruit qui circule à Ghadamès.

P. S. — J'ai vu une lettre écrite par le chef des Hoggar dans laquelle il te dit que si tu étais allé en compagnie de ces chrétiens, ils n'auraient été attaqués par personne. Prends garde que le consul de France ne voie cette lettre, cela pourrait te causer des désagréments, et qu'il t'oblige ensuite à partir de force avec eux, soit avec un corps de troupes, soit avec d'autres voyageurs.

Nous avons appris de Younès que ce sont *les Chambaa* qui ont trahi les chrétiens en disant à ceux qui les ont massacrés : « Rejoignez-nous, nous les tuerons et nous serons associés pour le partage de ce qu'ils possèdent. » Alors les Hoggar et leurs alliés les ont attaqués, en effet, et massacrés jusqu'au dernier.

Louange à Dieu seul!

A Sid El Hadj Tahar Basidi de la part de Mohammed ben Mohammed, salutations.

Il est arrivé des nouvelles du Hoggar par Younès El Maghassati et son fils, lesquels sont venus à Ghadamès. Il nous ont fait connaître que les chrétiens qui étaient allés au Hoggar ont été massacrés.

Ils nous ont dit qu'un homme *des Chambaa,* du nom de *Sghir*, et ses compagnons ont eu un très grand profit dans cette affaire. Ces Chambaa se sont installés chez les Foughas et se gardent bien d'aller à Ouargla.

Entre autres nouvelles nous avons appris que Abd en Nebi le targui, Mama Agui Ahmed ou Flan et El Hadj Ahmed ben Moussa ont été pris par les Hoggar et massacrés. Les Hoggar sont à la poursuite des autres gens de Foughas.

26 de Rebia thani. — 28 mars 1881.

Mohammed El Kebir ben Moussa à El Hadj Tahar El Basidi, salutations.

Younès, le Targui, a apporté la nouvelle que les chrétiens qui étaient au Hoggar sont tous morts. Les *Chambaa* qui les accompagnaient ont pris la fuite. Quant aux chrétiens ce sont les Hoggar qui les ont massacrés jusqu'au dernier.

J'écris au consul pour l'informer de la mort de ses compatriotes.

27 Rebia thani. — 29 mars 1881.

Au nom de Dieu clément et miséricordieux !

Mohammed El Kebir ben Moussa au consul de France à Tripoli de Barbarie.

J'ai reçu les lettres que vous m'avez adressées pour les Français se trouvant au Hoggar, ainsi que celles pour l'autre Français, le père Richard, qui se trouve ici à Ghadamès.

Celles pour le Hoggar je les avais immédiatement expédiées par un exprès. Mais il vient de nous arriver le nommé Younès ben Bou Beker, lequel nous a appris que tous les Français qui se trouvaient au Hoggar ont été tués par les gens du Hoggar. *Les Chambaa qui accompagnaient ces chrétiens ont pris la fuite.*

Je vous renvoie les lettres destinées à ces chrétiens qui ont été apportées par El Hadj Belkacem.

Vous n'avez plus rien à faire dans ce pays (du Hoggar) à moins que El Hadj Tahar soit présent. Lui seul connaît bien les Touareg, leur situation, leurs affaires. Mieux que tout autre, El Hadj Tahar connaît les routes et les usages des peuplades du Soudan, détail par détail.....

(Suivent les notes pour les dépenses du courrier.)

Salut.

Jeudi, 23 Rebia thani. — 24 mars 1881.

N° 11

Oran, le 11 avril 1881.

Monsieur le Gouverneur Général,

J'ai l'honneur de vous confirmer mon télégramme de ce jour ainsi conçu :

« Un rapport du bach agha de Frendah et un télé-
» gramme de Géryville corroborent la participation, à
» l'attaque de la mission Flatters, des Oulad Sidi-Chikh-
» el-Cheraga, annoncée précédemment par ma dépêche
» du 19 mars.

» Par ces deux sources d'information, on annonce
» qu'une partie de la mission aurait été massacrée et que
» l'autre serait prisonnière de Kaddour Ould Hamza qui
» voudrait l'échanger contre ses femmes et enfants re-
» tenus en Algérie.

» D'après Géryville, le colonel Flatters serait parmi les
» prisonniers. On tient cette nouvelle de gens de Bré-
» zina rentrant de Guardaïa. »

Le Général de division Commandant la division.

Par ordre :

Le Chef de bataillon, Directeur des affaires arabes,

Mounié.

N° 12

Tripoli, le 12 avril 1881.

A Son Excellence Monsieur le Ministre des affaires étrangères.

Monsieur le Ministre,

Mon télégramme d'hier, voie de Malte, annonce à Votre Excellence que l'un des membres de la mission Flatters aurait échappé au massacre. C'est un officier, dit-on, et il parle arabe ; renseignements, sans doute, suffisants pour le faire reconnaître par ses camarades d'Algérie. Comme chez la plupart des peuples primitifs, il existe chez les Touareg une sauvegarde sacrée qui, même au plus fort du combat, rend inviolable celui qui a la bonne fortune d'inspirer la compassion au vainqueur. La nouvelle apportée de Ghadamès peut donc avoir quelque vraisemblance, et j'ai expédié aussitôt un homme de confiance pour s'assurer sur place si nous pouvons espérer revoir vivant un de nos malheureux compatriotes, me mettre en tous les cas en communication avec lui et faire entrevoir à ceux qui le gardent la rançon qui leur serait certainement donnée s'ils le reconduisaient en Algérie ou me l'amenaient ici.

Le désastre de notre mission fait grand bruit parmi les indigènes. Nos sept Français qui la composaient sont devenus légion, munie de nombreux canons et le fanatisme aidant, on ne parle de rien moins que d'une grande victoire remportée par les Touareg sur l'armée française d'Algérie.

Je ne puis préjuger des intentions du gouvernement à la suite de cet échec sanglant, lorsque notre mission n'avait plus que quelques étapes à franchir pour atteindre Tombouctou ou le Soudan oriental. Toute idée de représailles semble folle quand on voit sur la carte la position géographique du théâtre des événements. Cependant, causant de l'inhospitalité de ces contrées avec nos protégés algériens qui, par parenthèse, m'ont, en cette circonstance, donné encore les meilleures preuves de sympathie, il m'a été cité une parabole indigène qu'il serait trop long de redire, mais dont la morale se résume ainsi :

« Les Touareg ont assassiné et pillé la voyageuse
» Mlle Tinne que l'on croyait Française; puis Dournaux-
» Duperré et Joubert, puis encore deux pères mission-
» naires d'Alger; tous ces crimes partiels sont restés
» impunis. Cette fois on vous massacre toute une com-
» mission d'officiers et de savants venant pacifiquement

» les mains pleines, comblant les chefs de présents et
» la population de bienfaits. Eh bien, si vous ne faites
» rien, qu'aucun des vôtres n'essaye plus à l'avenir de
» s'avancer vers le Sud; le Targui, convaincu de votre
» faiblesse, tuera et tuera toujours les vôtres!.. » Ensuite,
ils m'ont développé le moyen efficace de châtier les
Touareg, mais ceci n'entre pas dans le cadre qui m'est
tracé et je livre seulement à Votre Excellence les réflexions qui précèdent sans rien y retrancher, parce qu'elles sont comme l'écho d'une opinion, d'une croyance indigène qui s'accrédite et s'étend avec les exagérations du pays. Demain nos tribus de Ouargla et du Souf subiront de la part des Touareg des avanies sur le marché de Ghadamès qu'elles fréquentent, parce que l'on comptera sur l'impunité.

Il est urgent de réagir promptement contre cet état de choses par une mesure montrant notre vitalité, notre ferme volonté de nous faire respecter dans ces régions et y protéger le commerce de nos tribus frontières. Cette mesure consistera à rétablir, dans le plus bref délai, notre agence de Ghadamès en mettant à sa tête un homme énergique et dévoué à nos intérêts.

Dans mon rapport du 12 février 1880 — direction politique, n° 61 — je suis entré, à ce sujet, dans quelques détails qu'il sera, sous divers rapports, utile de relire pour se rendre compte de la situation. Les temps ont changé et ce qui était l'année dernière du superflu devient indispensable aujourd'hui.

Mohammed Et-Teni en faveur de qui, sur la demande de notre ambassadeur, l'exéquatur avait été accordé par la Sublime Porte en 1860, est mort. Il paraîtra tout naturel que nous désirions le remplacer par un homme de notre choix, sans que cela prenne le caractère d'une innovation. Nul, mieux que El Hadj Tahar El Basidi, ne saurait convenir à ces fonctions d'agent consulaire à Ghadamès. Sa noblesse chérifienne, sa fortune lui donnent dans le pays une influence qu'il a déjà mise depuis longtemps à notre service par pure amitié pour nous. Combien n'at-il pas été affligé, lui qui avec tant de zèle avait préparé les voies pour le succès de la mission Flatters ! Et n'est-ce pas grâce à lui encore que nous avons eu sur ce lamentable événement tous les détails précis et authentiques que j'ai eu l'honneur d'adresser à Votre Excellence par le dernier courrier. Aujourd'hui il a à cœur autant que moi de découvrir les preuves matérielles de l'intrigue ténébreuse qui a inspiré cette catastrophe.

Je me permets d'insister près de Votre Excellence pour qu'un firman de Constantinople nous arrive dans un bref délai, afin de faire reconnaître El Hadj Tahar El Basidi en qualité d'agent français à Ghadamès. Ce serait répondre pour le moment aux bruits qui peuvent nuire à notre prestige chez ce peuple ignorant et lui montrer que loin de reculer nous avançons.

Veuillez agréer, etc.

P. S. — En ce moment d'effervescence dans le Sud, tout chrétien surpris en rase campagne courrait grand risque de subir le sort de la mission Flatters. Aussi viens-je d'écrire aux pères missionnaires de Ghadamès de s'abstenir pour le moment de toute course dans l'intérieur, ce serait fort imprudent. Du reste, Mgr Lavigerie, qui de son côté a pressenti les mêmes dangers, vient de télégraphier ici à la maison procure, pour défendre, lui aussi, que les pères s'aventurent dans les tribus du Sahara.

FÉRAUD.

N° 13

Oran, le 16 avril 1881, 3 h. 7' du soir.

Division à Gouverneur général et Commandant 19ᵉ corps, Alger.

Les émissaires que j'ai envoyés dans le Sud aux nouvelles de la mission Flatters ne seront pas de retour avant sept à huit jours. Comme suite à mon télégramme du 11 avril, je vous communique de nouveaux bruits venus du Sahara relativement au sort de l'expédition et corroborant les premiers :

On dit que Hamza Ould Bou Beker, petit-fils du khalifa Si Hamza, a rejoint les Touareg à Koudia où ils cernaient et étaient aux prises avec la mission depuis deux jours ; il combattit avec les Touareg. Une partie de l'expédition fut tuée, l'autre faite prisonnière. Ce bruit concerne-t-il toute la mission ou bien seulement la fraction qui avait échappé avec Pobéguin? Je l'ignore. Je trouve un Koudia à l'ouest de Hassi Mesegguem.

N° 14

Ouargla, le 21 avril 1881.

Le Chef de bataillon BELIN, *commandant supérieur du cercle de Laghouat, en tournée, au Général commandant la subdivision de Médéah.*

Mon Général,

J'ai l'honneur de vous rendre compte de l'arrivée à Ouargla, le 20 avril, du maréchal des logis Mohammed ben Belkacem, khalifa de l'agha, et des cavaliers du maghzen qui s'étaient portés avec lui à la rencontre du reste de la mission Flatters.

Les douze hommes qui ont pu être sauvés marchent à petites journées avec le convoi, et ne pourront arriver ici que dans trois ou quatre jours étant moi-même dans l'impossibilité de les attendre pour les raisons mentionnées dans mon télégramme du 18 courant et, par suite, également de l'exiguité de nos ressources en vivres et en orge qui ne permet plus de prolonger mon séjour à Ouargla ; j'ai donné des instructions au khalifa et je lui ai laissé l'argent de la mission trouvé sur les tirailleurs El Mokhtar ben Ghezal et Abdelkader ben Ghorib, arrivés le 30 mars, pour qu'il pourvoie au besoin des malheureux qui doivent rallier Ouargla dans quelques jours.

Ces douze hommes devront se reposer ici tout le temps nécessaire et être ensuite dirigés sur Laghouat, dès qu'ils seront en état de supporter la fatigue du voyage.

Les détails qui m'ont été donnés par Mohammed ben Belkacem sont navrants; le détachement commandé par le maréchal des logis Pobéguin est resté quatorze ou seize jours à Hassi-el-Hadjadj, point situé sur la route des caravanes se rendant de Ghadamès à Insalah, espérant vaguement être secourus par une de ces caravanes et ne voulant pas, d'un autre côté, abandonner leur chef qui était blessé aux pieds et ne pouvait plus marcher. Les vivres faisant totalement défaut, les survivants en ont été réduits à se nourrir de chair humaine prise sur les cadavres de leurs camarades mourant successivement. C'est ainsi que ces hommes, parmi lesquels le malheureux Pobéguin, qui serait mort vers le 30 mars, ont été *mangés*.

Les douze survivants affolés se sont remis en marche après la mort du maréchal des logis et sont arrivés à Hassi-Mesegguem, au campement d'une fraction d'Amghad au moment où le nommé Radja, qui revenait d'Insalah et qui avait été le guide de la mission jusqu'à Amguid, se préparait à aller leur porter secours. Ils ont été, paraît-il, l'objet de spéculations infâmes de la part des Amghad (à l'exception toutefois de Radja) qui leur ont vendus des objets de première nécessité à des prix exorbitants; c'est à Hassi-Mesegguem, au moment où ils revenaient d'Hassi-el-Hadjadj où ils s'étaient rendus à chameau, accompagnés de Radja pour enlever certains objets leur appartenant, abandonnés par eux au moment où ils s'étaient enfuis de ce point après la mort de Pobéguin, qu'ils ont été trouvés par les méhara du maghzen d'Ouargla envoyés en éclaireurs, lesquels ont eu quelque peine à leur faire prendre la route du Nord, les Amghad manifestant le désir de les conserver encore quelque temps chez eux pour les exploiter, sans doute, et peut-être même finalement pour les tuer.

A l'Oued Messied ils ont été rencontrés par le khalifa et son maghzen qui ont pu les protéger plus efficacement.

Une très grande responsabilité paraît devoir peser sur les tirailleurs du 1er régiment sus-nommés, El Mokhtar ben Ghezal et Abdelkader ben Ghorib qui se sont sauvés d'Hassi-el-Hadjadj en emmenant avec eux le dernier et seul chameau dont disposait encore le détachement de Pobéguin et sont arrivés à Ouargla le 30 mars, porteurs d'une somme de 1,500 francs. Il semble prouvé que, si ces hommes n'avaient pas emmené ce chameau, cette bête de somme aurait pu servir ou à la nourriture du détachement pendant deux ou trois jours et permettre à Radja d'arriver à Hassi-el-Hadjadj avec des vivres, tout au moins avant la mort du malheureux Pobéguin, ou servir à transporter ce dernier, ce qui aurait permis au détachement d'arriver beaucoup plus tôt à Hassi-Mesegguem qui n'est distant d'Hassi-el-Hadjadj que de deux ou trois jours. Ces deux tirailleurs paraissent aujourd'hui comprendre toute la gravité de leur situation, et cherchent à excuser leur conduite en disant qu'ils avaient perdu la tête et que dans un moment d'affolement ils n'ont songé qu'à eux. Je les emmène avec moi a Laghouat, ainsi que les hommes de la mission arrivés successivement à Ouargla, les 28 mars et 6 avril.

Je ne terminerai pas cette lettre, mon Général, sans témoigner du zèle, de l'intelligence et de l'énergie dont a fait preuve, dans la mission qu'il a accomplie, le maréchal des logis Mohammed ben Belkacem, khalifa de l'agha d'Ouargla. Ce sous-officier qui, du reste, a été parfaitement secondé par les caïds des Saïd-Otba, des Beni-Thour et des Hadjadj, ainsi que par son maghzen, a fait tout ce qu'il était humainement possible de faire pour arriver à sauver le détachement à la rencontre duquel il s'était porté. Lui et ses compagnons n'ont pas fait moins de 60 à 80 kilomètres par jour et se sont hardiment avancés dans un pays pour ainsi dire inconnu pour eux et où ils étaient loin d'être à l'abri de toute attaque, soit de la part des Ba-Hamou, soit de la part des Ouled Sidi-Cheikh. Tous ceux qui ont fait partie de cette expédition seront l'objet de propositions pour récompenses honorifiques ou pécuniaires, mais j'ai tenu, d'ores et déjà, à vous signaler leur conduite.

Le caïd des Chambaa Bou Rouba, qui était à Hassi-Bou-Zid, pour une affaire de service, lorsque ses contingents ont été convoqués par le khalifa et dont les tentes sont, d'ailleurs, éparpillées au sud, à l'ouest et au nord d'Ouargla, à des distances très éloignées les unes des autres, s'occupait, sur mon ordre, de réunir une centaine de méhara pour se porter à la rencontre de Mohammed ben Belkacem ; lorsque la nouvelle du retour de ce dernier m'est parvenue, j'ai, naturellement, contremandé la convocation des Chambaa, jugeant qu'il était inutile d'augmenter les forces du khalifa qui ne se trouvait plus qu'à quelques jours d'Ouargla.

Si la saison n'était pas si avancée, et si l'époque où la plupart de nos tribus nomades prennent leurs campements d'été dans le Tell ou dans le Djebel-Amour n'était pas si rapprochée, il serait peut-être possible de réunir quatre ou cinq cents méhara des Mekhadma, des Saïd-Otba et des Chambaa, et d'organiser une harka à laquelle on donnerait mission d'aller ghazzer les Touareg Hoggar et venger nos compatriotes aussi lâchement assassinés. Cette expédition, commandée par un homme vigoureux et intelligent, aurait, à mon avis, grande chance de réussir; j'en ai parlé ici au khalifa ainsi qu'aux caïds qui l'ont accompagné et, à tous, l'idée a paru réalisable, mais à une autre époque de l'année. Pour le moment, il m'a donc fallu me borner à prescrire au khalifa de rechercher quelques hommes de bonne volonté qui voulussent se charger d'aller recueillir les divers objets (carnets, papiers, instruments, etc.) qui, n'ayant aucune valeur aux yeux des Touareg, ont pu être abandonnés sur le lieu du massacre ou sur la route suivie par le détachement qui a battu en retraite après la mort du chef de la mission. Ces épaves pourraient avoir une importance réelle au point de vue scientifique.

Ces hommes devront également s'efforcer de se procurer quelques effets ou objets ayant appartenu au personnel français de la mission, et faire leur efforts pour donner la sépulture aux morts qu'ils pourront trouver. Dès que le khalifa aura réuni ces hommes de bonne volonté, il me fera connaître quelles sommes ils demanderaient pour se charger de ces recherches, et j'aurai l'honneur, mon Général, de porter à votre connaissance les conditions imposées par eux, afin que, si vous le jugez convenable, vous puissiez les soumettre à l'autorité supérieure.

E. BELIN.

N° 15
18 Rebia thania 1298, — 20 mars 1881.

Si Abdelhakem, des Touareg Foghas, à M. le Commandant supérieur de Laghouat.

Lorsque nous sommes partis de chez vous avec le colonel, nous sommes arrivés à Ouargla et nous pensions qu'il écouterait nos paroles, mais il a fait ce qu'il disait et il a agi à sa guise. Il nous a dit qu'il passerait par les Hoggar, mais nous n'avons pas accepté cela et je l'ai quitté à Ouargla. Il a pris la route des Hoggar et moi celle des Azguer, il a écrit une lettre que j'ai apportée à El Hadj Mohammed Ikhenoukhen et celui-ci nous a dit : « Si le colonel passe par les Azguer, et qu'il vienne nous trouver, il n'aura que du bien, et s'il fait autre chose, nous ne commanderons pas sur la route des Hoggar. Lorsque je suis arrivé chez moi j'ai appris que les Hoggar trahissaient le colonel ; nous avons informé ce dernier de ce que j'avais entendu dire, mais il a répondu que les Hoggar ne le trahiraient pas et il a agi à sa guise. S'il avait écouté nos conseils, il ne lui serait rien arrivé de mal ; nous n'avons pas de force. Rien n'arrive que par la volonté de Dieu. Aujourd'hui nous sommes d'accord vous et nous et les Hoggar ont dit : les Foughas et le colonel ne font qu'un. Les Hoggar ont envoyé deux ghazzous, un qui a suivi le colonel et l'autre qui nous a ghazzés, nous, Foghas, et qui nous a pris 250 chameaux et cela à cause de vous, parce que nous sommes allés chez vous.

L'ami ne devient pas ennemi ; après que les Hoggar nous ont eu ghazzés, nous sommes allés chez les Azguer et nous nous sommes réunis à eux. Salut.

N° 16

Arrivée à Laghouat, le 1ᵉʳ octobre 1880.

Louange à Dieu unique ! Que la prière et le salut soient

sur son prophète et que Dieu répande sur lui ses bénédictions et lui accorde le salut.

Au très élevé, l'excellent, l'honorable Si Ahmed ben Chikh et ses frères, grands ou petits sans exception.

Que mille saluts soient sur vous ainsi que la miséricorde et la bénédiction de Dieu.

Ensuite ce dont nous avons à vous informer ne sera que du bien, s'il plaît à Dieu; nous avons reçu, ô mon ami, de vos nouvelles, mais vous avez manqué à quelque chose, c'est-à-dire qu'il y a des gens jeunes qui sont venus de chez vous et ils ne se sont rencontrés qu'avec des jeunes tandis que toutes les nouvelles sont avec les gens anciens. Il (Ikhenoukhen) agit toujours d'après la promesse de bien et de tranquilité (qui existe) entre vous et nous depuis votre père; nous ne ferons savoir qu'à vous l'affaire qui arrive chez nous et nous ne connaissons que vous pour cela (nous ne voulons en parler à personne autre). Quant à l'affaire qui a eu lieu chez vous, dans laquelle les jeunes ont pris la place des vieux, sont allés puis sont revenus, nous n'en avons blâmé que vous, anciens et gens d'intelligence. Maintenant moi, je remets mon affaire entre vos mains, parce que vous êtes apte à voir tous ces avantages. Dans notre pays et sur notre route, personne n'aura de mal s'il vient en ami. Les jeunes qui ne connaissent le sens d'aucune chose ne doivent pas se mêler des affaires et ne doivent se mêler que les gens intelligents, vous même ou ceux comme vous, car les jeunes ne connaissent pas les arrangements. Quant à ce voyage (voyageur) qui s'en est retourné depuis longtemps et qui venait à nous, nous n'avons pas d'inimitié contre eux et rien de mal ne leur viendra de nous. (Cette affaire) est entre vous et l'autorité, nous n'avons pas assisté au conseil (que l'on a tenu) d'abandonner (l'entreprise). Si ce voyageur revient, il faut que vous nous avertissiez par un méhari qu'il arrive; s'il vient et qu'il se dirige vers nous, nous ne connaîtrons personne et nous ne nous mêlerons avec personne (nous voulons qu'il s'adresse seulement à nous) car nous avons entendu dire aux Hoggar qu'il allait venir chez eux.

Enfin (avertissez-nous) sincèrement de toutes les nouvelles. Salut. Ne nous blâmez pas, nous sommes des gens nomades, nous n'avons pas de bon papier, ni d'écrivain éloquent; la parole n'a pas de limites. Salut de la part de celui qui fait des vœux pour votre bien, El Hadj Mohammed Ikhenoukhen; par son ordre (l'écrivain) Djebril ben Sliman.

N° 17

Oran, le 22 avril 1881.

Monsieur le Gouverneur général,

J'ai l'honneur de vous confirmer mon télégramme de ce jour ainsi conçu :

« Les émissaires envoyés à Goléah et au Gourara sont
» de retour. Les renseignements qu'ils rapportent, sur le
» sort de la mission Flatters, sont les mêmes que ceux
» que vous aviez reçus en premier lieu d'Ouargla. Ils
» n'ont pas entendu parler de prisonniers faits par les
» assaillants.
» J'attends encore d'autres renseignements que je
» m'empresserai de vous transmettre.

» Le chef des Touareg qui ont attaqué l'expédition se-
» rait un certain Gueradji. »

Veuillez agréer, Monsieur le Gouverneur général, l'expression de mes sentiments respectueux.

Le Général de division commandant la division.
Par ordre :
Le Chef de bataillon, directeur des affaires arabes,
MOUNIÉ.

N° 18

Tripoli, le 12 mai 1881.

Monsieur le Gouverneur général,

J'ai l'honneur de vous remercier de la communication que vous avez bien voulu me faire des renseignements arrivés par Ouargla, sur la malheureuse fin de notre mission Trans-Saharienne.

De mon côté, je continuerai à vous tenir au courant de mes informations et ci-joint encore la copie d'un second rapport sur le même sujet. Vous remarquerez que je partage entièrement votre opinion quant à l'action des Touatiens et des Oulad Sidi-Hamza dissidents, mais je crois aussi, par une série de faits observés attentivement de nos côtés, que des excitations parties de la Tripolitaine même ont dû influer pour arriver à cette catastrophe.

Passant à un autre sujet qui ne vous intéressera pas moins, au point de vue d'état actuel des esprits, je dois vous faire connaître que malgré les événements tunisiens, la tranquilité ne cesse de régner ici. Ce n'est pas à dire que certaines intrigues s'arrêtent, que de faux bruits ne soient toujours colportés et produisent une fâcheuse impression sur les esprits crédules. Mais nous espérons que cela n'ira pas plus loin et qu'aucun événement ne nécessitera l'envoi de bâtiments devant notre ville pour y maintenir la sécurité.

Ces jours derniers deux cavaliers tunisiens arrivaient ici inopinément et leur présence causait quelque agitation parmi nos indigènes ; le bruit s'étant répandu qu'ils avaient pour mission de recruter des volontaires pour aller combattre les Français envahissant la Tunisie. A neuf heures du soir j'exigeais du Pacha le renvoi immédiat dans leur pays de ces émissaires troublant le repos public et, en effet, leur départ précipité a mis fin aux commentaires.

Certaines coïncidences, qui ne doivent pas être un simple effet du hasard, attirent en ce moment notre attention, car on dirait d'un mot d'ordre connu seulement de quelques affidés et se révélant d'une extrémité à l'autre du pays africain avec une simultanéité plus rapide que le télégraphe.

Vous vous rappelez que la révolte de l'Aurès, en 1879, était connue ici en même temps que l'événement. De même, je vous ai télégraphié le 22 avril dernier que les dissidents des Oulad Sidi-Hamza avaient, disait-on, l'intention d'envahir notre Sahara algérien. Et, en effet, je remarque que le 24 — c'est-à-dire deux jours après — la nouvelle d'un mouvement du côté de Géryville et le massacre d'un officier, avec ses spahis d'escorte, parvenait à Oran.

Aujourd'hui je vous signale un autre bruit en circulation : c'est que les montagnards de l'Aurès, travaillés par des anciens chefs indigènes mécontents, se seraient assurés l'appui des habitants du Souf pour lever la tête de nouveau pendant que nos troupes sont occupées en Tunisie.

Veuillez agréez, Monsieur le Gouverneur général, l'assurance de ma très haute considération et de mon dévouement.

FÉRAUD.

N° 19

Tripoli, le 10 mai 1881.

A Son Excellence M. BARTHÉLEMY SAINT-HILAIRE,
Ministre des affaires étrangères.

MONSIEUR LE MINISTRE,

Les distances à parcourir sont si considérables qu'il faut plus d'un mois aux courriers de l'intérieur pour nous parvenir. Je viens de recevoir de nouveaux renseignements que je me hâte de transmettre, sur le massacre de notre mission Trans-Saharienne et de l'effet qu'il a produit dans le pays.

Voici les nouvelles que je reçois par Ghadamès. Belkhou, le chef des Touareg Ahïr s'est indigné en apprenant la fin malheureuse de nos voyageurs en marche pour entrer sur son territoire. On le dit homme sage et bienveillant, on pourrait donc attribuer son attitude à ces deux qualités, à moins que la perte des cadeaux auxquels il s'attendait, ce qui est encore dans les mœurs des Touareg, ne l'ait mécontenté.

Quoiqu'il en soit, il aurait expédié des émissaires à Ahitaghel pour lui exprimer combien il condamnait son crime qui pourrait le compromettre, lui aussi, puisqu'il avait eu pour théâtre la zone frontière entre les deux tribus. « Je te préviens, lui aurait-il fait déclarer, que

» pour prouver que je ne suis point ton complice, je
» m'opposerai les armes à la main à ce que tu te réfu-
» gies chez moi, si les Français viennent t'attaquer pour
» tirer vengeance du massacre de leurs frères. »

Ce récit me paraît très vraisemblable, en le rapprochant d'autres dires qui dénotent les préoccupations actuelles de Ahitaghel pour faire admettre son crime par l'opinion du pays. Déjà, par les deux lettres adressées, l'une au kaïmakam de Ghadamès, l'autre à El Hadj Tahar, dont j'ai envoyé les autographes à Votre Excellence, il se glorifie de son action méritoire de bon musulman et demande l'appui de ses coreligionnaires; puis il se défend d'être le coupable et accuse ses voisins les Ahïr avec lesquels il répudie toute connivence. Il ne s'attendait pas à ce que ces deux affirmations authentiques et contradictoires tomberaient en nos mains.

Évidemment il a peur aujourd'hui et il cherche par une troisième version fantaisiste à faire croire qu'il a été poussé à se venger du colonel Flatters pour ne pas se déconsidérer aux yeux des siens, en supportant une injure. Son excuse est un de ces artifices africains, réminiscence des ruses puniques.

« Le colonel, fait-il dire maintenant, comptant ainsi sortir d'embarras, lui aurait envoyé un courrier quand il a eu pénétré sur son territoire, pour l'inviter lui, Ahitaghel, à venir à sa rencontre; Ahitaghel, répond qu'il n'ira pas, que si, lui, Flatters a quelque chose à lui communiquer ou à lui remettre, il le fasse par envoyé et passe en paix. Le colonel répond alors que puisque Ahitaghel refuse de venir le trouver, il ne lui enverra aucun cadeau et traversera son pays sans avoir recours à sa protection. Flatters passa, en effet, et personne ne l'inquiéta pendant deux jours. Mais, ajoutent ceux qui ont pour instruction de répandre ce bruit, le colonel aurait commis à ce moment une grosse imprudence en disant ouvertement devant les indigènes qui l'entou-

raient : « Il ne m'en coûte guère de passer car les
» Hoggar n'oseraient m'attaquer, ils ont peur de nous ! »
Ces paroles auraient été rapportées à Ahitaghel qui les
prenant pour une provocation, rassembla les principaux
chefs sous ses ordres. En conseil on décida que l'on
monterait immédiatement à mehari pour rejoindre le
colonel n'importe où. Aussitôt dit, aussitôt fait. Les
Hoggar se divisent en deux fortes colonnes qui doivent
opérer plus tard leur jonction et se lancent à la poursuite de notre mission.

Ici, une réflexion. Rien ne m'étonnerait que Ahitaghel
ait pris ce prétexte d'injure pour surexciter la colère de
ses gens. Mais en examinant attentivement les faits, on
constate que le point de départ est faux et est démontré
tel tant par les dernières communications de Flatters,
que par la lettre elle-même de Ahitaghel à El Hadj Tahar.

En effet, la lettre personnelle que le colonel Flatters
m'adressait, en date du 6 janvier, de Hassi-Mesegguem et
que j'ai eu l'honneur de transmettre à Votre Excellence,
m'annonce qu'il s'est donné rendez-vous avec Ahitaghel,
revenant du Touat, à l'endroit dit Tiwenkenin.

Le 29 janvier Flatters m'écrit encore de l'entrée de
l'Amadghor la lettre dont j'extrais les passages suivants :

« Ahitaghel ayant mis des guides à ma disposition, je
» pense que nous n'irons pas à Ghat et nous voici sur
» le haut Ighargar, sur l'ancienne route commerciale al-
» lant vers Assiou. Je pense, sauf incident, atteindre As-
» siou dans 20 jours.... Quant à présent, mon bon ami,
» je crois réellement que je tiens le succès, aidez-nous à
» le rendre complet. Tâchez de nous faire recomman-
» der en Azben et aux Kilouï ; je vais là tout à l'inconnu
» avec ma lettre du grand chérif de la Mecque au Sultan
» de Sokoto.

» Tout va bien, je ne pourrai peut-être pas voir Ahita-

» ghel lui-même. Il m'écrit qu'il vient d'Insalah et qu'il
» ne sait pas s'il nous pourra rejoindre, mais il m'envoie
» des gens qui me conduiront au Soudan et son parent
» Chikat est venu avec eux jusqu'ici. Mon principal
» guide est un nommé Mohammed, des Azgar, mais
» élevé et domicilié aux Hoggar, cousin de notre ami
» Mohammed ben Brahim le targui que vous avez vu à
» Tripoli. Il doit m'accompagner jusqu'à Agadès. »

Par mon télégramme du 11 mars, j'informais Votre Excellence de l'envoi immédiat par exprès des lettres de recommandation que me demandait Flatters.

Donc Ahitaghel a mis des guides à sa disposition et amenés par son parent Chikat. Ce Chikat a reçu les cadeaux pour Ahitaghel et il a été écrit à ce sujet par notre agha de Ouargla la lettre insérée au *Mobacher*, du samedi, 5 mars.

Les Touareg sont nomades; leurs tentes en peau sont dressées tantôt ici, tantôt là-bas; on ne peut pas dire que notre mission soit entrée dans la ville ou le village du chef des Hoggar, mais elle a campé près de ses tentes, à l'endroit appelé El-Djebeder, et a fait à la famille d'Ahitaghel les riches cadeaux emportés de France, entre autres les objets que j'avais signalés au colonel Flatters pour agréables à la dame Tiguent, la tante maternelle de Ahitaghel et de laquelle celui-ci tient l'autorité.

Ahitaghel était à proximité; il eût pu venir mais il s'est tenu à l'écart par un sentiment de duplicité qui se comprend à la veille d'un crime. A ce moment il avait dû recevoir les émissaires l'engageant à massacrer notre mission, car on ajoute ce détail caractéristique : « les
» femmes n'ont pas voulu que le massacre s'accomplît
» près de leur campement, cela portant malheur aux
» femmes et aux enfants ! » et Ahitaghel a dû attendre que nos compatriotes se soient éloignés suffisamment, tant pour satisfaire les préjugés des femmes que pour donner le change, au besoin, sur son rôle abominable.

Je reviens maintenant à la nouvelle version sur les péripéties du massacre, bien qu'elle soit, en partie, la répétition de détails déjà connus.

Deux colonnes de Touareg Hoggar, par les incitations d'Ahitaghel, se lancent donc à la poursuite de la caravane française. Un de ces ghazou a devancé l'autre et rejoint le colonel en plein midi, près d'un puits situé dans un vallon nommé Oued Netara, sur le territoire des Hoggar. A la vue de cette troupe, le colonel comprit bientôt qu'il n'avait plus qu'à se défendre. On lui tire quelques coups de feu, les fusils à longue portée répondent aux assaillants. Beaucoup de chameaux de selle sont blessés. Mais les Touareg, en nombre considérable, sont résolus à avoir le dernier mot. Ils se fractionnent en plusieurs bandes, cernent la caravane et se ruent sur elle à fond de train malgré la fusillade qui tue des chameaux et blesse des hommes, mais n'arrête pas les Touareg. Ceux-ci sont arrivés à la caravane. Ils crient aux trois Chambaa qui s'y trouvent (Sghir ben Ahmed ben Cheikh, son frère et Cheikh ben Bou Djemâ) « sortez des rangs, sortez, nous n'en voulons pas à vous, mais aux chrétiens. »

Sghir et son frère, ainsi que le fils de Abd El Hakem, beau frère de Sghir, n'attendaient que ce signal pour passer du côté des agresseurs. Quant à Cheikh ben Bou Djemâ, il reste du côté des Français et tire sans relâche, jusqu'à ce que Sghir revenant vers lui, le saisit et l'entraîne au milieu des Touareg. Les Français résistent toujours bravement mais les Arabes de leur suite effrayés, se dispersent, fuient, meurent ou sont pris et égorgés pour la plupart. C'en est fait, les Touareg tuent un à un les explorateurs à coups de sabre et de lance.

Deux Français, dit-on, parviennent à battre en retraite avec une troupe d'Arabes bien groupés, à la gauche de la caravane.

Le colonel meurt le dernier en tuant celui qui lui portait le coup mortel. Il avait déjà une épaule séparée du tronc, que de l'autre main il faisait encore feu de son revolver. « Cent hommes comme celui-là, ont dit les » Hoggar, nous auraient tous tués *(sic)*. » Le massacre était accompli.

Celui qui servait de guide à la colonne d'attaque se nommait Mohammed ben Moumen, des Imenghassaten. Jadis réfugié au Touat, il était revenu et avait été pris un instant comme guide de l'expédition par le colonel. Il paraît aussi que le fils de Abd el Hakem et le fils de Djebour, qui avaient accompagné le colonel depuis Ouargla, étaient congédiés et ne suivaient plus la caravane que comme amateurs.

Il ne restait que le butin à partager. Sghir ben Ahmed, dit-on, s'en est approprié une forte partie. Ceux qu'il y avait de bons parmi les chameaux, il a prétendu les avoir loués aux chrétiens et on les lui a laissés, ce qui démontrerait son entière complicité dans le complot.

Depuis, Sghir est revenu auprès de son beau-père, Abd el Hakem, des Touareg Ifoughas, et reste là, ne pouvant pas évidemment reparaître à Ouargla après sa trahison manifeste.

Quant à Cheikh ben Bou Djemâ, il ne peut non plus, dit-il, rejoindre sa famille aux environs d'Ouargla, malgré sa fidélité, alors que les Français et beaucoup d'Arabes sont morts. Il reste donc chez les Touareg. Je lui ai fait écrire par El Hadj Tahar, qui le connaît particulièrement, de venir sans crainte à Tripoli pour se disculper et obtenir son pardon. Il pourrait nous être fort utile.

Quant au second ghazou de Hoggar, il arrive peu après le massacre et voyant que le coup est déjà fait, sans sa participation, il songe à un autre moyen de satisfaire sa cupidité. Tombons, disent-ils, sur les Ifoughas qui nous amènent des chrétiens sur notre territoire. Ils s'en vont attaquer les douars d'Abd-en-Nebi et autres, à qui ils ne laissent pas un chameau. Mais on ajoute que Ahitaghel, craignant de se faire trop d'ennemis à la fois, a ordonné de restituer ce qui avait été pris sur les Ifoughas. De même, pour ne point mécontenter à l'excès les Chambaa, il aurait gracieusement renvoyé les chameliers de cette tribu employés dans la caravane et restés prisonniers chez les Hoggar.

Dans le combat, paraît-il, un seul targui est mort sur le coup, tué par le colonel, mais beaucoup sont grièvement blessés. Ce n'est pas possible, les Hoggar tiennent sans doute à cacher leurs pertes. Leurs mehara sont décimés et cela se comprend puisqu'ils s'en étaient fait un bouclier pour aborder la caravane.

A Ghadamès on a paru grandement satisfait de la catastrophe qui, au dire de ces insensés, les met à l'abri des tentatives des marchands chrétiens d'Algérie sur le Soudan. Le kaïmakam, lui-même, affectait, m'assure-t-on, de sourire en tirant les mêmes conclusions.

M. le Gouverneur général de l'Algerie a bien voulu me communiquer les dépositions des survivants de la caravane arrivés à Ouargla. Leur version me semble plus véridique, quant aux phases du massacre et de la marche en retraite de quelques-uns des nôtres, que celle de mes informateurs. Mais je dois transmettre néanmoins cette dernière comme moyen de contrôle, même pour le rapport que j'ai déjà adressé à ce sujet.

L'opinion de M. le Gouverneur général est que l'on ne peut pas douter de la connivence criminelle des gens d'Insalah et des agissements des membres de la famille des Oulad Sidi-Cheikh pour amener le désastre de nos malheureux voyageurs. Certains incidents observés attentivement dans le sud de la province d'Oran et l'attaque récente des insoumis semblent le démontrer. Du reste, je n'ai à rappeler à ce sujet que mon rapport à Votre Excellence, en date du 5 juillet 1880 (Direction politique), par lequel je transmettais une lettre arabe venue de Ghadamès, contenant ce passage : « Les gens du
» Touat ont fait des démarches auprès des Touareg Hog-
» gar, les engageant à tuer les voyageurs français s'ils

» sont peu et à les inviter à rebrousser chemin, s'ils sont
» nombreux. »

Mais, en raison de particularités multiples que j'ai remarquées de mon côté et signalées dans ma correspondance, qu'il me soit permis de formuler aussi mon opinion sur les origines, les instigations, les préliminaires du crime.

De la part des Oulad Sidi-Hamza, les intrigues ont eu pour mobile l'esprit de rancune, la haine politique, le fanatisme. Les mêmes raisons animaient contre nous les Touatiens, en y ajoutant un sentiment de rivalité commerciale, habilement exploité par ceux qui voudraient créer la voie ferrée Trans-Saharienne débouchant sur la côte occidentale d'Afrique.

Mais à mon avis, l'action déterminante est partie de Ghadamès et de Ghat, en relations plus directes, plus rapprochées, plus intéressées avec le Hoggar. L'instigateur est le commerçant arabe de ces deux gros marchés du Sahara ; mais, derrière cet arabe, il y a le commerçant juif de Tripoli qui fournit au premier les marchandises exportées au Soudan. Ce commerçant juif est protégé italien. Il lit les journaux de la Péninsule, le « Moskatel » surtout. Il est persuadé que la Tripolitaine sera demain province italienne. On lui a insinué que si notre voie ferrée Trans-Saharienne réussissait, son commerce était anéanti pour prendre la voie de l'Algérie. Ce serait la ruine. Dès lors il a fait partager ses craintes à son associé, l'arabe Ghadamèsien et Ghatien. C'est fort délicat à dire, mais l'opinion de plusieurs jugeant sur place les événements, en présence aussi de l'éclair de contentement qui a illuminé les yeux de certains individus de notre ville à l'annonce du massacre, l'opinion, dis-je, a été que les Touareg n'étaient que les instruments d'un crime ourdi ici, à Ghadamès et à Ghat (1).

---

(1) On m'a signalé le départ de Tripoli d'un exprès pour le Hog-

J'observe et je note tout pour le moment, puis quand le dossier que je forme sur toutes ces intrigues sera complet, j'aurai l'honneur de soumettre à Votre Excellence ces éléments d'appréciation.

Mais dès à présent, je dois clore ce rapport déjà bien long par un rapprochement qui a fait dire ici : « Nous » nous attendions à ce massacre, il était annoncé de- » puis longtemps. »

Dans mon rapport du 28 janvier dernier (Direction politique) je transmettais un article du journaliste italien Bettoli, publié dans le « Diritto » de Rome. A la date du 2 janvier — deux mois avant le massacre — ce publiciste écrivait de Tripoli : « Aujourd'hui il ne s'agit, ni » plus ni moins, que d'un corps d'armée avec cent ca- » nons (les lunettes Flatters auraient mis au monde une » bien nombreuse lignée), qui d'Algérie se dirige sur » Timassanin. Timassanin est un point immédiatement » hors des possessions turques, entre Ghat et le Touat, » où se trouve un grand et précieux puits et où généra- » lement font halte les caravanes qui viennent du Bornou » et du Soudan.

» Je tiens ces renseignements d'un individu de Ghat » qui m'a ajouté que malgré les bons rapports qui existent » entre les Français et quelques Touareg, il y aura un » grand massacre et une grande effusion de sang, parce » que les tribus de l'intérieur ne veulent entendre parler » ni des Turcs, ni des chrétiens. »

Nous savons quels sont les juifs servant, depuis qu'il est ici, d'intermédiaires et d'interprètes entre le journaliste Bettoli et les indigènes. Cela établi, il n'y a qu'un rapprochement à faire de l'article qui précède avec l'orai-

---

gar, au mois de novembre dernier, après que les journaux ont annoncé la reprise des travaux de la mission. Je suis à la recherche d'un renseignement plus positif.

son funèbre ci-jointe, explosion cynique, odieuse du même journaliste appréciant les conséquences du massacre de nos malheureux compatriotes et les avantages en résultant pour le commerce tripolitain, à l'abri désormais de la concurrence franco-algérienne.

« *Mors tua, vita mea!* »

Veuillez agréer, etc.

FÉRAUD.

Extrait et traduction d'un article publié par le journal de Malte Risorgimento. — *27 avril 1881, n° 1397.*

Tripoli de Barbarie, 25 avril 1881.

La grande nouvelle d'ici, c'est l'arrivée d'un courrier venu de l'intérieur, envoyé tout exprès par les Ghadamsins et les sultans du Bornou et du Soudan auprès de Messieurs nos négociants pour les engager à reprendre en toute confiance leur commerce par caravanes, les assurant qu'elles trouveront les routes complètement tranquilles et sûres.

Cette modification de la situation est due aux Ghadamsins qui auraient été excessivement impressionnés par l'essai tenté par le colonel Flatters de pénétrer dans le Sahara tripolitain au delà de Ghat. Les Ghadamsins auraient flairé le danger qu'ils courraient si les Français réussissaient à s'ouvrir une voie dans cette région et à attirer vers l'Algérie le commerce de l'intérieur de l'Afrique. Aussi beaucoup d'entre eux ont-ils été ceux-là mêmes qui ont séduit les Touareg pour tomber sur l'expédition du colonel et l'anéantir si misérablement. Ils se seraient ensuite employés auprès des sultans cités plus haut pour leur faire prendre les mesures propres à rendre leur sécurité aux routes conduisant à Tripoli et auraient également réussi dans cette démarche.

On peut donc dire pour Tripoli, faisant allusion au colonel Flatters : ta mort, c'est ma vie ! *(Mors tua, vita mea!)*

C'est une conclusion douloureuse, mais cependant parfaitement logique.

N° 20

Tripoli, le 19 mai 1881.

A Son Excellence M. BARTHÉLEMY SAINT-HILAIRE, *Ministre des affaires étrangères.*

MONSIEUR LE MINISTRE,

L'opinion que je me suis permis d'émettre dans ma dernière dépêche, fondée sur d'attentives observations locales, commence à se confirmer aujourd'hui par des renseignements d'une source dont Votre Excellence appréciera la valeur.

C'est bien de la Tripolitaine que seraient parties les excitations auprès des Touareg Hoggar qui ont probablement le plus contribué à provoquer le massacre de la mission Flatters.

El Hadj Mohammed Ikhenoukhen, le chef des Touareg Azgar, l'affirme carrément dans la lettre dont ci-joint l'autographe. Cette déclaration est spontanée de sa part, mais il sera plus explicite, je l'espère, lorsqu'il répondra à la demande de renseignements que je lui adressée il y a plus d'un mois.

Ikhenoukhen est l'ennemi irréconciliable de Ahitaghel. Celui-ci lui a tué deux de ses fils et on s'explique le désir qu'il a de se venger par les mots : « Ne vous endormez pas, prenez une résolution. »

Je comprends sa pensée : il voudrait une action prochaine de la France et son alliance est offerte.

Déjà Belkhou, le chef des Touareg Ahïr, s'est indigné, ainsi que je l'ai dit, de l'abominable trahison de Ahitaghel, sans savoir que celui-ci, pour se disculper, l'accusait de ce crime.

Pour isoler complètement Ahitaghel, il suffirait, je crois, d'autographier sa lettre (le n° 1 des pièces jointes au rapport du 8 avril), et d'en expédier des copies chez les Touareg Ahïr que cette révélation mettrait, sans aucun doute, en fureur.

Assaillis à l'Est par les Azgar, du côté du Sud par les Ahïr, si les communications étaient coupées par des goums du côté du Touat, nous n'aurions plus, par le Nord, qu'à enlever et faire disparaître Ahitaghel et ses Hoggar et cette sévère répression donnerait libre accès au Soudan.

Veuillez agréer, etc.

FÉRAUD.

Louange à Dieu l'unique!

Que la prière soit sur notre Seigneur Mohammed et sur sa famille.

A Sa Seigneurie, l'honorable, notre ami, El Hadj Tahar El Basidi.

Après vous avoir adressé mille salutations et avoir

demandé à Dieu sa bénédiction et sa miséricorde pour vous, je vous écris pour le bien ce qui suit :

Nous vous considérons comme un frère et nous pensions que vous n'auriez pas d'amitié au-dessus de la nôtre. Depuis que vous vous êtes rendu à Tripoli, nous n'avons cependant reçu aucune lettre de vous, tandis que je sais que vous avez écrit à ceux qui seraient vos ennemis. (Il veut dire Ahitaghel.)

Nous sommes vos frères, mais eux (les Hoggar) vous sont hostiles. Ils ont creusé un puits dans lequel ils voudraient vous faire tomber vous, aussi bien que nous. Donc, aujourd'hui, si vous nous considérez comme vos frères, il faut que vous preniez une résolution autant dans votre intérêt que dans le nôtre.

Sachez que des émissaires ont été expédiés de Tripoli et de Ghat pour traverser vos desseins et ceux de vos amis (les Français) et pour qu'on les tue.

Il faut donc, il faut absolument, si vos paroles sont écoutées à Tripoli, que vous preniez une résolution, à Tripoli, pour faire changer l'état des choses du tout au tout à l'avantage de chacun.

Sachez qu'on a envoyé des émissaires jusqu'au Hoggar pour faire massacrer ces chrétiens ; et ils se sont tous entendus pour dévorer. . . . .
. . . . (lacune, déchirure du papier). . . . . . .
. . . . quand ils ont su . . . .
de Tripoli . . . . pour faire tomber . . . .
(amener un échec !)

Donc, ne vous endormez pas, même la nuit afin d'accomplir ce qu'il vous reste à faire. (Après cette catastrophe.)

Salut de la part du cheikh El Hadj Mohammed Ikhenoukhen (chef des Touareg Azgar), milieu de Djoumad-el-Ouel. (Derniers jours de mars 1881.)

Deuxième lettre au dos de la précédente.

De la part de Abdallah Mohammed ben Mohammed Dadkour Cherif à El Hadj Tahar El Basidi.

Vous nous aviez promis de nous écrire et cependant vous ne l'avez pas fait. Le chrétien (le colonel Flatters) vous avait écrit, en même temps qu'il expédiait d'autres lettres (1). Le cheikh Ikhenoukhen lut la vôtre en présence de la Djemaâ (assemblée des notables) et ceux-ci voulaient en prendre copie, mais Ikhenoukhen s'y opposa. Puis dans le courant du deuxième mois de Rebia (du 20 février au 20 mars), nous avons appris que les Hoggar avaient coupé la route aux chrétiens et les avaient massacrés ainsi que nous vous l'avons déjà écrit.

Le massacre a eu lieu dans le mois de Rebia premier (du 21 janvier au 19 février).

On a pillé toutes les richesses qu'ils emportaient avec eux.

Ils ont tué le colonel *personnellement*.

Ne nous privez pas de vos lettres.

1er Djoumad-el-Ouel. — 21 mars 1881.

Pour traduction littérale :

FÉRAUD.

---

(1) Cette lettre, El Hadj Tahar l'a reçue. Elle est écrite de la main du colonel Flatters qui lui annonce l'envoi d'un revolver, le remerciant des lettres de recommandation qu'il a expédiées en faveur de la mission.

N° 21

Alger, le 21 mai 1881.

Monsieur le Gouverneur général,

J'ai l'honneur de vous faire connaître que trois indigènes des Chambaa Bou Rouba : Kaddour ben Guenda, Belkacem ben Lakhdar et Mohammed ben Aïssa, qui faisaient partie de la mission Flatters et avaient été retenus prisonniers à Insalah, sont arrivés à Ouargla, le 8 mai, ramenés par quatre cavaliers du maghzen que le khalifa de l'agha avait envoyés à leur recherche.

Ces trois indigènes se sont trouvés parmi les cinq hommes qui furent confiés par M. de Dianous aux Touareg, à Aïn-Kerma, pour rapporter des vivres et qui ne revinrent pas; leurs deux camarades, qui étaient tirailleurs, furent massacrés et les survivants ne durent la vie qu'à l'intervention du fils de Chikkat, envoyé d'Ahitaghel, qui avait rejoint à l'aller la colonne du colonel Flatters et surtout aussi à leur qualité de *Chambaa*. Les Touareg paraissent avoir eu, en effet, des ménagements tout particuliers pour les hommes de cette origine pendant le cours de cette malheureuse exploration. Ces trois indigènes ont réussi à s'échapper d'entre les mains des Touareg et se sont réfugiés à Insalah où les quatre cavaliers du maghzen les ont rencontrés. Ce ne fut pas sans quelques difficultés, cependant, qu'ils purent reprendre le chemin d'Ouargla, et le khalifa de l'agha a fait connaître à M. le commandant Belin qu'un nommé Si El Moradj, des Oulad Sidi-Cheikh, qui se trouvait à Insalah, avec huit cavaliers et douze mehara, usa de violence sur eux pour leur prendre un mehari et les menaça de mort; ils réussirent cependant à sortir de la ville avec l'aide de deux indigènes d'Insalah et d'un nègre qu'ils avaient emmené avec eux, et à partir avec les cavaliers du maghzen.

Le khalifa d'Ouargla ajoute qu'en apprenant la fuite de ces hommes, les Oulad Sidi-Cheikh ont ghazzé quarante-six chameaux aux gens de la ville pour les punir de n'avoir pas empêché leur évasion.

Les indigènes désignés ci-dessus se rendront à Laghouat où ils seront appelés à fournir des renseignements pour servir à l'enquête qui se poursuit en ce moment.

Veuillez agréer, Monsieur le Gouverneur général, l'assurance de mon respectueux dévouement.

Le Général commandant la division,

C. LOYSEL.

N° 22

Tripoli, le 23 mai 1881.

A Son Excellence M. BARTHÉLEMY SAINT-HILAIRE, *Ministre des affaires étrangères.*

MONSIEUR LE MINISTRE,

A peine viens-je de transmettre par le dernier courrier la lettre de Ikhenoukhen, qu'un nouvel émissaire m'arrive directement de Ghat avec la missive ci-jointe écrite par le fils de ce chef et les notables de sa tribu.

Cette insistance de la part des Touareg Azgar démontre clairement leur ardent désir de prendre une revanche sur leurs ennemis les Hoggar, en profitant de l'expédition qu'ils nous supposent avoir l'intention de diriger contre les meurtriers de notre mission.

Il ne m'appartient ni de les encourager, ni de les dissuader de ces idées et Votre Excellence peut être persuadée de l'extrême réserve que j'apporte en cette affaire.

Mon rôle consiste à maintenir de bons rapports afin de les utiliser si l'occasion s'en présentait.

Le porteur de cette lettre m'affirme que les Touareg Hoggar sont en ce moment divisés en deux sofs, très montés l'un contre l'autre et à la veille d'en venir aux mains. D'une part les partisans d'Ahitaghel, c'est-à-dire les assassins et les pillards et de l'autre côté le sof de ceux qui désapprouvent, dit-on, le crime et en redoutent les conséquences réparatrices; — je crois plutôt au désappointement d'être arrivés trop tard pour le partage du butin.

Quant à l'envoi de ce courrier de la fraction des Amghad, ne voulant remettre qu'à El Hadj Tahar lui-même le pli confidentiel de son maître Khiar, cet incident confirmerait la nouvelle de la désunion intestine qui aurait éclaté parmi les Hoggar. — Quelques explications sont ici nécessaires; chez les Touareg, un usage traditionnel veut que la succession du pouvoir suprême revienne non à la lignée directe du chef défunt, mais à la lignée collatérale de sa veuve.

El Hadj Ahmed, l'ancien chef du Hoggar, ayant été tué dans un combat, sa veuve Lalla Tiguent investit de l'autorité son neveu Ahitaghel, fils de son frère Beska. Tiguent, d'un premier mariage avec un Targui du nom de Adjier, avait eu un enfant qui est le Khiar ci-dessus. El Hadj Ahmed le garda près de lui en épousant sa mère et cet enfant adoptif, associé longtemps à la direction des affaires de la tribu, et s'appuyant pour hériter du pouvoir sur ce qu'il n'était pas de la lignée directe, s'est toujours considéré comme frustré de ses droits par l'élection d'Ahitaghel auquel il n'a cessé de faire de l'opposition. Il est probable que malgré le résultat négatif de son envoyé à Ghat, Khiar ne renoncera point à entrer en communication avec nous et je dois m'attendre à recevoir un de ces jours sa missive et connaître les secrets qu'elle renferme. Ce sont, sans doute, des détails sur la trahison et le crime sanglant de Ahitaghel avec des offres d'alliance de la part du prétendant au commandement du Hoggar, — intrigues locales qu'il importe de suivre et dont je continuerai à rendre compte.

Le post-scriptum de la lettre ci-jointe mentionne la venue possible à Tripoli des Abid-Menghassaten en quête de nouvelles. Ils sont arrivés, en effet, au nombre de huit, et hier au soir, je les ai vus, armés de pied en cap, à la porte d'un fondouk hors de la ville. Je les fais surveiller, et on me rapporte qu'ils ne cessent de demander s'il est vrai que les Français ont l'intention d'attaquer les Hoggar.

Les Abid-Menghassaten sont les clients, les esclaves affranchis des Hoggar. Ils ont dû être initiés aux incitations qui ont amené le massacre de notre mission, cela ressort du texte même de tous les documents indigènes que j'ai transmis, et ils remplissent en ce moment l'office d'espions pour savoir ce qui pourrait se préparer en vue de châtier leurs maîtres.

J'ai déjà eu l'occasion de signaler l'attitude équivoque du kaïmakam de Ghadamès et son antipathie pour tout ce qui se rattache à nous, Français ou Algériens. Apprenant de source certaine que le marché de Ghadamès est en ce moment inondé de pièces en or de vingt francs, provenant au vu et au su de tous du pillage de notre mission, et que le fonctionnaire ottoman facilite cet écoulement de numéraire auquel il n'est pas sans avoir quelque profit, j'ai dû me plaindre énergiquement au pacha Ainsi que j'ai eu l'honneur de l'annoncer par le télégraphe à Votre Excellence, le kaïmakam Bou Aïcha, que Ikhenoukhen accuse déjà d'être l'un des instigateurs du massacre, a été sur mes instances remplacé à Ghadamès.

Veuillez agréer, etc.

Féraud.

Louange à Dieu l'unique !

A Sa Seigneurie le Consul de l'illustre gouvernement Français à Tripoli de Barbarie.

Salut sur vous et sur votre famille.

Sachez que vos gens (la mission Flatters) ont été massacrés par les Hoggar sur les incitations du chef de Ghadamès, de quelques individus de cette ville, de quelques Foughas et Menghassaten, lesquels étaient jaloux et hostiles à la mission et ils ont agi sur l'esprit des Hoggar qui sont une race rapace n'appréciant point les bienfaits de la paix.

Sachez qu'un émissaire de la fraction des Amghad du Hoggar est venu ici, cherchant après Si El Hadj Tahar El Basidi pour lequel il était porteur d'une lettre de la part de Khiar et devant être remise en mains propres. Nous lui avons dit : le frère d'El Hadj Tahar est ici, vous pourriez lui donner sans crainte votre message et il le transmettrait, mais il a refusé, ajoutant qu'il renfermait des secrets, et nous n'avons rien pu savoir de positif à ce sujet, si ce n'est que Khiar et Ahitaghel étaient en mauvais rapports. Donc, apprenant que El Hadj Tahar était à Tripoli, l'émissaire s'en est retourné avec son message.

Aujourd'hui nous comptons sur les démarches d'El Hadj Tahar ; il faut, en outre, qu'il vienne auprès de nous, car sans lui nous ne pourrions rien faire et il convient qu'il vienne nous donner lui-même des renseignements positifs sur vos résolutions.

Si vos intentions sont de tirer vengeance du massacre de vos frères, nous serons avec vous, si au contraire vous ne voulez rien faire, nous nous tairons. Donc, nous n'avons qu'à attendre que El Hadj Tahar vienne nous faire part de vos résolutions. C'est aussi l'opinion de Ikhenoukhen, lequel nous a conseillé de vous écrire la présente lettre en ajoutant : dites-lui (au consul) que je lui ai déjà fait dire verbalement et confidentiellement ce que j'avais à lui communiquer.

Ce qui vous est arrivé (le massacre de la mission) vous a atteints et nous a atteints autant que vous, parce que les membres de la mission étaient nos amis.

Mais s'il plaît à Dieu, ce crime ne restera pas impuni et nous espérons que El Hadj Tahar viendra auprès de nous et il n'en résultera que le bien.

La présente lettre vous est adressée par le fils de Ikhenoukhen.

A la date de Djoumad-el-Ouel 1299. — avril 1881.

P.-S. — Nous avons appris que les Abid-Mengha-saten se rendent à Tripoli pour savoir ce que l'on dit; — nous ne savons si cette nouvelle est exacte.

La présente lettre est confirmée par le cheikh Ag Beker, par Sidi Mohammed, par Yahia qui a écrit ces caractères, par Sidi Mohammed, fils de Ikhenoukhen et par la totalité de l'assemblée des Touareg Azdjer (Azgar).

FÉRAUD.

N° 23

Constantine, le 10 juin 1881.

Monsieur le Gouverneur général,

J'ai l'honneur de porter à votre connaissance la lettre suivante que M. le capitaine Deporter vient d'adresser à M. le Commandant supérieur de Biskra :

« J'ai l'honneur de vous rendre compte que deux indi-
» gènes de la tribu des Mkhadma, cercle de Laghouat,

» les nommés Cheikh ben Ahmed ben El Moufok,
» Mohammed ben Abdelkader ben Ramdam, apparte-
» nant à la fraction des Beni-Thour, cheikh Brahim bel
» Hadj Abdelkader, qui faisaient partie de la mission
» Flatters en qualité de convoyeurs, sont arrivés le
» 1er juin à El-Oued, rapatriés par des Souafa revenant
» de Ghadamès.

» Ils racontent ce qui suit : après avoir marché vers
» le Sud-Ouest pendant l'espace de quarante jours, ils
» arrivèrent aux environs du puits de Ahïr qui est aussi
» le nom d'une fraction très considérable de Touareg
» Hoggar. La mission était conduite par des guides des
» Hoggar; ils firent camper la mission à environ 18 kilo-
» mètres du puits, malgré les observations faites par le
» colonel; ensuite le colonel, le capitaine Masson, les
» deux ingénieurs, le docteur, le maréchal des logis
» Dennery montèrent à cheval et furent accompagnés
» par cinq Chambaa, les nommés Sghir ben Ahmed ben
» Cheikh, Cheikh bou Djema, Lala ben Ahmed ben Ghit,
» Ali ben Debba et par quatre Touareg Hoggar, les nom-
» més Akhabi, El Aalem, Mohammed ben Amoumou, le
» nom du quatrième leur est inconnu; ils se dirigèrent
» vers Ahïr; les convoyeurs reçurent l'ordre de prendre
» les guerbas et de conduire les chameaux au puits;
» une vingtaine de soldats les accompagnaient; arrivés
» à environ deux kilomètres du puits, qui leur était ca-
» ché par une colline, ils virent un grand nombre de Toua-
» reg poursuivant les Français. Nous abandonnâmes les
» chameaux et nous nous réfugiâmes sur une hauteur;
» nous étions environ vingt hommes, beaucoup parmi
» nous n'étaient pas armés, quelques tirailleurs seuls
» avaient eu la précaution de s'armer. Nous vîmes le
» maréchal des logis Dennery essayer de nous rejoindre
» mais il fut tué. Les Touareg après avoir tué les officiers
» vinrent sur nous; nous nous défendîmes jusqu'au mo-
» ment où les munitions nous manquant, il ne nous fut
» plus possible de résister; chacun s'enfuit : nous deux,

» nous nous dirigeâmes vers un point très escarpé et
» rocheux, afin que les Touareg ne puissent suivre nos
» traces; nous les vîmes tuer bon nombre de nos com-
» pagnons. Lorsque la nuit fut venue, nous sortîmes
» des rochers et prîmes la direction du Nord-Est. Nous
» avions d'abord l'intention de nous rendre au campement
» mais lorsque nous prîmes cette direction, nous enten-
» dîmes les cris des Touareg. Nous marchâmes pendant
» quinze jours dans la direction Nord-Est, nous nour-
» rissant d'herbes et ne buvant que lorsque nous trou-
» vions de l'eau, ce qui était rare; le seizième jour nous
» tombâmes sur un campement de Touareg Foughas
» (Azgar); ils nous reçurent assez bien; nous trouvâmes
» chez eux les Chambaa Si Sghir ben Ahmed ben Cheikh,
» Cheikh Boudjema, Lala ben Ahmed ben Cheikh, Moham-
» med ben Ahmed bel Ghit et Ali ben Djebba, ceux qui ont
» trahi le colonel. Dès qu'ils nous aperçurent, ils vou-
» lurent nous tuer, mais les Foughas s'y opposèrent.
» Nous apprîmes que ces cinq Chambaa avaient rapporté
» des effets, des armes, de l'argent et ramené des cha-
» meaux provenant du pillage du campement. Après de
» longs pourparlers entre eux et les Hoggar, il fut dé-
» cidé que nous serions remis entre les mains des
» Chambaa qui s'engageraient à nous conduire à Ouar-
» gla. Nous partîmes montés sur des mehara, Cheikh
» Boudjema et Lala nous accompagnaient: nous mar-
» châmes pendant six jours et six nuits, nous attendant
» à chaque instant à être égorgés. Arrivés dans des
» dunes, Cheikh Boudjema nous fit descendre et nous
» dit: « Nous ne voulons pas répandre votre sang, mais
» nous ne voulons pas que vous alliez raconter aux
» Français ce qui s'est passé, nous vous abandonnons. »
» Ce qu'ils firent, nous laissant ainsi dans les dunes
» sans eau et sans nourriture. Nous voyant ainsi aban-
» donnés, nous nous crûmes perdus; cependant le cou-
» rage nous revint avec l'espoir de la vengeance; nous
» suivîmes les traces des chameaux et nous revînmes

» sur nos pas; au bout de sept jours, n'ayant bu que
» deux fois et nourris d'herbes, nous tombâmes sur un
» campement de Touareg Azgueur; parmi eux se trou-
» vait El Hadj Ikhenoukhen qui s'empressa de nous
» accueillir; nous nous disions Chambaa d'Ouargla; c'est
» ce qui nous a sauvés. Ikhenoukhen seul savait que
» nous étions des Mkhadma; il nous prit sous sa
» protection, nous nourrit et nous envoya à Ghadamès.

» Les Chambaa que nous vous avons nommés étaient
» de connivence avec les Touareg Hoggar pour le mas-
» sacre de la mission. Cheikh Boudjema a eu pour sa
» part beaucoup d'effets et des chameaux; s'ils ont
» voulu nous tuer, c'est afin que leur trahison ne fût pas
» connue des Français.

» Nous avons appris chez les Azgueur que les Hoggar
» qui ont attaqué la mission sont des Ouled Messaoud;
» ils étaient conduits par les frères Attissi ben Chikkat;
» l'un des frères a eu le bras fracassé par une balle; ils
» ont eu les chevaux dans leur part de butin.

» On nous dit qu'ils avaient rapporté chez eux beau-
» coup d'effets, argent, armes provenant du pillage.

» Nous avons appris également chez les Azgueur que
» le lieutenant, un ingénieur, qu'ils appellent le géo-
» mètre, avaient été empoisonnés avec l'herbe El-Bettina.

» Pas un seul Français n'est actuellement vivant, au
» dire des Azgueur. Il n'y avait pas d'Ouled Sidi-Cheikh
» avec les Touareg qui ont massacré la mission.

» Cependant Cheikh Boudjema, envoyé par le colonel
» à la recherche d'Itarem, aurait été à Aïn-Salah, il en
» est revenu sans ramener Itarem. La mission se com-
» posait de onze Français et quatre-vingt-quatre indi-
» gènes, en tout quatre-vingt-quinze personnes.

» Ci-joint une attestation de témoins qui m'a été re-
» mise par les Mkhadma; il y est dit que ces deux indi-
» gènes ont été recueillis par les Touareg et qu'ils
» n'étaient porteurs d'aucune arme ni effets, qu'ils ont
» été ramenés à Ghadamès, etc.

» Je tiens ces deux indigènes à votre disposition ; je
» vous prie de vouloir bien me donner des instructions
» à leur sujet. »

M. le Commandant supérieur de Biskra ajoute qu'il a prescrit à M. Deporter de faire rapatrier directement ces deux indigènes qui appartiennent au cercle de Laghouat.

Vous jugerez s'il est utile de faire interroger ces indigènes à leur arrivée à Laghouat, pour avoir des renseignements sur le sort du mokaddem de Tedjani qui faisait partie de la mission Flatters. Ces deux indigènes fourniraient, sans doute, sur la disparition du mokaddem des détails certains et non intéressés.

Veuillez agréer, Monsieur le Gouverneur général, l'assurance de mon profond respect.

P. le Général commandant la division :

Le Général chargé de l'expédition des affaires,

(Illisible.)

N° 24

Laghouat, le 18 juin 1881.

Le Chef de bataillon DE DARTEIN, *du 1ᵉʳ Zouaves, chargé de l'expédition des affaires du cercle de Laghouat, au Général commandant la subdivision de Médéa.*

MON GÉNÉRAL,

J'ai l'honneur de vous rendre compte de l'arrivée à Laghouat d'un des survivants de la mission Flatters, le nommé Barka ben Aïssa, des Beni-Thour, venant de chez les Touareg Azgar.

Cet indigène fait le récit suivant :

Quelques jours après le désastre de la mission, il fut envoyé en avant avec deux hommes de sa tribu, les nommés Cheikh ben Ahmed et Mohamed ben Abdelkader, pour diriger la colonne en marche avec M. de Dianous.

Ces guides auraient, paraît-il, perdu de vue leurs compagnons et après s'être éloignés d'eux, ont résolu de marcher dans la direction de l'Est, espérant arriver chez les Touareg Azgar et être secourus par eux. Sur leur trajet, ils rencontrèrent des campements d'Amghad des Touareg Hoggar, auprès desquels ils se donnèrent comme Chambaa et qui les conduisirent chez les Ifoghas où ils passèrent quelques jours.

Après une foule de péripéties, le nommé Barka ben Aïssa réussit à regagner Ouargla, avec l'aide des Azgar. Quant à ses deux compagnons, moins confiants que lui, il se firent conduire à Ghadamès, d'où ils n'étaient pas très éloignés, et ne sont pas encore de retour dans leur tribu.

Le nommé Barka ben Aïssa fait ici des révélations graves sur le rôle qu'auraient joué les Chambaa depuis le désastre de la mission, et il affirme entre autres faits, avoir vu aux Azgar plusieurs des Chambaa dans lesquels le colonel Flatters avait mis sa confiance et parmi eux Sghir ben Cheikh et Cheikh ben Boudjemaa; il affirme également que ces indigènes avaient amené avec eux des chameaux de la mission et leur part de butin. Enfin, il rapporte un bruit d'après lequel trois indigènes de la mission seraient actuellement prisonniers chez les Hoggar qui les auraient épargnés. Je fais vérifier ce bruit par l'agha d'Ouargla auquel je prescris, s'il le reconnaît fondé, d'entamer des négociations avec les Hoggar, par l'intermédiaire du chef de la Djemâa d'Insalah, en vue d'obtenir, si c'est possible, le rapatriement des indigènes captifs.

DE DARTEIN.

Pour copie conforme :
Le Général commandant la subdivision,
LA TOUR D'AUVERGNE.

Pour copie conforme :
*Le Chef de bataillon,
Chef de la section des affaires indigènes,*
ROBIN.

N° 25

Tripoli, le 23 juillet 1881.

A Monsieur le Gouverneur général de l'Algérie.

MONSIEUR LE GOUVERNEUR.

Mon télégramme d'hier vous a annoncé l'arrivée à Tripoli du nommé Amar ben Haoua, soldat au 1er régiment de tirailleurs algériens, survivant de la catastrophe de la mission Flatters.

Le récit que m'a fait cet homme confirme les renseignements précédemment recueillis et, en outre, nous fixe sur quelques particularités qui éclairent d'un nouveau jour le rôle de certains indigènes.

C'est à partir du moment où la caravane vient de camper et que le colonel avec quelques-uns de ses compagnons vont reconnaître le puits de Ouentara (et non Oued Natara) que je prends ce récit :

« Le colonel Flatters et le capitaine Masson, à cheval;
» — le docteur Guiard et les ingénieurs Béringer et
» Roche sur leur chameaux; — le maréchal des logis
» Dennery à pied, cueillant des plantes ou ramassant des
» pierres qu'il passait à ses compagnons, se mirent en
» marche vers 11 h. du matin, précédés des guides.
» Derrière eux suivaient nos chameaux, au nombre de
» plus de cent, que nous allions abreuver et charger
» d'outres que nous devions remplir. Les Chambaa cha-
» meliers conduisaient leurs animaux et nous les escor-
» tions. Nous étions vingt tirailleurs.

» Il y avait près d'une heure que nous marchions
» ainsi, sur un terrain mouvementé, et nous avions perdu
» de vue le colonel, filant plus vite devant nous. Tout à
» coup nous entendons de leur côté deux coups de feu,
» et notre pensée à tous a été que ces messieurs chas-
» saient le lièvre ou la gazelle. Mais quelques minutes
» après les détonations deviennent plus nombreuses,
» plus précipitées, et au cri : le colonel est attaqué, nous
» devançons les chameaux et partons au pas gymnas-
» tique à son secours. Il y avait dix minutes que nous
» courions ainsi, lorsque du sommet d'un mouvement
» de terrain nous apercevons près de quatre cents
» Touareg arrivant sur nous au trot de leur mehara.

» A 200 mètres nous commençons le feu qui ralentit
» leur course et beaucoup d'entre eux tombent morts
» ou blessés, bêtes et gens. Ils font alors agenouiller
» leurs mehara, derrière lesquels ils se tiennent cachés,
» nous tirant des coups de fusils auxquels nous conti-
» nuons à répondre par un feu roulant. Mais nous cons-
» tatons bientôt que nos cartouches sont épuisées et
» qu'il est temps de battre en retraite. Nous repartons
» en arrière au pas gymnastique, mais les Touareg qui
» se sont divisés en trois groupes courent de nouveaux
» sur nous, nous coupent et nous écrasent par leur
» nombre. Chacun de nous cherche à fuir isolément.

» A ce moment nous voyons sur une colline, mais loin

» de nous, un groupe de nos camarades qui prévenus
» arrivaient à notre secours. Jugeant sans doute que la
» lutte était impossible, ils rebroussèrent chemin vers le
» camp. (Il s'agit de la tentative du lieutenant Dianous et
» de l'ingénieur Santin). Nous restions donc à la merci
» des Touareg qui firent à coups de sabre et de lance
» une boucherie des tirailleurs et de la plupart des cha-
» meliers. Je perdis connaissance, mon sang coulait de
» dix blessures. Il devait être à ce moment 4 heures du
» soir.

» Vers la tombée de la nuit j'étais tant soit peu revenu
» et j'entendis du bruit à proximité; c'était un targui à
» la recherche de chameaux. Levant la tête, je l'appelai.
» Il me demanda qui j'étais; je répondis chamelier des
» Chambaa. Il eut pitié de moi, me releva et me mit sur
» un chameau m'emportant de ce lieu de carnage cou-
» vert de sang et de cadavres. Mais quelle ne fut pas ma
» frayeur en arrivant quelques instants après auprès du
» puits que le colonel était allé reconnaître et autour du-
» quel bivouaquaient pour la nuit tous les Touareg qui
» nous avaient attaqués.

» Auprès d'un espèce de gros térébinthe qui pousse
» près du puits, je vis le cadavre du colonel étendu sur
» le dos. A proximité était celui du capitaine Masson; en-
» fin, à droite et à gauche, ceux de Guiard, Béringer et
» Roche. Dennery était un peu plus loin sur le flanc de la
» colline qui borde la vallée.

» On me descendit de chameau et je me trouvai au mi-
» lieu des Touareg qui discutaient sur le sort de deux de
» mes camarades qu'ils avaient amenés prisonniers, les
» nommés : Abd el Ouhab ben Mohammed, tirailleur au
» 1er régiment, et Abdallah ben Djeddou, du 3me. Ils
» n'étaient blessés ni l'un ni l'autre. On m'étendit à
» côté d'eux. Le coup de sabre que j'avais reçu à la jambe
» m'empêchait de me tenir debout.

» Dans le conciliabule des Touareg figuraient :
» Cheikh ben Bou Djemâ, Sghir ben Ahmed et son

» frère El Alla, Ali ben Douba et Mohammed bel Kheït;
» tous cinq des Chambaa, encore plus acharnés contre
» nous que les Touareg eux-mêmes et que nous avions
» vus du reste faisant feu sur nous au moment du com-
» bat. Prenant la parole, ce sont eux qui dirent en nous
» montrant : ces trois hommes sont des tirailleurs, donc
» des Français, il faut les tuer ; s'ils survivaient ils iraient
» rapporter aux chrétiens les pertes que vous avez
» éprouvées et on rirait de votre défaite. Les Touareg
» comptaient, en effet, parmi eux vingt-sept tués et un
» nombre plus considérable de blessés qu'ils chargè-
» rent le lendemain sur leurs mehara.

» Donc on décida que nous serions tués séance te-
» nante. Les deux tirailleurs, mes camarades, étaient con-
» duits à quelques pas et on leur coupait la gorge d'un
» coup de poignard. On me saisit par le bras pour
» m'achever à côté d'eux, mais il eût fallu me porter tant
» j'étais faible. L'homme généreux qui m'avait recueilli
» sur le champ de bataille, le nommé Hamad, originaire
» des Ifoughas, mais habitant souvent chez les Hoggar,
» éleva la voix en ma faveur en disant : « Ce malheu-
» reux est perdu, laissez-le mourir tranquille et aban-
» donnez-le moi. » On me laissa, en effet, et c'est ainsi
» que j'ai été sauvé.

» Pendant la nuit et la journée du lendemain que je
» suis resté au milieu des Hoggar, j'ai entendu dire beau-
» coup de choses que vous tiendrez sans doute à con-
» naître. Le complot pour nous massacrer a été ourdi
» par Ahitaghel, de concert avec ses parents Chikat et
» Ouangadi. Chikat est venu au devant du colonel, a
» passé trois jours avec lui, faisant bon accueil et toute
» sorte de promesses pour endormir sa méfiance, lui
» assurant que les guides qu'il lui donnait le condui-
» raient jusqu'à Tombouctou. En se séparant de nous,
» il est parti chargé de cadeaux pour Ahitaghel et sa
» famille.

» Quant à Ouangadi, il a été chargé de l'exécution du

» massacre ; c'est lui qui y a présidé. Je l'ai vu près du
» puits, il donnait les ordres ; c'est un homme corpulent
» et asthmatique. Il avait près de lui, comme lieutenants,
» les deux fils de Chikat. L'un de ceux-ci a été blessé à
» la jambe de deux coups de revolver que lui a tirés le
» colonel.

» Enfin, les cinq Chambaa dénommés plus haut étaient
» d'accord avec les Hoggar pour nous faire tomber dans
» le piège qui nous était tendu. Ne me parlez pas du
» dévouement de Cheikh ben Bou Djemâ, il nous a
» trahis comme les autres et a eu sa part à la curée.

» Quand le jour reparut le lendemain, je remarquai
» que le corps du colonel était tout noir ; je m'approchai
» de lui en me traînant et je constatai que le feu avait été
» mis à ses vêtements et qu'il avait la peau toute grillée
» à la surface. Mon protecteur l'Ifoughas m'a expliqué
» plus tard que cette sorte de brûlement de l'épiderme
» est une habitude des Touareg pour se venger d'un
» ennemi. Flatters avait tué un targui, et le père de celui-
» ci avait satisfait sa rancune. J'ai revu encore les
» cadavres de nos Français ; on les avait dépouillés de
» leurs vêtements durant la nuit et ils étaient étendus
» la face contre terre. Le colonel avait un coup de feu
» dans la poitrine et sa tête était enflée d'un coup de
» crosse de fusil. C'est le capitaine Masson qui a eu
» l'épaule coupée d'un coup de sabre. Les autres avaient
» succombé à coups de lance et de sabre. Dennery avait
» le flanc ouvert.

» On me demanda si les autres Français restés au
» camp viendraient au puits. Je répondis que c'était pro-
» bable puisqu'ils n'avaient plus d'eau. Les Touareg pas-
» sèrent donc la journée en embuscade derrière la col-
» line avoisinant le puits. Pendant cette journée, je re-
» marquai le ciel couvert d'une nuée d'oiseaux de proie
» planant au-dessus de nous. Les nombreux cadavres
» d'hommes et de chameaux les avaient attirés, et il est
» probable que les corps auront été rapidement dévorés.

» Vers 4 heures du soir les gens du campement n'étant
» pas venus, les Touareg décidèrent d'aller les attaquer et
» on partit dans cette direction. Mon Ifoughas m'emporta
» encore avec lui sur un de ses chameaux. Les deux fils
» de Chikat montaient les chevaux du colonel et du ca-
» pitaine Masson. Nos guides Chambaa qui ne nous
» avaient pas quittés avaient laissé leur costume arabe
» pour prendre celui de targui.

» Nous arrivâmes au campement, mais il n'y avait
» plus personne. Les compagnons que nous y avions
» laissés en étaient partis dans la nuit. Ce fut alors un
» pillage indescriptible. On défonçait les caisses, on
» éventrait les sacs de provisions. Chacun s'empara de
» ce qui lui convenait. Les Chambaa qui savaient où
» était enfermé l'argent s'en emparèrent immédiatement
» et en donnèrent ensuite quelque peu aux Touareg. Les
» tentes furent pliées et emportées, ainsi que les effets
» et les provisions. On se partagea les armes et la
» poudre.

» Quand le lendemain matin on s'est dispersé chacun
» de son côté, l'emplacement du camp était marqué par
» tous les livres, papiers, cartes de la mission, aban-
» donnés au vent, au milieu de boîtes de conserves que
» personne ne voulut prendre. A ce moment j'ai entendu
» Cheikh ben Bou Djemâ et Sghir dire aux Touareg:
» pressons-nous, mettons-nous sur les traces des trois
» Français : Dianous, Santin et Pobéguin, afin qu'aucun
» d'eux ne nous échappe.

» Mon sauveur, l'Ifoughas, s'est mis en route pour
» rentrer à sa tente; nous avons marché huit jours bien
» lentement à cause de mes blessures ; j'ai été bien soi-
» gné par les femmes de mon hôte qui les ont cicatrisées
» à l'aide de plantes d'elles connues. Je suis resté deux
» mois dans cette situation, et j'ai appris que quatre
» autres de mes camarades, surpris fuyant et mourant
» de faim, étaient encore vivants chez les Touareg. Ce
» sont les nommés: Khemis ben Seddik, Bou Riche

» ben Mohammed, Ahmed ben M'saoud et M'saoud.....
» tous quatre soldats au 3ᵐᵉ tirailleurs. On m'a dit aussi
» qu'un nègre du nom de Mohammed, jadis domestique
» chez le curé de Laghouat et qui avait suivi le colonel,
» était encore vivant, de même qu'un chamelier des Lar-
» baa, nommé Lecheleg ben Arfa.

» Le bruit ayant couru qu'une colonne française allait
» se mettre en marche pour venger la mort des mem-
» bres de la mission, les Touareg discutaient entre eux
» les résolutions à prendre le cas échéant. « Si les Fran-
» çais ne viennent pas au nombre de plus de deux
» mille, disaient-ils, nous leur tiendrons tête en faisant
» appel à nos alliés des autres tribus. Mais si ce chiffre
» est dépassé, nous ferons le vide en nous éloignant vers
» le Sud, dans le pays de la soif où l'on ne se hasarde-
» rait pas à nous poursuivre. » Ce que l'on redoute le
» plus c'est une invasion de cavaliers arabes venant les
» surprendre dans leurs campements ; aussi se sont-ils
» entendus avec des espions Chambaa pour être préve-
» nus en cas d'invasion. »

Conduit ensuite par son protecteur chez les Ifoughas où il a séjourné encore plus d'un mois, le tirailleur Amar a été enfin amené à Ghadamès dans une caravane. Là, le Père Richard et les autres missionnaires Français l'ont recueilli, soigné, vêtu, nourri et me l'ont expédié sur un chameau, après deux semaines de repos. Amar vient de passer deux jours au consulat et je l'ai embarqué hier sur le courrier pour lui faire rejoindre Alger.

Dans le cours de son récit, ce pauvre garçon, qui me semble désormais impropre au service militaire à cause de ses blessures, m'a fait quelques remarques très judicieuses qu'il est utile de relater.

Le colonel avait, dit-il, une confiance aveugle dans tous ces Chambaa et Touareg, qui l'assaillaient de protestations de fidélité pour lui extorquer des cadeaux en nature ou en argent. Bien souvent, nous, indigènes et méfiants par instinct, nous lui avons fait respectueusement la remarque qu'il fallait être plus prudent avec ces inconnus. Mais il n'en continuait pas moins à aller de sa personne au milieu d'eux et sans armes, comme il l'aurait fait chez des tribus soumises de l'Algérie. Il nous disait : vous avez donc peur ? Jamais il n'avait voulu de factionnaire devant sa tente.

Quand, au nombre de vingt seulement, nous avons combattu avec succès près de 400 Touareg, nous avons constaté que si nous étions restés tous réunis, près de nos approvisionnements de cartouches, nous aurions repoussé avec avantage tous les Touareg rassemblés. Mais, par une fatalité inconcevable, le jour de la catastrophe nous étions divisés en quatre groupes et ne pouvant nous porter secours mutuellement. Le colonel et ses compagnons Français vont en avant et se font tuer dans une embuscade ; les vingt tirailleurs et les chameliers qui les suivent à une demi-heure en arrière, sont massacrés à leur tour ; vingt autres tirailleurs qui arrivent au secours avec Dianous et Santin, n'ont que le temps de battre en retraite ; enfin, plus loin, le camp reste presque sans défenseurs ; il n'aurait pu résister à ce moment à la moindre attaque. *Jamais nous n'aurions dû nous séparer à travers ce pays inconu. C'était écrit !*

Tel est le récit que m'a fait le tirailleur !

D'autre part, quelques nouveaux détails me parviennent directement de Ghadamès, confirmant ce que j'ai déjà dit sur le rôle du kaïmakam dans toute cette affaire lugubre dont le dernier mot n'est pas dit.

Avant que le colonel n'eût pénétré sur le territoire des Hoggar, Bou Aïcha, le gouverneur de Ghadamès, a échangé des lettres avec les Touareg de cette tribu et avec Ahitaghel leur chef.

Quand le targui Younès arriva à Ghadamès et apporta la nouvelle du massacre, Bou Aïcha alla lui-même le premier, à cheval, rendre visite à ce personnage. Le lendemain il réunissait le medjelès, où venait Younès, pour raconter la manière dont les Hoggar avaient accompli leur coup de main.

Il est certain que Younès, ou du moins ses fils, arrivés avec lui à Ghadamès, avaient assisté au massacre par la raison qu'ils apportaient les lettres de Ahitaghel, celles que j'ai transmises en autographe au département, et que ces mêmes individus amenaient avec eux le chameau du capitaine Masson et celui du sous-officier Dennery, qu'ils chargèrent de blé à Ghadamès.

Quels cadeaux firent-ils au kaïmakan Bou Aïcha? On l'ignore, mais à dater de ce jour le fonctionnaire ottoman était tout réjoui et les pièces de vingt francs provenant du pillage circulaient dans les boutiques et sur le marché de la ville.

Le tirailleur Amar m'a dit à plusieurs reprises que les Touareg avaient massacré les chrétiens pour le djahed — guerre sainte. — C'était le prélude du grand incendie pan-islamique actuel, dont l'étincelle est partie de Tripoli, au choc de maintes intrigues.

Aussi, Bou Aïcha, destitué sur mes plaintes par un pacha timide, a-t-il été maintenu par un pacha plus hardi envoyé exprès de Constantinople.

Veuillez agréer, Monsieur le Gouverneur général, l'assurance de ma très haute considération et de mon dévouement.

FÉRAUD.

N° 26

Déposition de Cheikh ben Bou Djemâa, des Chambaa Bou Rouba.

D. Vous avez accompagné le colonel Flatters dans son premier voyage?

R. Oui, en qualité de bach-amar.

D. Après le premier voyage du colonel il vous a chargé, vous et Sghir ben Cheikh, de messages pour les Hoggar et les Azgar ?

R. Oui et nous avons rapporté les réponses.

D. Où avez-vous trouvé Ahitaghel ?

R. A Bezou, à un jour de marche sud-ouest d'Idelès, à trois ou quatre jours de l'Oued Tedjert.

D. Combien de temps êtes-vous resté auprès d'Ahitaghel ?

R. Deux jours.

D. Quelle impression vous a fait Ahitaghel, au reçu de la lettre du colonel ?

R. Il avait l'air content de voir venir les Français; il était jaloux de voir le premier voyage fait chez les Azgar et voulait les avoir à son tour.

D. Dites-nous vos étapes depuis Ouargla jusqu'à Bezou.

R. Après le retour de la mission de son premier voyage, je suis resté 16 jours dans ma tente; je suis parti ensuite avec un Chambi, du nom de Bou Beker ben Lakhdar, et en compagnie d'un individu des Zoua d'Insalah, que j'avais loué et qui nous servait de guide.

Nous sommes partis d'Aïn-el-Khadra à 3 jours au sud d'Ouargla.

Le 1ᵉʳ jour nous avons atteint Hassi-Taieb;
2ᵉ	id.	Hassi-Smihri;
3ᵉ	id.	Hassi-el-Gara, dans l'Oued Mia;
4ᵉ	id.	Hassi-el-Haïcha, id.
5ᵉ	id.	Hassi-Djemel, id.
6ᵉ	id.	Saïha, au delà de Zmila;
7ᵉ	id.	Khocheïba, id.
8ᵉ	id.	Sedjera-Touïla, id.
9ᵉ	id.	entre Sedjera-Touïla et Hassi-Inifel;

Le 10ᵉ jour nous avons atteint Hassi-Inifel ;
11ᵉ	id.	Guern-el-Hamera ;
12ᵉ	id.	Kef-el-Ouâr ;
13ᵉ	id.	une guelta ;
14ᵉ	id.	Insokki ;
15ᵉ	id.	à un oued ;
16ᵉ	id.	à Ain-Melah en deçà d'Insalah et à 2 jours ;
17ᵉ	id.	Hassi-Mongar ;
18ᵉ	id.	la zaouïa Kahela d'Insalah.

D. Avez-vous été bien reçu à Insalah ?

R. Je n'y suis pas entré et n'ai séjourné qu'un jour à la zaouïa Kahala. Mon premier guide ne connaissant plus le pays au delà d'Insalah, je dus en louer un autre également des Zoua. A partir d'Insalah, nous avons appuyé fortement vers l'Est pour gagner Bezou, le chemin direct du Sud étant peu sûr.

D. Continuez l'itinéraire.

Le 20ᵉ jour, dans les jardins d'Insalah ;
21ᵉ jour, dans une plaine en deçà d'El-Botha ;
22ᵉ jour nous avons atteint Aïn-el-Redjem ;
23ᵉ	id.	dans un oued ;
24ᵉ	id.	à une ogla ;
25ᵉ	id.	Oued Dezanet ;
26ᵉ	id.	Kheneg-el-Hadid (Tiounkenin) ;
27ᵉ	id.	à une guelta ;
28ᵉ	id.	en deçà de Gharis ;
29ᵉ	id.	en deçà de Tinacourat à l'Ouest du Djebel Oudan ;
30ᵉ	id.	à Ras-Tinacourat ;
31ᵉ	id.	dans le Djebel Hoggar à une source ;
32ᵉ	id.	Taourirt ;
33ᵉ	id.	Bezou.

D. Qu'est-ce que vous avez vu à Bezou ?

R. C'était le campement d'Ahitaghel; un endroit où il y a des arbres avec des gourbis et des terres de labour.

D. Pendant ce voyage que faisait Sghir ben Cheikh ?

R. Il allait aux Touareg Azgar avec une lettre pour les Ifoghas.

D. Combien de temps Sghir ben Cheikh est-il resté absent ?

R. Son voyage a duré plus longtemps que le mien ; il est marié à la fille d'Abdelhakem, des Ifoghas. A son retour de chez les Azgar, le colonel avait remis une lettre pour Ahitaghel à un nommé Dob qui devait apporter la réponse à Sghir ben Cheikh, lequel la transmettrait à Ouargla.

D. Quel était votre rôle et celui de Sghir ben Cheikh dans la deuxième expédition du colonel ?

R. Nous étions tous deux cavaliers de confiance du colonel, le guide au départ d'Ouargla fut Si Mohammed Radja, des Zoua d'Insalah, jusqu'à Amguid. A partir de ce point ce fut Mohammed ould Moumen qui servit de guide avec Schikkat, puis, plus tard, Ahammed, Khebbi, El Alem.

D. Pendant la marche n'avez-vous pas quitté la mission à Insokki pour aller porter une lettre à Ahitaghel ?

R. Oui, le colonel m'a envoyé d'Insokki porter une lettre à Ahitaghel et m'a donné pour m'accompagner le Chambi Ali ben Maatalla que nous avions trouvé campé avec le guide Si Mohamed Radja, quelques jours auparavant.

D. Racontez-nous votre second voyage auprès d'Ahitaghel ?

R. A Hassi-Insokki, le colonel me remit une lettre, un burnous, 2 pistolets, 6 mouchoirs de soie à porter à Ahitaghel, le chef des Hoggar, que je comptais trouver à Insalah. Nous avons mis 5 jours pour aller d'Insokki à Insalah. Ahitaghel était venu dans cette ville à la tête d'un nombre considérable de Hoggar pour règler une question de dia (prix du sang) d'un marabout du Touat qui étant allé vendre des marchandises chez les Hoggar y avait été tué et dépouillé par un Targui. Ahitaghel avait aussi amené environ 500 chameaux de caravane.

Nous n'avons pas trouvé Ahitaghel à Insalah, il en était parti depuis peu et nous avons aussitôt suivi ses traces. Nous l'avons atteint cinq jours après sur l'Oued Meniyet.

En remettant les présents à Ahitaghel je lui dis que le colonel désirait qu'il vint à sa rencontre ; il me répondit qu'il conduisait une forte caravane, qu'il ne pouvait la quitter, mais qu'il enverrait à sa place son beau-frère Chikkat, chef des Ouled Messaoud. Je fis observer que Chikkat était vieux et que le colonel préférait qu'il vint lui-même. Ahitaghel me dit: « Chikkat ou moi c'est la même chose, je te donnerai une lettre pour le colonel. »

D. Comment correspondiez-vous avec Ahitaghel?

R. Par l'intermédiaire de son khodja (secrétaire) car il ne connaît pas l'arabe (1).

D. Combien de jours êtes-vous resté avec Ahitaghel?

R. Il m'a retenu 8 jours avec lui. Je marchais en arrière de sa caravane et, au campement, Ahitaghel me faisait donner ma nourriture et ne me parlait que fort peu.

D. Il vous a cependant demandé des renseignements sur la mission, quel était son but, comment elle était composée, sa force, etc.?

R. Le premier jour il m'a demandé ce que le colonel allait faire au Soudan, s'il avait des marchandises avec

---

(1) Ce renseignement est en contradiction avec les dires des hommes qui ont approché le chef des Hoggar.

lui et s'il voulait commercer avec les Hoggar. Je lui dis que je n'en savais rien.

D. Que faisiez-vous pendant les 8 jours que vous avez passés avec Ahitaghel?

R. Je marchais avec sa caravane ; j'avais tout d'abord demandé à Ahitaghel de repartir aussitôt pour rejoindre le colonel qui m'avait prescrit de faire diligence, mais Ahitaghel me dit : « Tu ne peux pas partir encore et je te dirais l'endroit d'où il faudra que tu partes. » Le jour où il m'a congédié, j'ai fait connaître à Ahitaghel que le colonel lui demandait à acheter des chameaux et des vivres, que s'il en avait il ait à les lui envoyer. Ahitaghel me dit : « Je n'ai rien de tout cela à vendre. Vois mes chamelles, nous allons bientôt être obligés de les décharger pour qu'elles mettent bas. » Ahitaghel confia la lettre qu'il avait fait écrire au colonel à un nommé Ahammed, un de ses serfs (amghid) qui devait lui rapporter une réponse.

Mon compagnon et moi nous partîmes donc avec ce messager, le vieux Chikkat et un nommé El Alem qui devait servir de guide jusqu'au Soudan, et nous nous dirigeâmes sur l'Oued Gharis qui était le lieu de rendez-vous fixé par le colonel, laissant à notre droite le Djebel Oudan. Nous attendîmes pendant trois jours l'arrivée de la mission et les Touareg, voyant qu'elle n'arrivait pas, me disaient que je mentais ou qu'elle avait dû périr. Au bout de trois jours je suis parti avec Ahammed pour Kheneg-el-Hadid espérant y rencontrer, sinon des envoyés du colonel, au moins y voir des signaux laissés par eux ; je n'y trouvais rien et je mis des deglet-en-nour (dattes) dans un endroit bien apparent, afin que si ces envoyés se présentaient, ils vissent que j'étais passé là. J'ai su depuis que l'envoyé du colonel, qui m'avait précédé à Kheneg-el-Hadid, avait fait comme moi et avait marqué l'empreinte de son pied dans la direction à suivre, mais je ne découvris pas l'endroit où il avait laissé ces indications.

Après cela, marchant jour et nuit, je revins sur l'Oued Gharis où j'avais laissé mes compagnons. A mon retour Ahammed et El Alem, ne voulant pas attendre, rentrèrent dans leurs campements. Ahammed me remit la lettre d'Ahitaghel. Je me trouvais fort embarrassé de n'avoir aucune nouvelle de la mission que je voulais rejoindre à tout prix. Chikkat me dit : « Vois cette montagne élevée, vers l'Est, le colonel a dû passer par là, vas voir si tu l'y trouveras, je t'attendrais ici trois jours, si au bout de ce délai tu n'es pas de retour, je m'en irai chez moi et tu n'auras plus qu'à rebrousser chemin pour chercher la mission sur El-Mesegguem et Hassi-el-Hadjadj. » Je fis comme me disait Chikkat et je partis avec Ali ben Maatalla dans la direction d'Amguid. Le lendemain, le hasard nous fit rencontrer trois individus d'Insalah qui cherchaient des pâturages pour leurs chameaux et nous leur exposâmes notre cas, en leur demandant s'ils avaient des nouvelles de la mission; ils répondirent qu'ils ignoraient où elle se trouvait. Comme ils voyaient nos mehara très fatigués, l'un d'eux, nommé Mohammed Ould Moumen, habitant Insalah, me dit : « Tu ne peux pas te mettre en route dans ces conditions, laisse ton compagnon avec les miens, ils retourneront tous auprès de Chikkat sur l'Oued Gharis et l'attendront là dix jours; si au bout de ce délai tu n'as pas reparu, c'est que la mission aura été détruite et alors ton parent ira te rejoindre. Quant à moi, je t'accompagnerai si tu veux. » J'acceptai avec empressement l'offre de Mohammed Ould Moumen et nous partîmes ensemble, pendant qu'Ali ben Maatalla et les autres rentraient sur l'Oued Gharis. Le lendemain nous étions à Amguid et nous y rencontrions la mission. Le colonel l'avait quittée la veille avec les ingénieurs pour aller reconnaître le pays, vers l'Est, avec une dizaine de tirailleurs et Mohammed ben Belghit, Chambi, comme guide; je l'ai rejoint aussitôt et l'ai trouvé à la gara Khanfousa. Le colonel fut très heureux des nouvelles que je lui apportais et de la promesse qui lui était faite qu'il aurait des guides. Je dis au colonel que j'avais laissé Chikkat et mon compagnon à l'Oued Gharis et que je leur avait promis d'aller les rejoindre sous trois jours. Il envoya vers eux Mohammed ben Belghit pour leur dire de le rejoindre à Khanfousa et il envoya en même temps un mot au capitaine Masson, qui était resté avec la caravane à Amguid, pour lui prescrire de la faire avancer aussitôt. Le convoi, ainsi que Chikkat avec Ali ben Maatalla et les compagnons de Mohammed Ould Moumen, nous ont atteints à Khanfousa. Chikkat amenait aussi un nommé El Fokki, des Hoggar, qu'il avait rencontré faisant paître ses troupeaux sur l'Oued Gharis et qui amena six chameaux que le colonel lui acheta de 300 à 350 francs l'un.

D. Pouvez-vous nous dire quel était le contenu de la lettre que vous apportiez au colonel de la part d'Ahitaghel?

R. Le colonel a lu cette lettre devant moi. Ahitaghel avait répondu au dos de la lettre même du colonel et il lui disait : « Je me porte garant de ce qui peut t'arriver tant que tu seras sur mon territoire; au delà garde-toi comme tu l'entendras. Le chemin du Soudan t'est ouvert et tu peux passer. Je t'enverrai des guides pour te conduire. »

Le colonel fut très satisfait en lisant cette lettre et dit : « Nous pouvons aller maintenant au Soudan. »

D. La réponse d'Ahitaghel portait-elle un cachet?

R. Non, car Ahitaghel n'a pas de cachet officiel, je ne lui en ai jamais vu.

D. Qu'est-ce que le colonel avait décidé pendant votre absence?

R. Quand il vit que je tardais tant, il craignit ou que je fusse mort en route ou qu'Ahitaghel ayant changé de résolution à son égard m'eût gardé prisonnier auprès de lui. Il prit alors le parti de s'adresser aux Touareg

Azgar pour avoir des guides. A cet effet, il avait envoyé Sghir ben Cheikh avec le Targui Entiti auprès d'Abdelhakem pour lui demander des guides qui devaient l'attendre à Tahohait. Aussitôt après l'arrivée de Chikkat, le colonel renvoya Hamma ben Djabour, le dernier Targui des Azgar qui restait, pour contremander cet ordre et il le congédiait en même temps que ses deux compagnons, leur donnant à chacun une somme de cent francs, le mehari qu'il leur avait acheté et un anneau.

D. En quittant Amguid, qui est-ce qui servait de guide à la mission ?

R. C'est Chikkat qui a servi de guide à partir de Khanfousa en même temps que Mohammed Ould Moumen, que le colonel a gardé en attendant l'arrivée des guides Hoggar que Chikkat disait avoir prévenus.

D. Dites-nous ce qui s'est passé le jour du massacre de la mission ?

R. Ce jour-là nous avons campé à l'entrée d'une grande plaine qui se prolongeait fort loin vers le Sud.

Pendant la marche j'aperçus des gazelles en avant de la caravane et partis avec Mohammed ben Belghit sur l'autorisation du colonel pour aller les chasser. Mohammed ben Belghit fatigué revint bientôt au camp. Pour mon compte je continuai à chasser et tuai une gazelle; je l'apportai sur mon dos dans la direction du convoi et la cachai dans un endroit où je me proposais de venir la reprendre. Bientôt j'entendis les cris des chameaux que l'on déchargeait. Comme il n'était pas encore l'heure de mettre le camp, je m'étonnai de ce fait et me mis en marche pour rejoindre la caravane. En route je rencontrai El Ala ben Cheikh qui m'amenait mon mehari. Il me dit, de la part du colonel, d'aller le rejoindre aussitôt. Je montai sur mon mehari, partis au galop sans passer par le camp et atteignis bientôt le colonel. Les quatre guides Touareg, Mohammed Ould Moumen, Kbebbi, El Alem, Ahitaghel et Sghir ben Cheikh précédaient le colonel à une cinquantaine de pas. Celui-ci marchait avec le capitaine Masson, MM. Béringer, Roche, le docteur Guiard et le mokaddem; le premier convoi, chargé des outres vides, suivait tout près. Le colonel marchait avec son monde vers le Nord-Ouest; le chemin qu'il suivait était difficile et bien que les guides eussent déclaré que le puits était proche (on devait y déjeuner), je conçus des soupçons et ne les cachai pas aux chameliers que je rencontrai sur ma route. En arrivant près du colonel je lui dis : « Colonel, on te fait suivre un chemin qui n'est pas dans la bonne direction, de plus on te sépare de ta caravane, nous sommes trahis aujourd'hui. » Le colonel me répondit : « Non, cela n'est pas; vous autres Chambaa, vous voyez du danger partout, déjà l'année dernière vous m'avez empêché d'aller à Ghat, je ne vous écoute plus. Nous allons au puits et il n'y a aucun danger à courir. Du reste, j'ai pleine confiance en mes guides et ne crains qu'une chose, c'est que le ciel ne tombe. » J'ai repris alors : « Tu as tort d'avoir tant de confiance, dans tous les cas tu n'aurais pas dû te séparer de ta caravane et tu devrais l'attendre ou la rejoindre; il faut que nous restions groupés. » A ces paroles le colonel se fâcha et me dit durement : « Tu as peur et tu veux me ramener en Algérie, mais tu n'y parviendras pas. » Puis, parlant des Chambaa en général, il ajouta : « Je ne vous ai pas amenés ici pour me donner des avis, mais bien pour que vous alliez là où je vous enverrai. C'est précisément parce que je les sais raisonneurs que je n'ai pas voulu, cette année, composer ma caravane de Chambaa. » Je me tus.

Après plus de deux heures de marche nous arrivâmes au puits qui se trouve dans un lit de rivière contenant beaucoup de tamarix et à un endroit où la vallée se rétrécit. Cette rivière avait subi une légère crue quelques jours auparavant et il restait de l'eau dans des petites dépressions. Les chameaux, au nombre d'une vingtaine, qui portaient les outres vides et qui arrivèrent aussitôt après nous, furent abreuvés dans ces petits ghedir. Je fis boire mon mehari également. Un instant après, le mokaddem m'appela et me dit : « Aujourd'hui j'ai grand peur et je crains que nous soyons trahis. » Je lui dis que mon impression était la même. Il m'emprunta ma setla pour aller, dit-il, remplir son outre dans la rivière et il s'éloigna ; je ne le revis plus.

Le colonel, après s'être arrêté quelques instants avec les membres de la mission à considérer le puits, ordonna à tous les chameliers présents de se réunir pour le nettoyer ; ce puits étant rempli de détritus de toutes sortes et en partie comblé. Tous les hommes se mirent aussitôt au travail. Pendant cette opération, les membres de la mission se séparèrent. M. Béringer alla se reposer sous un tamarix, un peu au Nord du puits. M. Roche et le docteur Guiard remontèrent un peu la rivière ensemble pour se livrer à leurs travaux habituels. Le colonel et le capitaine Masson restèrent à côté du puits.

Les juments, qui n'avaient pas été débridées, avaient été tenues tout d'abord par deux chameliers, mais comme ils se trouvaient peu nombreux, ils durent tous coopérer au travail de nettoiement du puits, et les guides en profitèrent pour saisir les montures. El Alem tenait la jument du capitaine Masson, Sghir ben Cheikh a tenu d'abord celle du colonel, mais ayant dû s'éloigner pour ramener son mehari qui s'était écarté, la jument fut tenue par Ahitaghel. C'était la première fois que les guides tenaient les montures. Je l'ai fait observer au colonel en lui disant que cela n'était pas prudent. Il ne me répondit pas.

Dennery n'était pas encore arrivé au puits avec le premier convoi qu'il dirigeait.

Tout à coup on entendit un grand bruit dans la vallée et presque aussitôt on vit déboucher une masse énorme de Touareg à mehari qui s'avancèrent tous ensemble, au galop, vers le puits. Ahitaghel s'est précipité sur M. Béringer, qui n'eut pas le temps de saisir son revolver, et lui porta un coup de sabre au cou ; puis il monta sur une des juments, El Alem sur l'autre et tous deux, avec Khebbi, Mohammed Ould Moumen et Sghir ben Cheikh passèrent aussitôt aux Touareg.

Je me tenais à une quinzaine de pas du colonel, mon mehari attaché près de moi. Le premier mouvement du colonel et du capitaine Masson, en voyant un si grand nombre d'ennemis, fut de chercher à monter à cheval; ils firent quelques pas dans la direction des chevaux, en criant de les leur amener, mais voyant les guides s'éloigner sans les écouter, ils comprirent qu'ils étaient trahis. Ils restèrent alors sur place, et quand les Touareg furent à portée, ils déchargèrent sur eux leurs six coups de revolver. Quelques coups de feu furent tirés par les Touareg, mais j'ignore s'ils ont atteint quelqu'un. Je vis un Targui jeter sa lance sur le colonel après avoir fait vibrer cette arme; je ne crois pas que le colonel ait été touché. Le colonel a tué un Targui qui est tombé de dessus son mehari et est venu rouler à ses pieds; le capitaine Masson en a blessé un autre. Tous deux furent presque aussitôt atteints à leur tour. Le colonel reçut un coup de sabre à l'épaule et tomba sur le dos, percé en même temps de nombreux coups de lance. Le capitaine Masson reçut des coups de lance à la poitrine et au visage.

Pour mon compte, je tirai un coup de feu sur la masse des Touareg et m'enfuis sur mon mehari.

D. Cette attaque avait-elle duré un certain temps?

R. A peine quelques instants. Si les Touareg ne s'étaient pas signalés par leurs cris, ils eussent pu nous égorger tous sans qu'il nous fût possible de faire résistance.

D. Avez-vous vu mourir MM. Roche et Guiard?

R. Je ne les ai pas vus mourir, mais je sais qu'ils ont été tués et je présume que les guides les ont rencontrés sur leur route en allant rejoindre les Touareg et les ont massacrés.

D. Combien y avait-il d'hommes à peu près avec le colonel ?

R. Il y en avait une dizaine à peu près.

D. N'ont-ils pas cherché à défendre le colonel ?

R. L'attaque a été tellement brusque et imprévue que personne n'a eu le temps de se rendre compte de ce qui se passait. Tous les hommes qui étaient au puits se sont enfuis; pas un n'a songé à ce moment à tirer. Plusieurs ont été atteints et tués par les Touareg qui s'acharnaient surtout contre les Français.

D. Avez-vous vu mourir Dennery ?

R. Non, il n'était pas encore arrivé au puits quand ces événements se sont passés, mais il en était proche.

D. Plusieurs chameliers affirment avoir vu Sghir ben Cheikh monté sur une des juments de la mission et disent qu'il aurait frappé lui-même des membres de la mission ?

R. C'est faux; Sghir ben Cheikh n'est pas monté sur une des juments au début. Par la suite, je n'en sais rien.

D. Sghir ben Cheikh est votre parent ?

R. C'est mon cousin germain, mais je ne l'aime pas; c'est un homme sans foi ni loi, couvert de dettes et je ne m'étonne pas qu'il ait trahi le colonel.

D. Sghir ben Cheikh était au courant du complot tramé contre la mission ?

R. Certainement.

D. Est-il vrai qu'il ait vendu ses palmiers avant son départ d'Ouargla ?

R. Sghir ben Cheikh n'a pas vendu ses palmiers; il en possède environ trois cents à Aïn-Hadjadja. Il a également, à Aïn-Hadjadja, une femme de laquelle il a un fils de trois ans et une fille de deux ans. Sghir ben Cheikh n'a plus de patrie et passe ordinairement chez nous pour un homme vil. Il est marié aux Ifoghas à la fille d'Abdelhakem et y a un fils. Sghir ben Cheikh restait habituellement l'hiver aux Azgar et venait régulièrement chaque année à Ouargla, à l'automne, au moment de la récolte des dattes ; il y passait quelques mois.

D. Comment vivaient habituellement les guides pendant la marche ?

R. Le colonel m'avait chargé, moi et le mokaddem, de la nourriture des guides ; nous faisions la cuisine, puis nous portions le repas aux guides touareg qui mangeaient tous quatre ensemble. Les Chambaa prenaient, autrefois, leur repas ensemble, mais depuis l'arrivée du guide El Alem, je vécus avec le mokaddem ; Ali ben Maatalla, Sghir ben Cheikh et El Ala ben Cheikh vécurent ensemble. Les guides touareg avaient une tente et ceux-ci n'en avaient pas.

Sghir ben Cheikh allait souvent causer avec les guides Touareg et il me dit que El Alem était fâché que je ne vinsse pas de temps en temps causer avec lui. Je lui répondis que je ne pouvais laisser le mokaddem seul.

D. Qu'est-ce qui vous faisait craindre une trahison contre la mission ?

R. Je n'avais pas confiance dans Sghir ben Cheikh. Précédemment il avait demandé au colonel à le quitter et cherchait à entraîner avec lui les Chambaa. Je m'y suis opposé. Plusieurs fois, en marchant avec les guides, je leur avais posé quelques questions sur le pays et ils m'avaient répondu en disant : « Pourquoi demandes-tu cela. » Enfin, le miad m'avait produit une mauvaise impression et je craignais que ces gens-là eussent de mauvais projets. Quand je vis qu'on emmenait le colonel vers le Nord-Ouest et qu'on le séparait de sa caravane, je me suis dit : nous sommes trahis.

D. Ali ben Maatalla, Mohammed ben Belghit et El Ala ben Cheikh connaissaient-ils le complot ?

R. Les deux premiers m'ont dit par la suite qu'ils n'y

avaient été initiés que le jour même; ce jour-là, en effet, ils n'ont pas paru; ils ont marché à l'écart et après le massacre, Sghir ben Cheikh est allé les chercher et les a amenés auprès des Touareg. Quant à El Ala ben Cheikh, frère de Sghir, c'est un enfant; il était trop jeune pour qu'on lui confiât un pareil secret. Il se sauva, me rejoignit et nous fûmes cernés tous deux par les Touareg qui nous firent prisonniers.

D. A quel moment pensez-vous que la trahison a été décidée?

R. Les Touareg avaient, dès le début, l'intention de détruire la mission, mais le projet n'a été arrêté définitivement que lors de la venue du miad et c'est pendant l'absence que Sghir fit avec El Alem qu'il fut mis du complot. Il n'eut pas de peine à rendre Ali ben Maatalla et Mohammed ben Belghit ses complices.

D. A combien de jours étiez-vous d'Hassiou, le jour du massacre?

R. Au dire d'El Alem nous n'en étions plus qu'à quatre jours. Le colonel avait le projet de m'envoyer avec le mokaddem auprès des tribus d'Ahïr avec une lettre. Il disait : « Si ces tribus veulent nous livrer passage, nous irons au Soudan, sinon nous reviendrons par Ghat. »

D. El Ala ben Cheikh ne s'est pas enfui avec vous, comme vous le dites; on l'a vu marcher de compagnie avec Ali ben Maatalla et Mohammed ben Belghit; aucun chamelier ne l'a aperçu ce jour-là du côté du puits et puis qu'ils vous ont vu vous enfuir sur votre mehari, ils l'eussent vu lui-même tout aussi bien. El Ala est resté avec ses deux compagnons?

R. Tout cela s'est passé comme je l'ai dit.

D. Il nous revient également que vous n'auriez pas été fait prisonnier, comme vous le dites, car vous aviez un mehari de choix et pouviez fort bien échapper, mais que vous êtes venu librement vers les Touareg qui vous con-

naissaient. Vous saviez, d'ailleurs, fort bien que votre qualité de Chambi était pour vous une sauvegarde ?

R. Je ne suis pas venu librement vers les Touareg et ils m'ont cerné avec El Ala, comme je vous l'ai expliqué.

D. Dites-nous ce que vous avez vu et appris ce jour-là ?

R. Après le combat livré aux chameliers, et qui coûta aux Touareg quatre ou cinq morts et un plus grand nombre de blessés, les Touareg se réunirent à quelque distance du puits pour ne pas rester à côté des cadavres des membres de la mission, qui ont été laissés sans sépulture, mais non mutilés comme on l'a prétendu. Après le combat, les Touareg, qui avaient réuni tous les chameaux, parurent craindre une attaque et placèrent des sentinelles du côté du camp. Lorsque M. de Dianous se présenta à la tête d'une vingtaine d'hommes, ils s'enfuirent loin du puits. Je suis persuadé que si l'officier avait eu l'audace de livrer combat à ce moment, les Touareg eussent abandonné les chameaux. Ils s'étaient réfugiés sur le sommet d'un mamelon ne laissant voir que leurs têtes et y restèrent jusqu'au départ de l'officier, au coucher du soleil. Le soir, les Touareg se sont occupés d'enterrer leurs morts et de soigner leurs blessés; ils étaient peu rassurés au fond et craignaient une attaque de nuit. Je crois qu'ils ont envoyé des reconnaissances du côté du camp, et dans tous les cas ils mirent des sentinelles aux environs. Ces sentinelles étaient effrayées, car de temps en temps elles tiraient des coups de feu. On croyait que l'officier était venu reconnaître la position et la force des Touareg pour les attaquer par la suite. Les Touareg ont passé la nuit toute entière à veiller; les chameaux qui avaient été blessés grièvement furent égorgés et ils firent un grand festin. Ils chantèrent, se livrèrent à une grande joie et paraissaient fiers d'avoir tué le colonel et ses compagnons.

D. Avez-vous vu les cadavres des membres de la mission ?

R. J'ai aperçu, mais de loin seulement, le cadavre du colonel non loin du puits.

D. Est-il vrai que des chameliers de la mission, espérant être épargnés, s'étaient donnés comme Chambaa pendant le combat et que les Touareg les tuèrent ensuite sur l'affirmation de Sghir ben Cheikh qu'ils mentaient?

R. Je n'en sais rien, mais la chose est fort possible.

D. Les Touareg n'ont pas fait de prisonniers?

R. Ils n'en ont fait aucun pendant le combat si ce n'est le nègre Mohammed dit Bou Lefàa et le tirailleur Khemis ben Salah, righi d'Ouargla, que la couleur de son teint a fait prendre pour un nègre. Bou Lefàa a été repris par son ancien maître de chez lequel il s'était enfui et qui se trouvait là, et Khemis a été emmené en esclavage par Tissi ould Chikkat qui se l'est approprié. Le jour du combat, le nommé Lechleg ben Arfa, des Maamra, qui se trouvait au puits, à côté du colonel, avait reçu un coup de sabre au visage et avait été laissé pour mort. Quand il revint à lui, le combat était terminé; il fut épargné et Engadi, neveu d'Ahitaghel et héritier du pouvoir, le prit sous sa protection et l'emmena en esclavage. Le lendemain, je vis un tirailleur, haut de taille, prisonnier; un Targui le fit évader pendant la nuit et je ne sais ce qu'il est devenu; il est, sans doute, mort de soif.

D. Le ghezzou qui a massacré la mission était-il composé de Touareg Hoggar seulement?

R. Il était composé de Touareg Hoggar dont toutes les fractions avaient fourni des contingents, sauf cependant les Taïtok qui, ayant été ghazzés par les gens d'Ahïr quelque temps auparavant, étaient partis pour reprendre leurs chameaux et n'avaient pu assister à cette affaire.

Tous les Hoggar y étaient représentés, même ceux d'Insalah. Parmi les chefs, que je ne connais pas tous, je ne puis citer que Engadi, des Kel-Eghla, Tissi, Naba, des Kel-Ahamellen (Ouled Messaoud), Abda, Mohammed bou Gherara, les deux fils de Khatkhat, Hamma. Je reconnus là beaucoup de Touareg qui avaient assisté au miad, et en particulier les deux qui étaient venus en dernier lieu proposer de vendre des moutons et des chèvres.

D. Continuez le récit de ce qui se passa au milieu des Touareg ?

R. Le lendemain de très bonne heure, Sghir ben Cheikh et Tissi, montés sur les juments et accompagnés de leurs deux complices des Chambaa, allèrent du côté du camp qu'ils trouvèrent évacué. Ils prirent tout ce qu'ils y trouvèrent de plus précieux, le cachèrent aux environs et vinrent ensuite dire aux Touareg que la colonne était partie. Les Touareg se mirent aussitôt en marche et se précipitèrent sur le camp comme des oiseaux de proie; ils y trouvèrent une foule d'effets et d'objets de toutes sortes qu'ils mirent dans les caisses qui avaient été à moitié brisées et qu'ils chargèrent sur des chameaux. Ils n'osèrent pas toucher aux vivres qu'ils croyaient empoisonnés et répandirent à terre la farine, les dattes, etc. Ils ne prirent qu'une partie du biscuit. On trouva fort peu d'argent et les Touareg, après le partage, n'eurent chacun pour leur part qu'une somme de 12 francs 50. Ce jour-là, le ghezzou coucha près du camp.

D. Que vous a dit Sghir ben Cheikh et ses compagnons quand vous les vîtes au milieu des Touareg ?

R. J'ai fait des reproches à Sghir sur sa conduite infâme et l'ai vivement blâmé de ne m'avoir pas prévenu de ses intentions. Il m'a dit : « Si je t'avais mis du secret, tu l'aurais dit au colonel. »

D. Après le pillage du camp qu'êtes-vous devenu ?

R. Les Touareg nous ont emmenés avec eux; tout le ghezzou suivit les traces des fugitifs de la mission. Un Targui trouva en route un sac d'argent qu'un des survivants avait perdu. Les Touareg, qui avaient éprouvé une grande déception en découvrant si peu d'argent au camp, virent leur cupidité augmentée par ce fait. Nous avons marché ainsi pendant quatre jours avec les Touareg. Au bout de ce délai, ils se séparèrent : cinquante cavaliers se dirigèrent chez les Ifoghas et allèrent ghazzer le marabout Si Mohammed ben El Hadj Ahmed, pour le punir, disaient-ils, d'avoir amené les Français chez eux. Un autre parti, de cent cavaliers, sous le commandement de Tissi, se porta sur les traces des survivants pour les combattre et les autres se dispersèrent pour rentrer chez eux. Quant à nous, Chambaa, nous nous sommes dirigés tous ensemble sur les Touareg Azgar conduits par Sghir ben Cheikh. Au bout de neuf jours nous avons atteint à El-Menghough le campement du fils d'Ikhenoukhen, chez lequel nous sommes restés deux jours, de là nous sommes allés chez Abdelhakhem, beau-père de Sghir ben Cheikh, qui le reçut d'abord fort mal.

D. Que vous dit le fils d'Ikhenoukhen ?

R. Nous lui apportions les premiers les nouvelles du massacre de la mission ; il nous reçut bien et parut très affecté du malheur qui était arrivé. Il nous dit que lorsqu'il apprit le départ du colonel pour les Hoggar, il lui avait envoyé un messager pour le dissuader de ce projet qui le conduirait à la mort. Le colonel était déjà passé à ce moment et le messager revint sans l'avoir atteint. Le fils d'Ikhenoukhen nous a dit que le jour où les Français voudraient venger la mort du colonel, ils aient à l'informer de leur départ et qu'il se joindrait à eux. Tous les Ifoghas furent très attristés de cette nouvelle.

D. Combien de temps êtes-vous resté chez les Azgar?

R. J'y suis resté 15 jours, je voulais partir chaque jour, mais j'en étais empêché par Sghir ben Cheikh.

D. Est-il vrai que les Azgar voulaient se porter au secours des survivants de la mission, ou tout au moins leur faire parvenir des vivres, et que vous et vos compagnons vous êtes opposé à ce projet ?

R. Il n'a jamais été question d'aller porter des vivres aux survivants, ni de les secourir.

D. *Vous pensiez, vous et les Chambaa que pas un seul ne réussirait à gagner Ouargla et que vous seriez les seuls à apporter la nouvelle ?*

R. Je n'étais pas de cette opinion et étais persuadé, au contraire, que beaucoup réussiraient à échapper.

D. *Après être resté 15 jours chez les Azgar, vous êtes parti pour Ouargla. Combien de temps avez-vous mis pour y arriver ?*

R. 25 jours.

D. *Vous pouviez, même après avoir tant tardé chez les Azgar, arriver à Ouargla en 8 ou 10 jours et sauver peut-être M. de Dianous et ses compagnons qui mettaient en vous leur seul espoir ?*

R. J'étais fatigué et la route est longue.

D. *Les nommés Cheikh ben Ahmed, Barka ben Aïssa et Mohammed ben Abdelkader, des Beni-Thour, vous accusent formellement de les avoir dépouillés de l'argent qu'ils portaient et d'avoir voulu ensuite les tuer. Vous les avez abandonnés à Khenifisa, croyant qu'ils mourraient de soif. Vous aviez peur sans doute qu'en arrivant à Ouargla ils signalassent la conduite des vôtres, dont vous vous êtes fait un peu le complice par votre inertie ?*

R. Je n'ai jamais cherché à tuer ces trois individus ; si telle avait été mon intention, la chose m'eût été facile. Cheikh ben Ahmed et ses compagnons qui étaient partis à pied avec moi et El Ala de chez les Ifoghas, avaient pris en route deux chameaux appartenant à des gens de cette tribu ; je n'ai pas voulu me rendre complice de leur mauvaise action, je les ai forcés à laisser les animaux et leur ai défendu de marcher avec moi.

D. Vous ne nous avez rien dit de la part de butin rapportée aux Azgar par les Chambaa ?

R. Sghir ben Cheikh a amené pour sa part 3 chameaux aux Ifoghas. Il a également apporté des effets précieux et il était vêtu d'un burnous de prix. Ali ben Maatalla et Mohammed ben Belghit avaient chacun un chameau de la mission et divers effets.

D. Le nommé Cheikh ben Ahmed et ses compagnons vous accusent d'avoir amené aux Ifoghas votre part de butin, ainsi que El Ala ben Cheikh qui portait, dit-on, beaucoup d'argent?

R. Ces gens mentent.

D. Savez-vous ce que sont devenus les papiers de la mission ?

R. Je n'en sais rien, je pense que les Touareg ne les ont pas détruits et qu'on pourra les avoir plus tard à prix d'argent.

N° 27

Déposition du nommé BELKACEM BEN LAKHDAR, *des Chambaa Bou-Rouba* (fraction des Ouled Smain).

(Voir le journal de marche, journée du 8 mars.)

D. Vous avez été envoyé par l'officier auprès des Touareg avant l'arrivée de la colonne à Aïn-El-Kerma. Dites-nous ce qui vous est arrivé à partir de ce moment ?

R. J'avais déjà été envoyé auprès des Touareg, je revins vers l'officier qui demandait des hommes de bonne volonté pour se rendre chez les Touareg et rapporter les vivres qu'ils promettaient et personne ne se présenta.

Je ne consentis moi-même à y aller que lorsque l'officier eut beaucoup insisté et il dut désigner les quatre autres pour m'accompagner. C'étaient les nommés Ahmed ben Bou Rouba, tirailleur des Chambaa, Dahebi ben Sakhri, des Hadjadj, chamelier, Abdelkader ben Mohammed, chamelier de Laghouat et Mohammed ben Djedid, chamelier des Chambaa. Nous partîmes tous sans armes.

En arrivant tous les cinq auprès des Touareg ils parurent mécontents et dirent que nous étions trop peu nombreux pour ramener les moutons et les vivres. Cinq hommes nous prirent en croupe sur leurs mehara ; aussitôt après le départ de l'officier, nous fûmes suivis par 7 autres. On nous ramenait en arrière sur nos traces. Pendant ce trajet, les Touareg, pour nous inspirer confiance, nous donnèrent des dattes.

Vers le coucher du soleil, nos conducteurs se sont arrêtés en disant que leurs chameaux étaient fatigués et qu'ils voulaient coucher à l'endroit où nous nous trouvions à cause des pâturages. Nous nous reposerons un peu ici, dirent-ils, puis nous repartirons au lever de la lune et demain matin nous serons au campement.

On nous déposa à terre. Un instant après les Touareg dirent quelques mots dans leur langue et aussitôt tous se précipitèrent sur nous le sabre à la main et nous enlevèrent complètement nos vêtements pour nous tuer. Nous nous mîmes à crier disant que nous étions Chambaa, mais ce fut en vain. Le nommé Ahmed ben Bou Rouba reçut un coup de sabre sur le cou et un autre sur la poitrine ; les autres furent atteints successivement de plusieurs coups de sabre et tombèrent. Les Touareg furent impitoyables et nous repoussaient en disant : « Vous nous avez amené les Français, vous mourrez. »

Pour mon compte je réussis à me réfugier sous les vêtements de Naba, frère de Tissi, que je connaissais, en demandant grâce. Naba a dit : « Celui-ci est mon prisonnier, j'en ferai ce qu'il me plaira, que personne n'y touche. » Et j'échappai ainsi à la mort.

Les Touareg ramassèrent les effets de mes compagnons et se les approprièrent. Ils se mirent ensuite à manger des dattes près des cadavres de mes compagnons. Bientôt ils partirent laissant auprès de moi un nègre pour me garder. On m'avait attaché les pieds et les mains.

Quelques instants après leur départ, je dis au nègre de me détacher. Ahmed ben Bou Rouba, qui avait conservé un peu de vie, entendit le son de ma voix et m'appela : « O Belkacem, ô Belkacem. » Le nègre l'entendit et se mit à crier; aussitôt quatre hommes vinrent au galop de leur mehara et le nègre leur dit que l'un des hommes qu'ils avaient frappés respirait encore. Ils se portèrent vers lui et l'un d'eux dit : « Cela est un coup porté par moi et celui qui l'a reçu n'en revient jamais. » Ils lui dirent de se remuer, mais le malheureux Ahmed ben Bou Rouba ne put faire un mouvement. Les Touareg rejoignirent alors leurs compagnons sans l'avoir achevé. Il ne tarda pas du reste à expirer.

Je couchai à cet endroit avec le nègre, qui m'emmena le lendemain matin au puits que la colonne avait quitté la veille. J'y restai deux jours sans nourriture, jusqu'au moment où les Touareg y arrivèrent, amenant avec eux Kaddour ben Guenda et Mohammed ben Aïssa.

N° 28

Déposition du nommé KADDOUR BEN GUENDA, *des Chambaa Bou-Rouba* (fraction des Ouled Smaïn).

(Voir le journal de marche, journée du 10 mars.)

D. Faites-nous le récit de ce qui vous est arrivé lorsque vous fûtes retenu par les Touareg à Aïn-El-Kerma ?

R. Le matin, l'officier m'envoya avec un tirailleur pour remettre à Tissi 300 francs et un burnous comme présent. Nous dîmes de la part de l'officier à Tissi que s'il désirait la paix, il devait renvoyer la plus grande partie de son monde et ne conserver que quelques mehara.

Tissi renvoya le tirailleur en lui disant de ramener un plus grand nombre de gens, pour traiter de la vente des moutons. Je fus retenu par les Touareg. Au retour du tirailleur auprès de l'officier, celui-ci désigna Sassi ben Chaïb et Mohammed ben Aïssa, des Chambaa, pour se rendre auprès des Touareg. Ceux-ci refusèrent tout d'abord puis consentirent à y aller ; ils furent suivis du nommé Ali ben Bou Ghiba.

A l'arrivée de ces trois hommes, Tissi se mit à crier en targui, nous insulta, nous bouscula et nous mit de côté ; puis il renvoya Ali ben Bou Ghiba en lui disant : « Amène-moi le mokaddem, El Madani, et d'autres, en un mot les meilleurs des vôtres, afin que nous puissions faire le marché, ceux que vous m'avez envoyés ne sont que de simples bergers et nous ne voulons pas traiter avec eux. »

Ali ben Bou Ghiba partit et revint ramenant le mokaddem et Abderrahman ben Salem. La colère de Tissi augmenta encore en voyant l'insuccès de sa démarche. Il renvoya Abderrahman ben Salem en lui disant de lui amener El Madani et d'autres hommes des plus intelligents. Abderrahman ben Salem revint au camp et dit à ses camarades : « Nous sommes trahis, sauvons-nous ; ceux qui sont auprès des Touareg vont certainement être massacrés. » Ali ben Bou Ghiba s'en alla également du côté des nôtres.

Lorsque Tissi vit qu'on ne lui enverrait plus personne il s'écria : « Allons, levez-vous, nous allons faire le marché. » Et il nous entraîna avec quelques Touareg dans un bas-fond hors de la vue du camp. Pendant que nous marchions, je voyais les yeux de Tissi prendre une expression toute particulière et je compris, ainsi que

Mohammed ben Aïssa, que l'on voulait nous massacrer ; nous ne nous sommes pas éloignés de lui.

Après avoir fait une centaine de pas, Tissi se mit à crier en targui ; aussitôt tous les Touareg qui l'accompagnaient mirent le sabre à la main et se précipitèrent sur nous pour nous enlever nos vêtements et nous massacrer. Je me réfugiai auprès de l'un des fils de Katkhat et me collai à ses effets, il me repoussa en disant : « Va vers Tissi, il n'y a que lui qui puisse te sauver. » Je suis allé me jeter aux pieds de Tissi avec Mohammed ben Aïssa qui le tenait par son burnous, il nous repoussa plusieurs fois puis, enfin, ordonna qu'on nous épargnât.

Le mokaddem fut atteint le premier ; aussitôt qu'on lui enleva ses vêtements, il demanda grâce et cria : « O Tedjani, ô Tedjani ! » Le nègre de Tissi, doué d'une force herculéenne, s'avança vers lui, poussa un cri féroce et en même temps porta au mokaddem un coup de sabre qui lui détacha un bras et pénétra profondément dans la poitrine. Un flot de sang jaillit et le mokaddem tomba.

Sassi ben Chaïb, bien qu'il invoquât sa qualité de Chambi, reçut un coup de sabre qui lui fendit la tête.

Après cela, les Touareg sellèrent leurs mehara, puis partirent dans la direction d'Amguid nous laissant sous la garde de trois amghad. On nous attacha les pieds et les mains et on nous laissa sans nourriture.

Dans l'après-midi, nous entendîmes de nombreux coups de feu vers Amguid et nous comprîmes qu'il se livrait là un combat important.

Vers huit heures du soir, un cavalier à mehari arriva près de nous, parla en targui à nos gardiens qui nous détachèrent les pieds seulement et nous emmenèrent à Amguid, sur le lieu même où le combat s'était livré.

Les Touareg passèrent la nuit à veiller et s'occupèrent de donner la sépulture à leurs morts qu'ils enterrèrent sans creuser de fosse et en les recouvrant seulement d'une voûte en pierres. Ce sont les amghad et les nègres qui firent cette besogne.

Les Touareg se tenaient par petits groupes et paraissaient fort abattus. Dans le courant de la nuit, Tissi est venu nous trouver et nous demanda si nous pensions que l'on viendrait les attaquer. Nous avons répondu que nous n'en savions rien et lui avons conseillé de placer des sentinelles, ce qu'il avait déjà fait.

D. Avez-vous vu le cadavre de l'officier ?
R. Nous ne l'avons pas vu. Les Touareg nous ont dit qu'ils avaient tué le maréchal des logis et paraissaient très heureux de ce succès.

D. Continuez votre récit ?
R. Les Touareg nous dirent qu'ils avaient eu deux hommes tués et trois blessés dans cette journée, mais nous apprîmes par la suite qu'ils en avaient eu beaucoup plus. Du reste, il est dans leur habitude de cacher avec le plus grand soin le nombre de leurs morts.

Après avoir enterré leurs morts, opération qui prit beaucoup de temps, les Touareg égorgèrent un mouton et nous apportèrent un peu de viande, puis ils nous attachèrent et mirent un nègre auprès de nous pour nous garder.

Il était facile de voir que le nombre des Touareg avait sensiblement diminué. Nous ne revîmes pas un seul des trois ou quatre nobles qui étaient ordinairement avec Tissi. Tous les Touareg paraissaient terrifiés; ils passèrent la nuit dans la tristesse à délibérer.

Nous avons vu une quinzaine de Touareg armés de fusils Gras.

Le lendemain matin, les Touareg partirent pour Djemâat-Merghem (Adjelman-Arghem), pour harceler les débris de la mission; ils ne laissèrent auprès de nous que quatre amghad et trois blessés. Tissi avait reçu un coup de feu à hauteur de la ceinture; le sang coulait abondamment de cette blessure qui l'empêchait presque de marcher, mais malgré cela il monta à mehari.

Tissi est très robuste et très craint; quand il parle, aucun Targui n'ose élever la voix.

Au moment du départ du ghezzou, nous vîmes trente mehara avec leurs selles, sans cavaliers. Quand nous avons demandé pourquoi ces mehara n'étaient pas montés, on nous répondit qu'on les avait amenés pour transporter des bagages, ce qui était faux puisqu'ils avaient des selles. Nous en avons conclu que les Touareg avaient perdu une trentaine d'hommes au combat d'Amguid. Nous avons su aussi que le nommé El Fokki, que nous avions rencontré précédemment dans notre trajet et qui nous avait apporté du lait, avait été tué dans ce combat.

Les Touareg croyaient avoir tué le maréchal des logis Pobéguin et non l'officier. Ils s'en glorifiaient beaucoup et disaient : « S'il y avait eu parmi vous dix hommes comme lui, aucun de nous n'aurait échappé à la mort. » Le maréchal des logis leur inspirait une grande frayeur, car ils nous dirent plus tard que s'ils avaient su qu'il ne fût pas mort à Amguid, ils n'eussent pas poursuivi la colonne jusqu'à Djemâat-Merghem.

Après le départ du ghezzou, nos gardiens nous détachèrent les pieds et nous emmenèrent sur la route que nous avions suivie précédemment. Nous passâmes la nuit sur le chemin. Le lendemain nous continuâmes notre route dans la même direction et arrivâmes sur un point d'eau, à une guelta où nous étions passés avec l'officier. Nous vîmes là Belkacem ben Lakhdar, très fatigué, et qui, à partir de ce jour ne nous quitta plus. On nous détacha et nous passâmes la nuit à cette guelta.

Le ghezzou ne revint que le lendemain vers le milieu du jour, toujours avec trente mehara sans cavaliers. On nous apprit qu'on n'avait pas livré de nouveau combat et nous vîmes que les Touareg, démoralisés par les pertes qu'ils avaient subies, avaient renoncé à poursuivre les débris de la mission. Sidi ould Khatkhat vint nous dire, pendant la nuit, que nous ne mourrions pas puisque les tirailleurs avaient réussi à s'échapper. D'après cela, nous pensâmes que les Touareg espéraient détruire jusqu'au dernier les survivants de la mission, afin qu'aucun ne pût porter la nouvelle à Ouargla et dire ce qui s'était passé. Sidi ould Khatkhat nous montra un revolver qu'il nous dit être celui du capitaine Masson.

Tissi nous fit rendre les effets qui nous avaient été enlevés; on ne nous avait laissé qu'une gandoura et une chechia.

Aussitôt arrivés, les Touareg firent abreuver leurs mehara, puis ils se mirent en route dans la direction de Garet-el-Djenoun, à l'ouest d'Amguid. Le soir, une partie des Touareg rentrèrent dans leurs campements et il n'en resta qu'une cinquantaine environ, parmi lesquels Tissi et Sidi ould Khatkhat.

Parmi les gens qui composaient le ghezzou de Tissi, il y avait vingt hommes du village d'Imghar, près d'Insalah, et il y avait aussi, parmi eux, des Ouled Bahamou qui avaient suivi les Touareg à l'instigation d'El Hadj Abdelkader ben Badjouda, chef de la djemâa d'Insalah.

Le lendemain matin on leva le camp et tous les Touareg se dispersèrent. Nous fûmes laissés à la garde de quinze amghad auxquels on recommanda de nous conduire au campement de Chikkat, où nous arrivâmes au bout de trois jours de marche.

Ce campement se composait de trois tentes basses et petites, en cuir, pour lui et pour chacun de ses fils Tissi et Naba ; plus sept à huit tentes d'amghad, placées un peu à l'écart.

En arrivant, nous vîmes les deux juments de la mission attachées à la tente de Chikkat qui est le chef des Ouled Messaoud (Kel-Ahamellen) et deux chevaux qu'il possédait auparavant, près des tentes de ses fils Tissi et Naba.

Les femmes sont allées chercher une natte en jonc et l'ont étendue, en guise de tente, au-dessus de nous pour nous abriter. Il y avait parmi elles la femme de

Chikkat, celle de Naba et, enfin, une fille de Chikkat, déjà âgée, et qui n'a jamais été mariée. Les femmes et les enfants vinrent nous voir et paraissaient bien disposés à notre égard.

Tissi nous avait devancé au campement. Il se coucha dans sa tente dont il ne sortit pas; il ne pouvait plus marcher et paraissait souffrir beaucoup de la blessure qu'il avait reçue. Le projectile était, sans doute, resté dans la plaie et les Touareg ne savent pas extraire les balles.

La femme de Chikkat nous apporta du lait et parut s'intéresser à nous; Chikkat, qui se trouvait auprès de son fils Tissi, vint à nous un moment après et nous posa quelques questions. Il nous demanda de quelle fraction des Chambaa nous étions. Nous répondîmes : des Ouled Smaïn. Chikkat nous dit : « Gardez-vous bien de répéter que vous êtes des Ouled Smaïn. Reposez-vous ici et Dieu ne fera que le bien. »

Le soir une négresse nous apporta des dattes pilées, mélangées d'eau pour notre dîner, et elle nous dit en secret que l'on avait l'intention de nous tuer.

Le lendemain la femme de Chikkat, en nous apportant elle-même à déjeuner, nous rassura et nous dit: « Ne craignez rien, vous êtes venus dans notre campement, vous ne mourrez pas. » C'est, en effet, à l'heureuse influence de la femme chez les Touareg que nous devons la vie, car je suis persuadé que les Touareg avaient le désir de nous tuer.

Dans la journée, nous voyons de tous côtés des cavaliers qui arrivaient à mehari et se rendaient directement à la tente de Tissi, pour prendre des nouvelles de sa santé.

Nous sommes restés quatre jours entiers dans le campement de Chikkat. Lui et sa femme venaient seuls nous voir. Chikkat nous dit qu'il avait envoyé avertir de notre arrivée des Chambaa insoumis des Ouled Bou-Saïd qui étaient campés non loin de là; les Chambaa répondirent qu'ils ne voulaient pas se charger de nous. Ces gens sont nos ennemis, ont-ils dit à Chikkat, c'est leur caïd qui a conduit Saïd ben Driss jusqu'à El-Botah et s'ils n'étaient pas chez toi nous les tuerions.

Pendant les quatre jours que nous passâmes dans le campement de Chikkat, nous entendions chaque soir la fille de Chikkat chanter sur un ton monotone se rapprochant beaucoup du chant nègre et s'accompagnant sur l'amzad (sorte de violon monocorde). Les jeunes gens du campement et même des environs se réunissaient autour d'elle. De temps à autre, les Touareg poussaient des cris de joie.

Un jour nous vîmes la fille de Chikkat partir seule, le matin, montée sur un mehari richement orné et portant des clochettes; son départ causa un certain émoi dans le campement. Elle revint le soir même.

Un jour aussi nous vîmes Naba, l'un des fils de Chikkat, partir à la chasse, monté sur une des juments de la mission; il se servait du harnachement français et ne sachant comment mettre l'étrier, il avait passé l'une des branches entre l'orteil et le premier doigt du pied. Il nous fit un signe amical de la main en passant. Les Touareg sont trop pauvres pour donner de l'orge à leurs chevaux; ils les nourrissent de lait et d'herbe.

Dans la conversation nous avons dit à Chikkat que les Hoggar avaient bien mal agi vis-à-vis des Français; il nous répondit qu'il regrettait beaucoup ce qui s'était passé, que ses fils étaient partis à son insu pour participer au massacre de la mission et que s'il se fût trouvé là, il les en eût empêchés.

Dans la nuit du quatrième jour, la femme de Chikkat vint nous apporter une vieille paire de souliers touareg et les instruments nécessaires pour réparer les chaussures, fort détériorées, qui nous restaient. Chikkat vint aussi nous voir cette nuit-là et nous dit : « Je crains d'être débordé par mes gens qui veulent vous faire un mauvais parti et j'ai hâte que vous quittiez mon campement où je ne veux pas que votre sang soit répandu, sauvez-vous. » Nous lui répondîmes que nous ne savions quelle direction prendre. Alors, il appela son nègre et lui dit : « Le plus grand plaisir que tu puisses me faire est d'emmener ces gens-là. » Il nous donna quelques poignées de dattes et nous le quittâmes sur le champ. Fort heureusement pour nous, aussitôt après notre départ, il s'éleva un ouragan de sable qui effaça nos traces et empêcha les gens qui auraient voulu nous tuer de se mettre à notre poursuite. Chikkat nous avait précisément souhaité cette tempête que l'état du ciel lui avait fait prévoir, et son souhait se réalisa à point.

Le lendemain matin, nous arrivâmes à l'endroit où passait un des troupeaux de chameaux de Chikkat; le nègre prit trois chameaux qu'il attacha et conduisit à la file sans nous laisser monter. Il avait peur que nous ne nous sauvions avec les chameaux de son maître.

Au bout de onze jours d'une marche presque continuelle, dans un pays où nous rencontrions de l'eau presque chaque jour, nous atteignîmes Insalah. En arrivant dans cette ville nous allâmes aussitôt trouver El Hadj Mahmoud, chef de la djemâa des Ouled Mokhtar, parti opposé à El Hadj Abdelkader ben Badjouda et favorable aux gens d'Ouargla. El Hadj Mahmoud nous accueillit fort bien. Nous étions à peine depuis quelques instants chez lui que Hamiza Sghir ben Sidi Bou Bekr, dit Bou Keris, des Ouled Sidi-Cheikh, qui se trouvait à Insalah, ayant appris notre arrivée dans cette ville, nous envoya demander. Il était venu à Insalah pour se faire payer la ghefara.

Quand nous fûmes auprès de lui, il fit éloigner tous les assistants et nous interrogea, nous demandant d'où nous venions, ce que nous apportions, qui nous avait amenés ici, etc. Il nous a ensuite fouillés, puis nous a injuriés en nous disant : « Vils esclaves des Français que vous êtes, infidèles, chiens, vous êtes heureux que je ne vous ai pas trouvés dehors, car je vous eusse tous tués. Vos frères sont venus ici pour espionner, mais attendez, je vous tuerai tous et aucun de vous ne retournera à Ouargla. » Il y avait, en effet, à ce moment à Insalah deux cavaliers du makhzen d'Ouargla que le khalifa avait envoyés aux renseignements pour contrôler le bruit qui avait couru du désastre de la mission, bruit qu'il avait appris par le M'zab et Temacin et auquel il n'ajoutait pas foi. Ces cavaliers avaient apporté une lettre pour El Hadj Abdelkader ben Badjouda avec un fusil à pierre en cadeau. Ils avaient appris, dès leur arrivée à Insalah, le massacre du colonel et de ses compagnons, mais n'avaient pu retourner en porter la nouvelle à Ouargla par crainte de Si Hamza qui menaçait de les tuer s'ils sortaient d'Insalah. Ils restèrent ainsi un mois dans cette ville sans oser partir, insultés journellement par Si Hamza qui leur prit aussi un de leurs mehara. Les jours suivants, Si Hamza nous fit encore appeler et nous posa des questions sur Ouargla, sur la situation du pays et sur nos chefs. Il nous dit : « Chiens, quand nous commandions à Ouargla, vous ne vouliez pas aller en harka dans le Sud et maintenant vous allez dans les endroits les plus éloignés. Vous êtes heureux que je n'aie pas connue plus tôt la force de votre colonne, car je vous cusse attaqués et anéantis; on m'avait dit que le colonel avait sept cents cavaliers; j'ai appris aussi que vous obéissiez à un khalifa qui n'est qu'un enfant. Dites-lui de se bien tenir, car j'irai me présenter à lui en forces, l'automne prochain. »

Deux jours après qu'il nous adressait ces derniers outrages, Si Hamza sortit d'Insalah avec les six chevaux et les sept mehara qui composaient sa suite et il laissa un espion dans la ville, afin d'être averti à temps de notre départ et de celui des cavaliers, ainsi que du départ d'une caravane d'amghad de Touareg Hoggar comprenant quarante-quatre chameaux dont trois à Chikkat. Au bout de trois jours, cette caravane, croyant déjà Si Hamza loin d'Insalah, se hasarda à sortir de la ville sur le conseil d'El Hadj Abdelkader ben Badjouda. Cette caravane fut ghazzée à une demi-journée d'Insalah par Si Hamza et ses partisans, qui blessèrent un homme et enlevèrent tous les chameaux.

Si Hamza passa ensuite par le Nord de la ville pour voir si nous étions partis; il n'osait nous maltraiter dans la ville, car El Hadj Abdelkader ben Badjouda s'y fût opposé.

Un nègre qui avait été envoyé par Ben Badjouda à El-Mesegguem dans la tente de Radja, pour recueillir des nouvelles, rapporta que le khalifa d'Ouargla s'avançait sur ce puits, avec une troupe nombreuse, au secours des survivants de la mission. Ben Badjouda ne paraissait pas très rassuré et craignait que le khalifa ne vint à marcher ensuite sur Insalah.

Nous partîmes enfin d'Insalah avec les deux cavaliers du makhzen; pendant la nuit, et le lendemain matin nous rencontrâmes deux cavaliers envoyés par le khalifa et qui venaient pour nous délivrer. Nous sommes rentrés tous ensemble à Ouargla en passant par Hassi-Inifel.

D. Avez-vous vu à Insalah des objets provenant du pillage de la mission ?

R. Nous avons vu à Insalah du café, du sucre, du riz, des fusils Gras provenant du pillage exécuté par les Hoggar. Ces objets se trouvaient surtout entre les mains des gens des Ouled Bahamou qui avaient fourni des contingents contre la mission. Les cavaliers du makhzen ont vu arriver à Insalah 12 mehara des Ouled Bahamou chargés de vivres de la mission.

D. Avez-vous appris à l'instigation de qui les Hoggar s'étaient portés contre le colonel pour le combattre. Les Ouled Sidi-Cheikh n'étaient-ils pour rien dans cette résolution ?

R. D'après ce que j'ai entendu dire et ce que je crois aussi, les Ouled Sidi-Cheikh sont restés complètement étrangers au massacre de la mission. La chose a été décidée entre Ben Badjouda et Ahitaghel, et le miad nombreux qui est venu à Insalah, au moment du passage du colonel, avait pour but de s'entendre en vue d'une action commune. Ben Badjouda aurait poussé de toutes ses forces Ahitaghel à aller combattre les Français et il y a contribué en envoyant les siens, les Ouled Bahamou et en excitant aussi les gens d'Imghar à faire comme eux.

D. Savez-vous ce que sont devenus les papiers de la mission et n'avez-vous rien entendu dire à ce sujet, à Insalah ?

R. J'ai entendu dire que des papiers se trouvaient entre les mains d'un taleb d'Insalah qui aurait dit posséder quelque chose de très précieux, mais je ne sais rien de précis à ce sujet.

D. Quels étaient les noms des indigènes des Ouled Sidi-Cheikh que vous avez vus à Insalah ?

R. Je ne connais que les noms des nommés Si Hamza dont j'ai parlé, Sidi M'ahmed ben Hamza, Eddin ben Kaddour qui étaient venus recevoir la ghefara, que leur donnent chaque année les Ouled Mokhtar. Cette ghefara consiste en trois négresses par an. Ben Badjouda ne la paie pas.

N° 29

Déposition du nommé BARKA BEN AISSA, *des Beni-Thour.*

D. Dites-nous ce qui vous est arrivé à partir du moment où vous avez quitté la colonne commandée par le lieutenant de Dianous?

R. J'avais été envoyé en avant avec les nommés Cheikh ben Ahmed et Mohammed ben Abdelkader, des Beni-

Thour, pour éclairer la route et diriger la marche. Au bout d'un certain temps, nous nous sommes aperçus que la colonne ne nous suivait pas et que nous l'avions perdue de vue. Nous avons alors décidé tous trois que nous ne chercherions pas à la rejoindre et que nous marcherions de notre côté. Nous espérions trouver des tentes et des gens hospitaliers qui nous donneraient des vivres et nous sauveraient. Pendant les cinq premiers jours nous avons marché jour et nuit vers le Nord, sans rencontrer de puits; nous avons dû jeter nos armes et nous en avons été réduits à boire notre urine, nous étions exténués. Dans la plaine d'Amadghor, nous avons vu les traces de la mission, mais nous nous sommes égarés pendant la nuit et avons continué à marcher. Enfin, le septième jour nous suivîmes des traces d'ânes qui nous conduisirent à un point où la mission n'était pas passée.

Nous trouvâmes bientôt un puits mais nous n'avions plus de vivres; nous avons vécu d'herbages, de racines. Nous avons marché trois jours dans la vallées où nous avions rencontré le puits, et en avons trouvé un autre au bout de ce temps. Nous avions une outre que nous remplissions chaque fois que nous trouvions de l'eau.

Enfin, quatre jours après ce dernier point d'eau nous avons trouvé un campement d'amghad des Touareg Hoggar, au sud de Tahohaït. Ce campement se composait de trois tentes seulement et il n'y avait que des femmes. Elles nous reçurent bien et nous leur fîmes comprendre par signes que nous avions faim; elles nous apportèrent du lait. Bientôt deux hommes de ce campement arrivèrent, ils nous posèrent diverses questions et nous leur dîmes que nous étions des Chambaa de la mission; ils ne voulaient pas nous croire et disaient que si nous étions des Chambaa on ne nous aurait pas enlevé nos mehara et que d'ailleurs nous n'avions pas les allures de Chambaa. Nous leur expliquâmes alors que nous étions chameliers et non guides de la mission. Nous ne vous croirons, dirent-ils, que lorsque vous nous donnerez votre degré de parenté avec les Chambaa. Nous nous fîmes passer pour les proches parents de Sghir ben Cheikh et alors ils parurent accorder plus de foi à nos paroles. Le soir ils nous donnèrent à dîner et nous passâmes la nuit chez eux.

Le lendemain, après nous avoir donné du lait, des dattes et quelques morceaux de peaux de chameau pour raccommoder nos chaussures, ils nous montrèrent la direction du campement des Ifoghas et nous dirent que nous n'avions qu'à suivre les traces des chameaux ghazzés tout récemment par les Touareg Hoggar, traces que nous trouverions plus loin. Après avoir marché trois jours dans la rivière de Tahohaït, qui contenait de l'eau courante, nous sommes arrivés à un campement d'amghad des Hoggar, composé de 13 tentes. Quand ils nous aperçurent, ils vinrent au devant de nous avec leurs armes. Nous leurs criâmes de loin : « Paix, Chambaa. » Ils nous emmenèrent chez eux et quand nous fûmes un peu reposés, ils nous interrogèrent et nous demandèrent des renseignements sur cinq Mekhadma qui s'étaient sauvés de la mission. Nous répondîmes que nous ignorions si cinq Mekhadma avaient pu se sauver et que nous n'avions entendu parler que de trois hommes des Beni Thour, mais sans savoir ce qu'ils étaient devenus. Nous nous faisions passer pour des Chambaa comme précédemment.

Nous dîmes à ces gens-là que nous désirions aller chez les Ifoghas ; ils nous firent remarquer que notre titre de Chambaa était une sauvegarde suffisante et que nous pourrions fort bien passer par les Hoggar, mais nous fîmes observer que nous ne connaissions pas le chemin et que nous préférions aller aux Ifoghas.

On nous dit, au campement, que cinq de nos frères, Sghir ben Cheikh, Cheikh ben Bon Djemâa, El Ala ben Cheikh, Ali ben Maatalla et Mohammed ben Belghit étaient passé là cinq jours auparavant, à mehari, conduisant 10 chameaux dont cinq étaient chargés.

Après être restés deux jours dans ce campement, on nous fit voir les traces du ghezou qui avait enlevé des chameaux aux Ifoghas en nous disant que nous n'avions qu'à suivre ces traces pour y arriver. Nous avons insisté malgré cela pour qu'on nous donnât un guide, un Targui consentit à nous accompagner.

Au bout de 6 jours, après avoir voyagé dans un pays où nous trouvions de l'eau chaque jour, nous avons rencontré la tente d'un Targui, fils d'une femme targuia et d'un Chambaa; il nous apprit que Sghir ben Cheikh et ses compagnons étaient passés chez lui les jours précédents conduisant des chameaux porteurs d'effets. Trois jours après, nous étions chez le nommé El Hadj Mohammed ben Ahmed, des Ifoghas, campé dans l'Oued Zouaten, qui avait été ghazzé par les Hoggar. Il y avait 25 jours que nous marchions depuis la mort du colonel.

Nous nous fîmes connaître à El Hadj Mohammed ben Ahmed qui nous accueillit fort bien et nous donna tout ce dont nous avions besoin. Nous apprîmes par lui que deux hommes des Azgar avaient proposé à Sghir ben Cheikh et à ses compagnons de porter des vivres aux survivants de la mission, et que ceux-ci avaient refusé. Les Ifoghas paraissaient très bien disposés pour les Français; ils dirent qu'ils avaient été ghazzés à cause d'eux et qu'on les trouverait prêts pour une expédition contre les Hoggar. Les Chambaa ont donné à El Hadj Mohammed ben Ahmed deux chameaux dont un qui avait été amené d'Ouargla par Cheikh ben Bou Djemâa et qu'il avait vendu à la mission, et un mehari de la mission. J'ai vu ces deux chameaux et les ait fort bien reconnus.

Après un séjour de 2 jours chez El Hadj Mohammed ben Ahmed nous sommes partis de chez lui pour nous rendre auprès d'Abdelhakem dont le campement était tout près de là et en compagnie d'un homme des Ifoghas qui revenait du Soudan, d'où il rapportait quatre charges de bechna (sorgho).

En arrivant à un campement considérable de presque tous les Azgar réunis, on nous dit que Sghir et ses compagnons se trouvaient chez le fils d'Ikhenoukhen auquel ils étaient allés porter des présents avec Abdelhakem lui-même.

Les nommés Hamma ould Djabour et Entiti ould Abdelhakem, qui avaient accompagné la mission jusqu'à Amguid, vinrent nous voir au bout de deux jours et nous conduisirent à la tente d'Abdelhakem. Celui-ci arriva le soir même avec Sghir ben Cheikh et les autres Chambaa, lesquels nous reçurent très froidement. Nous dînâmes ensemble d'açida (sorte de bouillie cuite faite de farine d'orge ou de blé mélangée de farine de la graine de drinn). Après le dîner les Chambaa et Abdelhakem nous quittèrent.

Dans le courant de la nuit, Sghir ben Cheikh est venu nous trouver et nous dire : « Cheikh ben Bou Djemâa et El Ala ben Cheikh vont partir pour Ouargla; voulez-vous partir avec eux. » Nous y consentîmes.

Le lendemain nous fîmes nos préparatifs et le surlendemain nous nous mîmes en route avec Cheikh et Ala, eux sur leurs mehara et nous à pied. Leurs mehara portaient des sacs que je supposai devoir contenir des effets et de l'argent; ils avaient un mejoued qui contenait du couscous de la mission. El Ala avait un petit sac qui ne le quittait jamais, qu'il mettait sous sa tête pendant son sommeil et qui devait contenir quelque chose de précieux, probablement de l'argent.

Cheikh ben Bou Djemâa avait reçu des lettres des Ifoghas pour l'autorité française; elles annonçaient qu'ils avaient été ghazzés par les Hoggar et s'offraient à servir de guides si l'on voulait venger la mort des membres de la mission. En terminant ils disaient: « S'il plaît à Dieu, nous irons camper à Ouargla l'automne prochain. »

De Zouaten, nous avons gagné Aïn-el-Hadjadj. Là nous avons vu deux chameaux au pâturage. Comme nous étions très fatigués, nous les avons pris pour les monter, nous proposant de les renvoyer en arrivant à Ouargla.

Après 5 jours de marche, nous arrivâmes à Khenifisa, après être passés par Tebalbalet. Là nous avons relâché les chameaux pris à Aïn-el-Hadjadj.

Nous faisions la sieste sur une dune de sable, à Khenifisa, lorsque Cheikh ben Bou Djemâa, au bout d'un moment, descendit pour arranger, disait-il, la bride de son mehari qu'il avait laissé en bas de la dune. El Ala le suivit et tous deux saisirent en même temps leurs armes et marchèrent sur nous. Mohammed ben Abdelkader se réfugia auprès de Cheikh ben Bou Djemâa en lui disant : je suis le fils de Bou Ghahla, épargne-moi, quant à moi et à Cheikh ben Ahmed nous nous sommes enfuis. Cheikh ben Bou Djemâa s'est fait indiquer par Mohammed ben Abdelkader où Cheikh ben Ahmed avait caché les 900 francs qu'il avait et s'en empara, puis il monta sur son mehari, El Ala monta sur le sien et ils nous poursuivirent. Voyant qu'après une course déjà longue j'étais épuisé et qu'ils auraient facilement raison de moi, ils se lancèrent sur Cheikh ben Ahmed qui avait gagné le sommet d'une dune élevée et lui dirent de descendre. Cheikh ben Ahmed leur dit de l'attendre puis il disparut. Ils vinrent alors vers moi et m'amenèrent près de Mohammed ben Abdelkader. Voyant que Cheikh ben Ahmed s'était échappé ils dirent : ce n'est pas la peine de les tuer, la soif les tuera. Ils nous dirent aussi qu'ils ne voulaient pas avoir de crimes à se reprocher mais que notre mort avait été décidée chez les Ifoghas ; si vous y retournez, ajoutèrent-ils, Sghir vous tuera. Cheikh et El Ala partirent ensuite, nous laissant sans vivres et sans eau.

Nous suivîmes un instant Cheikh et El Ala en les suppliant de ne pas nous abandonner, mais ils ne nous écoutèrent pas. Nous revînmes donc sur nos traces et le lendemain nous arrivâmes à Tebalbalet où nous trouvâmes Cheikh ben Ahmed qui nous y avait devancés. Là, nous avons mangé le cœur d'un palmier pour calmer notre faim et nous avons pris le lif (enveloppe du cœur du palmier) pour nous en faire des semelles.

En arrivant à Zouaten nous n'y avons plus trouvé les Touareg qui avaient décampé. Nous n'avions pas d'outre et nous avons été obligés de sucer et manger du dhânoun (Phelipea violacea). En poursuivant notre marche, nous avons trouvé le soir quelques tentes d'amghad où l'on nous recueillit, puis de là on nous conduisit chez El Hadj Mohammed ben Ahmed. Celui-ci nous dit de nous rendre chez Abdelhakhem, campé aux Ighargharen, et qu'il nous y rejoindrait. Sghir était chez son beau-père et était malade d'une ophthalmie, Ali ben Maatalla et Mohammed ben Belghit étaient avec lui. Les Azgar furent indignés de ce que l'on nous avait fait et accusèrent Sghir d'avoir cherché à nous perdre. Sghir se fâcha et proposa de nous conduire lui-même jusqu'à Ouargla en donnant son fils comme otage.

Le lendemain, des gens de la zaouïa de Temassinin vinrent nous chercher et nous emmenèrent chez eux. Nous y restâmes trois jours. Le troisième jour une lettre arriva de Ghadamès, envoyée par le père Richard à Sghir ben Cheikh et dans laquelle il lui reprochait sa conduite infâme vis-à-vis de la mission. Nous écrivîmes au père Richard le récit de tout ce qui nous était arrivé, en lui disant que Sghir ben Cheikh s'offrait à nous conduire à Ouargla, afin que, si nous étions tués par lui, on sût à qui attribuer notre mort. Abdelhakem a également écrit au consul de Tripoli. Il vint nous trouver chez les gens de la zaouia, le troisième jour et nous proposa de partir avec Sghir en disant que nous ne courrions aucun danger. J'acceptai de partir, mais mes deux compagnons eurent peur et restèrent chez un nommé Moulay ould Kheddadj.

Sghir ben Cheikh avait acheté une demi charge de dattes à un Targui et m'envoya en avant pour la prendre à Zouaten. Puis il me rejoignit le lendemain avec Mohammed ben Belghit, Hamma ould Djabour, Entiti ould Abdelhakem et la mère de Hamma (qui allaient tous trois vers le Nord pour prendre des dattes qu'ils avaient emmagasinées dans une gara) et deux Touareg qui se rendaient à Temassinin. Nous passâmes la nuit dans un campement d'amghad, et le lendemain nous trouvâmes encore un autre campement, mais il n'y avait que des femmes. Nous partîmes de là pour Ouargla, nous gagnâmes Aïn-el-Hadjadj, Tebalbalet, Khenifisa, puis Temassanin, où nous nous reposâmes un jour. Je marchais, monté sur un chameau appartenant à Mohammed ben Belghit.

Trois jours après nous étions à El-Biod ; quatre jours après à Aïn-Taïba et deux jours après à Ghourd-Torba.

Là, Mohammed ben Belghit nous quitta pour aller à Metlili, son pays d'origine, en passant par Hassi-Djemel et il emmena son chameau de sorte que je restai sans monture. Je suivis dès lors Sghir à pied.

A Djeribeï, nous trouvâmes un campement de Chambaa (fraction des Ouled Nessir). Je tins le mehari de Sghir qui alla vers eux, mais il fut reçu en dehors du campement comme c'est l'usage chez les Chambaa, qui tiennent à ne pas être vus de trop près. Nous couchâmes donc près de ce campement et le matin nous reprîmes notre marche.

Nous passâmes successivement à Hassi-Bou-Kheloula, Hassi-bel-Ketouta et Hassi-el-Melah. Le lendemain, nous arrivâmes à Hassi-Abdelkader-bel-Hadj, pendant la nuit, dans un campement de Chambaa ; ceux-ci dirent à Sghir ben Cheikh que Cheikh ben Bou Djemâa et El Ala avaient été retenus prisonniers par l'autorité ; ils lui dirent de se sauver et lui conseillèrent même de me ramener chez les Ifoghas.

Le lendemain, Sghir nous montra la direction d'un puits qu'il me dit être Hassi-el-Meï et me donna une corde en poil de chameau afin de me permettre d'y puiser, puis il me dit de partir. « Je t'ai amené sain et sauf jusqu'ici, me dit-il, ne reviens pas en arrière car on te tuerait, marche et tu trouveras des campements. »

Après avoir marché une bonne partie du jour, je trouvai, en effet, le puits en question, mais ma corde était trop courte et je ne pus y puiser. Je revins sur mes pas, couchai dehors et le lendemain tombai sur un campement où se trouvait Si Brahim, parent de Radja. Ce Si Brahim avait guidé jusqu'à Ouargla les quatre hommes qui y apportèrent la première nouvelle du désastre de la mission. Il m'accompagna jusqu'à Hassi-Touazer où se trouvait un campement de Chambaa (Debdoub).

On m'indiqua de là un campement voisin des Ouled Maatalla (Chambaa) où je fus bien reçu, puis je couchai de là successivement à Malah-el-Ousif, Hassi-el-Ghenami, Zmila et enfin Rouissat.

N° 30

Déposition du nommé CHEIKH BEN AHMED, *des Beni-Thour*.

Confirme en tous points le dire du nommé Barka ben Aïssa, jusqu'au moment où celui-ci l'a quitté pour rentrer à Ouargla avec Sghir ben Cheikh.

D. Dites-nous ce qui vous est arrivé à partir du moment où Barka ben Aïssa vous a quitté, vous et Mohammed ben Abdelkader, pour partir avec Sghir ben Cheikh?

R. Sghir ben Cheikh nous a proposé de le suivre sur Ouargla. Barka ben Aïssa a consenti, moi et Mohammed ben Abdelkader avons refusé énergiquement malgré toutes ses protestations, car nous étions persuadés qu'il nous tuerait afin qu'il ne restât aucun témoin pouvant rapporter sa conduite. Beaucoup de Touareg, qui connaissaient Sghir, nous dirent que nous agissions sagement en refusant de le suivre. Les Touareg se réunirent pour délibérer sur les moyens de nous rapatrier. Sghir ben Cheikh voulut nous emmener de force avec lui ; je me réfugiai en criant auprès du fils d'Ikhenoukhen et mon compagnon implora la protection de deux Touareg. Sghir nous laissa.

Nous passâmes quatre jours chez un parent d'Ikhenoukhen. Au bout de ce temps il se forma une caravane qui devait aller à Ghadamès pour échanger du menu bétail et du beurre contre des grains. Le parent d'Ikhenoukhen nous fit donner deux chameaux ; nous nous joignîmes à cette caravane et il nous accompagna pendant deux jours. En nous quittant, il fit les recommandations les plus expresses aux gens de la caravane pour qu'il ne nous arrivât rien.

Nous n'avons atteint Ghadamès qu'au bout de dix-huit jours. Nous marchions lentement.

En arrivant dans cette ville, je suis allé trouver directement le père Richard, de la mission d'Afrique, avec mon compagnon, et nous voulûmes lui raconter ce qui nous était arrivé en lui disant que nous venions lui demander sa protection. Le père Richard refusa de nous entendre et nous renvoya. Les missionnaires sont au nombre de six à Ghadamès, deux qui s'y trouvaient depuis quelque temps déjà et quatre autres arrivés tout récemment de Tripoli.

Repoussés par les pères, nous sommes allés voir le kaïmakam auquel nous avons exposé notre cas. Celui-ci qui avait appris le mauvais accueil qui nous avait été fait par les pères, nous repoussa en disant : « *Puisque les représentants de la France* ne font rien pour vous, je ne ferai pas davantage. »

Pendant les huit jours que nous avons passés à Ghadamès nous avons vécu de la charité publique. Le premier jour un notable de Ghadamès nous donna l'hospitalité chez lui, mais les jours suivants nous avons dû mendier pour vivre.

Une caravane de Souafa qui retournait au Souf voulut

bien nous prendre avec elle. En huit jours nous étions à Hassi-Beressof, après avoir marché presque sans discontinuer, et de là nous avons mis cinq jours pour atteindre El-Oued. Le capitaine Deporter, du bureau arabe, nous reçut à El-Oued et nous donna tout ce dont nous avions besoin.

Après un séjour de huit jours à El-Oued, nous revînmes à Ouargla en passant par Touggourt.

D'Ouargla nous fûmes envoyés à Laghouat, mais mon compagnon Mohammed ben Abdelkader ne put y parvenir et resta malade à Guerara.

D. Avez-vous vu le butin apporté aux Azgar par Sghir et ses compagnons?

R. J'ai vu dix chameaux que j'ai reconnus, pour être ceux de la mission, les chameaux étant reconnaissables à une marque spéciale que le colonel leur avait fait appliquer sur le cou (cette marque était un F).

J'ai vu Sghir et tous ses compagnons, à l'exception de Cheikh ben Boudjemâa, vêtus d'effets de prix provenant du pillage de la mission. Tous les cinq avaient leurs revolvers. Cheikh ben Boudjemâa avait un grand mejoued targui en cuir contenant quelque chose de lourd; je ne sais ce que cela pouvait être.

Il avait aussi une lance, un poignard et un sabre targui qu'il prétendait avoir enlevé à un homme qu'il avait tué le jour du massacre du colonel. C'est faux, car il a rapporté ces armes de chez les Azgar.

El Ala avait un petit sac dont il prenait grand soin et qui devait contenir de l'argent.

Enfin, j'ai vu la femme de Sghir porter un diadème, sorte d'ornement en métal brillant provenant des bagages du colonel. Ali ben Maatalla en possédait un semblable qu'il a prêté à une femme targuia, un soir de fête, pendant que nous étions aux Azgar.

D. De quel convoi faisiez-vous partie le jour du massacre de la mission?

R. J'étais du premier convoi et ai assisté au combat qui a été livré aux Touareg pour défendre les chameaux. Pendant le combat j'ai fort bien reconnu Sghir et tous ses compagnons au milieu des Touareg. Sghir était monté sur une des juments de la mission, les autres étaient à mehari au milieu des Touareg, mais ne combattaient pas contre nous. Je suis certain de les avoir vus.

Après le combat j'ai réussi à m'échapper et ai passé la nuit dans la montagne. Le lendemain je me suis mis en marche et j'ai rejoint la colonne le soir même.

N° 31

Déposition du nommé Mohammed ben Abdelkader, *tirailleur au 1er régiment.*

D. Exposez-nous comment vous avez quitté la petite colonne conduite par le maréchal des logis Pobéguin, à Djemâat-Merghem.

R. Le soir de l'arrivée à Djemâat-Merghem, après le départ des Touareg, j'ai dit au maréchal des logis Pobéguin que nous ne pouvions pas rester ainsi sans secours et qu'il fallait absolument envoyer quelqu'un à Ouargla. Le maréchal des logis m'objecta que dans l'état où nous nous trouvions aucun homme ne pourrait jamais arriver; je lui répondis que je me faisais fort d'affronter la fatigue et les privations et que je me croyais sûr de réussir. Je lui demandai de me laisser choisir trois hommes pour partir. Il refusa en disant que s'il en laissait partir quatre, tous les autres voudraient nous suivre et que sa troupe se disperserait bientôt.

Il m'était impossible de partir seul, n'étant pas sûr de pouvoir reconnaître ma route; je résolus donc d'emmener avec moi Seddik ben Seddik, mon parent, que je ne pouvais laisser, désirant suivre le même sort que lui. Deux autres, les nommés Abderrahman ben Salem et El Miloud ben Mohammed, des Ouled Nayls, se joignirent aussi à nous.

Nous partîmes dans le courant de la nuit munis de quelques morceaux de viande et d'une outre d'eau ; nous nous cachâmes dans les rochers et passâmes le reste de la nuit et toute la journée du lendemain sans bouger. Le soir, après avoir acquis la conviction que les Touareg n'étaient pas aux environs, nous nous mîmes en route et marchâmes toute la nuit.

Le deuxième jour nous avons encore marché sans cesse, notre provision d'eau étant presque épuisée. Il fallait continuer à avancer. Le lendemain nous avons eu une journée horriblement fatiguante et nous avons pensé mourir de soif ; il régnait un vent brûlant du Sud et nous n'avions pas d'eau ; mes compagnons jetèrent leurs effets, leurs armes et l'un d'eux, El Miloud ben Mohammed, que je craignis d'être obligé de laisser en route, but même son urine ; il avait la plante des pieds entièrement enlevée par la marche.

Le quatrième jour, au matin, nous arrivâmes à Tilmas-el-Mera où nous nous reposâmes un peu. Nous n'avions plus de vivres ; nous avons mangé de l'herbe ainsi que les entrailles desséchées d'un chameau que la mission avait abandonné en allant.

Nous repartîmes de Tilmas-el-Mera dans le courant de l'après-midi et marchâmes une grande partie de la nuit et de la journée. Le soir nous atteignîmes Hassi-el-Hadjadj. Nous quittâmes le puits dans la nuit, marchâmes presque sans discontinuer le lendemain et, enfin, le jour suivant atteignîmes El-Mesegguem. Mes compagnons étaient tellement exténués qu'ils tombaient fréquemment pendant la marche et ne se traînaient plus qu'avec la plus grande peine. Nous avions mis sept jours pour aller de Djemâat-Merghem à Hassi-el-Mesegguem.

Avant d'arriver à El-Mesegguem nous rencontrâmes un berger gardant des troupeaux; il nous apprit que Radja, l'ancien guide du colonel, était campé à El-Mesegguem. A cette nouvelle nous nous sommes vus sauvés. Radja n'était pas à son campement à cette époque et se trouvait à Insalah, mais son parent Brahim était là. Il nous accueillit bien ; nous restâmes deux jours à nous reposer chez lui. Au bout de ce délai, il nous loua quatre chameaux à raison de cinq francs par jour et consentit à nous conduire à Ouargla où nous arrivâmes neuf jours après, le 28 mars, après avoir marché sans cesse. Nous étions presque mourants quand nous avons atteint Ouargla, mais nous tenions à y arriver le plus tôt possible.

Radja devait arriver d'Insalah d'un moment à l'autre. Avant de partir, nous avons dit à Brahim qu'aussitôt sa rentrée on lui recommande de porter des vivres au détachement du maréchal des logis Pobéguin qui lui donnerait ce qu'il voudrait. Brahim fit ces recommandations et il nous conduisit ensuite à Ouargla.

Si j'avais su que Radja tardât autant à revenir d'Insalah, je me fusse porté moi-même au-devant de Pobéguin.

D. Quels étaient les gens qui étaient campés avec Radja ?

R. Il y avait des Chambaa dissidents, habitant généralement Insalah, quatre tentes.

D. Ne leur avez-vous pas dit que les débris de la colonne étaient en détresse en arrière ?

R. Nous avions peur en leur disant cela qu'ils n'allâssent piller nos compagnons. Nous n'avions pas assez de confiance en eux pour leur confier ce fait.

N° 32

Déposition de Si Mohammed bel Hadj Radja, *des Ouled Sidi-Cheikh*, zoui d'Insalah.

D. Quelles sont les nouvelles que vous avez recueillies tant à Insokki que plus tard, sur les projets des Hoggar et des gens d'Insalah contre la mission ?

R. A Insokki nous avons vu une caravane des gens de la zaouia Khadra qui se rendaient à leurs campements à Megraoun, venant d'Insalah.

Ces individus ont dit qu'Ahitaghel était venu à Insalah avec un goum de quatre cents mehara pour régler une question de dia avec les gens de cette ville et que pendant son séjour il parla longuement de la mission avec El Hadj Abdelkader ben Badjouda. D'après ce que l'on m'a rapporté, voici le résultat de l'entretien qu'ils eurent entre eux à ce sujet : Ben Badjouda reprocha vivement à Ahitaghel d'avoir amené les Français dans le pays; il lui dit : « Je sais que tu aimes l'argent et c'est pour cela que tu veux favoriser le passage du colonel dans notre pays où les chrétiens ne sont jamais venus. Je te déclare, pour mon compte, que si la mission se présente à une journée de marche d'Insalah, j'irai la combattre. »

Je sus plus tard que Ben Badjouda avait fait placer des éclaireurs en avant d'Insalah pour être informé de l'approche du colonel. Ces éclaireurs devaient en même temps faire l'office de messagers et étaient porteurs de lettres qu'ils devaient remettre au colonel. Une de ces lettres, qui émanait de Ben Badjouda, faisait connaître au colonel qu'on lui interdirait par la force l'entrée de la ville, une autre d'Ahitaghel disait en substance : « Je t'avais écrit de venir, il est vrai, mais je regrette que tu sois arrivé sitôt; je suis obligé de retourner chez moi. Que Dieu ne fasse que le bien. »

Ikhenoukhen avait envoyé un courrier à Insalah afin de s'assurer des dispositions d'Ahitaghel à l'égard de la mission. Il lui demandait de lui faire savoir quelles étaient ses intentions afin d'en prévenir le colonel. Ahitaghel a répondu qu'il l'avait fait venir lui-même, qu'il lui avait donné sa parole, la maintenait et qu'Ikhenoukhen n'avait rien à y voir. On me dit que le chef des Touareg Azgar, en apprenant cette nouvelle, envoya un mehari au colonel pour lui dire que puisque malgré ces conseils et ceux d'Abdelhakem il avait persisté à vouloir aller chez les Hoggar, il ne pouvait répondre de ce qu'il lui arriverait et ne pouvait lui être d'aucune utilité.

Les éclaireurs étaient également porteurs d'une lettre pour moi, de Ben Badjouda qui me prévenait que si je venais avec le colonel devant Insalah, je mourrais avec lui. Les éclaireurs arrivèrent à Fares-Oum-el-Lil, y restèrent 3 jours au bout desquels n'ayant rien vu, ils rentrèrent.

Les nouvelles apportées par la caravane que nous avons rencontrée à Insokki n'étaient pas bonnes et je ne l'ai pas caché au colonel en lui disant que si Ahitaghel lui était favorable comme il le croyait et comme, en effet, celui-ci en donnait l'assurance dans ses lettres, il serait venu au-devant de lui pour le recevoir dans son pays et se mettre à sa disposition. Je m'étonnais, en effet, qu'Ahitaghel choisit un prétexte comme celui qu'il donnait pour ne pas venir souhaiter la bienvenue au colonel, qui à Insokki, n'était plus qu'à 3 jours d'Insalah. La chose lui eût été facile et il devait tout au moins lui envoyer ses enfants. J'ai dit au colonel que la conduite d'Ahitaghel montrait qu'on avait l'intention de le trahir et j'ai cherché à le dissuader d'aller chez les Hoggar, lui conseillant de se porter sur Ghat et de revenir par Ghadamès ou Tripoli.

Le colonel me répondit qu'il avait la promesse d'Ahitaghel l'autorisant à passer dans son pays, qu'il avait confiance en sa parole et qu'il marcherait en avant. Je ne veux pas, a-t-il dit, faire comme l'année dernière où les Chambaa m'ont fait manquer mon but, crois-moi si tu es mon ami, ne cherche pas à t'opposer à ce que j'aille aux Hoggar. Du reste, a-t-il ajouté, ceux qui voudront s'opposer à mon projet en m'attaquant trouveront à qui parler. Je ne ferai que du bien aux autres.

Le colonel tenait à passer à tout prix et avait une grande confiance. Connaissant pour mon compte l'esprit des gens d'Insalah je redoutais une attaque et plusieurs fois je conseillais au colonel de se faire éclairer en lui disant : si tu connais les usages de ton pays, je connais aussi ceux du mien, fais-toi éclairer. Il n'a jamais voulu le faire et il se contentait de se garder la nuit.

D. A Hassi-el-Hadjadj qu'avez-vous appris ?
R. Les deux tolba du Touat que nous y avons rencontrés, avec le nègre d'Abdelhakem, nous ont dit qu'Ahitaghel était très mal disposé vis-à-vis du colonel et le nègre a vivement insisté auprès d'Entiti, fils de son maître, pour qu'il rentrât chez lui. Le colonel a dit : je ne retournerai pas sur mes pas, je n'irai pas aux Azgar et je me dirige sur Amguid.

Quand une décision importante devait être prise le colonel consultait plus particulièrement M. Béringer et le capitaine Masson ; les membres de la mission ne faisaient généralement aucune objection aux raisons fournies par le colonel qui était du reste le seul ayant un peu l'habitude du pays.

A Hassi-el-Hadjadj, le colonel inquiet de voir que Cheikh ben Bou Djemâa, qu'il avait envoyé vers Ahitaghel, n'était pas encore de retour, m'envoya à Kheneg-el-Hadid avec le targui Hamma ould Djabour pour voir s'il n'y était pas arrivé. Dans le cas où je ne l'aurais pas trouvé, je devais laisser un signe qui lui permît de comprendre que la colonne avait pris la direction d'Amguid. Je devais accomplir ce trajet en 6 jours, aller et retour, et rejoindre la mission à Tilmas-Iraouen, ou en 9 jours à

Amguid. Au bout de 6 jours j'étais de retour à Tilmas-Iraouen. Je n'ai rencontré personne sur ma route et n'ai vu aucune trace à Kheneg-el-Hadid. Arrivé sur ce point, j'ai placé sur des roseaux bien apparents des deglet en nour dont j'avais enlevé le noyau, afin que Cheikh ben Bou Djemàa comprît qu'il avait affaire aux gens d'Ouargla, les deglet en nour n'existant pas plus au Sud et comme il connaissait mes traces je marquai soigneusement l'empreinte de mon pied près de là, dans la direction d'Amguid, afin de lui indiquer que nous avions pris de ce côté. J'ai su depuis que Cheikh ben Bou Djemàa n'avait pas trouvé ces signes et que, lorsqu'il vint plus tard, il en avait lui-même laissé d'autres.

J'ai rapporté au colonel, de Kheneg-el-Hadid, quatre pierres de diverses couleurs, des roseaux et des joncs gigantesques. M. Roche a dit qu'il pouvait y avoir du minerai à Kheneg-el-Hadid et le colonel a paru regretter beaucoup de n'avoir pu s'y rendre.

D. Vous avez quitté la mission à Amguid ?

R. Oui, je ne connaissais plus le pays au delà et du reste, dans les conditions où se trouvait le colonel, je ne me fusse pas hasardé plus loin.

D. Où êtes-vous allé en quittant la mission ?

R. Je suis allé dans mon campement, à l'endroit où je l'avais laissé.

D. A quel moment avez-vous eu connaissance du désastre de la mission ?

R. Ce n'est que 10 jours après le passage à mon campement des quatre hommes qui sont partis de Djemâat-Merghem pour aller porter la nouvelle à Ouargla, que j'ai appris le désastre de la mission par des gens d'Insalah. En même temps j'appris par des gens venant du Hoggar que les Touareg avaient livré un combat à Amguid aux survivants de la mission et que les Touareg y avaient eu 12 djouads tués et 20 autres blessés.

Après le passage à ma tente des quatre hommes dont je vous ai parlé, ma femme m'a envoyé prévenir à Insalah, où j'étais arrivé depuis trois jours, pour acheter des dattes. Six jours après j'étais à El-Mesegguem et aussitôt mon arrivée j'envoyai un domestique pour aller chercher les chameaux au pâturage et je me préparai à partir pour aller au secours des derniers débris de la mission. Au moment où j'étais sur le point de me mettre en route, les nommés El Madani ben Mohammed, Belkacem ben Zebla et Mohammed ben Mohammed sont arrivés et m'ont dit que leurs compagnons se trouvaient en arrière. Je suis allé au devant d'eux, leur ai donné des vivres et les ai amenés au nombre de 7 à une tente que j'avais fait élever pour eux. Tous ces hommes ressemblaient à des cadavres. Un de leurs compagnons, le nommé Abdallah ben Ahmed, était resté en route épuisé, on me dit qu'il avait sur lui une somme de 600 francs; il fut ramené le lendemain par deux hommes que j'envoyai à son secours. Ces deux hommes en le rejoignant apprirent de lui qu'un de ses camarades, mort précédemment, avait avec lui 1,095 francs; ils allèrent à l'endroit indiqué et rapportèrent en effet cette somme qu'ils trouvèrent à côté de son cadavre. Les deux hommes ont reçu 250 francs sur cet argent et j'ai pris 100 francs pour moi.

Les gens de la mission se reposèrent deux jours à mon campement et me demandèrent des chameaux pour aller chercher les effets qu'ils avaient laissés à Hassi-el-Hadjadj. Je leur trouvai 3 chameaux chez les Chambaa campés avec moi, lesquels les leur louèrent 250 francs l'un. Trois hommes de la mission partirent avec moi, c'étaient les nommés Belkacem ben Zebla, El Bouzidi ben Mohammed et Abdelkader ben Baharia; ils voulaient d'abord partir seuls mais j'ai tenu à les accompagner pour me rendre compte par moi-même de ce qui s'était passé à Hassi-el-Hadjadj. Abdelkader ben Baharia m'avait, en effet, raconté que les Ouled Nayls avaient tué tous les tirailleurs pour leur voler leur argent, disait-il, puis qu'ensuite ils avaient fait subir le même sort au maréchal des logis Pobéguin, afin que leur conduite ne fût pas dévoilée.

Partis à 10 heures du matin d'El-Meseggeum, nous sommes arrivés à Hassi-el-Hadjadj le surlendemain à midi. Abdelkader ben Baharia m'emmena vers le lieu où il avait déposé son argent et me montra l'endroit où Pobéguin était mort, un peu avant d'arriver au puits; il ne restait de lui que les os des mains et des pieds et quelques fragments des os des jambes et des bras. Près de là se trouvait un burnous, une lunette brisée, une ceinture, un revolver chargé à un coup et deux fusils de troupe.

Aux environs je trouvai un certain nombre d'effets tachés de sang, des restes d'os humains à demi calcinés ; les crânes avaient été brisés pour en extraire la cervelle, je n'en vis pas un seul intact.

Je réunis tous les restes en un seul endroit.

En rejoignant les compagnons d'Abdelkader ben Baharia, je leur dis que j'avais vu pourquoi ils désiraient venir seuls à Hassi-el-Hadjadj. Ils m'ont répondu que la faim seul les avait poussés à manger leurs camarades. Ils me quittèrent un instant pour aller prendre l'argent qu'ils avaient enfoui.

Lorsque nous fûmes près du puits, je vis sur une hauteur un individu qui faisait des signes désespérés en agitant son burnous; je me dirigeai de son côté et reconnus en lui le nommé Khalifa ben Derradji, tirailleur que j'avais remarqué lorsque je servais de guide à la mission. Il me dit en pleurant que tous ses camarades du 1er tirailleurs avaient été tués par les Ouled Nayls et qu'il était seul survivant. Il implora mon secours contre les nommés Belkacem ben Zebla, El Bouzidi ben Mohammed et Abdelkader ben Baharia, qui, lorsqu'ils l'aperçurent, vinrent vers lui pour le tuer. Je le couvris de mon burnous et eus beaucoup de peine à le préserver des atteintes de ses camarades qui étaient très acharnés après lui. Abdelkader ben Baharia a dit : laissez-le nous indiquer où se trouve l'argent et nous le tuerons après. Khalifa a dit ne pas savoir où l'argent avait été enfoui, mais il m'a montré l'endroit où se trouvait le sabre du colonel. Cette arme avait servi à découper les cadavres et servait aussi de broche pour faire cuire les chairs; il y avait aussi à cet endroit, à l'est du puits, des fusils Gras que je chargeais sur les chameaux avec tout le matériel que je pus découvrir.

Lorsque nous eûmes chargé tout ce que nous avions trouvé, nous reprîmes le chemin d'El-Mesegguem. Khalifa ben Derradji a refusé de me suivre en disant qu'il était certain que ses camarades le tueraient et il m'a fait promettre qu'en arrivant chez moi je lui enverrai un mehari. Je lui en donnai l'assurance et je le laissai là, lui donnant quelques poignées de dattes. Je suppose que pendant le long intervalle qu'il était resté au puits, avant notre arrivée, il avait dû manger les restes de Pobéguin, car ceux qui l'avaient tué n'en avaient pas pris toute la chair.

A notre retour à El-Mesegguem nous trouvâmes 14 cavaliers du makhzen d'Ouargla qui étaient venus pour recueillir les survivants de la mission. Les Ouled Bahamou, attirés sans doute par l'espoir d'un nouveau butin, étaient venus camper près de là ; ils eussent probablement dépouillé les chameliers si le makhzen ne fut arrivé à temps.

Dès mon retour à El-Mesegguem j'envoyai aussitôt un mehari à Khalifa ben Derradji qui n'arriva qu'après le départ du makhzen qui emmenait ses camarades ; il les suivit sur Ouargla avec un guide.

D. Les hommes avaient-ils rapporté avec eux beaucoup d'argent?

R. Je ne pourrais le dire, je sais qu'il y avait de l'argent, surtout des pièces de 5 francs en argent renfermées dans des sacs placés sur deux chameaux. En arrivant à El-Mesegguem tous ces sacs furent réunis dans un tellis et laissés aux hommes. La plus grande partie de l'argent a été trouvée près du puits où sont morts les tirailleurs du 1er régiment; une autre portion a été recueillie à Ras-el-Oued. Belkacem ben Zebla et El Bouzidi ont ramassé là une musette pleine d'argent qui avait été déposée dans une touffe de drinn.

N° 33

Laghouat, le 20 septembre 1881.

Déposition du nommé AHMED BEN MESSAOUD, *tirailleur au 3ᵉ régiment, originaire des Righa-Dahraouïa* (arrondissement de Sétif).

D. Faisiez-vous partie de l'escorte du colonel lorsqu'il s'est rendu le 16 février au puits où il a trouvé la mort avec les membres de la mission?

R. Non, j'étais chargé des gros travaux de la popote du colonel et étais resté au camp pour préparer le diner avec Marjolet et Brame que j'aidais.

(Les renseignements que le témoin donne sur la mort du colonel, sur le combat livré par les tirailleurs contre les Touareg et sur la retraite du détachement commandé par le lieutenant de Dianous sont en tout conforme à ceux qui ont été recueillis par les autres survivants.)

D. A quel endroit avez-vous quitté le détachement de M. de Dianous?

R. A Aïn-el-Kerma. En arrivant à Aïn-el-Kerma le soir, les Touareg nous donnèrent des dattes auxquelles on avait mélangé de la bettina; j'en mangeai la contenance d'un quart de troupe et je tombai aussitôt dans un état de prostration complète qui dura jusqu'au lendemain soir. Je n'ai pas souvenance que mes camarades aient tenté de me faire sortir de ma léthargie et quand je revins à moi, je me trouvai couché entre deux pierres ; il n'y avait personne autour de moi. Je cherchai aux environs et découvris le cadavre du tirailleur Mahmoud ben Nemouchi, du 3ᵉ régiment, égorgé et les jarrets coupés. Je vis ensuite le cadavre du nommé Ali ben Bou Ghiba, du 1ᵉʳ régiment, qui avait été tué d'un coup de lance et qu'on avait ensuite égorgé. Je vis aussi celui du mokaddem et celui de Sassi ben Chaib égorgés tous deux ; le dernier portait, en outre, un coup de sabre à l'épaule. Tous ces cadavres avaient été dépouillés et étaient complètement nus ; ils se trouvaient au campement que les Touareg avaient occupé la veille.

Je n'ai rien trouvé à notre camp. Craignant que, si les Touareg me rencontraient avec des armes, ils ne me tuàssent, j'enfouis mon fusil et mon pistolet dans la terre. J'avais un bidon rempli d'eau et aussi quelques poignées de dattes, mais me voyant seul sans ressources et ne connaissant pas le pays, je me crus perdu et n'espérais nullement échapper à la mort.

D. Vous souvenez-vous qu'au départ du camp vos camarades aient essayé de vous tirer de votre sommeil ?

R. Je ne m'en souviens pas ; j'étais couché à quelques centaines de mètres du camp et ils ne m'ont, sans doute, pas vu. Quand je m'éveillai au bout de vingt-quatre heures, j'avais mon fusil attaché autour des reins, avec mon bidon et mon revolver.

D. Dites-nous ce que vous fîtes ensuite ?

R. En voyant plusieurs de mes camarades massacrés, je crus que toute la colonne avait été détruite ; je ne pouvais prendre une résolution le soir même et je couchai là. Le lendemain matin, je me dirigeai à tout hasard sur Amguid et sans aucun espoir. En arrivant à Amguid, j'allai remplir d'eau mon bidon et quittai aussitôt ce point dans la crainte d'y voir revenir les Touareg.

D. Qu'avez-vous vu à Amguid?

R. Je n'ai vu que les os des chameaux qu'avaient mangés sur ce point les Touareg ; j'ai aussi trouvé des cartouches dans un endroit couvert de grosses pierres, mais je n'ai remarqué aucune trace de lutte. Cependant en voyant des cartouches, je pensai que mes camarades n'étaient pas morts et s'étaient enfuis vers le Nord, poursuivis par les Touareg.

D. Avez-vous vu le cadavre de l'officier, ainsi que ceux de Brame et de Marjolet ?

R. Je n'en ai vu aucun ; je n'ai rien cherché, d'ailleurs, et me suis contenté de passer fort vite de crainte d'être découvert. J'ignorais ce qui s'était passé à Amguid.

D. Avez-vous eu des nouvelles de Santin et des hommes qui ont quitté le détachement?

R. Je n'ai jamais entendu parler d'aucun d'eux.

D. Continuez votre récit?

R. Après avoir pris de l'eau, je ne voulus pas aller sur les traces de la colonne de crainte de rencontrer les Touareg ; je marchai vers le Sud à l'aventure dans la montagne, comptant que le hasard me ferait peut-être découvrir des gens qui auraient pitié de moi et me sauveraient. Je marchai ainsi pendant dix jours sans voir personne. Pendant les quatre premiers jours, je vécus des dattes que j'avais emportées et les six jours suivants, je mangeai les herbes que je trouvai. L'eau ne m'a jamais manqué et j'en rencontrais tous les jours ou tous les deux jours. Je marchais assez lentement étant très épuisé.

Le dixième jour, je mangeais de l'herbe dans un endroit élevé, lorsque j'aperçus deux cavaliers à mehari qui me virent également. Je crus tout d'abord avoir affaire à des Touareg, mais en voyant qu'ils portaient des turbans, je reconnus qu'ils devaient être des Chambaa et je m'avançai vers eux avec confiance. Ils m'arrêtèrent à une certaine distance en me criant de jeter mes armes ; je leur répondis que je n'en avais pas et ils m'ordonnèrent de jeter tous mes effets pour m'approcher d'eux. Je fis comme ils le désiraient. Ces gens étaient les nommés Diab ben Lakhdar et Mohammed ben Nanna, des Chambaa d'Ouargla (dissidents ayant fait défection en 1874) ; ils chassaient dans cette région. Ils me posèrent diverses questions et je me fis passer auprès d'eux pour un des chameliers bourgeois de la mission du colonel Flatters. Les deux Chambaa me coupèrent les cheveux à la façon des Touareg, afin, me dirent-ils, de me donner comme étant de la région d'Insalah, puis ils me demandèrent si je savais garder les chameaux et tirer de l'eau du puits ; je répondis affirmativement et ils me dirent qu'ils m'emploiraient chez eux.

Je partis ensuite avec mes sauveurs qui allaient rejoindre leur tentes chez les Hoggar, dans la direction du Sud-Ouest et marchai avec eux pendant vingt-cinq jours montant de temps à autre sur un de leurs chameaux et vivant de dattes. Je leur avais demandé de me ramener à Ouargla, mais ils refusèrent en disant qu'ils ne voulaient pas reparaître sur le territoire français. Le vingt-cinquième jour nous arrivâmes dans la région où avait eu lieu le massacre des membres de la mission. Mes guides me dirent : « Nous allons te faire voir où est mort le colonel, » et nous allâmes jusqu'au puits où le massacre avait eu lieu. Je vis le cadavre du colonel à quelques pas du puits ; celui du capitaine Masson à quelques mètres de lui seulement ; celui de M. Béringer à une vingtaine de mètres de là, puis au delà celui du docteur Guiard, et, enfin, plus loin celui de M. Roche. Je n'ai pas vu le cadavre du maréchal des logis Dennery.

D. Comment avez-vous pu reconnaître tous ces cadavres ?

R. J'ai reconnu le colonel à sa barbe ; il avait reçu plusieurs coups de lance dans la poitrine, un coup de sabre à l'épaule et avait eu les deux cuisses coupées également par des coups de sabre ; les vers l'avaient envahi de tous côtés. Le capitaine Masson avait la tête sur son képi ; il avait reçu un coup de sabre à l'épaule, les bras avaient été coupés à la hauteur du coude et les jambes coupées aussi près des genoux ; les quatre membres étaient séparés complètement ; je suppose qu'après avoir été renversé sur le dos, les Touareg se sont acharnés sur son cadavre et lui ont coupé les quatre membres.

Le cadavre de M. Béringer portait une large blessure par coup de sabre au côté droit et il avait eu l'abdomen complètement traversé d'un coup de lance.

Le docteur avait reçu un coup de sabre porté horizontalement et qui lui avait enlevé complètement le sommet de la tête ; il avait, en outre, les os des deux jambes brisés à coups de sabre.

Je n'ai pu examiner le cadavre de M. Roche qui était plus éloigné.

Tous les cadavres avaient été complètement dépouillés et les Touareg avaient seulement laissé près d'eux les coiffures. Ils n'avaient nullement été outragés et je puis affirmer qu'aucun n'avait été brûlé.

D. Avez-vous vu d'autres cadavres que ceux des membres de la mission ?

R. Il y avait aux environs du puits onze ou douze cadavres des chameliers de la mission, mais je n'ai pris soin de reconnaître que ceux des Français.

D. Combien de temps êtes-vous demeuré en cet endroit ?

R. Une soirée seulement. Nous en repartîmes le lendemain pour nous rendre aux campements des Hoggar, vers l'Ouest et à dix jours de là. Mes guides et sauveurs me donnèrent l'hospitalité sous leur tente et me protégèrent contre les Touareg qui voulaient me tuer le lendemain de mon arrivée en disant : « Le colonel a tué l'un des nôtres et en a blessé quatre, les tirailleurs nous ont tué quinze hommes, nous tuerons celui-ci à son tour... » Les nommés Diab ben Lakhdar et Mohammed ben Nanna ont dit aux Touareg : « Nous allons conduire cet homme auprès d'Ahitaghel qui a déjà quatre hommes de la mission et s'il veut les tuer tous les quatre, il tuera aussi celui-là, sinon il ne lui sera fait aucun mal. » Ahitaghel était campé à deux jours de là ; ils me présentèrent à lui le surlendemain de mon arrivée et je le vis dans une des tentes en toile de la mission. Ahitaghel en me voyant, parla en targui à mes deux guides qui me ramenèrent quelques instants après dans leur campement. J'ai vu dans la tente d'Ahitaghel dix ou douze fusils Gras de la mission, quelques cantines non brisées, des quarts en fer blanc, des burnous de la mission. Ahitaghel avait comme serviteurs les tirailleurs Khemis ben Salah, Ali ben El Messaï, Messaoud ben Saïd, Mohammed ben Belkacem, du 1er tirailleurs. Tous ces hommes s'étaient enfuis du puits le 16 février, s'étaient dirigés vers l'Ouest et s'étaient égarés ; ils rencontrèrent le fils d'Ahitaghel qui avait fait partie du ghezzou et les amena à son campement. Ahitaghel ne voulut pas les faire mettre à mort en disant que puisqu'ils se trouvaient auprès des femmes et des enfants il ne leur serait fait aucun mal. Plusieurs fois mes camarades obtinrent d'Ahitaghel la permission de venir me voir dans le campement des Chambaa où j'étais retourné et ils me parlèrent de ce qui leur était arrivé chez les Touareg. Ceux-ci ne les maltraitaient pas et les employaient à garder leurs troupeaux et à tirer l'eau des puits ; ils faisaient, en résumé, le travail de leurs esclaves et étaient considérés comme tels. Ils étaient presque entièrement nus quand je les vis et n'avaient pour tout vêtement que leurs pantalons de tirailleurs complètement déchirés.

Au bout de quinze jours de séjour chez les Chambaa, il vint une caravane d'Insalah composée de dix hommes de cette ville avec quinze chameaux apportant des dattes qu'ils échangèrent contre du beurre et des moutons. Plusieurs fois mes sauveurs Chambaa m'avaient demandé si je voulais retourner en Algérie par Tripoli ou par Ghadamès. J'alléguai que je ne connaissais pas ces régions et que je désirais revenir par Insalah. Quand la caravane de cette ville arriva, je manifestai le désir de la suivre et les Chambaa ne s'y opposèrent pas. Je fis part de mon intention à mes camarades qui eussent bien désiré faire comme moi et n'osaient quitter Ahitaghel qui les eût fait rejoindre et massacrer; je leur promis de dépeindre leur situation à l'autorité qui ferait certainement tout son possible pour les repatrier et je partis pendant la nuit suivant la caravane. Les guides de cette caravane me traitèrent bien et me donnèrent tout ce qu'il me fallait. Nous avons mis trente jours pour atteindre Insalah.

D. Dites-nous ce que vous avez appris chez les Hoggar touchant la conduite des Chambaa de l'escorte?

R. Des Touareg qui faisaient partie du ghezzou qui a massacré la mission m'ont dit que le 16 février Sghir ben Cheikh tenait la jument du colonel, qu'il l'avait montée au moment de l'arrivée du ghezzou et avait tué de sa main le capitaine Masson et le docteur Guiard.

Ils me dirent aussi que Cheikh ben Boudjemâa n'avait pas eu connaissance du projet de détruire la mission et que le 16 février il tira sur les Touareg, mais ils ajoutèrent qu'il prit part, par la suite, au partage du butin.

Quant à Ali ben Maatalla et Mohammed ben Belghit, les Touareg m'ont dit qu'ils avaient trahi le colonel et que tous deux avec Sghir ben Cheikh étaient allés par la suite vers le camp pour voir si l'officier l'avait quitté; ils s'étaient emparés, m'a-t-on dit, d'un grand nombre de chameaux qui leur furent enlevés par les Touareg qui partagèrent le butin en parts égales. Je ne sais à qui étaient échues les deux juments de la mission, mais je les vis toutes deux près de la tente d'Ahitaghel avec leurs selles françaises. On me dit que le fils d'Ahitaghel les avait achetées chez les Touareg qui s'en étaient emparés (sans doute à Chikkat).

D. Avez-vous appris comment les Touareg avaient résolu le massacre de la mission ?
R. Les Touareg m'ont dit que la moitié de la tribu environ était opposée au massacre de la mission d'accord en cela avec Ahitaghel et Chikkat qui voulait la laisser passer. L'autre moitié excitée, m'a-t-on dit, par le fils de Khatkhat et El Alem aurait fourni 350 mehara pour aller la détruire.

Les Touareg sont persuadés qu'une colonne viendra chez eux pour venger le massacre de la mission, ils s'attendent à la voir arriver d'un jour à l'autre et paraissent beaucoup redouter cet événement.

D. Savez-vous quelle part Ahitaghel a prise particulièrement dans le massacre de notre mission ?
R. Je n'ai entendu parler que vaguement du rôle joué par Ahitaghel. On dit qu'il a cherché à s'opposer au massacre de la mission, mais qu'il n'a pas été écouté.

D. En arrivant à Insalah qui est-ce qui vous a recueilli ?
R. Je me suis présenté chez El Hadj Abdelkader ben Badjouda qui m'a très bien reçu et chez lequel je suis resté pendant trois mois, attendant une caravane venant d'Algérie. Il y avait beaucoup de caravanes allant à Ghadamès et à Tripoli, mais je désirais revenir directement sur l'Algérie et je dus pour cela attendre pendant trois mois.

Au bout de ce délai une caravane de quatre hommes, des Zoua, se rendant au M'zab par El-Goléa me prit avec elle. El Hadj Abdelkader ben Badjouda me congédia en me donnant des provisions et me confia à cette caravane en me recommandant de lui écrire dès mon arrivée à El-Goléa. Je lui écrivis et le remerciai de ses bons soins.

Le caïd de Goléa m'a fort bien reçu de son côté, m'a

donné des vivres et m'a fait accompagner jusqu'à Metlili par son neveu.

D. Qu'avez-vous appris à Insalah sur l'attitude d'El Hadj Abdelkader ben Badjouda au sujet de notre mission ?
R. Je n'ai rien pu savoir à ce sujet ; El Hadj Abdelkader ben Badjouda m'a dit qu'il n'avait nullement trempé dans cette affaire et qu'il était ennemi des Touareg.

D. Avez-vous vu de nos armes et de nos effets à Insalah ?
R. J'y ai vu dix à onze fusils et sept à huit revolvers de la mission entre les mains des Zoua. On m'a dit que ces armes avaient été laissées à El-Mesegguem par les survivants de la mission. (C'est faux.) Les Zoua étaient en possession d'effets d'habillement français et indigènes ayant appartenu à la mission et qu'ils vendaient à Insalah.

(Ils avaient, sans doute, acquis ces effets auprès des gens des Oulad-Bahamou qui avaient pris part au massacre.)

En arrivant à Metlili, j'ai reconnu deux chameaux ayant appartenu à la mission. J'en ai informé aussitôt le caïd Kouider ben Teggar qui a cherché à s'en emparer, mais n'y a pas réussi.

D. Avez-vous vu Ali ben Maatalla à Insalah ?
R. Je l'ai vu chez les Zoua ; il m'a dit qu'il était retourné à Ouargla, que là il avait vu l'autorité et qu'il avait témoigné auprès d'elle que Cheikh ben Boudjemâa n'avait pas pris part au partage du butin. Il ajouta qu'on lui avait payé sa solde et qu'on l'avait relâché.

D. Avez-vous entendu parler de Mohammed ben Belghit à Metlili ?
R. On m'a dit qu'il faisait partie du djich des Chambaa

de Metlili qui a ghazzé tout récemment une caravane de Medabih et qu'après cela, il s'était enfui vers l'Ouest pour rejoindre, dit-on, l'agitateur Bou Amama.

Le Lieutenant adjoint au bureau arabe,
Signé : MASSOUTIER.

Vu : *Le Lieutenant-colonel,*
commandant supérieur du cercle,
Signé : BELIN.

N° 34

Camp de Berrian, le 21 novembre 1881.

Déposition du tirailleur ALI BEN EL MESSAÏ, *du 3ᵐᵉ régiment, originaire des Ngaous* (cercle de Batna).

D. Avez-vous entendu la conversation qui eut lieu entre le colonel et les guides Touareg, le 10 février, avant d'aller au puits ?
R. Non, je me trouvais au milieu du convoi. J'ai bien vu de loin le colonel causer avec ses guides, mais je n'ai pas entendu ce qu'ils disaient.

D. Racontez-nous ce que vous avez vu et ce qui vous est arrivé le 16 février ?
R. J'étais le chef d'une des fractions du convoi, laquelle fraction comprenait 32 chameaux. Le 16 février, après que le colonel fut parti avec le capitaine Masson, le docteur et les ingénieurs, pour se rendre au puits, le troupeau suivit, échelonné groupe par groupe ; le mien marchait le second. On avait dit au colonel que le puits était proche, mais nous marchâmes pendant fort long-

temps sans y arriver et dans un pays difficile. Cette dernière circonstance, jointe à l'éloignement ainsi qu'à la direction que l'on nous faisait prendre, éveilla des soupçons dans notre esprit et nous fit craindre une trahison. Néanmoins, nous continuâmes notre marche jusqu'au moment où nous entendîmes des détonations successives et précipitées. Je ne fus pas de l'opinion de beaucoup de mes camarades qui pensaient que les officiers se livraient simplement à la chasse à la gazelle ou à l'autruche, et craignis des événements plus graves. Je m'inquiétai aussitôt de savoir si mes compagnons avaient apporté leurs armes et leurs munitions. Quatre hommes de mon escouade avaient négligé de prendre leur fusil, et de ceux qui étaient armés plusieurs n'avaient pris que quelques paquets de cartouches. Pour mon compte, je n'en avais qu'un paquet; j'avais laissé les autres au camp pour m'alléger dans la marche.

Bientôt nous vîmes déboucher un nombre considérable de Touareg à mehari; tous les tirailleurs qui avaient des armes se groupèrent sur un mamelon, les autres (plus de la moitié) s'enfuirent sur les hauteurs voisines. Les hommes armés tirèrent de fort loin sur les Touareg et eurent bientôt consommé leurs munitions. Les Touareg nous approchèrent ensuite et tuèrent à coups de lance et de sabre une partie de ceux qui étaient restés. Pour ma part, je parvins à m'échapper vers la partie élevée de la montagne; je rencontrai le nommé Messaoud ben......, du 3me régiment, qui se sauvait comme moi, et le nommé Sassi ben Chaïb, des Chambaa. Celui-ci nous quitta bientôt pour rentrer au camp; nous ne le suivîmes pas dans la direction qu'il avait prise, pensant qu'elle était mauvaise, et nous marchâmes d'un autre côté dans l'espoir de retrouver nos camarades.

Nous marchâmes ensemble toute la soirée en nous maintenant dans les parties les plus élevées de la montagne, et nous passâmes la nuit sur un point d'accès difficile. Le lendemain matin nous nous remîmes en route vers l'Est, cherchant de tous côtés, et nous aperçûmes dans la plaine un objet blanc que nous prîmes pour une des tentes du camp. Quelques instants après, un vent violent soulevant des nuages de poussière nous en déroba la vue, et quand nous nous fûmes approchés, nous vîmes que nous nous étions trompés et que le camp avait été évacué. Nous avons cru alors que tous nos camarades et tous les Français avaient été massacrés. Après avoir réfléchi quelque temps à notre situation, Messaoud nous proposa de nous diriger sur Ghat, qu'il disait être proche, et je me rangeai aussitôt à cette idée. Nous marchâmes vers l'Est pendant quatre jours, nous tenant dans la montagne et ne descendant dans la vallée que pour y prendre de l'eau, que nous avons trouvée, mais rare, pendant ces quatre jours. Nous n'avions qu'un bidon que portait Messaoud, et pas de vivres. Mon compagnon avait conservé son revolver et moi j'avais mon fusil, mais pas de cartouches. Pendant cet intervalle nous avons vécu d'herbages. Le cinquième jour nous sommes arrivés sur un oued considérable, où l'eau coulait et où la colonne était passée quelques jours auparavant. Là, nous nous trouvions sur le chemin suivi par la mission et nous avons arrêté que nous attendrions quelques jours sur ce point pour nous joindre à ceux de nos camarades qui, comme nous, avaient échappé à la mort, et qui auraient pris cette direction. Le soir Messaoud me quitta en disant qu'il allait monter sur la montagne voisine afin de voir s'il ne découvrirait pas quelques tentes touareg ou autres et des secours. Je l'attendis toute la soirée et toute la nuit. Le lendemain matin, voyant qu'il ne revenait pas, je le cherchai aux environs, mais ne m'éloignai pas. Je mangeai un peu d'herbe et revins à l'oued où nous nous étions arrêtés, espérant toujours l'y voir arriver. Je restai là pendant neuf jours, allant de temps à autre boire à la rivière (mon compagnon avait emporté son bidon), mangeant les plantes que je trouvais et me réfugiant le reste du temps dans une anfractuosité de rocher d'où je pouvais voir la rivière sans être vu moi-même. Je comptais voir arriver d'un moment à l'autre Messaoud ou d'autres gens qui m'auraient secouru. Au bout de neuf jours d'attente infructueuse, je pris le parti de marcher à la recherche de mon compagnon et me dirigeai vers l'Est. Ce même jour je rencontrai cinq mehara au pâturage les pieds de devant attachés ensemble au-dessus du genou ; je m'approchai pour m'emparer de l'un d'eux et le monter, mais j'étais tellement faible, que je ne pus y parvenir ; je me mis alors à suivre ces animaux au pâturage en pleurant, espérant que leurs propriétaires viendraient les prendre ; alors ils mettraient fin à mes souffrances en m'achevant ou bien en me donnant de la nourriture ; mais bientôt je ressentis les tortures de la soif et quittai les chameaux vers la fin du jour pour venir boire dans l'oued près duquel j'avais demeuré neuf jours. Je me désaltérai et jetai mon fusil qui ne pouvait plus m'être d'aucune utilité, ne conservant que la baguette ; abandonnant alors les mehara je marchai vers l'Est, et en gravissant un mamelon j'aperçus un chemin très bien tracé que je suivis, supposant qu'il devait conduire à Ghat.

Pendant les neuf jours que j'avais passé près de l'oued, je n'avais pas bougé de ma cachette et ne soupçonnais pas l'existence de ce chemin. Je marchai jusqu'à la nuit et couchai sur la route. Le lendemain, je repartis de bonne heure, mais ne rencontrai pas d'eau et souffris beaucoup de la soif ; bientôt j'aperçus des traces de chameaux et de pieds d'enfants ; ces traces me parurent toutes fraîches et je les suivis. Après avoir marché pendant quelque temps, j'entendis les cris des chameaux, puis à quelque distance de là, j'aperçus ces animaux près d'un puits avec des femmes, des négresses, des hommes et des enfants. Je reconnus en eux des Touareg, mais je me décidai à aller les aborder, car dans l'état où je me trouvais, exposé à mourir de soif, ils étaient ma seule chance de salut. Je pus surmonter mes craintes, m'avançai vers une femme qui s'était écartée à quelque distance du puits, et lui fis comprendre par signes que je mourais de soif. Cette femme prit peur et se sauva. Alors s'avancèrent vers moi deux hommes, un jeune et un vieux; le jeune avait une lance à la main et voulut m'en porter un coup, mais en fut empêché par le vieillard qui le saisit à la gorge. Le vieillard vint sur moi et s'efforça de me rassurer par signes. Il appela un de ses serviteurs qui parlait l'arabe, et je sus par lui que mon sauveur était un djiad (noble); il me faisait dire de ne rien craindre, que l'on ne me tuerait pas. Ce djiad me fit demander, par l'intermédiaire de son amghid qui lui servait d'interprète, si j'avais de l'argent. Je voulus enlever devant lui ma chemise et mon caleçon, seuls vêtements qui me couvraient, pour lui montrer que je n'avais rien, mais il s'y opposa. Il me fit ensuite apporter du lait de chamelle; j'en absorbai une grande quantité, et aussitôt que j'eus fini de boire, je tombai évanoui. Quand je revins à moi, je me trouvai sous une tente, dans un campement de 5 ou 6 tentes touareg et entouré de beaucoup d'hommes, de femmes et d'enfants, que la curiosité avait attirés près de moi. On me donna du pain, du lait, mais quand je voulus prendre cette nourriture je ne pus y parvenir à cause des longues privations que j'avais endurées. On me mit alors du beurre dans la bouche, et, au bout de quelque temps, je réussis à manger, ce que je fis avec avidité. Le Targui qui prenait tant de soin de moi se nomme Mohammed ben Gounti, des Ouled Messaoud. Il y avait dans son campement un Targui noble, son neveu, du nom de Chambir, qui avait eu la jambe cassée d'un coup de feu, au puits où le massacre de la mission avait eu lieu; il avait reçu un coup de revolver tiré, disait-il, par les Français. On me mit auprès de ce nommé Chambir, afin de lui apprendre à parler l'arabe qu'il ne savait que très peu.

D. Avez-vous appris là quelque chose touchant le massacre du colonel et de ses compagnons?

R. Chambir m'a dit que les Touareg qui ont surpris les membres de la mission étaient au nombre de 350 à 400 ; ils sont arrivés au puits au galop et sur leurs mehara ; en arrivant près du colonel, un Targui lui a jeté sa lance et l'a atteint à la cuisse ; cette arme est restée dans la blessure ; le colonel, qui avait dans chaque main un revolver à cinq coups, abattit le mehari de ce Targui, puis il tira de loin sur les autres Touareg qui arrivaient ; il abattit encore deux mehara et blessa trois hommes. Le colonel reçut ensuite une balle qui lui traversa les deux cuisses ; il tomba, et un Targui se précipita pour lui arracher ses armes ; mais il reçut de lui, à ce moment, un coup de revolver à la tête et tomba mort sur le coup ; un Targui du nom de Seddah s'avança alors, et, d'après ce que me dit Chambir, asséna au colonel un coup de sabre qui lui trancha la tête. Pour son compte, Chambir avait été blessé par l'un des ingénieurs qui, paraît-il, avait mal aux yeux ; ce devait être M. Béringer, car, en effet, il souffrait de ce mal depuis quelque temps.

D. Qu'avez-vous appris touchant les Chambaa de l'escorte ?

R. Chambir m'a dit que les Touareg les avaient retenus au puits et qu'ils n'avaient pas trahi.

D. Quelle est votre opinion à ce sujet ?

R. Je crois que Sghir ben Cheikh et Cheikh ben Bou Djemâa ont pu trahir, mais je n'en sais rien.

D. Avez-vous entendu prononcer le nom du puits ou de l'oued dans lequel ont été massacrés les membres de la mission ?

R. Je l'ai entendu nommer, mais j'ai oublié le nom.

D. Avez-vous appris quelque chose sur le butin fait par les Touareg ?

R. J'ai appris que les Touareg avaient partagé l'argent trouvé au camp ; quelques-uns ont eu pour leur part 25 francs, d'autres cachèrent ce dont ils s'étaient emparés. Les chameaux de la caravane furent également partagés, et les Touareg en eurent un seulement pour deux.

D. Continuez le récit de ce qui vous est arrivé chez le nommé Mohammed ben El Gounti ?

R. Après être resté trois jours chez Mohammed ben El Gounti à me reposer, il me demanda où j'avais mis mon fusil ; je lui répondis que je l'avais déposé dans un endroit où je saurais le retrouver, et, pour l'engager à m'emmener de ce côté, je lui dis que puisque les Touareg avaient des cartouches de la mission, je pourrais m'en servir pour chasser la gazelle. Mon intention secrète était de l'emmener dans la direction où j'avais laissé mon compagnon Messaoud, afin de le sauver de la mort, s'il en était encore temps. Je n'avais pas voulu leur dire (aux Touareg) que je n'étais pas venu seul, avant de savoir quel sort ils feraient subir à mon camarade, et je voyais à ce moment qu'ils ne lui feraient aucun mal. Je partis donc avec Mohammed ben El Gounti et son amghid, tous trois montés à mehari et emportant une provision de lait, et je les guidai pendant trois jours du côté où Messaoud m'avait quitté. Le troisième jour, pendant que nous marchions, Mohammed ben El Gounti aperçut des traces irrégulières de pieds sur le sol et me dit : « Il y a dans les environs un homme qui marche un pied enveloppé de linge et ce doit être un des tiens. » Je répondis que je l'ignorais. Après quelques recherches, nous trouvâmes Messaoud dans un oued qui n'était pas très éloigné de celui où il m'avait laissé. En nous voyant, il se leva, mais resta en place, n'ayant pas la force de bouger ; il avait son bidon pendu à son cou, et à côté de lui nous avons trouvé des herbes dont il faisait sa nourriture ; Mohammed ben El Gounti demanda à Messaoud s'il me connaissait ; il fit un signe négatif de la tête, car il ne pouvait articuler une seule parole. Je déclarai à Mohammed ben El Gounti que j'avais vu cet homme dans la caravane du colonel. Mohammed ben El Gounti me fit descendre de mon mehari, y fit monter Messaoud à ma place et nous prîmes tous ensemble le chemin du campement. Pendant la route je m'approchai de mon compagnon et lui dis en secret de ne pas avouer que nous étions venus ensemble, ni qu'il était tirailleur; je lui dis de se faire passer pour chamelier bourgeois, ainsi que j'avais fait pour moi-même. Mohammed ben El Gounti prit le plus grand soin de Messaoud, qui ne resta qu'un jour dans sa tente; il le donna ensuite à un amghid pour lui servir d'esclave. Cet amghid était campé à 5 jours de là vers l'Est, et il me fallut me séparer de mon camarade presque au moment où le sort nous avait réunis. Messaoud me dit : « Ne perds pas espoir, tâche de t'enfuir quand tu garderas les troupeaux, et vas à Ghat, nous nous y retrouverons, s'il plaît à Dieu, ou dans un autre endroit. » Nous nous quittâmes en pleurant, Messaoud partit. J'ai su depuis qu'il avait été emmené chez les Azgar, qu'il s'y trouvait bien, et qu'on l'employait comme berger.

Je restai chez Mohammed ben El Gounti, qui me fit d'abord garder des troupeaux de chameaux, ce métier était nouveau pour moi; je ne m'en acquittais que fort mal et avec beaucoup de fatigue; de plus ma captivité me pesait et je passai tout mon temps à pleurer. Le nègre de Mohammed ben El Gounti l'en prévint, et l'on me fit alors apporter du bois et de l'eau. On me donnait suffisamment à manger, mais on ne me couvrait pas.

Au bout de deux mois de séjour, et après avoir changé maintes fois de campement, Mohammed ben El Gounti, mon maître, me dit un jour : te voilà maintenant habitué à notre manière de vivre; je vais t'envoyer avec une caravane qui se rend au Soudan. J'eus peur que les Touareg ne me trahissent et le priai de me conserver près de lui; il me dit de ne rien craindre, et que son propre frère, qui serait le khébir de cette caravane, veillerait sur moi.

La caravane s'organisa dans le campement de Mohammed ben El Gounti, lequel se trouvait à cette époque à un jour du camp du 16 février ; elle se composait de 50 Touareg djouads et amghad, conduisant un peu plus de 100 chameaux. Elle était chargée de sel et transportait aussi des plumes d'autruche. Le sel avait été apporté de 5 ou 6 jours de marche dans le Nord ; il était en blocs, d'un beau blanc, mais chaque chameau n'en transportait qu'une petite quantité. Les Touareg se proposaient d'acheter au Soudan des vêtements, du bechna (sorgho) et des nègres, qu'ils échangeraient contre leurs marchandises ; ils avaient aussi de l'argent (monnaie du Maroc).

Au bout de 24 jours de marches très lentes, nous arrivâmes dans un pays que les Touareg appelaient Soudan douni, dans le pays d'Ahir. Cette région diffère de celle qui est habitée par les Touareg et est plus riche, mais ce n'est pas encore le Soudan. Le pays nourrit un grand nombre de petits chevaux. Je n'y ai vu comme habitations que des gourbis et quelques rares maisons.

Nous restâmes huit jours au pays d'Ahir, et nous reprîmes ensuite le chemin du djebel Hoggar, amenant avec nous une vingtaine de jeunes esclaves. Au bout de 33 jours, j'arrivai dans le campement de Mohammed ben El Gounti. Je demeurais encore quelques mois chez lui, vivant comme j'ai dit plus haut.

Après le massacre de la mission, les Hoggar furent très effrayés et craignirent des représailles de notre part ; le bruit courait chez eux que des Français allaient arriver avec les Chambaa pour tout détruire, et ils n'osaient aller même à Insalah, pour faire leurs provisions de dattes ; mais ils furent rassurés depuis par les gens du Tidikelt qui leur firent dire, par des émissaires, que les chrétiens étaient fort occupés par Bou Amama, que toute l'Algérie était insurgée, sauf Alger, et qu'ils pouvaient venir sans crainte faire leurs provisions de dattes habituelles. Des caravanes se formèrent alors et mon maître envoya des chameaux pour acheter des dattes ; il m'ordonna de partir pour le Touat avec son neveu Chambir, qui était guéri de sa blessure, et un des frères de celui-ci, Sghir ben Mohammed. Nous emmenâmes 9 chameaux et nous nous réunîmes à d'autres Touareg sur notre chemin ; la caravane alla ainsi en grossissant, jusqu'au chiffre de 400 animaux. Je fis la route à pied, ainsi que j'avais fait celle du Soudan. Après 6 jours de marche, nous arrivâmes au puits où le massacre de la mission avait eu lieu, et Chambir me le montra en me disant : « C'est là que j'ai été blessé. » Nous sommes passés aussi au camp du 16 février, et nous avons pris de l'eau dans un puits situé près du camp, sur notre gauche, lequel puits ne nous avait pas été indiqué. J'en fis la remarque à Chambir, qui me dit qu'on ne nous avait pas conduit là à dessein, et que l'on nous avait amenés à un autre puits en dehors de la route directe. Ce puits ne contenait que peu d'eau, et nous ne fîmes qu'y passer. Chambir me montra, en passant, l'endroit où avait été tué le colonel et ses compagnons ; j'ai vu là un grand nombre d'os de chameaux, et demandai à Chambir où étaient les ossements des Français ; il me répondit qu'ils avaient été recouverts par le sable. Il y avait encore auprès du puits des tas de terre assez considérables et qui indiquaient que ce puits avait été curé. J'oubliais de vous dire que Chambir en passant au camp avait pris des boîtes de viande de conserve qu'il comptait vendre à Insalah ; il y avait au camp de grandes quantités de grains de café, des débris de caisses ; la terre y avait été retournée en tous sens.

En 39 jours la caravane arriva à Imghar (à l'ouest d'Insalah) ; elle se divisa à cet endroit : une partie alla à Aoulef, l'autre à Insalah ou au Touat, et je restai à Imghar. Pendant les deux jours qui suivirent mon arrivée dans cette ville, j'allai à plusieurs reprises avec les nègres de la caravane chercher de l'eau que j'apportais à notre campement ; et, dans l'un de ces voyages, je fus remarqué par des gens d'Imghar ; ils me questionnèrent et, voyant à ma voix que je n'étais pas targui, ils me demandèrent qui j'étais et comment je me trouvais là. Je leur expliquai que j'étais venu comme chamelier (me gardant bien de dire que j'étais militaire) avec le colonel qui était mort chez les Touareg Hoggar, et que j'étais prisonnier et esclave chez eux. Ces gens-là eurent pitié de moi, ils virent mes mains et mes bras en sang, mes pieds écorchés, la gandoura de peau qui avec mon caleçon en pièces formait mon unique vêtement, et ils me demandèrent si je désirais rentrer dans mon pays. A ces mots je me mis à pleurer. Cette réunion de personnes compatissantes me conseilla d'aller me jeter aux pieds du sultan du pays lorsqu'il rentrerait dans la kasba, afin qu'il me délivrât des mains des Touareg. Le même jour, le fils du sultan vint me prévenir secrètement que son père était à la kasba, et j'allai me mettre en pleurant au milieu de ses femmes et de ses enfants ; il m'aperçut et alors son fils lui raconta ce qu'il savait de moi. J'implorai la protection du sultan en lui montrant mes membres déchirés et la misère profonde à laquelle j'avais été réduit par les Touareg. Le sultan fut indigné, et alla sur-le-champ trouver les Touareg en leur disant qu'ils agissaient mal en traitant comme esclave un musulman, et les engagea à me rendre à la liberté. Les Touareg répondirent que celui auquel j'appartenais allait arriver sous peu, et qu'il ferait ce que bon lui semblerait. Chambir était, en effet, allé jusqu'à Insalah et m'avait laissé aux mains d'autres Touareg. En attendant son retour, le sultan me cacha dans sa kasba, me vêtit et me nourrit bien, et lorsque Chambir arriva au bout de 6 jours, il lui dit qu'il m'avait envoyé vers le Nord avec une caravane. Chambir se mit à ma poursuite, mais revint au bout de 3 jours de recherches. Je restai environ 10 jours chez le sultan dont je vous ai parlé, et que l'on nomme Ben Djelloul ; alors arriva une caravane de

Chambaa Mouadhi venant acheter des dattes. Parmi ces indigènes se trouvait le nommé El Mebrouk ben M'ahmed, oncle du caïd Kaddour ben Belkheir ; le sultan le pria de me rapatrier, et ils m'emmenèrent avec eux. En me congédiant, Ben Djelloul me remit un papier sur lequel il résuma tout ce qui m'était arrivé, et signa (il n'a pas de cachet), il me donna quelques vivres. J'ai perdu depuis ce papier dans mon trajet entre El-Goléa et Metlili.

En arrivant à El-Goléa, et au moment où El Mebrouk ben M'ahmed me remettait aux mains du courrier de Metlili, je vis arriver Mohammed ben Belghit, l'un des Chambaa de l'escorte du colonel. Je lui demandai comment il se faisait qu'il se trouvait là, et pourquoi il n'était pas à Ouargla ; il me dit que l'agha d'Ouargla l'avait chassé parce qu'il avait été rejoindre Bou Amama.

A Metlili les caïds m'ont acheté un burnous, et le nommé Ahmed ben Bitour m'a acheté des sebbats et un haïk, et m'a nourri.

D. Pendant votre séjour chez les Hoggar, avez-vous entendu parler d'Ahitaghel, leur chef ?

R. Quelque temps après mon retour du Soudan douni, j'allai avec une femme de mon campement jusqu'au village de Tazert (habité par des gens d'Insalah) pour échanger des grains contre des chameaux ; Ahitaghel était campé non loin de là, il sut mon arrivée et me fit venir auprès de lui. Quand je le vis il était couché et me parla targui ; voyant que je restais silencieux, il se mit à me questionner en arabe et me demanda toutes espèces de renseignements sur mon pays. Il me retint chez lui pendant cinq jours.

D. Vous a-t-il parlé de la mission ?

R. Oui ; il m'a dit qu'il avait regretté que le colonel fût venu si vite dans le Hoggar, et qu'il avait fait dire à Sghir de ne l'amener que lorsqu'il serait de retour d'Insalah, dans son campement. Ahitaghel m'a dit qu'il avait reçu une seule lettre du colonel, celle qui lui avait été apportée par Cheikh ben Bou Djemâa après qu'il eût quitté Insalah, quelque temps après le départ de la mission. Il me dit que Ckeikh ben Bou Djemâa continua à marcher pendant une vingtaine de jours avec lui, après lui avoir remis cette lettre, et qu'il le renvoya avec deux guides pour le colonel. Ahitaghel me dit aussi qu'il avait écrit au colonel qu'il eût à se tenir sur ses gardes et à se méfier des Touareg, qui sont traîtres (c'est son expression), mais qu'il lui envoyait des guides pour le conduire. Il me dit aussi qu'il avait été averti que les Hoggar s'étaient réunis pour détruire la mission; qu'à ce moment il était parti avec tous ses parents pour s'y opposer et avait réussi à les disperser. Au moment où il partait encore à la nouvelle qu'un autre parti hostile à la mission se proposait de l'assaillir, il avait appris la catastrophe. Ahitaghel ajouta que s'il avait voulu détruire notre mission il aurait pu le faire, et que dans ce cas pas un homme n'eût échappé à la mort.

D. Avez-vous vu chez Ahitaghel des effets ayant appartenu à la mission ?

R. Non, je n'en ai vu aucun.

D. Un de vos camarades affirme cependant en avoir vu ?

R. C'est sans doute chez l'homonyme du chef des Hoggar, celui qui s'était joint aux Chambaa pour servir de guide; on m'a dit qu'en effet celui-ci avait des effets ayant appartenu à la mission.

D. Croyez-vous qu'Ahitaghel était de bonne foi en vous exposant tout ce que vous avez dit tout à l'heure ?

R. Je crois qu'il était de bonne foi, qu'il n'a pas trahi le colonel, et que les Hoggar ont commis cette trahison à son insu. J'ai appris par Ahitaghel que son homonyme, qui serait son proche parent, s'était emparé de la jument du colonel, le jour du massacre, qu'il avait poursuivi les survivants de la mission jusqu'à Amguid, où il a été blessé très grièvement. Il serait, m'a-t-on dit, sur le point de mourir en ce moment.

D. Avez-vous vu de vos camarades chez Ahitaghel ?
R. Non, il n'en a pas.

D. On a dit que plusieurs étaient prisonniers chez lui ?
R. C'est possible, mais j'ai peine à le croire. D'après ce que j'ai entendu dire, un nommé Mohammed ben Haboul, de l'est de Laghouat, serait vivant et prisonnier chez un marabout; le 16 février il avait été blessé au visage et à la tête, et s'était remis depuis. Le nommé Khemis ben Salah, tirailleur du 3me régiment, originaire d'Ouargla et nègre, a été épargné avec le nègre Mohammed bou Lefaa. Ce dernier se trouvait à Imghar un peu avant que j'y vinsse, mais je ne l'y ai pas rencontré. Je n'ai entendu parler que de ces trois hommes. Quant à mon camarade Messaoud b...., il est encore à Ghat ou il a réussi à se sauver.

D. Avez-vous connaissance qu'Ahitaghel ait un cachet ?
R. Je ne lui en ai pas vu et ne crois pas qu'il en ait un.

D. Parle-t-il l'arabe avec facilité ?
R. Avec beaucoup de facilité.

D. Qu'avez-vous appris au sujet de la conduite des Chambaa vis-à-vis du colonel ?
R. Les Touareg m'ont dit que les Chambaa n'avaient pas trahi; mais cette version n'est pas générale chez eux, et plusieurs m'ont dit que Sghir ben Cheikh et Cheikh ben Bou Djemâa savaient le projet de trahison des Hoggar.

D. Avez-vous appris quelque chose au sujet de la conduite des gens d'Insalah vis-à-vis de la mission ?
R. A Imghar, on disait tout bas que les gens d'Insalah

avaient incité les Touareg à détruire notre mission. Ce qui est certain, c'est que les habitants d'Insalah ont une grande frayeur, qu'ils n'éprouveraient pas s'ils n'avaient pas trempé dans cette affaire. Ils s'attendent d'un jour à l'autre à voir arriver chez eux une colonne, et tellement, que les gens d'Imghar me proposaient de rester chez eux jusqu'à ce que cette colonne arrivât.

D. Savez-vous si on bâtit des remparts autour d'Insalah ?
R. Je n'en ai pas entendu parler.

D. Pourriez-vous servir de guide pour aller dans les régions que vous avez traversées jusqu'au pays d'Ahir ?
R. Non, je ne le pourrais.

D. Avez-vous entendu parler de M. Santin, que personne n'a vu mourir ?
R. Je n'en ai pas entendu parler. Les Touareg me disaient qu'aucun homme n'avait survécu. Dans tous les cas il n'est pas mort de soif, les Touareg on dû le tuer.

D. Avez-vous entendu parler du combat d'Amguid ?
R. Oui, les Touareg m'ont dit qu'ils avaient rejoint les survivants du 16 février à Amguid et les avaient tous tués.

Le Lieutenant adjoint de 1re classe au bureau arabe, chargé de l'enquête,
Signé : MASSOUTIER.

Camp de Berrian, le 21 novembre 1881.

Vu : *Le Lieutenant-colonel du 1er tirailleurs, commandant la colonne d'El-Goléa-Ouargla,*
Signé : BELIN.

N° 35

Camp d'El-Armodh, le 21 janvier 1882.

Déposition du nommé MESSAOUD BEN SAÏD, *tirailleur de 1ʳᵉ classe au 3ᵉ régiment, originaire des Ouled Derradj* (Barika).

Le 16 février, quand le colonel eut décidé de mettre le camp, il ordonna que six hommes, pris dans chaque escouade, partiraient au puits avec les chameaux et les peaux de bouc vides, et il se mit lui-même en route avec les ingénieurs, M. Masson et le docteur.

Je dirigeais la première escouade et marchais immédiatement après le colonel qui prit bientôt les devants et disparut à nos yeux. Bientôt le maréchal des logis Dennery, dont l'intention première était de s'éloigner pour chasser, se ravisa en route, nous rejoignit monté sur un mehari et nous dépassa. Je le suivis seul jusqu'au puits, laissant mes hommes en arrière. Les hommes qui formaient mon escouade étaient les tirailleurs Ben Aouda, Amar ou Sahela, Rabah, Dendani, El Aïachi, Mohammed ben Saad. Les sokhars qui nous suivaient, emportant aussi des outres vides, arrivèrent au puits en même temps que nous, à peu près; ils étaient au nombre de trois ou quatre, mais je ne me rappelle que les noms des nommés Mohammed ben Abdelkader, des Beni-Thour, Mahmoud, des Ouled-Nayls, et Lechleg ben Arfa, des Màamra.

En arrivant, je vis le colonel auprès du puits avec le capitaine Masson et les ingénieurs faisant des observations au moyen de leurs instruments. Le capitaine Masson m'indiqua le lieu où chacune des escouades devait faire abreuver ses chameaux et remplir ses peaux de bouc. Tous les Chambaa se trouvaient près du colonel; c'étaient Mohammed ben Belghit, El Ala, Cheikh ben Boudjemâa, Sghir ben Cheikh, Ali ben Maatalla. Le mokaddem était resté au camp, malade d'une ophtalmie. Le colonel l'avait chargé de veiller à la préparation du dîner pour les hôtes Touareg sur lesquels il comptait. Les Touareg qui se trouvaient là étaient Mohammed Ould Amoumen et deux autres dont je ne connais pas les noms. Ces deux derniers Touareg, arrivés le jour même, étaient venus dire au colonel que leurs compatriotes désiraient avoir une entrevue avec lui au puits, et que de là ils reviendraient ensemble au camp; c'est ce qui avait décidé le colonel à se rendre au puits. Sghir ben Cheikh tenait la jument du colonel et El Ala celle du capitaine Masson.

Au bout d'un instant, le colonel demanda le maréchal des logis Pobéguin pour l'envoyer auprès des Touareg, dont il croyait les campements proches, afin de leur acheter des moutons. Dennery lui ayant répondu que Pobéguin était resté au camp, le colonel me donna l'ordre de partir avec quatre hommes; il me remit 600 francs pour acheter vingt-quatre moutons à 25 francs l'un, et il me fit accompagner par Mohammed Ould Amoumen; les tirailleurs qui partirent avec moi étaient les nommés El Aïachi, Messaoud ben Zekra, Abdel Ouhab et le sokhar Kouider ben Belkacem.

Le colonel recommanda à Mohammed Ould Amoumen de nous conduire très rapidement, de lui acheter les moutons et de les ramener le plus vite possible parce qu'il attendait, dit-il, le soir même, des hôtes touareg, et qu'il voulait être en mesure de les recevoir convenablement. Mohammed Ould Amoumen répondit que les campements n'étaient pas très loin et qu'il reviendrait aussitôt. Trois hommes, sur quatre qui m'accompagnaient, n'avaient pas pris leurs cartouches, mais avaient leurs fusils; pour mon compte, je n'avais comme arme que mon revolver. Précédemment, le colonel avait défendu aux hommes de porter pendant la marche leurs fusils, qui devaient être attachés sur les charges des chameaux; il avait fait cette défense parce que beaucoup de tirailleurs ou sokhars tiraient sur le gibier qu'ils rencontraient, gaspillaient ainsi les munitions et salissaient leurs armes qu'ils ne savaient pas ensuite nettoyer. Le colonel disait : « Dans le jour laissez vos armes, mais la nuit veillez. »

Après que j'eus fait quelques pas, le colonel me rappela et me dit : « Si tu rencontres des Touareg, n'aies aucune crainte, car je suis venu ici pour les voir, va et reviens vite. » Après avoir marché deux kilomètres environ (Mohamed Ould Amoumen seul était monté à mehari) et à un endroit où nous nous trouvions séparés du puits par une colline rocheuse qui nous en cachait la vue, nous vîmes arriver le Targui Engadi à la tête de vingt mehara ; je pensais que c'étaient là les Touareg qu'attendait le colonel et je continuai à marcher. Bientôt nous vîmes une troupe d'environ trois cents Touareg, leurs mehara agenouillés auprès d'eux et cachés dans un bas-fond. A cette vue, je fis part de mes craintes en secret à mon camarade Kouider, en lui demandant si nous ne devions pas retourner sur nos pas ; il me répondit que le colonel avait habitué les Touareg à leur distribuer des présents et que ceux-là étaient venus également en demander et il ne crut pas à un danger. Nous continuâmes notre route et quelques moments après Mohammed Ould Amoumen ayant parlé en targui, sept hommes de la deuxième troupe que nous avions vue, vinrent vers nous montés sur leurs mehara. Mohammed Ould Amoumen s'entretint avec eux en langue targuia pendant assez longtemps. J'interpellai alors Mohammed Ould Amoumen et lui dis de nous conduire à l'endroit où se trouvaient les moutons et qu'il continuerait plus tard sa conversation. Je demandai à mes compagnons s'il ne serait pas prudent de revenir vers le colonel ; mais je craignis d'être mal reçu par lui si je ne remplissais pas ma mission, et c'est cette raison qui me fit rester. Je demeurai debout pendant un instant à côté de Mohammed Ould Amoumen et lui dis que nous ne pouvions rester ainsi. Il me dit d'attendre. Quelques instants après, Mohammed Ould Amoumen sauta sur son mehari, il me saisit à l'improviste et s'empara de la giberne que je portais et contenant l'argent dont j'étais dépositaire ; les autres Touareg se précipitèrent sur mes camarades au même moment et les dépouillèrent de tous leurs effets ; nous fûmes tellement surpris de cette attaque inopinée que personne ne songea à opposer la moindre résistance. Quelques instants après, nous entendîmes deux coups de feu tirés par la bande dirigée par Engadi et qui la première s'était portée vers le puits ; à ce signal les trois cents Touareg, qui se tenaient cachés aux environs, montèrent sur leurs mehara et se précipitèrent dans la direction du puits. A cette vue nous comprîmes que nous étions trahis et nous ne songeâmes plus qu'à nous échapper. El Aïachi et Abdelhouab en se sauvant furent atteints de deux coups de feu et tombèrent. Kouider ben Belkacem et Messaoud ben Zekra se sauvèrent dans la direction du puits. Pour mon compte, je partis seul vers une hauteur ; de là je vis la troupe d'Engadi à pied, combattant contre les hommes qui entouraient le colonel au puits et ses mehara agenouillés aux environs. Je cherchai alors à gravir un rocher, afin de m'enfuir par là dans la direction du camp, mais je ne pus y parvenir parce que j'avais des souliers neufs. Pendant que je cherchai ainsi à m'échapper, arriva vers moi le tirailleur Ali ben El Messaï poursuivi par trois Touareg dont Mohammed Ould Amoumen et qui nous entourèrent. Mohammed Ould Amoumen dit aux Touareg de nous laisser et de nous réserver pour la fin. Ils se retirèrent. De l'endroit où nous nous trouvions, Ali ben El Messaï et moi nous dominions le puits dont nous n'étions pas éloignés de plus de cent mètres et nous pûmes voir tout ce qui s'y passait. Je vis distinctement Sghir ben Cheikh monté sur son mehari et conduisant les deux juments de la mission ; Cheikh ben Boudjemâa monté sur son mehari et tenant à son bras plusieurs revolvers qu'il avait pris sur un des faisceaux d'armes placés près du puits. Tous les Chambaa passèrent aux Touareg. Dans la mêlée, j'ai vu le tirailleur Mohammed ben Saad qui s'était échappé chercher à rejoindre le mehari du capitaine Masson qui, détaché, s'éloignait; Cheikh ben Boudjemâa tira un coup de feu sur Mohammed ben Saad et l'atteignit à la cuisse. Après la mort des officiers et des ingénieurs, que je ne vis pas frapper, les hommes armés de différentes escouades se réunirent au nombre d'environ une douzaine et livrèrent un combat acharné aux Touareg qui, pour éviter leurs coups, battirent en retraite et allèrent faire agenouiller leurs mehara au loin. Quand les tirailleurs eurent épuisé leurs munitions, les Touareg se portèrent en masse contre eux et les dispersèrent. Ceux qui purent s'échapper se réfugièrent sur les hauteurs voisines.

Lorsque le combat fut terminé, Mohammed Ould Amoumen vint vers nous et nous emmena. Nous passâmes près du nommé Mohammed ben Saad, renversé à terre et Mohammed Ould Amoumen me dit de le transporter, ce que je fis pendant une dizaine de pas. Je le déposai ensuite à terre sur l'ordre de Mohammed Ould Amoumen qui me dit d'attendre là. A ce moment le Chambi Ali ben Maatalla, monté sur le mehari de M. de Dianous, arriva près de nous et frappa d'un coup de sabre le nommé Mohammed ben Saad auquel il fendit la tête et se précipita ensuite sur moi; mais Mohammed Ould Amoumen s'interposa et mit sa lance entre moi et mon agresseur en lui disant : « Ceux-là sont sous ma garde, ne t'en occupes pas. »

Pendant que nous étions là, gardés à vue par les Touareg, je vis ceux-ci recouvrir de bois de genêt retem le cadavre du colonel qui avait été complètement dépouillé et mettre le feu à ce bois. On me dit qu'un Targui, dont le fils avait été tué par le colonel pendant le combat se vengeait de cette manière sur son corps.

On discuta longtemps autour de nous pour savoir quel

sort on nous ferait subir, à moi et à mon compagnon Ali ben El Messaï.

Un homme paraissant sage exprima l'avis qu'il fallait nous emmener en esclavage et cet avis prévalut. Deux Touareg nous prirent, nous conduisirent loin du camp et nous attachèrent les pieds pendant la nuit. Le lendemain on nous amena dans une tente où nous trouvâmes deux Touareg blessés et un autre qui venait de mourir des blessures qu'il avait reçues pendant le combat. Nous passâmes la nuit sous cette tente et le lendemain on nous sépara. Je fus emmené par un nommé Djafou, à l'Oued Anzoua, à six jours de marche sur le territoire des Touareg Azgar. Je restai pendant neuf mois consécutifs chez le Targui Djafou où j'eus à souffrir toutes sortes de mauvais traitements durant toute cette période. Dans le jour on me plaçait un voile de cuir sur le visage et la nuit on m'employait à toutes sortes de travaux pénibles.

D. Dites-nous ce que vous avez appris pendant votre captivité, touchant la conduite des Chambaa de l'escorte du colonel et au sujet de vos camarades qui seraient encore prisonniers chez les Hoggar ?

R. Au bout d'un certain temps, la femme de mon maître m'avait pris en affection et elle me confia certains faits. J'appris par elle que Sghir ben Cheikh aurait menti lorsqu'il dit au colonel qu'en le quittant à Amguid, il était allé dans sa tente; il se serait rendu à cette époque auprès du chef des Hoggar qui l'avait fait demander pour se concerter avec lui en vue de trahir le colonel. Cette femme me dit aussi que Cheikh ben Boudjemâa avait été mis dans le complot par Ahitaghel lorsqu'il fut envoyé par le colonel auprès de lui, pour lui porter une lettre en dernier lieu. Ahitaghel avait fait jurer à Sghir ben Cheikh et à Cheikh Ben Boudjemâa qu'ils n'avertiraient pas le colonel. Ce fait-là est bien connu à Insalah et El Hadj Abdelkader ben Badjouda lui-même, quand je suis passé, m'a dit : « Quand Cheikh ben Boudjemàa et Sghir ben Cheik se sont rendus chez Ahitaghel pour comploter la perte de la mission, pourquoi n'avez-vous pas rebroussé chemin? »

Depuis le massacre de la mission, les Touareg Hoggar ressentent les plus grandes craintes au moindre bruit et manifestent des frayeurs exagérés. Ils croient toujours voir arriver les Français en armes chez eux. Ils sont parfaitement au courant de toutes les nouvelles et savent que le khalifa d'Ouargla a reçu la croix de la Légion d'honneur pour s'être porté au secours des survivants de la mission et ils disent qu'il a l'ordre de se rendre sur le point où est mort le colonel; j'ai perçu ce bruit pendant que je me trouvais chez les Azgar et j'ai été très etonné en arrivant à Ouargla de voir qu'il était fondé, du moins en ce qui concerne la décoration du khalifa. Quand les Touareg ont appris que ce dernier s'était porté à la rencontre des tirailleurs, beaucoup de campements ont été pris de panique et se sont réfugiés à une demi-journée de Ghat.

Pendant que je me trouvais en captivité, j'entendis dire que l'un de mes compagnons était parvenu à s'échapper par le Gourara ; j'ai su depuis que c'était Ali ben El Messaï. J'ai su aussi que les nommés Khemis ben Salah et Lechleg ben Arfa se trouvaient prisonniers chez Ahitaghel. D'après ce qui m'a été rapporté, celui-ci aurait juré ne pas les lâcher jusqu'au jour où les Français viendraient les délivrer eux-mêmes.

D. Comment avez-vous réussi à vous échapper?

R. Ahitaghel avait écrit à mon maître Djafou pour qu'il m'envoyât auprès de lui comme esclave. Sa femme s'y opposa de toutes ses forces, car elle tenait, disait-elle, à me garder. Djafou menaça alors sa femme d'aller se plaindre d'elle à son père, et il y alla en effet. Cette femme profita de son absence pour me remettre entre les mains d'un Chambi dissident nommé Diab ben Lakhdar, qu'elle loua à cet effet et qui me conduisit jusqu'à Insalah. Diab ben Lakhdar en arrivant à Insalah voulut me faire garder ses charmeaux et me tuer par la suite. Je réussis à m'échapper et allai me réfugier chez El Hadj Abdelkader ben Badjouda qui me reçut bien.

D. Que vous a dit El Hadj Abdelkader ben Badjouda pendant votre séjour chez lui ?

R. Les gens d'Insalah s'attendent de jour en jour à voir arriver chez eux les Français ; leurs richesses sont déjà prêtes à être emportées afin de pouvoir les mettre à l'abri. El Hadj Abdelkader ben Badjouda m'a dit : « Je sais que l'agha se dispose à venir chez moi avec une colonne pour prendre Insalah ; dis-lui de ne pas le faire car mes gens sont innocents de la mort du colonel et ma ville est une ville de marabouts. J'avais prévenu le colonel que je viendrais à sa rencontre à Insokhi s'il ne devait pas dépasser ce point, mais que s'il allait au delà je ne pouvais le faire, car si j'allais au devant de lui, dans ces conditions, on pourrait m'accuser de l'avoir trahi. Je l'ai prévenu des dangers qu'il courait chez les Hoggar. »

D. Avez-vous entendu dire qu'on bâtit des murailles à Insalah ?

R. Je ne l'ai pas entendu dire et même ne le crois pas ; je suis resté enfermé chez le chef de la Djemâa pendant tout le temps que je suis resté à Insalah, c'est-à-dire pendant treize jours. Au bout de ce délai, Ben Badjouda me confia à deux de ses parents qui me conduisirent à Ouargla.

C'est grâce à la lettre que l'agha d'Ouargla avait écrite tout récemment à Ben Badjouda que je dois d'avoir la vie sauve, car le jour de mon arrivée à Insalah, tous les habitants de la ville demandaient à grand cris ma mort en disant : « Jamais un infidèle n'a pénétré chez nous et nous devons le tuer. » Ben Badjouda réussit, mais non sans peine, à les calmer et me cacha chez lui.

Les gens d'Insalah, comme je vous l'ai dit, ont toutes

leurs richesses prêtes à être emportées pour le cas où, comme ils le craignent, une colonne viendrait à marcher contre eux. On dit qu'ils se réfugieraient, dans ce cas, du côté de Tombouctou.

D. Votre compagnon, Ali ben El Messaï, avec qui vous avez été sauvé par les Touareg, nous a donné, sur la manière dont vous avez échappé tous deux à la mort, une version qui diffère absolument de la vôtre ?

R. Je vous ait dit ce qui nous est arrivé, rien de plus ; si Ali ben El Messaï a fait un autre récit que le mien, il a menti.

D. Vous nous dites avoir vu le Chambi Cheikh ben Boudjemâa tirer un coup de feu et blesser le tirailleur Mohammed ben Saad. Êtes-vous sûr que vos yeux ne vous ont pas trompé ?

R. Je suis parfaitement sûr que non. Mohammed ben Saad s'enfuyait et cherchait à atteindre le mehari du capitaine Masson qui était lâché, au moment où Cheikh ben Boudjemâa, monté sur le mehari que lui avait acheté le colonel, le rejoignit et lui brisa la cuisse d'un coup de fusil. Aussitôt après Cheikh ben Boudjemâa ramena son mehari et alla se mêler aux Touareg.

D. Ali ben El Messaï qui était avec vous, a-t-il vu également la conduite de Cheikh ben Boudjemâa. Interrogé à ce sujet, il a répondu ne rien savoir de précis?

R. Ali ben El Messaï était fort effrayé et pleurait de toutes ses forces ; il a dû voir comme moi ce qui se passait, mais son état d'affaissement moral était tel, à ce moment-là, qu'il n'a peut-être pas été frappé de ce qu'il voyait.

D. Plusieurs de vos camarades ont déclaré cependant que Cheikh ben Boudjemâa a été vu par eux tirant sur les Touareg?

R. Je vous déclare franchement ce que j'ai vu, pas

autre chose. Je n'ai aucun motif pour mentir. Cheikh ben Boudjemâa n'a pas tiré sur les Touareg, il nous a trahi lui et tous les Chambaa; je l'ai vu de mes yeux et c'est aussi ce que l'on dit partout chez les Touareg.

Le Lieutenant adjoint de 1re classe au bureau arabe,
Signé : MASSOUTIER.

Vu : *Le Lieutenant-colonel commandant la colonne d'El-Goléa-Ouargla, commandant supérieur du cercle de Laghouat,*
Signé : BELIN.

FIN DES PIECES JUSTIFICATIVES

NOTICE

SUR INSALAH

La ville d'Insalah proprement dite est formée de petits groupes de maisons isolées, séparées les unes des autres par des espaces plus ou moins grands, le tout s'étendant du Nord au Sud sur environ 1 kilomètre de longueur et occupant une largeur de 100 à 200 mètres. Aucun ordre n'a présidé à l'emplacement des constructions qui sont en terre séchée au soleil, comme tous les ksours du Sahara.

Il n'existe pas de mur d'enceinte.

On n'y voit pas non plus de kasba (citadelle), à moins que l'on ne donne ce nom à une maison en terre un peu plus grande que les autres, crénelée, construite à moitié et dont la position n'est nullement défendable. Toute la ville est d'ailleurs en terrain plat.

Les jardins, fort beaux, paraît-il, sont situés à l'ouest de la ville. Ils sont irrigués au moyen de feggaguir qui amènent l'eau de l'Est et se réunissent en un seul canal qui traverse la ville avant de porter les eaux à l'oasis, qui compte environ 50,000 palmiers.

La population d'Insalah est d'origine arabe et prétend descendre des Ouled Amar-ben-Mellouk qui les premiers sont venus s'établir sur ce point. Elle se compose en grande majorité des Ouled El-Mokhtar, le complément est formé d'Ouled Bahamou qui s'y sont fixés et d'Ouled Sidi-El-Hadj-Mohammed (Zoua).

Actuellement, la ville est divisée en deux partis bien distincts : celui d'El Hadj Abdelkader ben Badjouda, au Sud, et celui des Ouled El Mokhtar, au Nord. Ces deux partis qui sont ennemis, paraissent, en ce moment, être animés l'un contre l'autre. Il est illusoire d'ajouter qu'ils se réuniront toujours contre nous et qu'ils ne s'entendent que sur un seul point, c'est lorsqu'il s'agit de mettre obstacle à l'extension de notre influence dans le Sud en refusant obstinément d'avoir des relations quelconques avec nous.

Il n'y a pas à Insalah d'autorité bien reconnue. El Hadj Abdelkader ben Badjouda est le chef de son soff et El Hadj Mahmoud est à la tête des Ouled Mokhtar. Tous deux défendent les intérêts de leurs partisans, mais le premier s'est appliqué surtout à étendre son influence au dehors ; aussi est-il beaucoup plus connu qu'El Hadj Mahmoud quoique en résumé il ne soit guère plus puissant que lui. El Hadj Abdelkader ben Badjouda écrit toujours au nom de la djemaâ d'Insalah ; il a grand soin dans sa correspondance d'indiquer qu'il fait partie intégrante de l'empire du Maroc et dans son orgueil se donne les épithètes les 'plus pompeuses, traitant avec l'agha d'Ouargla, de supérieur à inférieur.

El Hadj Abdelkader ben Badjouda s'appuie principalement sur les Ouled Bahamou, tribu nomade d'Insalah qui a accepté les mœurs touareg et dont l'ensemble ne comprend pas plus de 60 tentes. Elle a ses terrains de parcours au nord d'Insalah sur le plateau de Tademayt.

En réalité, Insalah, de même que le Tidikelt et le Touat, constituent des groupes indépendants qui ne paient aucune redevance à l'empereur du Maroc. De temps en temps (tous les 3 ou 4 ans à Insalah), ils lui adressent des présents mais c'est plutôt pour reconnaître sa suprématie religieuse que sa suzeraineté. Ce qui le prouve surabondamment c'est que le sultan du Maroc répond toujours par d'autres cadeaux.

Un fait important à signaler; s'il ne l'a été déjà, est que

depuis quelques années, El Hadj Abdelkader ben Badjoura a fondé à Insalah une zaouïa de l'ordre de Senoussi auquel il est affilié avec un certain nombre de ses partisans. Il pourvoit lui-même à l'entretien de cette zaouïa et est en relation constante avec la zaouïa mère du Djebel Lakhdar en Tripolitaine. Chaque année il envoie au grand-maître de l'ordre des secours en argent et de riches présents.

De leur côté les Ouled El-Mokhtar sont de la secte religieuse des Ouled Sidi-Cheikh et leurs serviteurs dévoués. Ils leur paient la ziara et leur donnent chaque année comme ghefara 3 négresses, 20 pièces de cotonnade et un mehari de gada. Enfin chaque fois qu'un enfant mâle naît aux Ouled El-Mokhtar, les parents offrent un chameau aux Ouled Sidi-Cheikh.

Le commerce presque tout entier d'Insalah est entre les mains des Ouled El-Mokhtar qui sont absolument sédentaires et plus nombreux dans la ville que leurs adversaires les Ouled Bahamou. Les Ouled El-Mokhtar possèdent un grand nombre de magasins dont beaucoup sont tenus par des femmes, négresses et étrangères ; ils s'entendent fort bien au négoce, passent pour très honnêtes dans leurs relations et tiennent à eux seuls la plus grande partie des richesses d'Insalah. Les Ouled El-Mokhtar sont assez favorables aux gens d'Ouargla, sans doute à cause de leur communauté de secte religieuse.

Le commerce qui se fait entre Insalah et le Soudan, par Tombouctou, paraît assez considérable. Les caravanes passent par le Tanezrouft, elles atteignent Tombouctou en un mois. Elles sont toujours constituées très fortement et comprennent au moins 300 à 400 chameaux. Malgré cela, et bien qu'elles paient un droit de passage aux Touareg Hoggar, elles sont souvent rançonnées par ces derniers et surtout par les Taïtoq qui se trouvent sur le chemin même du Soudan. Il ne se passe pas d'année sans qu'une caravane ait à subir les déprédations de cette tribu, sauvage entre toutes.

Environ trois fortes caravanes partent et arrivent chaque année à Insalah et il y en a toujours une en route. Il en part aussi d'Aoulef.

C'est en juin et en octobre que le mouvement des caravanes est le plus actif. Lorsqu'elles arrivent à Insalah la ville prend une animation extraordinaire, tous les gens des villages voisins viennent s'y réunir pour s'y procurer les produits du Soudan.

Au premier rang de ces produits nous devons mentionner les esclaves, sans lesquels le commerce du Soudan n'existerait pas ; viennent ensuite la poudre d'or, les plumes d'autruche, les cotonnades, les pelleteries, les armes, lances, flèches, sabres, etc.

Les relations commerciales d'Insalah avec Ghadamès sont assez étendues. Une dizaine d'indigènes de ce dernier centre possèdent des magasins à Insalah et y sont établis à demeure fixe, le commerce se fait par leur intermédiaire.

Le mouvement commercial avec Ouargla est presque nul.

A l'automne Insalah offre à peu près l'aspect des grands centres sahariens et les nomades qui vivent dans la région viennent alors, comme à Ouargla, se fixer près des oasis pour faire la récolte des dattes. On voit ainsi, à Insalah, les Ouled Bahamou et les Ouled Sidi-El-Hadj-Mohammed des Zoua, puis, comme étrangers, une partie des Imanghasaten, tribu des Touareg Azgar.

Les Touareg Hoggar ne viennent pas camper près d'Insalah et ils se contentent d'y envoyer des caravanes qui s'y approvisionnent de dattes et de grains qui leur font défaut chez eux. Il paraît cependant que depuis plusieurs années, les Hoggar ont beaucoup étendu leurs labours, mais pas au point de pouvoir se passer d'Insalah qui leur sera toujours indispensable et où ils ne se font pas faute cependant de commettre des exactions.

Nous donnons ci-après un tableau présentant la situation respective actuelle de chacun des ksours voisins d'Insalah avec les forces dont ils peuvent disposer.

NOMS DES KSOURS	SITUATION par rapport A INSALAH	PAR QUI OCCUPÉS	NOMBRE de FUSILS	OBSERVATIONS
Insalah.	»	Ouled Ben-Badjouda et Ouled El-Mokhtar. .	200	C'est à ce ksar qu'est parvenu M. Soleillet.
Miliana.	Au N. et à 20 kil.	Par les Ouled Sidi-el-Hadj-Mohammed, nomades qui y laissent des nègres et des khamès pour cultiver les jardins.	20	
Sahel-Tongania.	Au N.-O. et à 7 kil.	Moitié par les Zoua et moitié par les Ouled Yahia nomades.	70	
Sahel-Tahtania.	Id	Id.	30	
Sillafen.	Au N. et à 30 kil, sur la route d'Ouargla	Habité par les Ouled Taleb-Ali et par les Sidi-el-Hadj-Mohammed. . . .	20	
Hinoun.	Au N.-O. et à 15 kil.	Ouled Sidi-el-Hadj-Moussa, Zoua. .	70	Formant un même groupe.
Zaouïa-Khadra.	Id.	Id.		
Foggaret-el-Kebira.	Id.	Id.		
Foggaret-el-Arab.	A l'E. et à 15 kil.	Appartient aux Ouled El-Mokhtar qui y laissent seulement des nègres et des khamès pour cultiver les palmiers. .	20	
Hassi-el-Hadjar.	A l'E. et à 7 kil.	Appartient aux Ouled Bahamou qui y laissent également des nègres pour cultiver les palmiers.	50	
Gosten.	S.-E. et à 10 kil.	Id.	100	
Foggaret-el-Hadj-Abdelkader. .	S.-E. au delà de Gosten.	Id.	10	
		Total.	490	

Le nombre de 490 fusils est le chiffre maximum de ce que tout Insalah avec les environs pourrait mettre sur pied.

On compte à peu près une quinzaine de chevaux à Insalah. Vers l'ouest d'Insalah on trouve encore deux petits villages, ceux d'Imghar et de Bab-Aïssi occupés par un petit nombre de Touareg El-Biodh qui suivent la destinée de leurs frères les Hoggar.

Quant aux forces de ces derniers, elles peuvent être évaluées à 1,000 combattants au plus, chiffre que les nombreuses sources auxquelles nous avons puisé nous font considérer comme à peu près exact. Encore faut-il ajouter que jamais ces contingents ne pourraient être réunis.

NOTE

SUR LA PLANTE APPELÉE EL-BETTINA

HYOSCIAMUS FALEZLEZ

La plante appelée Bettina par les Arabes et Falezlez par les Touareg ne commence guère à apparaître qu'à la latitude de Hassi-Inifel, vers le 30e parallèle. Elle est très commune dans le pays des Touareg où on la trouve dans les vallées, dhaïas et bas-fonds qui contiennent seuls la végétation de ces régions désolées. Nous ne pouvons déterminer au Sud la limite de la région où pousse la Bettina ; mais il est à croire que cette limite est très reculée et s'avance peut-être jusque près du Soudan, si même on ne la trouve pas dans cette dernière contrée. C'est une plante de la famille des Solanées ; elle atteint une taille de un à deux pieds ; chaque tige porte deux espèces de feuilles, les premières situées à la partie inférieure sont d'un beau vert franc un peu foncé, et découpées profondément en folioles longues et déliées. Cette partie de la tige est très charnue et grosse comme le doigt ; elle est surmontée d'une deuxième partie portant la grappe de fleurs qui est entourée de bractées lancéolées vert tendre disposées régulièrement le long de la tige ; chacune consiste en un cornet à bords découpés de couleur blanc sale panachée de violet ; cette plante se trouve en abondance à El-Biodh et dans tous les endroits bas où l'eau s'accumule en temps de pluie ou bien où elle se trouve à peu de profondeur.

Les Touareg emploient les feuilles fraîches de la Bettina en cataplasmes, dans certaines douleurs, et l'on dit que leurs femmes en absorbent à dose extrêmement faible, pour obtenir de l'embonpoint.

Cette plante constitue dans toutes ses parties un poison assez violent pour l'homme. Les effets qu'elle produit et qui ont été remarqués sur le détachement de M. de Dianous, à Aïn-el-Kèrma, sont les suivants :

Tous les Français avaient fait bouillir leur part de dattes en poudre dans lesquelles les Touareg avaient mis une plus forte dose de narcotique, aussi furent-ils particulièrement éprouvés : atteints de délire, ils parcouraient le camp en prononçant des paroles incohérentes. M. de Dianous tira même plusieurs coups de fusil en l'air et on fut obligé de lui arracher son arme.

Comprenant, malgré leur état maladif, qu'ils avaient été victimes d'un empoisonnement, ils burent de l'eau tiède et purent ainsi rendre la nourriture qu'ils avaient absorbée, mais l'effet produit persista.

A une sorte de surexcitation nerveuse succéda bientôt un état de prostation complète qui dura jusqu'au jour ; ils ressentirent alors un peu de mieux, mais il s'en fallait de beaucoup qu'ils fussent complètement remis.

C'est donc à ce poison qu'il faut attribuer la mort de M. de Dianous, de Brame et de Marjolet (Paul), qui, encore sous le coup du narcotique, s'avancèrent imprudemment au devant de l'ennemi, ce qu'ils n'eussent pas fait s'ils eussent été de sang-froid.

Nous donnons, ci-après, les effets ressentis par quelques-uns des indigènes composant le détachement de M. de Dianous :

El-Miloud ben Mohammed. — Mangea la contenance de deux poignées de poudre de dattes, puis but. Aussitôt après il sentit sa bouche et sa gorge en feu ; ses yeux se gonflèrent, et il ressentit des douleurs aiguës dans le cuir chevelu ; tomba bientôt dans un sommeil léthargique. Le lendemain matin, il se sentit mieux, mais était encore étourdi, avait la vue trouble et l'oreille très dure. Le mal cessa complètement vers le milieu du jour ;

Abderrahman ben Salem. — Voyant l'effet qu'elle avait produit sur ses camarades, n'a absorbé que fort peu de cette nourriture.

A ressenti des douleurs dans l'estomac, aux lèvres et aux narines, mais n'a pas perdu ses sens ;

Kaddour ben Guenda. — N'a absorbé que fort peu de dattes pilées. Aussitôt après avoir mangé a été pris d'un sommeil lourd. Éveillé dans le courant de la nuit pour aller en faction, il ressentit des brûlures dans l'estomac et des maux de tête avec tendance irrésistible au sommeil ;

Khelifa ben Derradji. — Bouche et gorge desséchées. Soif inextinguible, hallucinations fréquentes, frappé de cécité et de surdité presque complètes, pas de sommeil, ne pouvait se tenir debout. Le matin le mal avait à peu près cessé ;

Belkacem ben Zebla. — N'a absorbé que très peu de dattes, bouche et gorge en feu, étourdissements, sommeil troublé ;

Mohammed ben Abdelkader. — Étourdissements, vue troublée, hallucinations, bouche et gorge en feu, ne pouvait se tenir debout, soif intense ; l'eau calmait le mal pendant un instant ;

Abdallah ben Ahmed. — Étourdissements, tomba aussitôt après avoir absorbé sa part et ne put se relever ; estomac et bouche en feu, sommeil léthargique jusqu'au lendemain matin. Au jour un peu de mieux, mais encore des maux de tête.

Prise à une dose un peu forte, la Bettina pousse à

s'enfuir du lieu où l'on se trouve et à errer à l'aventure ; plusieurs hommes ont ainsi été victimes de ce poison ; quelques-uns quittèrent le camp pendant la nuit, d'autres le lendemain. M. Santin fut du nombre ; tous furent massacrés par les Touareg.

Un autre effet de la Bettina, prise à une certaine dose, est de rendre l'homme fou furieux. On cite à ce sujet des campements de Touareg où tous les hommes, rendus fous par ce poison, se sont entre-tués jusqu'au dernier.

On raconte aussi qu'un jour deux frères voyageant d'Insalah à Ghadamès s'étaient arrêtés à un puits et y avaient fait de la galette d'orge ; ils eurent l'imprudence de mêler à ce pain quelques graines de Bettina, dont ils ignoraient les propriétés, et, devenus fous furieux après avoir mangé ce pain, ils tournèrent leurs armes l'un contre l'autre jusqu'à ce que l'un d'eux succombât. Le meurtrier continua sa route sur Ghadamès et en arrivant dans cette ville il exposa son malheur en montrant une poignée de la plante à laquelle il avait goûté et qui avait amené la mort de son frère. Il fut absous.

Enfin on cite l'exemple d'une caravane se rendant à Ghadamès et dont cinq hommes eurent également l'imprudence de goûter à la Bettina. L'un d'eux s'enfuit et périt de soif, les quatre autres purent être ramenés par leurs compagnons, mais ils cherchaient à se ruer sur eux pour les tuer, et on dut les attacher. Ce ne fut, dit-on, qu'au bout de cinq jours que leur mal cessa.

Quoique la Bettina soit connue des nomades du Sahara, il arrive cependant qu'elle produit indirectement des accidents. Le mouton, la chèvre, la gazelle en font impunément leur nourriture ; or il arrive que l'on retrouve dans le lait des brebis qui ont mangé cette plante, une partie des principes actifs qu'elle contient. Ce lait, lorsqu'il est frais, est en effet susceptible de produire un empoisonnement léger ; mais si on en a enlevé le beurre, il devient inoffensif.

Voici encore un autre accident auquel sont parfois exposées les populations du Sahara. On sait que dans cette région les vols de sauterelles sont considérés par les nomades comme une manne céleste ; les Touareg les font confire dans l'huile ou la graisse et les conservent ainsi longtemps. Les Arabes de la région d'Insalah ne dédaignent pas non plus ce genre de nourriture. Un jour, en l'absence de Si Mohammed Radjâ, qui a été guide de la mission Flatters, un vol de sauterelles s'était abattu sur son campement ; les gens de sa tente en ramassèrent de grandes quantités et en mangèrent. Mais il se trouva que ces animaux avaient ravagé des pâturages contenant de la Bettina, et aussitôt toutes les personnes de la tente, femmes et enfants, ressentirent les symptômes de l'empoisonnement. Radjà, qui rentrait chez lui à ce moment, vit sa femme en délire, cherchant à quitter le campement, ses enfants atteints de maux de tête et la gorge enflammée, et sa négresse prise d'un sommeil léthargique ; il reconnut bientôt la cause de tous ces désordres et y apporta remède aussitôt. Il fit absorber aux malades de l'eau sucrée et un bouillon au beurre très pimenté, puis les coucha et les couvrit pour activer la transpiration ; au moyen de ce remède, qui est aussi employé par les Touareg, le mal cessa bientôt.

ITINÉRAIRE

DANS LE PAYS DES TOUAREG

HOGGAR ET AZGAR

—

1º de Bir-el-Gharama aux montagnes des Azgar;
2º de l'Oued Slassel à Insalah et à Ouargla.

—

Déposition de MESSAOUD BEN SAID.

Messaoud ben Saïd, tirailleur au 3ᵉ régiment, était un des hommes de confiance du colonel Flatters; en arrivant à Bir-el-Gharama, ce dernier le chargea (en compagnie de plusieurs hommes) d'aller, sous la conduite du Targui Mohammed Ould Moumen, acheter des moutons dans les douars qui avaient été signalés au colonel comme étant proches du puits. Arrivés à quelque distance du puits, le Targui dépouilla Messaoud des 600 fr. que le colonel avait confiés à ce dernier, et le fit prisonnier ainsi que ses compagnons. Après le massacre auquel Messaoud assista de loin, le Targui l'emmena au camp des Touareg; il fut protégé et gardé comme esclave par un nommé Djafou, des Hoggar.

Le lendemain du massacre (17 février), Djafou se mit en marche vers le Nord-Nord-Est, accompagné de son prisonnier; toute la journée ils marchèrent dans une plaine sablonneuse et parfois caillouteuse. Vers le milieu de l'étape ils trouvèrent un oued allant de l'Ouest à l'Est. Vers l'Est se voit une chaîne de montagnes élevées et assez éloignées. Campé à la fin de la journée dans un oued où se trouve un puits de 3 mètres de profondeur, Hassi-Mesegguef, contenant de bonne eau.

18 février. — Marché un peu plus à l'Est, dans une plaine analogue à celle que l'on a vue la veille. A quelques kilomètres du camp du 17, coupé une sebkha de petites dimensions, il n'y a pas de sel. Uue heure de marche au delà, trouvé un oued bien boisé de tamarix qui poussent dans le sable, très abondant en ce point; le sable est mélangé de cailloux, parmi lesquels se trouvent beaucoup d'émeraudes, atteignant parfois les dimensions d'un œuf. Vers le soir, arrivé à une guelta où l'on campe. Cette dernière, qui est entourée de collines rocheuses de 20 mètres de relief environ, contient de l'eau en abondance, elle doit être fort profonde, car bien qu'elle n'ait que 30 à 40 mètres de largeur, on y voit beaucoup de poisson.

19 février. — Remonté directement dans le Nord; à 3 h. du camp de la veille, traversé un oued de 1 kil. de large, encombré de sable et bordé de berges rocheuses; la végétation y est magnifique : le drinn, l'arta, le dhamran y poussent en massifs épais que surmontent de beaux gommiers ; marché tout le reste du jour dans cet oued, où l'on campe en un point où se trouve de bonne eau, à 1 pied 1/2 dans le sable.

20 février. — Quitté l'oued et marché dans une direction un peu à l'Est de la route suivie la veille; le pays devient de plus en plus sablonneux, et jusque vers le soir on circule dans une nebka peu mouvementée où la végétation est assez maigre ; dans la fin de l'étape le sable se mamelonne fortement et l'on campe dans une grande dune où ne pousse que du drinn et un arbuste appelé kahal (?) Djafou et son prisonnier ont séjourné en ce point 3 jours; il y a de l'eau sous le sable à peu de distance de l'endroit où ils ont séjourné.

24 février. — Sorti de la dune qui se prolonge vers le Nord par une nebka de faible longueur; au bout de quelques kilomètres le sol devient caillouteux et, après 2 h. de marche, on rencontre une guelta, au bord de laquelle nos voyageurs s'arrêtèrent quelques heures. Cette guelta qui n'a guère plus de 10 mètres de largeur, doit être profonde, elle s'étend sur une très grande longueur, car on n'en voit pas l'extrémité Nord-Nord-Est. Le soir, campé dans l'Oued Melah où se trouve de bonne eau à un pied de profondeur; les animaux connaissent parfaitement cette particularité, et on y voit une foule de trous qu'ils y ont creusés avec le pied pour boire.

25 février. — Le terrain devient sablonneux, et toute la journée l'on marche dans la nebka sur une longue ligne de montagnes élevées qui apparaît au Nord comme une muraille; le soir, coupé l'Oued Anzoua descendant de ces montagnes, le sol se couvre de roches de toutes dimensions entre lesquelles circulent une foule d'oued sablonneux qui forment un mader (confluent de plusieurs oued). Le soir, campé dans un de ces oued dit Oued Slassel, l'eau s'y trouve à 1 pied sous le sable. Il y a là un douar où Djafou et Messaoud sont restés 9 mois. Ce douar comprend 14 tentes en peau, ayant la même forme que la tente abri de nos soldats, mais beaucoup plus allongées; on ne peut y entrer qu'à genoux. Les habitants étaient au nombre d'environ 60 personnes, dont 6 hommes et 20 femmes. Tout ce monde était habillé de la même façon, de telle sorte qu'il était difficile de distinguer un homme d'une femme. Des troupeaux assez nombreux de chèvres, de moutons sans laine et d'ânes, sont leur seules ressources, il y a aussi quelques chameaux; deux ou trois chiens gardaient le douar pendant la nuit; assez semblables aux lévriers, mais de formes plus empâtées, ces animaux sont de couleur fauve foncé. Le chef de cette agglomération était une femme nommée Sida. Messaoud a été d'abord en butte aux mauvais traitements de Djafou qui croyait que son prisonnier pourrait lui dire où les Français avaient caché leur argent, car il en avait été trouvé relativement fort peu au camp de la mission. Le Targui possédait une montre en argent ayant appartenu à l'un des Français, il était convaincu que cet instrument servait à découvrir des trésors et employa tous les moyens pour décider Messaoud à lui en apprendre le maniement.

Plus tard Messaoud fut mieux traité, grâce à la protection des femmes qui lui donnèrent une foule de renseignements sur la conduite des Chambaa attachés comme guides à la mission. Il apprit que Cheikh ben Boudjemaâ et Sghir ben Cheikh s'étaient entendus avec Ahitaghel, dès avant le départ de la mission de l'Algérie, pour la trahir et la dépouiller. C'est en portant les lettres des Touareg au chef des Hoggar que ces deux hommes ont monté la terrible tragédie qui a amené le massacre de Bir-el-Gharama. Il sut aussi que les Hoggar avaient brûlé ou détruit les livres de la mission, dont ils avaient la plus grande terreur ; il a eu connaissance de la ghazzia faite par les Hoggar sur El Hadj Mohammed des Azgar (Ifoghas), ghazzia dont le produit a été restitué à ce dernier depuis, de telle sorte que les deux grandes fractions sont actuellement en communion d'idées. Les Hoggar semblent ignorer la valeur de l'or, car Djafou avait fait avec les pièces d'or qu'il avait eues en partage un collier pour son chameau ; les seules monnaies qui circulent dans la région sont des pièces marocaines en argent ou en cuivre, ou des douros d'Espagne (bou medfa). Toutes ces monnaies proviennent d'Insalah.

Pendant son séjour à Oued Slassel, Messaoud a vu plusieurs fois Sghir qui venait du Nord pour caqueter avec les femmes du douar et engager les Touareg à tuer leur prisonnier. El Hadj Ikhenoukhen est également venu en ce point quatre fois ; c'est un homme âgé mais paraissant encore fort vigoureux, il lui manque les dents de devant. Quelque temps avant de quitter Oued Slassel, Messaoud a appris que les Hoggar s'étaient entendus avec les nègres du Soudan pour repousser les Français ; au cas où une expédition puissante viendrait dans leur pays, ils se replieraient sur le pays de Aoulimiden. Les Touareg, quoique peu religieux, font assez régulièrement leurs prières, mais n'observent pas le ramadan, sauf les chefs qui s'y conforment pendant les quatre premiers jours.

Dans toute la région parcourue depuis le 16 février on rencontre beaucoup de gibier, gazelles, antilopes, onagres, lièvres, chacals, autruches ; les seuls mammifères à signaler comme particuliers au pays, sont un félin appelé Nétine, ressemblant beaucoup au chat-tigre, son pelage est rayé de bandes foncées, et de couleur variable, gris ou fauve ; il existe aussi un carnassier appelé Kherdick, cet animal est de la taille d'un chacal mais plus allongé et très bas sur pattes, il est muni de fortes griffes, son pelage est formé de poils de diverses couleurs, roux, blanc et noir ; attaqué ou blessé il se défend avec courage mais n'attaque jamais ; il répand une odeur très forte des plus désagréables (serait-ce une sorte de blaireau ?). Les reptiles sont très communs, la vipère à cornes grise, bleue ou rougeâtre, la vipère minute et de grandes couleuvres ; de plus Messaoud raconte avoir tué un serpent de 2 à 3 mètres de long à tête large et aplatie et dont le dos serait couvert d'une sorte de poil ras de couleur foncée. Le dhob et le waran sont aussi très abondants. Comme oiseaux, on rencontre souvent le corbeau, un aigle blanc à collier noir, le canga, beaucoup de pigeons dans les oued et, sur les guelta, un grand nombre de canards à col vert. La végétation est la même que dans le pays des Azgar : dans les oued sablonneux le drinn, l'arta, le hadh, le ktaff et le tamarix qui y atteint de très grandes dimensions ; dans les endroits plus pierreux, le dhamran et le gommier.

Au bout de 9 mois de séjour à l'Oued Slassel, Messaoud fut confié ou vendu (?) par Djafou à un Chambi dissident des Ouled Bou-Rouba d'Ouargla, nommé Diab ben Lakhdar, lequel se rendait à Insalah. Ils atteignirent ce dernier point en 13 jours.

1er jour. — Marche à l'Ouest dans une région montagneuse couverte de cailloux et de roches noirâtres, entre lesquelles circulent une foule de ravins sablonneux, où poussent du drinn et une plante appelée Taghemar(?); campé le soir près d'une source donnant beaucoup d'eau de bonne qualité. On y voit des tortues.

2e jour. — Pays analogue à celui où l'on a marché la veille, toutefois le sable apparaît par places; vers la fin de la journée, traversé une montagne et campé dans un oued, derrière lequel se voit une montagne, il n'y a pas d'eau en ce point, qui se nomme Tihouhaou, toutefois il y a un point d'eau à quelques kilomètres au Nord.

3e jour. — Sol caillouteux, on marche toute la journée entre deux oued, campé dans l'Oued Guerrick à un endroit où la végétation est très abondante.

4e jour. — Marché presque toute la journée dans une nebka peu mouvementée couverte de dhamran, de hadh et de drinn, le soir arrivé à un puits de bonne eau, Hassi-Beddha (1^m80 de profondeur) où l'on campe.

5e jour. — Même pays que la veille, campé à la fin du jour dans l'Oued Igharghar au milieu duquel se trouve un puits de bonne eau (1^m80 de profondeur). Les berges de l'oued sont très nettes et rocheuses, on y voit des traces manifestes du passage d'un courant d'eau peu profond (1 pied), l'oued coule jusque-là presque tous les ans.

6ᵉ jour. — Franchi l'espace de sol reg qui sépare l'Oued Igharghar de l'Oued Gharis. Campé dans ce dernier auprès d'un puits dit Hassi-Gharis (5 mètres de profondeur), l'eau est bonne mais tiède, le puits est entouré de beaux gommiers.

7ᵉ jour. — Marché dans une région très montagneuse et arrivé le soir à Foum-Khenguet-el-Hadid où l'on trouve de l'eau à peu de profondeur dans le sable, en ce point Khenguet-el-Hadid est un défilé bordé de deux falaises rocheuses verticales, pareilles à celles du ravin du Roumel à Constantine, au-dessous de la Kasbah (200 mètres de hauteur environ).

8ᵉ jour. — Marché vers l'Ouest dans le sable couvert de drinn, de hadh et de arta, campé dans une dune dite Guedda.

9ᵉ jour. — Le sol sablonneux est coupé par de grands espaces cailouteux couverts de pierres noires, arrivé le soir à un oued où l'on campe, Oued Driss ou Ben-Driss, du nom de Saïd ben Driss qui y prit le chérif Bou Choucha.

10ᵉ jour. — Terrain plus sablonneux qu'hier, campé à une source abondante entre deux grandes montagnes, celle de droite fort élevée (Aïn-Azaz probablement).

11ᵉ jour. — Marché toujours dans le sable, campé le soir à Kahela, la source Aïn-Kahela se trouve à 10 kil. environ vers le Nord du point où se sont arrêtés Diab et Messaoud.

12ᵉ jour. — Le sable se mouvemente légèrement et couvre complètement toute la région, arrivé et campé à Foggaret-el-Arab, petit ksar avec jardins de palmiers du côté de l'Ouest, à l'ombre de ces derniers poussent de l'orge et des légumes: oignons, carottes, concombres, pastèques et un peu de coton assez malingre.

13ᵉ jour. — Insalah ou Tin-Salah se compose principalement de deux ksour très rapprochés, dont l'un est bâti sur une petite élévation sablonneuse de quelques mètres de relief, et l'autre dans la plaine. Les palmiers, qui sont presque aussi nombreux qu'à Ouargla, se trouvent dans la plaine à une petite distance à l'Ouest du ksar d'en bas. Entre les deux ksour se trouve une grande construction que Messaoud sut bientôt être l'habitation d'Abdelkader Ibn Badjouda. En arrivant, Diab plaça son prisonnier dans un gourbi appartenant à un de ses camarades et où Messaoud fit la connaissance d'une négresse. Après lui avoir demandé s'il était musulman et sur sa réponse affirmative, la négresse lui apprit que Diab l'avait amené à Insalah pour le vendre comme esclave. En apprenant cela, notre tirailleur demanda à la négresse s'il y avait un sultan dans le pays et où il habitait. Elle lui répondit qu'Abdelkader en avait la puissance sans le titre et lui indiqua sa demeure. Messaoud s'y rendit aussitôt et se présenta à Abdelkader qui le reçut dans une grande pièce sablée, dont les murs étaient garnis de nattes.

Ce chef, de la famille des Ouled Badjouda, est un beau vieillard à barbe blanche, de haute taille et habillé avec un luxe inouï. Il portait des pantalons à la touareg, mais en drap bleu fin brodé d'or, la veste qu'il portait par-dessus sa gandoura était également en drap brodé d'or et couverte de pierreries surtout sous les manches. Il avait la tête couverte d'un haïck en soie, retenu par une corde en soie jaune et était enveloppé d'un magnifique burnous djeridi en soie et laine, brodé d'or et orné de plumes d'autruche. Abdelkader demanda à Messaoud s'il était Chambi, celui-ci répondit qu'il était soldat français échappé au massacre de la mission et qu'il venait se mettre sous sa protection. Le cheikh lui demanda alors qui l'avait amené à Insalah; sur sa réponse que c'était le Chambi Diab, qui avait l'intention de le vendre comme esclave, Abdelkader lui dit qu'il n'eût rien à craindre et qu'il pouvait compter sur sa protection; puis il le logea chez lui et commit à sa garde un nègre qui en répondait.

Ce dernier devait en plus le nourrir, mais il ne s'acquitta jamais de ce soin qu'avec le plus profond mépris, lui jetant comme à un chien le peu de nourriture qu'il lui donnait. Le lendemain de son arrivée, Diab ayant appris la fuite de son prisonnier alla le réclamer au cheikh, lui disant qu'il avait payé fort cher cet infidèle aux Touareg. Ce à quoi Abdelkader lui répondit que Messaoud était désormais sous sa protection et qu'il n'eût plus à s'en occuper. Le lendemain Diab revint encore et fut fort mal reçu par le cheikh qui lui dit d'aller réclamer son argent aux Touareg et lui ordonna de ne plus revenir, sans quoi il le ferait écorcher vif. Le Chambi furieux ameuta la population qui vint à plusieurs reprises menacer et injurier le pauvre tirailleur; les femmes de la ville vinrent souvent aussi, mais ne lui montrèrent pas de mauvais sentiments.

Au bout de deux jours Abdelkader craignant pour son protégé le fit partir secrètement d'Insalah, sous la conduite d'un de ses parents, Si El Hadj Bou Hafs, qui l'emmena à Hassi-el-Hadjar, point où se trouvent quelques habitations disséminées dans la plaine, comme entre Rouissat et Ouargla il y a quelques palmiers également éparpillés et pas de culture. A Hassi-el-Hadjar, Messaoud resta 11 jours chez Si El Hadj Bou Hafs qui le traita fort bien; il ne reçut d'autres visites que celle des femmes qui se montrèrent bien à son égard. Au bout de 4 jours, il arriva à Hassi-el-Hadjar 2 cavaliers qu'El Hadj Abdelkader avait envoyés pour reconduire le tirailleur à Ouargla. Ce cheikh, qui s'était si bien conduit vis-à-vis du malheureux soldat français, est fort riche, il possède 40 nègres, 6 chevaux et 5 mehara d'une très grande valeur.

Il a entre ses mains tout le commerce du pays et jouit d'une très grande influence. A partir de Hassi-el-Hadjar, Messaoud et ses deux compagnons marchèrent sur Ouargla en suivant l'itinéraire ci-après :

1ᵉʳ jour.— Passé à Foggaret-el-Zoua et campé au pied de la montagne dans une sebkha qui se trouve à 4 ou 5 kil. du ksar Foggaret-el-Zoua.

2ᵉ jour. — Franchi les pentes du Djebel Tidikelt et couché à l'Oued El-Guebour près d'un ghedir contenant de l'eau.

3ᵉ jour. — Campé à El-Baten auprès d'une source située au milieu d'un cirque rocheux dont l'entrée est si étroite et si difficile que les animaux ne peuvent y pénétrer, la source est entourée d'une magnifique végétation, l'eau y est bonne et abondante.

4ᵉ jour. — Campé à un ghedir situé au milieu d'un oued sablonneux dit Oued Chebebbia.

5ᵉ jour. — Meroud-el-Ma, sorte de puits naturel de 5 mètres de largeur et fort profond, qui se trouve à une 1/2 journée de la principale branche de l'Oued Insokki, ce puits se remplit quand l'oued déborde et garde son eau toute l'année.

6ᵉ jour. — Oued Insokki.

7ᵉ   *id*.   Dune Megraoun.

8ᵉ   *id*.   Dhaya-bou-Madhi.

9ᵉ   *id*.   Hassi-Sidi-Abd-el-Hakem.

10ᵉ   *id*.   Dhaya-Safsaf.

11ᵉ   *id*.   Hassi-Khechaba.

12ᵉ   *id*.   Grande dune.

13ᵉ jour. — H.-el-Haïcha.

14ᵉ id.   Rouissat.

15ᵉ id.   Ouargla.

1° *De Temassint à Taourirt-Sghira et à Idelès ;*
2° *D'Idelès au lac Menghough et à Ghadamès.*

*Déposition d'*Amar ben Haoua.

Amar ben Haoua assistait au combat de Bir-el-Gharoua où il fut blessé de 7 coups de lance et de 10 coups de sabre environ. Incapable de se mouvoir et ayant perdu beaucoup de sang, il dut à ses blessures d'être pris en pitié par un Targui des Ifoghas, Hammad ben Ammou, qui est établi au Hoggar et faisait partie du ghezzou qui détruisit la mission. Au bout de quelques jours Hammad et son blessé arrivèrent à Temmassint où avait séjourné la mission auparavant. A partir de ce point ils appuyèrent vers l'Ouest et firent les étapes suivantes :

1ᵉʳ jour.— Laissé l'oued ou se trouve le hassi à droite, on s'en éloigne de plus en plus en marchant dans une plaine couverte de petits cailloux ; vers le soir arrivé au pied d'un mamelon rocheux élevé, au sud duquel on campe, l'oued passe au nord du mamelon.

2ᵉ jour. — Passé un col assez élevé qui prolonge le mamelon vers le Sud et descendu dans une vallée où passe un oued considérable, aussi large que l'Oued Mya. Il y a là un puits de 3 mètres de profondeur entouré d'une véritable forêt de tamarix ; l'oued est encaissé entre deux berges élevées, le fond en est sablonneux, il y pousse beaucoup de drinn.

3ᵉ jour. — La route traverse une région montueuse coupée de nombreux ravins sablonneux où pousse un peu de drinn; entre ces ravins le sol est encombré de roches énormes et la marche y est des plus difficiles; campé à quelques kilomètres d'une crête rocheuse qui se déploie transversalement à la route suivie.

4ᵉ jour. — Gravi les pentes de la crête et débouché sur un plateau de hamada où l'on marche presque toute la journée; le soir, descendu les pentes ouest du plateau et campé dans un large oued que l'on rencontre deux ou trois heures de marche plus loin.

5ᵉ jour. — Sorti de l'oued et marché en terrain rocheux tout le jour, campé le soir au sud d'un mamelon noir assez élevé.

6ᵉ jour. — Continué la marche dans le même pays que la veille et arrivé le soir à un large oued coulant du Nord au Sud et bordé à l'Ouest de pentes élevées sur lesquelles à mi-hauteur se trouve un puits de 1 mètre de profondeur donnant de bonne eau. Le Targui, maître d'Amar, est chef d'un douar installé en cet endroit, que l'on nomme Taourirt-Sghira. Les pâturages sont magnifiques dans le lit de l'oued; il y a là 12 hommes avec quelques femmes et enfants. Ce douar possède plus de 300 chèvres et 30 chameaux. Au bout d'un mois de séjour pendant lequel Amar fut fort bien soigné par les femmes du douar et se guérit de ses blessures, le douar se mit en mouvement vers l'Est, et après deux petits jours de marche dans le hamada rocheux, s'installa en un point situé au haut de pentes rocheuses élevées dominant un oued où existe un puits. Cet endroit s'appelle Taourirt-Kebira. Au bout d'un mois de séjour, Hammad et son protégé se mirent en marche vers l'Est et marchèrent sur Idelès où le Targui avait affaire. Il y a la même distance de Taourirt-Kebira à Idelès qu'entre les deux

Taourirt. Ils restèrent 20 jours à Idelès qui est un village de 50 à 60 maisons éparpillées par groupes de 3 ou 4 sur une plate-forme sablonneuse qui est cultivée par les nègres. Ces habitations sont à rez-de-chaussée et assez misérablement construites en tôb ou en pierres sèches ; elles sont couvertes en paille de drinn ; les jardins du ksar contiennent 150 à 200 palmiers vigoureux, qui donnent des dattes sèches et de mauvaise qualité, on y voit aussi quelques figuiers et de la vigne ; les nègres travaillent la terre à la houe et y cultivent du blé, de l'orge et des légumes, carottes, oignons et raves ; toutes ces plantes poussent avec vigueur bien arrosées qu'elles sont par une seguia apportant au village les eaux de l'Oued Igharghar qui passe à quelques kilomètres à l'Est et dont un barrage détourne toutes les eaux pour les amener à Idelès. La rivière coule d'une façon permanente en amont du village, la seguia a environ 1 m. 50 de largeur et est peu profonde ; l'eau est très bonne.

Quelques nègres travaillent le fer, le bois et le cuir, mais ne savent que réparer les objets détériorés sans qu'il y ait d'industrie proprement dite. Les Touareg qui habitent Idelès demeurent, soit dans les maisons, soit dans des tentes dressées aux environs, la population totale est de 5 à 600 âmes, le chef est Engadi ou Bengadi qui fut le chef du ghezzou des Hoggar qui détruisit la mission française. Idelès est le seul village permanent établi au Hoggar, où en dehors des oued fort encaissés et sujets à des crues désastreuses, on rencontre rarement de la terre cultivable. Au bout d'un séjour de 20 jours dans ce ksar, Ben Ammou et Amar partirent pour aller au pays des Azgar ; comme la saison était avancée et qu'il faisait très chaud, ils ne marchèrent que la nuit en faisant de petites étapes de 3 à 4 heures.

1er jour. — Marché vers le Nord-Est et campé dans

l'Oued Igharghar, le lit est sablonneux, couvert de drinn et de magnifiques tamarix.

2ᵉ jour. — Marché dans l'oued où l'on campe.

3ᵉ jour. — Quitté l'oued en gravissant la berge Est et en laissant à l'Ouest des montagnes très élevées. Campé au pied d'escarpements que l'on a longés en les laissant à gauche pendant la dernière partie de l'étape.

4ᵉ jour. — Marché pendant toute l'étape sur un plateau de hamada et campé dans un oued coulant vers le Nord, le lit est sablonneux et couvert de drinn.

5ᵉ jour. — On longe pendant toute l'étape des escarpements élevés qu'on laisse au Nord de la route suivie; vers le milieu de l'étape arrivé à un oued allant du Sud au Nord; à quelques kilomètres vers le Nord se trouve une guelta où l'on mène boire les chameaux; cette guelta, très profonde, a environ 150 mètres de largeur.

6ᵉ jour. — Marché sur un plateau en hamada, parfaitement nu, sur lequel on campe.

7ᵉ jour. — Même pays que la veille, campé dans un oued se dirigeant du Sud-Sud-Ouest au Nord-Nord-Est.

8ᵉ jour. — Marché et campé dans le hamada.

9ᵉ jour. — Marché dans le hamada une partie de l'étape, puis descendu une pente montueuse et arrivé à la sebkha d'Amadghor; la cuvette formant la sebkha proprement dite a environ 2 kil. de largeur, elle est entourée d'une sorte de bourrelet dominant le sol de 2 mètres environ. On voit dans le milieu de la sebkha deux excavations profondes qui ont été pratiquées pour extraire du sel, elles ont environ 5 mètres de diamètre, le sel s'y voit en bancs épais blancs ou rougeâtres, on ne voit pas d'eau. Le medjebed qui passe à côté de la saline est large comme une grande route; il y a près de la sebkha un cimetière targui assez considérable.

A partir de la sebkha d'Amadghor les étapes sont les suivantes jusqu'à Menghough.

1ᵉʳ jour. — Marché dans une plaine caillouteuse sans végétation où l'on campe.

2ᵉ jour. — Marché dans une plaine de hamada et campé au sud d'une colline rocheuse assez élevée.

3ᵉ jour. — Marché dans le hamada à grosses pierres, campé dans un oued au Sud d'une petite montagne noire ; il est tombé de l'eau récemment et il en reste encore dans la rivière dans les parties creuses.

4ᵉ jour. — Marché et campé dans le hamada de petites pierres.

5ᵉ jour. — Même pays, campé au Sud d'une dune dans le sable, plus au Sud et à droite de la route suivie, se voit à peu de distance une colline rocheuse isolée ; le campement se trouve dans un petit ravin.

6ᵉ jour. — Toute l'étape est dans le hamada, vers la fin on longe une montagne rocheuse élevée, en la laissant à gauche et l'on campe au Sud de cette dernière, à droite et en avant se voit une grande dune.

7ᵉ jour. — Traversé la dune que l'on atteint au bout de 1 h. 1/2 de marche ; au delà de la dune le sol redevient pierreux et l'on rencontre bientôt un oued qui vient de la gauche en contournant un mamelon rocheux élevé que l'on laisse à gauche et au pied duquel on campe.

8ᵉ jour. — Contourné le mamelon en le laissant à gauche et recoupé l'oued de la veille ; campé dans ce dernier en un point où se trouvent de grands tamarix ; le fond de l'oued ressemble à celui d'une sebkha, il y a de l'eau courante mais elle est salée.

9ᵉ jour. — Quitté l'oued qui se dirige vers la gauche

en s'éloignant de la route suivie et monté sur un hamada pierreux et parfois rocheux où l'on campe.

10ᵉ jour. — Au bout de 6 ou 7 kil., passés dans le hamada qui devient de plus en plus rocheux, rencontré un oued qui vient de la droite et suivi son lit pendant toute l'étape ; cet oued est encaissé entre deux berges rocheuses très élevées, campé dans l'oued à un endroit où se trouvent quelques gommiers près d'une source peu abondante dont l'eau est salée.

11ᵉ jour. — Marché dans l'oued pendant toute l'étape et campé en un point où il fait un coude brusque vers l'Ouest, les berges sont moins hautes, le lit de la rivière est boisé d'énormes tamarix bordant un ruisseau d'eau courante fort bonne et très abondante.

12ᵉ jour. — Laissé l'oued sur la gauche et monté sur un plateau de hamada s'étendant à perte de vue vers l'Est ; au bout de 1 h. de marche, on laisse sur la gauche une grande dune dont on se rapproche de plus en plus, le sol se couvre peu à peu de sable et l'on campe dans la dune.

13ᵉ jour. — Quitté la dune et rencontré au bout de quelques kilomètres un oued venant de l'Est et faisant un coude au Nord au point où on l'aborde ; on marche 2 h. environ dans cet oued et on le quitte en un point, où reprenant la direction Ouest, il reçoit un autre oued venant de l'Est ; quelques kilomètres plus loin, on campe dans un oued qui se dirige sur une dune située à l'Ouest de la route. En ce point, nos deux voyageurs virent un douar de 6 à 7 tentes, dont les habitants étaient occupés à creuser un puits ; ils avaient trouvé l'eau à 2 ou 3 mètres de profondeur, séjourné là 2 jours.

14ᵉ jour. — Toute l'étape se fait sur un sol terreux qui serait excellent pour la culture ; campé à un puits de 3 mètres de profondeur qui donnait d'excellente eau, séjourné 3 jours.

15ᵉ jour. — Marché toute l'étape dans l'Oued Tidjoudjelt et arrivé à Menghough où se trouvait un grand douar de Touareg Azgar comprenant plus de 100 tentes, Abdelhakem y était installé. Ils sont restés là 6 jours puis se sont dirigés vers l'Est.

16ᵉ jour. — Marché en plaine, laissant de hautes montagnes à droite, le sol est couvert de grosses pierres, campé dans la plaine.

17ᵉ jour. — Même pays qu'hier ; vers le milieu de la marche coupé un oued (Ilezi ?) sablonneux, allant transversalement à la route suivie, beaucoup de végétation ; le soir campé dans l'Oued Tikhammalt, entre deux guelta de 60 mètres de diamètre environ, entourées de magnifiques tamarix ; on se trouve ici au confluent de l'Oued Tikhammalt et d'un oued dit Maharoug.

Amar et son protecteur ont suivi cet oued pendant 4 jours entre deux berges rocheuses élevées ; le troisième de ces jours, campé à un puits de 2 mètres de profondeur avec peu d'eau ; le quatrième jour après avoir quitté l'Oued Tikhammalt, ils sont sortis de l'Oued Maharoug et sont allés vers l'Est, camper pendant 5 jours dans la montagne, puis ils sont revenus en 2 jours au confluent de l'Oued Maharoug et de l'Oued Tikhammalt, où ils ont campé ; le lendemain ils ont descendu ce dernier oued et ont campé dans son lit près d'une très grande guelta plus large que celle de Menghough et où il y avait beaucoup de grands poissons (Saguen ?) (De cette guelta à Ghadamès, route Duveyrier).

Alger, 20 mars 1882.

F. BERNARD, *Capitaine d'artillerie*.

RÉSUMÉ & CONCLUSION

I

Le journal de route de la deuxième mission Flatters et les pièces justificatives qui y sont annexées donnent implicitement la marche des événements et permettent d'apprécier, dans de certaines limites, les causes qui l'ont fait échouer; toutefois, il semble nécessaire de coordonner ces indications de façon à bien mettre en lumière l'enchaînement des faits et à en tirer les conclusions pratiques dont il y a lieu de faire son profit pour l'avenir. Mais avant d'aborder ce résumé analytique, il est bon, comme terme de comparaison, de retracer brièvement l'historique des voyages qui ont été faits chez les Touareg avant 1880 : le premier en date est celui de MM. Richardson, Barth et Overveg en 1850; ces voyageurs ne firent que traverser la partie Est de la région dont il s'agit en allant de Ghat à Hassiou; Barth espéra un moment pouvoir aller à Djanet chez les Azgar, mais il dut y renoncer et, ainsi que ses compagnons, il ne put s'écarter de la grande route de caravanes menant de Ghat à Agadès; quatre voyageurs ont tenté depuis de pénétrer dans cette région en dehors des routes de caravanes : ce sont MM. Ismaïl Bou Derba, interprète militaire, Duveyrier, Dournaux-Duperré et le Dr Von Barry.

Parti d'El-Aghouat au commencement de l'été 1858, le premier atteignit Rhat en faisant preuve d'une énergie peu commune et en courant les plus grands dangers; c'était pourtant un arabe instruit, intelligent, tout à fait à hauteur de sa mission et connaissant, autant qu'il était possible de les connaître à cette époque, les usages et les mœurs de ce pays. Il n'échappa au triste sort du colonel Flatters qu'en s'enfuyant, pour ainsi dire, de Ghat et en regagnant Ouargla par des marches forcées, faites au cœur de l'été, ne s'arrètant que le temps strictement nécessaire pour permettre à ses animaux de ne pas mourir de fatigues et de privations. Aussi ne rapporta-t-il sur la région parcourue que des renseignements sommaires, que les conditions pénibles dans lesquelles il effectua son retour ne lui permirent pas de compléter.

M. Duveyrier qui, dans les années 1860 et 1861 alla de Ghadamès à Ghat, put reconnaître avec soin le pays qu'il traversa, grâce à la protection de Cheikh Othman, chef targui, qui joignait à une rare intelligence une influence que jamais aucun homme n'eut après lui dans ce pays. Aussi, l'œuvre de M. Duveyrier restera-t-elle comme le monument le plus remarquable d'un voyage d'exploration; aucun voyageur ne fit preuve d'une telle puissance d'observation, aussi bien dans le profit qu'il tira de ce qu'il vit, que des renseignements recueillis sur les régions inconnues, qu'il leva, pour ainsi dire, d'après les indications de Cheikh Othman.

MM. Dournaux-Duperré et Joubert, arrivés à Ghadamès au printemps de 1874, quittèrent cette oasis pour marcher sur le pays des Hoggar. Trahis par leurs guides, ils furent massacrés par un parti de Touareg à quelques jours de marche au sud de Ghadamès, vers le 25 avril 1874.

Le Dr Von Barry, parti de Tripoli dans le courant de l'été 1876, arriva à Ghat vers le mois de septembre et quitta ce point avec l'intention de marcher à l'Ouest en suivant les lignes d'eau du Tassili des Azgar de façon à lever toute cette région, si inconnue encore actuellement. Malheureusement, les Azgar et les Hoggar étaient alors en guerre et ses guides refusèrent de le conduire même jusqu'au lac Mihéro. Il put, d'après les traces qu'il vit dans le lit de l'Oued Tikhammalt, conclure à la présence certaine de grands sauriens dans les eaux du lac. Il dut rentrer précipitamment à Ghat où il succomba en fort peu de temps aux suites d'une fièvre pernicieuse ou plus probablement empoisonné.

En résumé, le seul voyageur qui ait pu obtenir un résultat sérieux est M. Duveyrier, et ce fut grâce à une protection toute spéciale. Cela ne diminue en rien son mérite, car, nous nous plairons à le répéter, aucun homme n'a produit un travail géographique comparable à la carte dressée par ce savant sur une région aussi difficile et aussi fermée que le pays des Touareg.

De 1876 à 1880, nous ne voyons que M. Louis Say qui ait tenté d'aborder ce pays ; son voyage s'arrêta à Temassinin ; les conditions pénibles dans lesquelles il fit cette route ne lui permirent pas d'en rapporter un levé régulier. On sait comment la première mission Flatters combla cette lacune et bien d'autres, en reconnaissant deux itinéraires présentant ensemble un développement de près de 1,500 kilomètres. Bien que détournée de sa route directe au Sud par son personnel indigène qui refusa obstinément de s'engager sur les terres des Hoggar, elle produisit un résultat considérable. Elle rentra à Ouargla au mois de mai 1880, sans avoir perdu un homme.

II

La deuxième mission, dont nous tâcherons de retracer la marche en reliant les faits maintenant connus, partit d'Ouargla le 4 décembre. Le colonel Flatters, qui avait facilement constaté combien lui avait été préjudiciable la précipitation avec laquelle avait été organisée la première mission, avertit Ahitaghel, le chef des Hoggar, de ses projets.

La première lettre qu'il lui envoya de Tebalbalet, en avril 1880, lui parvint par un Targui des Ifoghas nommé Dob; d'après la réponse d'Ahitaghel, il est facile de voir que le courrier du colonel refusa, pour une raison ou pour une autre, de donner au chef des Hoggar des renseignements précis sur les projets de la mission. Ahitaghel, dans cette occurrence, ne voulut pas promettre son appui au colonel Flatters et il écrivait de suite à Ghat, à Ghadamès, à Insalah et au chef des Azgar, Ikhenoukhen, pour prendre les avis de ses amis de l'Est et de l'Ouest. Sauf, peut-être, de la part d'Ikhenoukhen, les réponses ne furent pas douteuses, toutes l'engagèrent à empêcher par tous les moyens possibles les Français de pénétrer jusqu'au Soudan.

Quelque temps après, une deuxième lettre parvint à Ahitaghel portée par le chambi Cheikh ben Boudjemaâ; comme il est facile de le constater, en lisant la réponse du chef des Hoggar, Cheikh ben Boudjemaâ donna à ce dernier tous les renseignements qu'il pouvait désirer, et Ahitaghel commença, dès ce moment, à prendre ses dispositions pour arriver plus tard à arrêter la mission française, tout en ne brusquant rien et en s'arrangeant de façon à exploiter, le plus longtemps possible, cette mission à son profit exclusif. Ayant su que le colonel s'était montré fort généreux avec les Azgar, il lui écrivit une lettre pleine de belles promesses.

Ce fut dans ces conditions que Flatters, oubliant la première réponse qui lui avait été faite et se fiant aux promesses du chef des Hoggar, quitta Ouargla accompagné de Sghir, de Cheikh et des chefs Azgar qui étaient venus au-devant de lui à Alger. Ces derniers firent tout ce qu'ils purent auprès du colonel pour mettre en suspicion la bonne foi d'Ahitaghel et le détourner de mettre ses projets à exécution. Flatters n'écouta pas leurs conseils, car il devait les croire intéressés ; d'ailleurs, en raison de l'accueil que lui avait fait l'opinion publique, au retour de son premier voyage, il voulait absolument, cette fois, suivre la route tracée.

Le 27 décembre la mission se trouvait à Insokki ; le colonel envoya Cheikh ben Boudjemaâ à Ahitaghel avec une lettre où il lui donnait rendez-vous à Tiounkenin ; Cheikh trouva ce dernier à quelque distance d'Insalah, en route pour le Hoggar et lui remit la lettre de Flatters, puis, au lieu de rejoindre de suite la mission comme cela lui avait été prescrit, il marcha quelque temps avec Ahitaghel qui rentrait chez lui après avoir conféré avec la djemaâ d'Insalah au sujet de la mission française. C'est évidemment pendant ces quelques jours que Cheikh informa le chef des Hoggar des modifications que le colonel avait apportées à l'organisation de sa caravane. Il est certain qu'Ahitaghel fut effrayé en voyant que celle-ci était constituée si solidement et il renonça pour le moment à l'attaquer.

Aussi, tout en évitant de se rencontrer avec Flatters, lui envoya-t-il des guides qui eurent évidemment pour instructions de capter la confiance du chef de la mission, tout en conduisant la caravane par la route la plus pénible et la plus dépourvue d'eau. Pendant que la mission marchait dans ces conditions, Ahitaghel réunissait tous ses contingents avec l'intention de tomber sur la caravane française pendant sa marche dans la plaine d'Amadghor.

En arrivant à Amguid (18 janvier), point au delà duquel on ne pouvait avancer sans guides du pays, le colonel, qui n'avait reçu de nouvelles ni de Cheikh, ni d'Ahitaghel, remercia les Azgar qui le suivaient et les chargea de lui envoyer des guides pour marcher vers l'Est. Sghir devait accompagner ces Azgar jusqu'à Tahohaït et ramener les guides ; pendant ce temps, le colonel partit en reconnaissance rapide pour relever l'entrée de la plaine d'Amadghor, et remonter la vallée de l'Igharghar aussi loin que possible. C'est pendant ce temps que Cheikh rejoignit le convoi placé momentanément sous le commandement du capitaine Masson; le Chambi se porta de suite au-devant de Flatters auquel il remit la lettre d'Ahitaghel et rendit compte, à sa façon, de la mission qu'on lui avait confiée. Naturellement, le colonel se décida à reprendre sa marche au Sud, puisqu'on lui donnait des guides, et il renvoya le nommé Hamma Ould Djabour, Azgar, qui était resté avec la caravane, en lui donnant pour instructions de rejoindre Sghir et de lui dire qu'il était définitivement congédié et qu'il n'eût pas à ramener de guides.

Pendant ces divers incidents, Ahitaghel, ayant mis sur pied tout son monde, en donna le commandement à son parent Engadi, chef de la ville d'Idelès, car il ne voulait pas paraître en personne, de façon à se préparer un alibi, si besoin était. Engadi rejoignit la caravane française à Temassint au moment où elle sortait de la plaine d'Amadghor; il arrivait trop tard pour profiter des facilités que la traversée de cette plaine aurait pu lui donner pour détruire la mission. Aussi réunit-il les principaux chefs de sa troupe en miad pacifique et il se présenta ainsi au camp du colonel dont la méfiance avait été un instant mise en éveil par quelques faits isolés arrivés pendant les jours précédents (11 février). Flatters accueillit parfaitement les Hoggar, leur fit une foule de cadeaux et reprit sa marche, suivi à peu de distance par le ghezzou hoggar qui marcha, en se dissimulant, parallèlement à la route suivie par la mission.

Quelques jours avant l'arrivée du miad (8 février), Sghir, qu'on pensait ne plus revoir, rejoignit la caravane accompagné de deux Touareg Hoggar; sa venue, à ce moment, montrait bien qu'il était allé s'entendre avec Engadi dont il apportait les instructions aux guides Chambaa et Touareg. Mais en ce moment, comme on trouvait de l'eau assez souvent dans cette région, la caravane marchait groupée et les Touareg n'osaient l'attaquer; cependant, comme d'un autre côté elle allait bientôt sortir du pays des Hoggar, ces derniers avaient tout intérêt à brusquer le dénouement, s'ils ne voulaient pas voir cette riche proie leur échapper. Aussi le guide targui évite-t-il avec soin un cours d'eau abondant et un puits, de façon que les chameaux restent quelque temps sans boire. Puis, le jour où l'on doit atteindre un point d'eau, il fait semblant de s'être égaré et parvient à séparer la plupart des Français et les chameaux du gros de l'escorte. C'est alors que se joue l'horrible drame qui mit fin, d'une façon si misérable, à la deuxième mission trans-saharienne.

On s'explique difficilement cette robuste confiance du colonel Flatters dans son entourage targui, confiance qui l'entraîna à agir comme en pays ami et à emmener à la fois, loin du camp, son personnel français et les chameaux sans avoir même une escorte suffisante pour se garder d'une façon effective. Cette manière de faire s'explique un peu par la situation morale où se trouvait le personnel indigène de la mission; les dépositions des hommes échappés au massacre donnent à penser qu'à ce moment l'esprit des chameliers était très frappé et peut-être Flatters agit-il ainsi en vue de relever le courage de ses hommes; d'ailleurs, l'organisation de sa caravane laissait beaucoup à désirer; le colonel ne put jamais éclairer sa marche, car il savait bien qu'il ne pouvait compter sur ses guides Chambaa, qui seuls eussent pu faire ce service. Bien que composée en majeure partie de tirailleurs, son escorte ne présentait pas une homogénéité suffisante; il y eut toujours deux partis parmi les chameliers et le nombre de ces derniers était trop faible pour permettre de se garder sérieusement. Cependant les règles qui auraient dû servir de base à cette organisation existent nettement tracées dans les rapports et les écrits des Daumas, des Marguerite qui ont commandé dans le Sud à l'époque où nous prenions pied dans cette région. Ancien commandant supérieur du cercle d'El-Aghouat, le colonel Flatters avait trop bien étudié les ouvrages écrits sur la matière pour ne pas savoir parfaitement ce qu'aurait dû être sa mission ; il ne fut pas maître d'appliquer ses idées et se vit forcé de composer sa caravane suivant l'opinion qui avait prévalu dans la commission trans-saharienne.

Dans ce milieu, d'ailleurs, si remarquable de savants, d'ingénieurs, d'économistes et de personnages politiques, la majorité, faisant intervenir des considérations élevées mais sans valeur en cette occasion, s'était montrée absolument opposée à toute expédition affectant une allure militaire. Il en résulta que le chef de la mission dut compter uniquement sur son habileté diplomatique et crut devoir accentuer les allures pacifiques de son entreprise pour enlever aux Touareg toute raison de l'attaquer. Cette manière d'être eut certainement une influence malheureuse sur l'esprit du personnel indigène qui voyait avec terreur le chef de mission négliger les mesures de prudence les plus élémentaires. Méfiants par instinct, les Arabes, chameliers ou soldats, sentaient le danger et Flatters voulut certainement leur montrer que l'on pouvait se fier entièrement à la bonne foi des Touareg. Toutefois, nous ne pensons pas que le colonel se fît complètement illusion sur le danger de la partie qu'il jouait ainsi, et il a fallu que la situation fût bien grave pour qu'il se soit décidé à s'exposer de cette façon.

Quoi qu'il en soit, Flatters paya de sa vie une erreur qu'il fut forcé, pour ainsi dire, de commettre en se laissant imposer une règle de conduite basée sur nos idées européennes, sur nos principes de civilisation qui ne pouvaient être d'aucun secours dans le pays qu'il devait parcourir.

III

Le sombre drame qui termina la deuxième mission Flatters a eu dans tout le monde musulman un retentissement considérable et a porté un coup terrible au prestige du nom français dans toute l'Afrique septentrionale. C'est donc pour le pays un devoir de chercher les moyens de relever ce prestige aux yeux de ceux-là mêmes qui l'ont vu si cruellement diminué.

Ce n'est pas seulement la mort de nos malheureux compatriotes que nous avons à venger, c'est encore l'avenir et la tranquillité de l'Algérie que nous avons à assurer. Nous devons montrer à tous nos voisins africains que nous avons pour nous la force, cette force contre laquelle proteste l'esprit moderne en Europe, mais devant laquelle seule s'incline tout sectateur de l'Islam, car « elle est l'émanation de Dieu. »

Un document de la nature de celui-ci ne saurait servir de cadre à une appréciation ou à des opinions personnelles ; toutefois, il est bon d'y joindre, comme conclusion des faits qui y sont relatés, un exposé des moyens mis en avant pour réparer l'échec de la deuxième mission Flatters.

Avant de faire cet exposé, il est bien indispensable de donner une idée précise de l'état social des populations berbères sahariennes : les Touareg sont organisés comme l'étaient les nations européennes il y a huit ou neuf siècles.

Au premier plan une noblesse jalouse de ses privilèges, vivant de son épée, ne croyant qu'à sa force, n'ayant d'autre souci que la liberté; puis, une sorte de bourgeoisie relativement nombreuse représentée par les Amghad inféodés et absolument dévoués à leurs seigneurs; enfin, les esclaves qui, protégés par les maîtres qui les nourrissent, ne peuvent songer à sortir de leur situation qui, d'ailleurs, est relativement assez douce.

Quelques marabouts nobles ou roturiers existent aussi chez les Touareg, mais leur caractère religieux n'a de valeur que s'il se rencontre avec une puissance réelle. Les Touareg sont, en effet, mauvais musulmans et ne subissent jamais ni l'ascendant, ni les idées de leurs marabouts.

Ainsi, de ces divers éléments qui constituent la société targuia, un seul dirige et domine les autres d'une façon absolue, c'est celui des nobles dits Djoued ou Ihaggaren. Cette classe méprise toute sorte de travail et a pour principale ressource les droits de péage qu'elle perçoit sur les caravanes traversant ses terres de parcours. Moyennant cette redevance, les caravanes s'assurent la protection des chefs de clan sur le territoire desquels elles passent. Ces derniers ne se font, d'ailleurs, aucun scrupule de les attaquer et de les dévaliser dès qu'elles sont sur les terres du voisin. Les Touareg n'accordent, d'ailleurs, leur protection qu'aux caravanes composées de gens connus d'eux et conduits par des chefs indigènes qu'ils considèrent comme leurs pairs et avec lesquels ils ont des traditions d'honneur et de loyauté qu'ils n'étendent jamais aux étrangers qu'ils soient chrétiens, nègres ou arabes. De plus, les diverses fractions touareg n'ont guère de liaison entre elles; elles ne forment pas une nation mais une sorte de confédération peu homogène où tout en reconnaissant un chef unique, chaque élément n'obéit que suivant ses convenances personnelles.

Quant aux chefs de fractions ils n'ont, la plupart du temps, qu'un pouvoir très faible et toujours fort éphémère. Aussi, quand même il serait possible de traiter avec eux tous, on ne pourrait compter sur les conventions faites, car les chefs qui se succèdent ne se croiraient jamais engagés par les traités passés avec leurs devanciers. D'ailleurs, on ne doit pas oublier que la suppression de la traite des nègres nous a attiré la haine de toutes les peuplades sahariennes.

Les commerçants arabes comme les Touareg voient dans toutes nos entreprises, chemins de fer ou explorations, la ruine de leurs ressources et tant qu'ils croiront pouvoir le faire impunément, ils mettront tout en jeu pour s'opposer à notre extension dans le Sahara.

Aussi, chaque explorateur, fût-il même isolé, ne sera-t-il jamais à leurs yeux qu'un espion envoyé pour reconnaître et « écrire » le pays, afin d'y revenir plus tard en force et s'en emparer. Il est facile de conclure de tout cela que, comme on s'en était flatté un instant, il sera toujours impossible de nouer des relations avec les peuplades sahariennes et de leur persuader que nous avons des moyens de trafic leur permettant de vivre en renonçant à la traite.

IV

En présence d'un tel état de chose que nous reste-t-il donc à faire dans ce pays ? Divers moyens ont été proposés pour relever notre prestige : il nous reste à les passer en revue en appréciant leur valeur en présence des faits passés. Le premier, proposé par M. le lieutenant-colonel Belin, commandant supérieur d'El-Aghouat, a été transmis, en juin 1881, au Gouvernement général par M. le général Loysel, commandant la division d'Alger. C'était un avant-projet d'expédition ou de *harka* faite exclusivement au moyen d'indigènes. On trouvera ci-après, annexe n° 1, l'exposé de ce projet dont le but était surtout de tirer une vengeance éclatante et immédiate de la mort de nos malheureux compatriotes et de frapper dans les Hoggar un grand coup qui eût relevé le prestige de la France dans le Sahara méridional.

La réussite d'une expédition de ce genre serait assez problématique avec un ennemi aussi insaisissable que les Touareg; tout au plus le forcerait-on à déranger quelques-uns de ses campements. Puis des indigènes algériens iraient-ils jusqu'à Hassiou, jusqu'à l'Ahir même que ce serait sans profit réel pour nous. Cela ne donnerait guère de renseignements géographiques sérieux et l'effet moral produit n'aurait pas la valeur d'une expédition faite par des Français ou des troupes indigènes. Le plus clair d'une expédition de ce genre serait d'ouvrir une ère de représailles entre nos gens de l'extrême Sud et les Touareg.

Il ne faut pas se dissimuler que bien probablement la supériorité resterait aux Touareg, plus guerriers et plus mobiles que nos nomades. Nous n'hésitons donc pas à rejeter la harka comme inutile et dangereuse (1).

Au mois d'octobre 1881, au moment de l'envoi d'une colonne sur El-Goléa, M. le général Loysel proposa de lancer sur Insalah une troupe de cent cavaliers et de neuf cents mehara fournis par l'aghalik de Ouargla pendant que nos troupes, marchant sur El-Goléa, leur auraient donné de loin un certain appui moral.

A cette époque, nous avions besoin du gros de nos ressources pour organiser les colonnes destinées à opé-

---

(1) Un fait tout récent montre bien, d'ailleurs, que compter sur les Chambaa pour combattre les Touareg serait tout à fait chimérique. Voici ce fait rapporté par trois commerçants chambaa, rentrant de Ghadamès en mai 1882 :

« ..... Le lendemain de notre arrivée des Touareg vinrent infor-
» mer les gens de la ville qu'un parti de trente Chambaa venaient de
» ghazzer des Sinaouns (gens d'un petit village situé à une demi-jour-
» née de marche de Ghadamès), après un combat qui s'était engagé
» près de la Nezla ghazzée ; les Chambaa se retirèrent en enlevant
» 150 chameaux.

» Les Sinaouns, avec une trentaine de Touareg, poursuivirent le
» ghezzou et le rattrapèrent à deux jours de marche de là ; mais les
» Touareg, voyant que le ghezzou était composé de Chambaa, s'arrê-
» tèrent et laissèrent les Sinaouns se battre seuls avec eux. Au bout
» d'un moment, voyant que les Chambaa allaient être vaincus, les
» Touareg firent cesser le combat et forcèrent ensuite les Sinaouns à
» laisser 50 chameaux aux Chambaa, sur les 150 volés, pour prix du
» sang des hommes tués ou blessés. »

rer en Tunisie et dans le sud oranais, et il eût été imprudent de nous exposer à de nouvelles difficultés.

Il ne fut donc pas donné suite à ce projet qui eût eu cependant l'avantage de viser le point d'Insalah qui est, ainsi que cela sera montré plus loin, celui par lequel nous pouvons le mieux atteindre et tenir les Touareg. D'ailleurs, cette expédition eût été encore une harka, un acte de guerre terrifiant sur le moment, puis s'oubliant en amenant des représailles sans rien rapporter de décisif et de stable. La reprise de ce projet, qui supposait l'appui de la colonne d'El-Goléa, nécessiterait l'envoi d'une nouvelle colonne sur ce dernier point et il en résulterait des frais considérables. Nous estimons donc que ce n'est pas une solution à mettre en avant.

Nous en dirons autant d'un autre projet de harka sur Insalah, présenté par M. le lieutenant-colonel Belin dans son rapport politique et administratif sur la colonne d'El-Goléa. Nous donnons cependant comme annexe (n° 2) le texte de ce projet à cause des indications qu'il contient, indications qui, émanant d'une personne en situation d'être bien renseignée, peuvent être utiles à consulter.

Un autre projet, d'une nature toute différente, a été présenté par M. Bernard, capitaine d'artillerie, qui a pour lui l'expérience de la première mission Flatters dont il faisait partie. De plus cet officier a dû se livrer à des études spéciales pour confectionner la carte jointe au présent travail et pour mettre en ordre et compléter les divers documents qui y entrent.

Ce projet consisterait dans l'envoi d'une mission scientifique suivant un itinéraire déterminé sans s'inquiéter des peuplades sur le territoire desquelles elle passerait. Cette entreprise se ferait en donnant à la caravane une force suffisante pour parer à tout danger; on n'aurait pas à rechercher l'appui ou l'alliance fort problématique des chefs de tribu, mais on n'aurait aucun objectif militaire ; la mission ne tenterait ni ghazzia, ni coup de main ; elle marcherait devant elle, s'éclairant et se gardant avec tout le soin possible. En un mot, elle s'avancerait comme un navire naviguant dans une mer dangereuse et peu connue. La vie et la discipline seraient celles du bord.

Nous donnons, dans l'annexe n° 3, le texte de ce projet qui nous semble le seul possible si on veut reprendre les explorations de façon à en tirer le plus grand parti possible aux points de vue politique et scientifique.

Pour terminer cet exposé, nous émettrons l'idée que le meilleur mode de pénétration eût été en 1879 de lancer la ligne trans-saharienne en posant les rails sur la route déjà suffisamment connue. Il est bien entendu que les chantiers auraient dû être précédés par des reconnaissances puissantes, explorant le pays à huit ou dix jours de marche de façon à éviter toute erreur dans la direction générale de la ligne. Ce dernier point est fort important, car une ligne de fer, comme celle dont il est question, doit être construite dans les conditions économiques les meilleures de façon que le fret soit le plus bas possible. Il est donc indispensable d'éviter les ouvrages d'art et les pentes ou courbes trop raides et, par suite, de bien connaître le pays sur lequel doit se développer la ligne. Cette solution, que l'on eût dû préférer en 1879, est peut-être encore la meilleure à adopter, étant donné surtout que l'on connaît au sud de Ouargla une étendue de 7 à 800 kilomètres où l'on pourrait poser la ligne sur le sol sans travaux d'aucune sorte. A cet effet, on devrait utiliser l'immense stock de force qui se perd dans nos maisons centrales et nos établissements pénitentiaires. L'avancement de la ligne serait relativement rapide et aurait l'immense avantage d'établir un état de choses absolument définitif. Les reconnaissances à lancer en avant de la ligne pourraient être organisées suivant le plan de M. le capitaine Bernard. Dans ce cas, la force donnée à son escorte convient parfaitement, mais on pourrait sensiblement diminuer l'effectif du convoi, puisque ces explorations successives dureraient beaucoup moins de temps que dans l'hypothèse où il s'est placé.

V

Pour terminer, nous dirons quelques mots sur la direction à donner à nos efforts pour tenir les régions sahariennes placées immédiatement en dehors de nos possessions. Deux points s'imposent comme objectifs pour nous rendre maîtres du pays commercialement et politiquement : Ghadamès et Insalah.

C'est dans ces deux localités que se sont concentrées les résistances et les hostilités africaines contre l'influence française. C'est de ces points que sont parties les excitations qui ont amené le massacre de la mission Flatters aussi bien que la perte des voyageurs isolés qui l'ont précédée ou suivie (Mlle Tynne, Dournaux-Duperré, les pères blancs). C'est chez les commerçants de ces villes que les Touareg ont trouvé le placement des dépouilles des victimes, comme c'est aux mêmes individus qu'ils ont fait parvenir, au plus vite, la nouvelle de leurs crimes en faisant sonner bien haut le service qu'ils leur avaient rendu.

Ce n'est pas une question de fanatisme religieux qui nous rend si hostiles les gens de ces oasis, le berbère ghadamsien comme l'habitant de Tidikelt ne sont pas meilleurs musulmans que les Touareg; tout au plus le sentiment religieux vient-il, le cas échéant, se mettre en avant pour couvrir d'une apparence décente des combinaisons intéressées. La crainte de voir leurs ressources compromises est en somme le seul vrai mobile de leur politique haineuse. C'est donc dans ces intérêts matériels que nous devons chercher à les atteindre, intérêts qui sont concentrés dans les centres commerciaux dont nous parlons.

Ghadamès, qui n'est qu'à vingt kilomètres de la limite du pays occupé par les Troud algériens, est une ville faisant partie des possessions turques ; relevant nominalement d'un gouvernement semi-européen avec lequel nous entretenons des relations diplomatiques effectives, nous ne pouvons songer à une occupation de cette oasis. D'ailleurs, le massif de l'Erg, qui nous en sépare, rendrait trop difficile une annexion si même la situation de cette ville le permettait.

Toutefois, en raison même des faits dont les gens de Ghadamès ont été les instigateurs, nous pouvons obtenir de la Porte l'établissement d'un poste consulaire en ce point. Il y aurait un intérêt majeur à confier ce poste à un officier des affaires indigènes ou à un interprète militaire, mis hors cadre, à la disposition du ministre des affaires étrangères.

Monté sur un certain pied, ayant des agents indigènes bien rétribués, ce consulat donnerait aux ghadamsiens une haute idée de la puissance française. Il rendrait les plus grands services en fournissant au gouvernement des renseignements précis sur les agissements locaux et en obligeant ainsi le Gouvernement turc à imposer ses volontés aux gens du pays et à les forcer de respecter nos intérêts commerciaux et nos nationaux. L'établissement de ce poste a, d'ailleurs, été réclamé instamment à deux reprises et tout récemment l'année dernière par M. Albert Grévy, ancien Gouverneur général, et par M. Féraud, consul général de France à Tripoli.

La situation d'Insalah est toute différente ; sa position géographique lui donne une bien plus grande importance au point de vue français ; elle n'appartient en réalité à aucune puissance reconnue et nous avons, de ce côté, notre pleine liberté d'action. Ce groupe d'oasis est le centre de ravitaillement des Touareg qui ne peuvent vivre sans avoir recours à son marché; de plus c'est là qu'ils se renseignent sur nos projet et qu'ils s'entendent avec nos ennemis de l'Est et de l'Ouest, Chambaa dissidents, Ouled-Sidi-Cheikh et autres.

Au fur et à mesure que nous créons des postes éloignés dans le Sud, tous ces rebelles doivent chercher des refuges hors de notre portée; Figuig qui a été longtemps leur centre d'approvisionnement commence à fermer ses portes à nos ennemis, car ses habitants, Beni-Guil ou Zegdou marocains, voyent bien qu'il faut compter avec nos colonnes et craindre des représailles de notre part. Obligés de chercher ailleurs un refuge, les rebelles iront plus au Sud, vers Igli et Insalah, qui se sont tenus jusqu'ici en dehors de notre action. De ce côté, l'Oued Zousfana et l'Oued Messaoura forment un large passage à travers la dune, le pays est facile, relativement peuplé, car en dehors d'un espace de 80 kilom. entre El-Kersobi et Blad-Bouda, on ne peut faire 50 kilom. sans rencontrer un ksar ou des palmiers qui forment une véritable forêt jusqu'à hauteur d'Insalah. Plus de 400,000 habitants, cultivant 10,000,000 de palmiers, peuplent ces diverses oasis groupées en confédérations indépendantes de Berbères ksouriens, travailleurs et relativement paisibles qu'exploitent plus ou moins les nomades marocains et les Touareg. L'établissement d'une ligne de fer suivant ce tracé présenterait de grands avantages stratégiques et commerciaux. En effet, si nous jetons les yeux sur une carte de cette région, nous voyons qu'une pareille ligne nous permettrait de porter rapidement des troupes en un point quelconque de notre frontière occidentale, et de rejeter nos ennemis dans les parties du Sahara les plus inhospitalières où ils ne trouveraient ni centre de ravitaillement, ni refuge. Quant aux avantages commerciaux, ils consisteraient dans un trafic assuré en partie par les produits des ksours et par l'importation des objets de première nécessité, nécessaires à leurs habitants.

Les ouvrages de M. Pouyanne, ingénieur en chef des Mines et d'autres personnalités compétentes ont prouvé du reste que l'établissement de cette ligne ne rencontrerait aucune impossibilité pratique. Enfin, si l'on se reporte au traité de 1845 qui fixe notre frontière algérienne de ce côté, on voit que le Maroc y reconnaît implicitement l'indépendance des ksours situés au sud de Figuig et notre droit d'y faire sentir notre action comme bon nous semblera. Aucune difficulté diplomatique ne serait donc à craindre et nous avons le droit et le devoir de mettre à exécution les conseils que nous donnait le voyageur allemand Gérard Rholfs, en 1864 : « Avant tout,
» les Français devraient transporter leur frontière jus-
» qu'à l'Oued Messaoura ; c'est de là, en effet, que par-
» tent toutes les difficultés, tous les désordres, et tant
» qu'ils n'occuperont pas ces *frontières naturelles*, il
» n'y aura aucun calme durable dans le sud oranais. »
(*Mittheïlungen* de Petermann.)

Avec une tête de ligne à Insalah et une autre à Ouargla, nous aurons réellement fermé l'ère des insurrections en Algérie ; nous pourrons imposer notre influence aux peuplades touareg, et choisir en connaissance de causes le point d'arrivée du Trans-Saharien dans les pays nègres, et son raccord avec les lignes commerciales du Sénégal.

Alger, le 1er juin 1882.

Le Chef de bataillon, Chef du Service central
des Affaires indigènes,

L. RINN.

Annexe n° 1

Extrait d'un rapport de M. le Chef de bataillon BELIN, *Commandant supérieur du cercle de Laghouat, en date du 2 juin 1881.*

L'échec terrible de notre mission trans-saharienne a certainement porté la plus grave atteinte à notre prestige dans le Sahara, et il est urgent, à mon avis, que des mesures soient prises en vue de ressaisir dans ces contrées l'influence légitime que nous devons y exercer et qui est sur le point de nous échapper. Un des moyens à employer, pour arriver à ce but, serait de rétablir à Ghadamès l'agent consulaire que nous y avions placé autrefois, et qui, outre qu'il défendra les intérêts de nos tribus qui vont commercer de ce côté, pourra nous fournir une foule de renseignements de la plus grande utilité. Je partage absolument sur ce point l'opinion de M. le Consul général de Tripoli, mais je crois indispensable aussi de donner aux peuplades du Sahara une preuve incontestable de notre puissance et de notre activité. Ceci m'amène à parler des représailles qu'il conviendrait d'exercer contre les Touareg Hoggar, et j'ai l'honneur de vous soumettre, ci-après, les observations que m'a suggérées l'examen attentif de cette question qui, j'en suis convaincu, peut recevoir une solution pratique.

Il ne serait pas de plus sûr moyen, sans doute, pour tirer vengeance des Touareg Hoggar, que de les priver des ressources qu'ils trouvent au Touat et qui leur sont indispensables; il faudrait pour cela occuper pendant un certain temps ces oasis, mais je doute que ce projet, qui pourrait nous entraîner trop loin, entre dans les vues du Gouvernement. A défaut d'une expédition dirigée sur le Touat, on pourrait adopter une mesure qui n'offrirait aucun inconvénient diplomatique et qui aurait un résultat peut-être plus efficace encore, je veux dire l'organisation d'une grande harka contre les Touareg Hoggar.

Pendant ma tournée administrative je me suis entretenu à ce sujet avec les chefs indigènes de l'aghalik d'Ouargla, qui tous m'ont assuré du succès d'une expédition de ce genre, et les nombreux renseignements que j'ai pris depuis me confirment absolument dans cette croyance.

En effet, bien que séparés de nous par des distances considérables, les Hoggar ne sont nullement à l'abri de nos coups comme il semble au premier abord, et il suffit d'énumérer les nombreuses harkas entreprises contre eux par les Chambaa d'Ouargla et qui ont toujours pleinement réussi, pour concevoir les résultats qu'on est en droit d'attendre d'une expédition organisée sur des bases solides.

Le moment me paraît des plus favorables pour tenter ce grand coup de main; plusieurs des Chambaa d'Ouargla, qui accompagnaient M. de Dianous dans sa retraite, ont subi une mort cruelle de la part des Hoggar ; il en a été de même de quelques-uns des membres des autres tribus de l'aghalik.

Ces atrocités viennent de raviver, chez nos tribus, leur haine ancienne contre les Hoggar et jamais l'occasion n'aura été si belle d'utiliser les dispositions qu'elles manifestent contre leurs ennemis d'autrefois.

Le projet consisterait à organiser une harka composée de 1,000 combattants, dont 200 cavaliers à cheval et 800 cavaliers à mehari. Cette expédition, que je voudrais voir composée tout entière d'indigènes pris dans l'aghalik d'Ouargla, à l'exclusion d'eléments français, serait commandée par un chef indigène, l'agha d'Ouargla, par exemple, ou à son défaut, le khalifa Mohammed ben Belkassem, qui a prouvé qu'il possédait l'énergie et les aptitudes nécessaires pour diriger une pareille expédition. La harka quitterait Ouargla au commencement de décembre, aussitôt après la récolte des dattes et durerait, selon toute probabilité, environ 4 mois. Elle resterait groupée jusqu'à la hauteur de Hassi-El-Mesegguem, à peu près, et de là, suivant les circonstances, marcherait en masse contre les Hoggar si les renseignements les donnaient comme réunis, et dans le cas contraire, elle pourrait se diviser en deux parties, de forces égales, c'est-à-dire de 100 chevaux et de 400 mehara chacune, afin de battre une plus grande étendue de pays. L'un des détachements se dirigerait vers le Sud par le plateau de Mouydir, ayant pour objectif Idelès, Tazerouk, et enlèverait en chemin les caravanes des Hoggar qu'il rencontrerait se rendant au Touat. Le deuxième détachement poursuivrait sa marche sur Hassiou, en suivant le chemin de la plaine, par la sebkha d'Amadghor, ligne suivie par la mission, et il s'en écarterait pour pousser à droite et à gauche des pointes ayant pour but de ghazzer les troupeaux des Hoggar qui seraient signalés dans un certain rayon. Les deux détachements pourraient assigner comme point de jonction soit Temassint, soit Hassiou; l'un d'eux pourrait se rendre sur le lieu du massacre de la mission et qui me paraît être l'Oued Issough, un peu à l'ouest de la grande route des caravanes, conduisant au Soudan *(voir carte Duveyrier)*.

On pourrait objecter à ce projet la connaissance fort imparfaite que nous avons des régions à parcourir, mais on m'affirme que des indigènes des Chambaa connaissent suffisamment ces régions pour y conduire la harka (1), laquelle du reste se ferait indiquer les campe-

---

(1) Les nommés Messaoud ben Saïd, du 3ᵉ Tirailleurs ; Amar ben Haoua, Mohammed ben Abdelkader, Belkassem ben Zebla et Abdelkader ben Baharia, du 1ᵉʳ tirailleurs, pourraient servir de guides si l'on voulait suivre la route suivie par Flatters ; Amar ben Haoua connaît de plus la route de Temassint à Idelès et d'Idelès aux Azgar. Tous ces hommes se croient capables de guider une caravane dans toute cette région.

ments et les puits par des Hoggar, qu'elle ne manquerait pas de recueillir sur la route. Au besoin, on pourrait même user du concours des Touareg Azgar qui ont été ghazzés l'hiver dernier par les Hoggar et dont une fraction, d'origine maraboutique, les Ifoghas, a demandé à venir camper sous les murs d'Ouargla.

L'expédition, d'après le calcul auquel je me suis livré, coûterait environ 600,000 fr., chiffre relativement minime, si on le compare à celui qu'exigerait une colonne française dans les mêmes conditions :

Chacun des 800 cavaliers à mehari recevrait 500 fr., soit.. 400.000
Chacun des 200 cavaliers à cheval recevrait 1,000 fr., soit. 200.000

Total......... 600.000

Moyennant ces indemnités qui auraient uniquement pour but de couvrir les achats divers à effectuer par les goumiers, ceux-ci devraient se munir eux-mêmes de tous les objets et vivres qui leur sont indispensables, orge pour les chevaux, chameaux pour le transport des vivres, de l'eau, etc.., sauf, cependant, les munitions qui leur seraient fournies par l'État.

Les diverses tribus de l'aghalik contribueraient pour les chiffres suivants à la formation de la harka :

1° Saïd-Atba....	100 cavaliers à cheval,	100 cavaliers à mehari.
2° Chambaa.....	10	id.	400	id.
3° Mekhadma...	50	id.	200	id.
4° Beni-Thour ..	40	id.	100	id.
Totaux ...	200	id.	800	id.

Les 200 chevaux n'existent pas actuellement dans les tribus de l'aghalik, qui n'en possède guère que 140, non compris les chevaux du maghzen, qui ne devraient pas être distraits de leur service habituel, mais ce nombre serait vite complété dès que la harka serait décidée en principe, et que les fonds seraient accordés.

Comme je le disais plus haut, nous devons profiter, en ce moment, des dispositions des tribus de l'aghalik, très animées contre les Hoggar pour exécuter, l'hiver prochain, une harka qui produirait le meilleur effet à tous les points de vue; outre l'intérêt que nous avons à venger la mort de nos infortunés compatriotes, lâchement assassinés, il importerait d'inspirer une terreur telle aux Touareg, que ces populations ne fussent plus jamais tentées de nuire aux explorations futures. Pour le moment, et ainsi que le fait justement observer M. le Consul général de Tripoli, les Hoggar sont aveuglés par leur succès et rien ne leur semblera plus impossible; je ne serais nullement étonné que, ainsi que le bruit en a couru, ces indigènes ne vinssent en nombre, dans le courant de l'été, ghazzer nos tribus d'Ouargla, auquel cas nous aurions une raison de plus de ne pas laisser leurs déprédations impunies.

Je ne fais qu'indiquer ici, à grands traits, l'idée générale de la harka, me réservant d'entrer par la suite dans plus de détails, si on veut bien consentir à prendre cette mesure, mais je tenais, dès maintenant, à affirmer la conviction profonde dans laquelle je suis, que cette expédition aurait toutes chances de réussite et les avantages de toutes sortes que nous en retirerions.

Signé : BELIN.

Annexe n° 2

Extrait du rapport politique et administratif de la colonne d'El-Goléa, par M. le Lieutenant-colonel BELIN, *Commandant la colonne et le cercle de Laghouat.*

Laghouat, 14 mars 1882.

Pendant le séjour de la colonne à Ouargla il est une

question dont l'étude a appelé toute notre sollicitude : nous voulons parler du projet de harka contre les Hoggar et de l'expédition projetée contre Insalah.

Nous avons cherché à nous procurer, sur Insalah en particulier, les renseignements les plus précis et qui nous ont permis de compléter ceux qui ont été adressés dans le dossier de l'enquête sur le massacre de la mission Flatters. Le tableau ci-après, modifiant sur quelques points le premier, donne une composition plus exacte des différents ksour, dont la disposition respective a été indiquée sur le croquis annexé à la carte d'El-Goléa à Insalah.

Le groupe de ksour appelé *Insalah* est situé dans une immense hofra (bas-fonds), en bas d'un escarpement, qui le longe à l'Ouest et est parsemé de temps à autre de petits massifs de dunes. Nous signalerons particulièrement la chaîne de dunes, peu importante que, d'après M. Soleillet, il faudrait traverser, au delà de Miliana, pour se diriger sur ksar El-Arab, le ksar principal, et celui auquel on a donné le nom d'Insalah, qui s'applique mieux à tout le groupe. De Miliana, en bas de l'escarpement, on voit se prolonger, vers le Nord, une série de petits ksour, dont les jardins de palmiers sont surtout situés vers l'Ouest et dont aucun ne présente, au point de vue d'une opération militaire, de difficultés appréciables. Au Sud-Est on aperçoit encore l'oasis propre du ksar El-Arab, qui se prolonge au delà près des ksour de Tekamcha et Oulad El-Hadj, vers le Sud.

Ksar El-Arab lui-même, le plus important de tous sans contredit, est formé, comme on sait, de petits groupes de maisons s'étendant du Nord au Sud, sur près d'un kilomètre et ne présentant aucun moyen de défense. La route, qui y conduit vers l'Ouest, traverse l'oasis. A l'Ouest, le ksar est bordé de dunes assez élevées du haut desquelles on domine toutes les maisons, et c'est, sans doute à cause de cette particularité que les deux kasbah des Ouled Mokthar et Ouled Bahamou

NOMS DES KSOUR	SITUATION par rapport a INSALAH	PAR QUI OCCUPÉ	NOMBRE de FUSILS	OBSERVATIONS
Insalah ou ksar El-Arab.......	»	Ouled Ben-Badjouda et Ouled El-Moktar.	200	
Hinoun.......	Au N.-O. et à 25 kil.	Oulad Sidi-el-Hadj-Moussa (Zoua)....	70	Forment un même groupe.
Zaouia-Khadra.......				
Foggaret-el-Kebra.......	Au N. et à 20 kil. sur la route d'Ouargla	Habité par les Oulad Taleb Ali et par les Oulad Sidi-El-Hadj-Mohamed (Zoua).	20	
Sillafen.......				
Gosten.......	Au N et à 20 kil.	Appartient aux Ouled Bahamou qui y laissent des nègres pour cultiver les palmiers.......	100	
Hassi-el-Hadjar.......	A l'O. et à 12 kil.	Id.	50	
Ouled-Yahia.......	Id.	Id.	30	
Sahel-Tahtania.......	Au N.-O. et à 7 kil.	Moitié par les Zoua et moitié par les Ouled Yahia (nomades).......	70	
Sahel-Fougania.......	Id.	Id.		
Miliana.......	Au N.-O. et à 10 kil.	Par les Ouled Sidi-el-Hadj-Mohamed (Zoua) nomades, qui y laissent des nègres et des khamès pour cultiver les jardins.......	20	
Foggaret-el-Arab.......	A l'E. et à 8 kil.	Appartenant aux Ouled El-Moktar qui y laissent seulement des nègres et des khamès pour cultiver les jardins......	20	
Tekamcha.......	4 ou 5 kil. d'El-Goléa.	Aux Touareg, habité par des nègres....	»	
Foggaret-el-Hadj-Abdelkader ou Ouled El-Hadj.......	»	Aux Ouled Dahadj et Ouled Habaïssa.	40	
		TOTAL........	590	

ont été placées en avant de ces dunes pour en défendre l'accès. La première ne date pas de plus de deux ans. Enfin, la ville est située en plaine, dans une position indéfendable et qui serait cependant plus abordable par le Nord, car on éviterait ainsi de traverser l'oasis.

Dans le cas où une colonne se porterait contre Insalah, il est extrêmement probable qu'elle ne rencontrerait aucune résistance et trouverait tous les ksour, et spécialement ksar El-Arab, complètement évacués. Le bruit court que les gens d'Insalah auraient alors l'intention de de mettre leurs richesses à l'abri, chez les Hoggar, et qu'ils n'attendraient pas l'arrivée d'une colonne. C'est ce qu'El Hadj Abdelkader ben Badjouda, chef actuel de la djemâa avait déjà fait, paraît-il, lors de l'apparition à El-Goléa, en 1873, de la colonne de M. le général de Galifet, qu'il croyait devoir aller jusque chez lui. On jugera par là de la terreur que nous inspirons aux habitants de cette région, dont il faut se garder de s'exagérer l'importance comme force militaire.

On sait que c'est d'Insalah que les Touareg Hoggar tirent leurs approvisionnements; c'est leur Tell et c'est là qu'il faut les frapper. A défaut d'une action absolument assurée contre des tribus qui peuvent échapper à nos coups, nous pensons qu'en allant à Insalah on les atteindrait gravement dans leurs intérêts.

En ce qui concerne la harka, il serait indispensable, à notre avis du moins, qu'elle fût appuyée par une colonne marchant sur Insalah.

Nous avons eu une longue conférence à Ouargla, au sujet de cette entreprise et nous avons sondé, à cet égard, les différentes tribus de l'aghalik. Les djemâas des Saïd-Atba, Mekhadma et Beni-Thour nous ont donné la promesse que leur concours nous était acquis d'avance; mais elles nous ont paru ne vouloir marcher qu'avec une certaine répugnance, si les Chambaa, qui connaissent mieux le pays et les Touareg qu'eux, ne faisaient pas partie de l'expédition. Nous avons eu, à ce sujet, une explication très franche avec plusieurs notables de cette dernière tribu et entre autres les nommés Ahmed ben Cheikh, ex-caïd, Mohamed ben Mansour, Boudjemâa ben Zaïre, Lakhdar Ould Ahmed ben Zahia et Ahmed ben Merizig. Ceux-ci nous ont fait remarquer, avec une certaine raison, que si par la suite des représailles venaient à être exercées par les Touareg contre Ouargla, ils seraient les premiers a être exposés à leurs coups. Cependant, et malgré ces circonstances défavorables, ces indigènes nous ont donné l'assurance la plus formelle qu'ils se faisaient forts d'amener à eux seuls 100 mehara de leurs parents ou partisans, le jour où l'on voudra organiser définitivement la harka projetée. Le caïd El Bissati fournirait lui-même tous les contingents qu'il pourrait lever, tant chez les Ouled Smaïn que chez les Guebala.

Quant aux moyens à employer, nous insisterons encore sur ce point qu'il serait nécessaire que la harka fût composée du plus grand nombre possible de cavaliers à cheval, dont l'appoint, paraît-il, serait terrifiant pour les Touareg et il nous semble bien difficile d'arriver à l'organiser, si on n'aide les uns comme les autres, par quelques secours en argent pour leur permettre de préparer leurs provisions. Il serait bon aussi qu'un certain nombre de cavaliers fussent armés de mousquetons modèle 1874 et de sabres de cavalerie qu'on leur prêterait pour la circonstance. En outre, il serait indispensable que l'on se rendit à Ouargla à cette époque, pour donner la dernière main à cette organisation et lancer nous-mêmes les goums indigènes de ce point, pendant qu'une colonne marcherait sur Insalah.

Enfin, cette expédition serait conduite par l'agha Abdelkader ben Amar en personne, qui a demandé à la diriger, ou à son défaut par son khalifa, le maréchal des logis Mohamed ben Belkacem.

Il n'est pas permis d'affirmer, d'avance, qu'une harka conduite contre les Touareg Hoggar obtiendra un succès matériel complet; il est possible, en effet, que les Hoggar se réfugient comme on leur en prête l'intention, dans le massif montagneux situé un peu au sud d'Idelès, qui peut offrir, paraît-il, un abri assuré à toute la tribu; on suppose encore qu'ils s'enfuiront vers l'Ahir; mais, de toutes façons, ce ne sera pas sans qu'ils éprouvent des pertes matérielles considérables et sans qu'on ne puisse en atteindre au moins un certain nombre. Les notabilités d'Ouargla, avec lesquelles nous nous sommes entretenu à ce sujet, nous ont assuré qu'il serait facile de se rendre au moins jusqu'au point où le massacre de la mission Flatters a été commis et même au delà. En admettant donc qu'on ne puisse trouver la majeure partie des Hoggar, ce qui n'est pas prouvé, ce serait là, dans tous les cas, un résultat assez important et qui avec l'expédition d'Insalah ferait remonter notre prestige dans le Sahara plus haut qu'il le fût jamais. Nous devons avoir à cœur de tenter ces moyens pour tirer vengeance de l'injure sanglante que nous ont faite les Touareg Hoggar.

Annexe n° 3

Projet d'exploration par le Capitaine BERNARD

Ayant pris part à la première mission Flatters et après avoir étudié les mœurs et les ressources des peuplades touareg, nous avons tâché de déterminer ce qu'il y aurait de mieux à faire pour relever notre prestige dans les régions sahariennes. Disons d'abord qu'il ne s'agit ici ni de colonne, ni de vengeance proprement dite à tirer du massacre de la mission Flatters; à notre avis la meilleure vengeance ne consiste pas à ghazzer ni détruire les tribus Hoggar, le but sera mieux atteint en montrant à ces sauvages que nous sommes assez puissants pour parcourir leur pays sans leur permission. C'est cette dernière idée qui a servi de base à l'organisation suivante.

Comme cela a été dit bien souvent, les Touareg ne possèdent pas de chevaux, leur organisation militaire ne leur permet pas de tenir tête même à un petit nombre de cavaliers; d'ailleurs, l'histoire des incursions arabes en leur pays, à diverses époques, ne laisse aucun doute à cet égard. C'est donc dans un corps de cavalerie que consisterait la principale force de notre mission. D'ailleurs c'est avec des cavaliers seulement que l'on peut éclairer sa marche à grande distance, un cavalier bien monté n'ayant rien à craindre d'hommes à mehari car il lui est très facile de se mettre rapidement hors de portée. Tous les membres de la mission devraient être montés à cheval, cet animal a une liberté d'allures qui permet de reconnaître facilement les régions parcourues, tandis que, même entre les mains d'un cavalier émérite, le mehari est peu maniable. Les cavaliers, outre le service d'éclaireurs, auraient à soigner leurs montures et à surveiller les chameaux au pâturage; il serait donc bon de ne leur donner que peu de service en dehors des marches. Il serait alors indispensable d'avoir un nombre de fantassins suffisants pour assurer la garde du camp pendant la nuit et faire le chargement des animaux porteurs. L'organisation suivante répondrait, croyons-nous, à tous ces divers besoins.

PERSONNEL FRANÇAIS DE LA MISSION

1 Officier, chef de mission,
1 id. sous-chef de mission,
1 id. commandant la cavalerie,
1 id. commandant l'infanterie,
4 id. en sous ordre,

A reporter... 8 membres français,

Report....... 8 membres français,
1 Ingénieur des Mines,
1 Médecin militaire,
1 Vétérinaire,
8 Sous-officiers,
1 Sous-officier-secrétaire,

Total....... 20 membres français.

ESCORTE ET HOMMES DE SERVICE

80 Cavaliers pris dans les régiments de Spahis,
100 Fantassins pris dans les régiments de Tirailleurs.

GUIDES

5 Cavaliers à mehari.

Le personnel de la mission et du convoi comprendrait donc 205 hommes, dont 100 montés à cheval.

Voyons maintenant quel serait le nombre de chameaux nécessaires pour porter les subsistances de toutes sortes pour ce personnel, en supposant que l'exploration doive durer 4 mois ou 120 jours.

Un homme consomme 1 kil. de vivres par jour, la quantité de vivres à emporter serait donc de 120 kil. par tête, charge que l'on peut faire porter à un chameau en hiver, les subsistances seraient donc assurées par.. . . . . 205 chameaux,

On a reconnu dans le cours de la mission que 4 kil d'orge sont suffisants pour les chevaux, il faudrait donc emporter 48,000 kil. d'orge, portés par . . . . 400 id.

Le convoi d'eau devant toujours être approvisionné pour 10 jours, à raison de 5 litres par homme et 15 par cheval, comprendrait :

Pour les hommes. . . . . 103 id.
Pour les chevaux. . . . . 150 id.

A reporter. . . . . 858 chameaux,

Report. . . .	858	chameaux.

(La charge de chaque chameau en eau est calculée à raison de 100 litres ; on ne peut dépasser ce chiffre à cause du poids mort assez considérable des tonnelets que l'on devrait employer à l'exclusion absolue des outres.)

Total pour les vivres et l'eau.	858	chameaux.

Les divers autres objets à transporter exigeraient respectivement les nombres suivants de bêtes de somme :

Argent et cadeaux	6	chameaux.
Instruments	4	id.
Bureau.	2	id.
Médicaments.	4	id.
Bagages personnels.	16	id.
Tentes.	4	id.
Munitions de guerre (cartouches et balles à feu)	13	id.
Outils et ferrures.	9	id.
Popote.	4	id.
	920	id.
Mehara.	10	
Chameaux haut le pied..	20	id.
TOTAL GÉNÉRAL.	950	chameaux.

Le convoi comprendrait donc 950 chameaux, nombre qui, tout considérable qu'il est, est inférieur à celui des grandes caravanes allant du Touat et de Ghat au Soudan.

Pendant la marche, le convoi serait divisé en 9 sections de 100 chameaux environ, cheminant à peu de distance l'une de l'autre, de façon à se grouper rapidement en cas d'attaque. Les divers services seraient distribués ainsi qu'il suit, entre les membres de la mission :

Service d'état-major ; distributions ; commandement et défense du convoi en cas d'attaque : *Sous-chef de mission, assisté d'un sous-officier ;*

Service d'éclaireurs; commandement de la garde de cavalerie ; garde des chameaux au pâturage : *Officier commandant la cavalerie ;*

Commandement de la garde d'infanterie ; service de sûreté au camp; chargement et déchargement des animaux porteurs : *Officier commandant l'infanterie ;*

Levé de l'itinéraire : *1 Officier,*

Observations astronomiques et levé des détails de la route : *1 Officier,*

Commandement des 4ᵉ et 6ᵉ sections du convoi : *2 Officiers,*

} *4 Officiers en sous ordre ;*

Observations astronomiques ; études minéralogiques et géologiques : *Ingénieur des Mines ;*

Service médical ; études naturelles; études archéologiques et documents linguistiques et historiques : *Médecin militaire ;*

Service de santé des animaux ; études naturelles ; observations météorologiques : *Vétérinaire.*

(Ces deux derniers officiers devraient être capables de collaborer, si besoin était, aux observations astronomiques et topographiques; d'ailleurs chaque membre de la mission devrait pouvoir opérer des reconnaissances topographiques et faire des observations météorologiques autant que cela serait compatible avec son service, ces observations devant être aussi nombreuses que possible.)

Commandement des 7 sections du convoi : *7 sous-officiers ;*

Le 8ᵉ sous-officier serait attaché au sous-chef de mission.

A la disposition du Chef de mission : *Sous-officier-secrétaire.*

Parmi les cavaliers et fantassins indigènes on désignerait un certain nombre d'hommes pour aider au commandement comme sous-officiers ; ces hommes concourraient, d'ailleurs, aux divers services comme les autres.

Pendant la marche, le service serait organisé comme il suit :

Quinze cavaliers marcheraient en éclaireurs en avant et sur les flancs du convoi ; les 65 cavaliers restant seraient divisés en quatre groupes : le premier de 5 hommes serait démonté, de façon que les chevaux placés haut le pied, fussent assez dispos en arrivant au campement pour servir à faire des rondes autour du camp ; les 60 autres formeraient 3 pelotons de 20 cavaliers chacun, dont l'un fournirait des bach-amar pour la surveillance des diverses sections du convoi ; les deux autres marcheraient l'un à l'avant-garde avec le chef de mission, l'autre à l'arrière-garde avec le sous-chef de mission ; ce dernier groupe serait sous les ordres directs de l'officier commandant la cavalerie qui devrait, à la première alerte, rejoindre la tête du convoi. Des 100 fantassins, 28 seraient disponibles en cas d'attaque et marcheraient à l'avant-garde, sous le commandement de l'officier commandant l'infanterie, qui aurait également sous ses ordres, pendant la marche, le peloton de cavaliers d'avant-garde ; les 72 fantassins restant seraient distribués entre les sections du convoi, où ils feraient l'office de sokhars ou chameliers. En cas d'attaque, les éclaireurs rejoindraient le convoi en jetant l'alarme, de façon que les sections pussent se grouper immédiatement en serrant sur la tête de la caravane ; les diverses fractions de l'escorte se masseraient autour du chef de mission pendant que le sous-chef de mission veillerait à la garde du convoi au moyen des sokhars et des bach-amar. Le chef de la mission aurait alors sous la main une troupe composée de 40 cavaliers et de 28 fantassins, plus les 15 éclaireurs qui rejoindraient la caravane de suite. Le sous-chef de mission aurait pour la défense propre du convoi 25 cavaliers et 72 fantassins.

Dans ces conditions, il est à croire que la caravane pourrait supporter le choc d'une troupe targuia dix fois plus nombreuse que son effectif, troupe que les fractions touareg auraient la plus grande peine à mettre en ligne, si cela même leur était possible.

Au camp, le service de garde serait fait par les hommes qui auraient été employés comme escorte pendant la marche; une partie des cavaliers d'escorte seraient chargés de surveiller les chameaux au pâturage, enfin les quelques cavaliers, dont les chevaux auraient été placés haut le pied, feraient un service de ronde autour du camp.

L'approvisionnement en cartouches serait de 26,000, portés sur les chameaux; en plus, chaque homme serait porteur, au départ, de trois paquets ou 27 cartouches qui seraient renouvelées au fur et à mesure de la consommation. Tout le monde serait armé de mousquetons d'artillerie, arme suffisamment précise et légère. Les fantassins auraient le sabre-baïonnette qu'ils ne devraient jamais quitter et les cavaliers le revolver.

Pour parer au danger d'une attaque de nuit, chaque homme devrait être porteur d'une balle à feu du modèle de cavalerie, de façon à éclairer le camp en cas d'une surprise de ce genre. Les sentinelles seules devraient faire usage de ces engins, de façon à éviter le gaspillage de munitions aussi précieuses. Au moment où on lèverait le camp, tout le monde, sauf les hommes de garde, devraient servir au chargement des animaux, opération qui doit toujours être faite avec la plus grande célérité, car c'est toujours un moment très critique pour une caravane.

Nous croyons qu'avec une pareille organisation, la mission pourrait choisir son itinéraire en se préoccupant seulement de trouver des points d'eau, où ce liquide serait assez abondant pour satisfaire à ses besoins. La chose est possible, puisque des caravanes, bien plus nombreuses que celle dont il s'agit, traversent plusieurs fois par an le Sahara (1).

Pour terminer l'exposé de cette organisation, nous tâcherons d'apprécier les frais qu'entraînerait une pareille expédition.

950 Chameaux à 180 fr. l'un.	171.000 fr.
25.320 Kil. de vivres à 3 fr. le kil.	75.960
48.000 Kil. d'orge à 30 fr. les 100 kil	14.400
500 Tonnelets à 15 fr.	7.500
Instruments	3.500
Bureau	500
Entrées en campagne.. { 11 Membres de la mission	11.000
9 Sous-officiers	4.500
185 Hommes	18.500
Tentes	1.000
Outils et popote	2.000
Tellis pour le transport des bagages, 950 paires à 10 fr.	9.500
Cordes d'attache, 3,000 mètres	800
Piquets, cordes d'attache, etc., pour les chevaux	500
Médicaments	2.000
Liquides alcooliques, café, thé	18.000
Selles de mehari, 10 à 80 fr.	800
Supplément de solde aux sous-officiers, 5 fr. par jour	5.400
Supplément pour les hommes, 2 fr. par jour	44.400
Gratification pour les membres de la mission, 4,000 fr. par tête	44.000
Total	435.260 fr.
Cadeaux et frais imprévus	164.740
	600.000 fr.

---

(1) D'ailleurs il est facile de se rendre compte de la quantité d'eau qui serait nécessaire pour abreuver hommes, chevaux et chameaux ainsi

En ce qui touche l'organisation du convoi, on sait quelles difficultés a rencontrées le colonel Flatters pour réunir ses chameaux porteurs. De plus les propriétaires d'animaux ne fournirent que des bâts en fort mauvais état, les tellis et les cordes nécessaires au chargement furent très difficiles à trouver. Il serait donc indispensable de faire les achats de chameaux longtemps à l'avance et lentement, de façon à pouvoir choisir les animaux et à les avoir à un prix convenable ; les tellis et les cordes nécessaires à la caravane seraient achetés neufs et peu à peu, l'achat de grandes quantités de ces objets en faisant monter de suite les prix, d'autant plus qu'à la nouvelle d'achats de ce genre les Juifs enlèvent tout ce qu'il y en a sur les marchés et cherchent ensuite à vendre à des prix très élevés. Les bâts qui ont une très grande importance devraient être confectionnés exprès par des ouvriers indigènes choisis et engagés exclusivement à cet effet dans les oasis (1). Avant le départ de la mission, on devrait écrire des lettres aux divers chefs du pays qui n'ont pas pris part d'une façon directe au massacre de la mission Flatters, en leur montrant la différence que l'on fait entre eux et Ahitaghel, dont on ne saurait trop leur montrer la mauvaise foi. Ces lettres devraient être rédigées avec netteté et fermeté, de façon que les tribus sahariennes à qui elles seraient adressées ne se fissent aucune illusion sur nos projets.

---

que pour faire la provision d'eau tous les 10 jours. Le cube d'eau à extraire du puits serait de 83 mètres cubes en supposant que l'on fasse un séjour de deux jours au moins, indispensable pour faire les diverses opérations dont on a parlé plus haut. Ce cube de 83 m. c. serait fourni facilement par une source donnant 30 litres à la minute, débit très médiocre.

(1) Les tellis, les cordes et les bâts seraient trouvés à meilleur compte et plus facilement en Tunisie, à Kairouan ou à Gafsa, où il y a toujours un stock considérable de ces objets, tandis que dans le sud de l'Algérie on ne fabrique que pour la consommation courante qui est relativement faible.

En traversant chaque territoire, la mission devrait payer le droit de passage aux tribus occupant le sol, suivant le tarif connu des guides; ce droit ne devrait pas être acquitté auprès des Hoggar, de façon à montrer à ces tribus touareg que nous sommes assez forts pour n'en pas tenir compte.

L'expédition organisée longuement et avec soin, pendant l'été, devrait être prête à partir au commencement du mois de novembre; elle pourrait, en quatre mois de marche, reconnaître et lever 2,400 kilom. de pays. On pourrait d'ailleurs allonger la durée du voyage et se donner toute latitude en passant, soit à l'aller soit au retour, par les oasis de Tidikelt, où l'on pourrait renouveler une partie des provisions. D'ailleurs, chaque jour plusieurs chameaux deviendraient libres au fur et à mesure de la consommation des vivres, et ces animaux haut le pied constitueraient un approvisionnement considérable de viande sur pied qui permettrait de prolonger l'exploration pendant deux mois en supposant, bien entendu, que l'on ait pu renouveler en partie l'approvisionnement d'orge nécessaire à l'alimentation des chevaux.

En terminant l'exposé de cette organisation, nous nous permettrons d'émettre l'avis que c'est seulement par une pareille entreprise que nous pourrons relever notre prestige abattu par le désastre de la mission Flatters. Lancer une ligne de chemin de fer dans le Sahara, tel qu'on le connaissait en 1880, était peut-être ce qu'il y avait de mieux à faire avant cet échec, c'est même ce qu'on devrait faire le plus tôt possible, mais les frais qu'entraînera une pareille entreprise sont trop considérables pour qu'on puisse espérer la mener à bien à bref délai. Aussi, pour aller au plus pressé et relever notre influence dans ces régions, est-il indispensable de faire au plus vite acte de force et de vitalité pour frapper l'esprit des Touareg et de nos tribus sahariennes et préparer les voies à la conquête définitive du désert qui seule peut se faire par la construction d'une voie ferrée, mettant notre côte algérienne en rapport direct avec le pays des Nègres.

Alger, le 1er juin 1882.

Fréd. BERNARD,
Capitaine d'artillerie.

NOTE. — Comme addition au projet d'exploration que nous venons de développer et comme il est bon d'essayer de tout prévoir, nous dirons quelques mots sur les moyens que pourraient employer les peuplades touareg pour entraver la marche de la caravane en question.

Nous avons vu quelles seraient les ressources de cette dernière pour résister à une attaque de vive force; d'autres dangers sont plus à craindre, ils consistent dans la mise hors de service des puits ou sources que rencontrerait la mission.

Deux procédés sont employés dans ce but par les peuplades sahariennes : le premier consiste dans le comblement des puits, en ce cas on devrait déblayer les puits, opération toujours assez facile vu leur peu de profondeur dans la région à parcourir et la nature des matériaux que les Touareg employeraient pour les combler; matériaux qui ne pourraient consister qu'en sable ou cailloux; le deuxième est d'empoisonner les sources ou puits. Dans ce but les Touareg employent deux moyens qui sont de jeter, soit des corps d'animaux, soit des plantes vénéneuses, solanées ou euphorbiacées, assez abondantes dans tout le pays. La présence de ces poisons dans l'eau est facile à reconnaître, soit à l'odeur, soit au goût. Dans tous les cas, il y aurait lieu de vider le puits ou la source et d'en retirer les matières vénéneuses qui s'y trouveraient. Si le poison employé était végétal, l'eau que l'on extrairait ainsi du puits pourrait servir à abreuver les chameaux qui n'ont rien à redouter de l'absorption des toxiques en question. Dans le cas plus grave de l'emploi de matières animales en décomposition, on ne pourrait utiliser cette eau pour abreuver les animaux porteurs, mais on pourrait, en cas de besoin, en faire usage impunément pour les hommes en la soumettant à une ébullition suffisamment prolongée. Le meilleur moyen de remédier à cet état de choses est alors de creuser un deuxième puits à côté de celui qui se trouve infecté ; la plupart du temps ce procédé sera applicable vu le peu de profondeur à laquelle se trouve la couche d'eau dans la plupart des points. Dans tous les cas, il serait prudent que la caravane eût une avant-garde composée de cavaliers à mehari, Chambaa ou autres qui la precéderaient à deux jours de marche, de façon à prévenir le chef de mission de l'état des puits ou sources. Ce dernier pourrait alors, selon les cas, revenir à l'un des points d'eau précédemment rencontrés ou modifier son itinéraire, de façon à ne pas exposer ses animaux à manquer d'eau. La chose est toujours possible en hiver, car il n'existe pas d'espaces bien considérables sans eau, sauf dans les grandes plaines de reg, où il serait fort inutile de s'engager, car il est toujours possible de les tourner. (F.-B.)

Fin

ERRATA

Page 9 *Inzelman Tighsin* lire Inziman Tikhsin.
— 95 *et les hautes tiges de dhanaoun* lire dhanoun.
— 301 *Sahel-Tongania* lire Sahel-Fougania.
— 309 Titre. — *Itinéraire* lire Itinéraires.
— 312 *C'est en portant les lettres des Touareg* lire de Flatters.
— 312 *pour caqueter* lire pour coqueter.

TABLE

Préface.	v
Index alphabétique des mots arabes et berbères.	xi
Journal de route.	1
Pièces justificatives	141
Notice sur Insalah.	297
Note sur la *bettina*.	303
Itinéraires.	309
Résumé et conclusions.	327
Annexes	345

Alger. — Typographie Adolphe Jourdan.

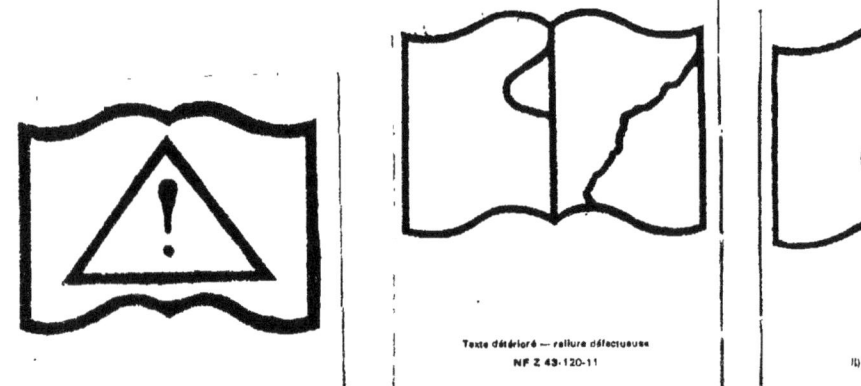

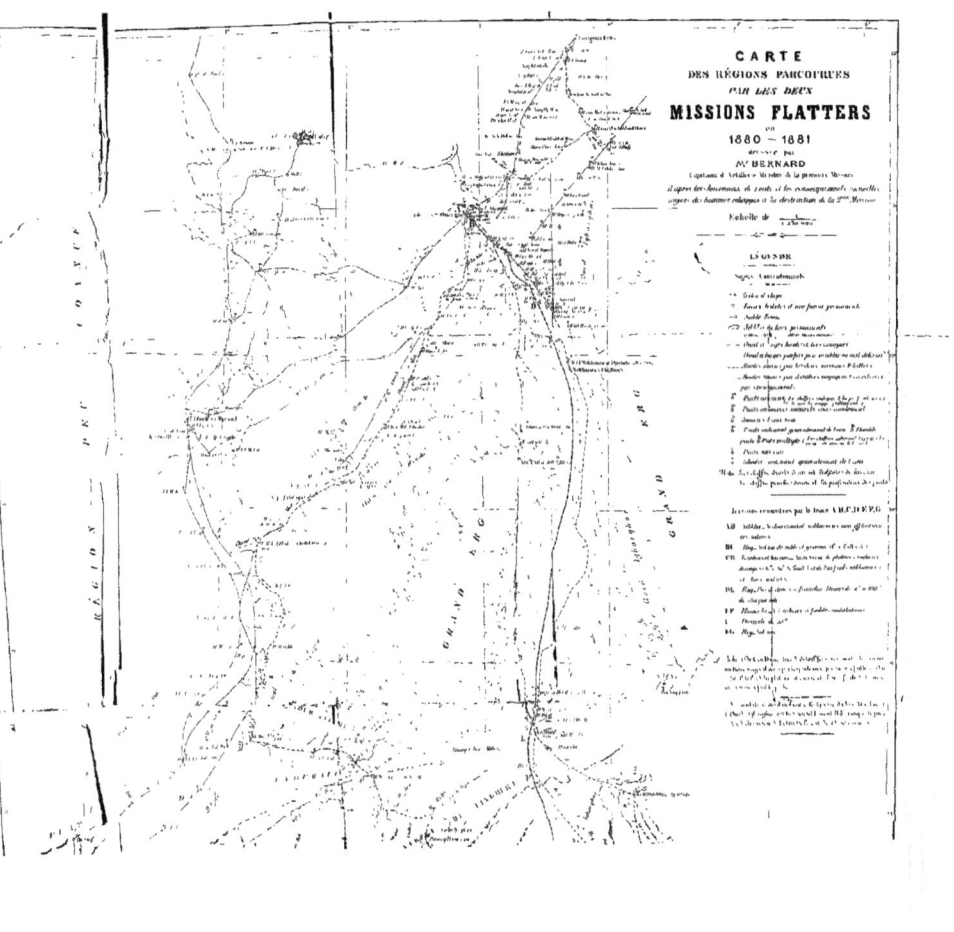

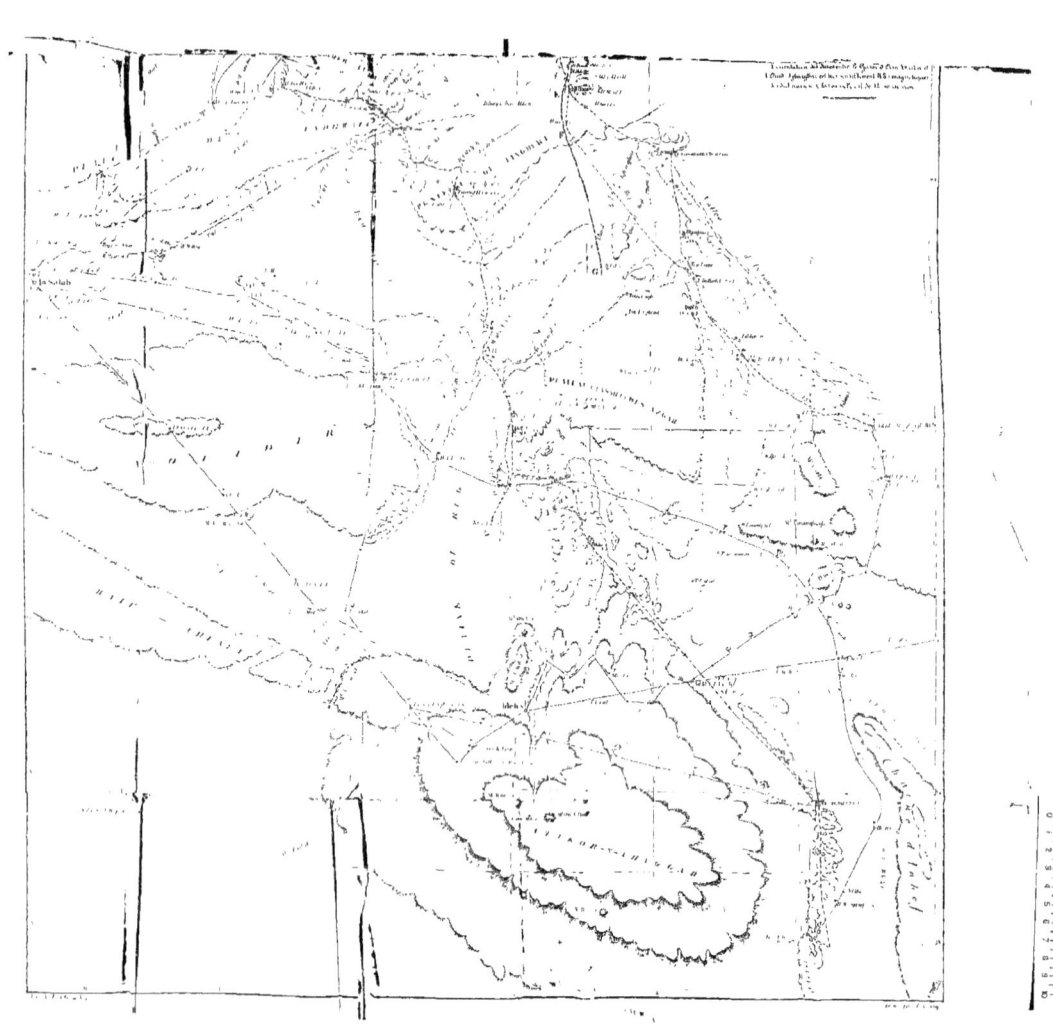

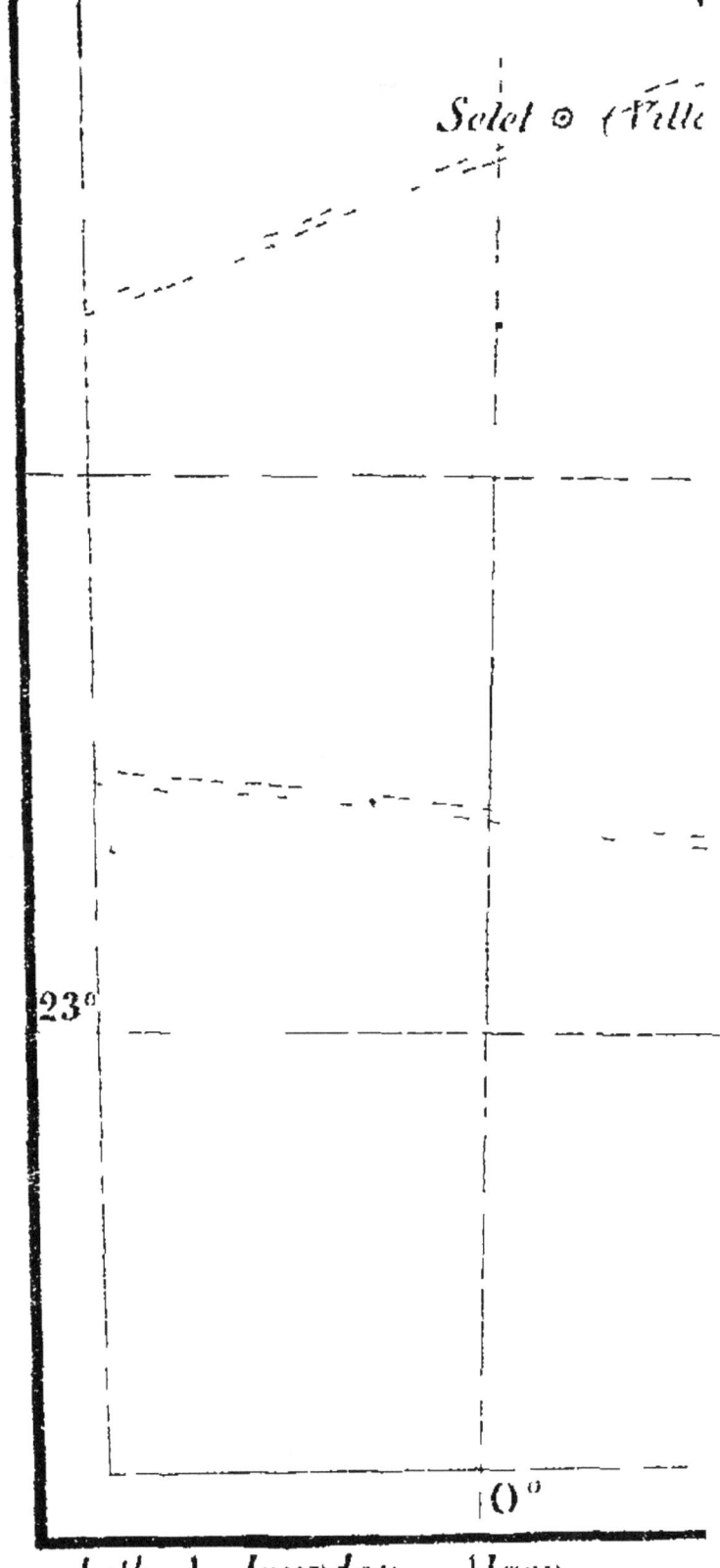

ALGER. — TYPOGRAPHIE ADOLPHE JOURDAN.

www.ingramcontent.com/pod-product-compliance
Lightning Source LLC
Chambersburg PA
CBHW060605170426
43201CB00009B/903